21世纪 经济管理新形态教材 金融学系列

金融学

谢绵陛　编著

清华大学出版社

北京

内 容 简 介

本书以金融为交易服务，金融机构通过创造金融工具、构建交易市场、组织交易过程，建立金融制度以维护金融工具的真实、有效，维护市场秩序为核心，依次展开对金融工具、金融机构和金融制度的介绍。以各类交易困难问题开启对货币、票据、股票、债券、期权和期货等基本金融工具的目的、解决问题的方法、工具创造的技术手段及其演变过程的介绍；从各类金融机构的财务报表入手，介绍商业银行、中央银行、支付体系、投资银行和交易所等核心金融机构如何通过业务活动创造金融工具、组织交易过程以实现其盈利、维护币值稳定等目标；从可能存在的工具造假、金融欺诈、市场操纵等问题出发，学习为什么需要、需要什么样的金融制度，重点介绍货币制度、公司制度、财务会计制度等。以货币、资本和风险为辅助线，展示金融服务的具体交易类别；以分工、交易与货币、资本和风险的关系为主要着眼点，将金融是现代市场经济的核心思想贯穿于金融工具、机构和制度介绍的全过程。最后，围绕金融的基础性现象——利息和货币（通货膨胀、币值），学习利息理论、货币供求理论和通货膨胀理论。

本书可用作为经济管理类本科生、硕士研究生的基本教材，也可作为经济管理实务从业人员进修提高的参考用书。

图书在版编目（CIP）数据

金融学/谢绵陛编著. —北京：清华大学出版社，2022.6
21世纪经济管理新形态教材. 金融学系列
ISBN 978-7-302-60805-9

Ⅰ.①金…　Ⅱ.①谢…　Ⅲ.①金融学－高等学校－教材　Ⅳ.①F830

中国版本图书馆 CIP 数据核字(2022)第 080004 号

责任编辑：陆浥晨
封面设计：李召霞
责任校对：王荣静
责任印制：曹婉颖
出版发行：清华大学出版社
　　网　　　址：http://www.tup.com.cn，http://www.wqbook.com
　　地　　　址：北京清华大学学研大厦 A 座　　　　邮　　编：100084
　　社 总 机：010-83470000　　　　　　　　　　邮　　购：010-62786544
　　投稿与读者服务：010-62776969，c-service@tup.tsinghua.edu.cn
　　质 量 反 馈：010-62772015，zhiliang@tup.tsinghua.edu.cn
　　课 件 下 载：http://www.tup.com.cn，010-83470332
印 装 者：小森印刷霸州有限公司
经　销：全国新华书店
开　　本：185mm×260mm　　　印　张：23.25　　　字　　数：477 千字
版　　次：2022 年 8 月第 1 版　　　　　　　　印　　次：2022 年 8 月第 1 次印刷
定　　价：69.00 元

产品编号：095161-01

前 言

　　自亚当·斯密的《国民财富的性质和原因的研究》(以下简称《国富论》)发表以来，经济学的基本命题"经济发展主要源于社会分工和专业化，分工和专业化的发展又受制于市场规模"已经成为现代社会几乎没有疑义的命题。但自此以后，关于市场规模(包括市场交易的规模、市场交易范围等)为什么能够发展、如何发展等问题却从主流经济学中消失了。

　　经济实践的发展并不因为经济理论的不关注而停滞。自19世纪以来，经济生活中的交易内容从一般的商品交易、资金使用权交易(货币借贷)，到资本交易和风险交易等复杂内容交易的扩张，交易规模已不可同日而语。这种市场交易范围和交易规模的无限扩大，正是得益于金融提供的服务。

　　世界各国的货币制度从银本位、金本位、金汇兑本位、布雷顿森林体系到现代国际货币体系的发展，在世界范围内形成了统一的、相对稳定的一般等价物，满足了国际贸易发展的需要，使得分工和专业化在国际范围内实现。商业银行以市场中介身份汇集了资金供给与需求信息，使资金使用权的交易更容易进行。股票、债券等资本市场的发展为实现公司所有权的交易创造了条件。而保险、期权和期货的发展，为市场交易方式实现风险管理提供了便利。

　　基于以上理解，本书将金融业定义为：为跨期的价值交换提供服务的一个专门的服务性行业。金融学就是研究金融业如何提供交易服务以及公司、个人和国家等经济主体如何运用金融服务实现资源配置和财富管理目标的基本现象、基本方法和一般规律的一门学科。金融学作为金融学科的入门基础课也将围绕"为交易服务"这一核心目的，介绍金融的基本现象、基本概念和基本理论。

　　本书的编写力求实现以下特点。

1. 围绕一个核心：金融为交易服务

　　金融机构通过创造金融工具、建立交易平台、制定交易制度，为交易提供便利、降低交易风险和成本、提高交易效率。在充分理解金融目标的条件下，认识金融发展的内在逻辑和发展规律。厘清金融业的主体是"为交易服务"，而非交易的主体。交易的主体是千千万万独立的经济个体。是否交易，如何交易，何时、何地交易等问题是经济个体自主选择的结果；交易只是实现个体经济目标的一种手段和方法，金融为该手段的便利实现提供了工具、方法和环境等。交易也是一个广义和发展的概念，正是金融的发展赋予了交易内涵的延伸和扩展。

本书围绕"为交易服务"这一核心目的组织课程内容，分为金融现象和金融理论两个部分，介绍金融的基本现象、基本概念和基本理论。金融现象指客观存在的金融活动及其演变过程；根据为交易服务所使用的方式和方法的不同又将金融现象分为三类：金融工具、金融机构和金融制度。金融理论是对金融基本现象的解释，包括利息理论、货币需求和供给理论（包括通货膨胀理论）、资产定价理论等。

2. 以历史分析的方法介绍金融现象的发展，揭示金融发展的基本规律和逻辑

金融现象的演变过程有其内在的逻辑和方法，对这些内在的逻辑和方法的理解需要通过对金融工具和金融制度的历史演变过程的梳理、归纳和总结。本书将从历史演变的视角介绍金融工具、金融机构和金融制度的发展，如通过对金融工具的发展和演变的介绍，体现交易工具化、金融工具发展的标准化和证券化的金融规律；以商业银行、投资银行和交易所等金融机构的发展与演变，阐述以交易信息的聚集、交易过程的组织和协调为核心的市场化手段在金融发展中的作用。

3. 贯彻"以应用为导向"的宗旨、以培养解决问题的"工科"性思维为目标

应用导向的核心是能识别实践问题，然后应用一般性的工具、方法和技术等解决问题。通过分析和展示市场经济发展过程中存在的各类交易困难与难题，介绍相关金融机构如何通过标准化、证券化、市场化和制度化等金融技术，创造金融工具、建立交易平台、制定交易制度，为交易提供便利、降低交易风险和成本、提高交易效率。通过该模式介绍金融现象的同时，培养识别问题的能力，同时传授解决问题的一般性金融技术和手段。

4. 突出金融知识的实用性和趣味性

以专栏的形式，通过讲故事、读金融新闻、了解关键金融历史事件等方式，突出金融知识的实用性和趣味性。每一章的主要内容都是通过"本章导读"引入，并在相关内容中适当穿插历史事件、案例、金融演变故事、金融新闻等专栏，以此激发学生对金融知识的学习兴趣、对金融理论的探究欲望，更好地理解金融发展的逻辑和规律、金融理论与实践的密切关系。

5. 突出自主探究、联系实践的特征

在作业编排上，安排了访问关键金融机构网站，查找、收集并自主分析关键实时数据、信息资料，实践调研公众对金融知识的认知等作业，增加金融理论知识学习的时效性和实践性。

本课程是高等院校经济管理类专业的核心课程，是金融学专业的基础理论课程。本课程的主要任务是使学生对金融领域的金融工具、金融机构和业务、金融制度有较全面的理解和较深刻的认识，特别是对金融的基本目的和基本方法有较为深刻的认识，掌握观察和分析金融问题的正确方法，培养辨析金融理论和实践问题的能力，为金融、经济管理等专业课程的学习奠定良好的基础。本书主要适用于经济管理类各专业的应用型本科教学，对广大金融从业人员提高金融理论水平也具有较高的参考价值。

　　本书的出版得到了集美大学财经学院很多同事的帮助。在早期《货币金融学》的出版中，纪宣明、肖扬清、王秀珍、王平和陈蕾老师都参与了相关章节的编写。在早期版本的使用过程中，也收到了很多老师的宝贵意见和建议。感谢福建省龙岩市地方金融监督管理局对闽西红色金融史料的提供和支持。感谢清华大学出版社领导和编辑的关心与帮助。

　　受编者水平与学识的限制，书中难免存在不妥之处，真诚希望专家、同行和读者不吝指正。

谢绵陛

2021 年 10 月

于集美学村

　　附：具体的教学内容安排、学习要点及建议学时分配如下。

"金融学"主要内容和建议学时分配

教学内容	学 习 要 点	学时
绪论	从经济增长、分工、交易、市场的内在逻辑关系，认识金融的角色——为交易服务 掌握金融工具、金融机构、金融制度等金融现象之间的内在逻辑关系 这是一个提纲挈领式的绪论，在入门时给学生一个纲领式的学习指引，复习时帮助学生对所学内容进行系统性消化，形成系统性的认识	2
第一篇　金融工具		
第一章 货币	掌握货币的主要演变形式，货币创造的标准化、证券化技术 理解货币的本质、职能，货币的计量	2
第二章 票据	掌握票据的含义和功能 理解票据的演变过程，票据创造的标准化、证券化技术 了解票据实践应用的主要形式：汇票、本票和支票	2
第三章 股票和债券	掌握股票、债券的含义、功能和主要类别 理解股票、债券创造的标准化、证券化技术 了解股票和债券工具的发展过程与规律 了解债券评级	4
第四章 金融衍生工具	掌握期货、期权的内涵、功能和主要类别 理解期货、期权创造的标准化和证券化技术 掌握衍生工具交易的保证金和逐日结算制度 了解衍生工具的套期保值应用	4
第二篇　金融机构和组织		
第五章 商业银行	掌握商业银行的主要业务内容，存款货币的创造过程 理解商业银行对间接资金融通的市场化作用 理解商业银行的发展演变规律	4
第六章 中央银行	掌握中央银行的主要业务内容，中央银行—商业银行货币创造体系的工作原理 理解中央银行对维护币值稳定的作用和意义 理解中央银行发展演变规律及其和商业银行的相互关系	2
第七章 支付体系	理解支付体系的内涵、工作原理和主要构成 理解支付体系与货币符号化的关系 了解支付结算体系的发展演变规律及其与中央银行和商业银行的相互关系	2

续表

教学内容	学 习 要 点	学时
第八章 投资银行	理解投资银行的主要业务及其对股票、债券、衍生工具等金融工具的创造、交易的作用；掌握信用交易的内涵 了解投资银行的发展过程和趋势	2
第九章 交易所	了解交易所的发展过程，以及交易所和投资银行的相互关系 掌握交易指令、交易机制和集合竞价交易机制 理解证券交易市场化的主要内容和意义	4
第十章 其他金融机构	理解金融机构体系的构成、核心金融机构与其他（补充性）金融机构的关系，了解补充性货币和资本服务机构、政策性金融机构、保险机构、投资中介机构的主要业务在整个金融体系中的作用和地位	2
第三篇　金融制度		
第十一章 货币制度	掌握货币制度的主要内容 掌握金属货币制度、信用货币制度的内涵和发展演变过程 理解货币制度对保证货币有效性的作用和意义	2
第十二章 股份公司制度	掌握公司法人制度、有限责任制度、股份公司制度、证券发行和上市交易制度等主要内容 理解这些制度对保证股票、债券等金融工具有效性的作用和意义 理解资本市场发展与有限责任制度的关系	2
第十三章 财务会计制度	掌握财务会计制度的主要内容、复式簿记的基本逻辑；理解复式簿记保证公司独立性的技术原理、财务会计制度与资本市场发展的相互关系	2
第四篇　金融理论		
第十四章 利息理论	理解人类对利息本质的认识过程，理解利息对资本形成的作用 掌握利率、贴现率、收益率的概念、表现形式和相互关系 掌握利率应用问题的一般形式和分析方法 掌握利率期限结构概念，理解利率决定理论和期限结构理论及其演变过程	4
第十五章 货币需求与供给理论	掌握货币需求、货币供给的概念和主要影响因素 掌握基础货币、货币乘数的概念 理解货币需求、货币供给理论及其演变过程 掌握通货膨胀的概念，了解通货膨胀的主要成因和治理对策	4
第十六章 资产定价理论简介	了解资产定价理论的发展过程 了解资产定价理论一般方法的基本思路和逻辑	2
课时合计		46

目 录

第二篇 金融机构和组织

第三篇　金融制度

第四篇　金融理论

绪 论

一、经济增长来源于分工深化和市场扩张

（一）经济增长的历史图景

根据经济计量史学家的研究，世界经济历史的发展过程大致可用图 0-1 来粗略概括，大约在 1 800 年之前，世界人均收入基本维持在生存水平，没有显著提高，该现象被称为"马尔萨斯陷阱"。托马斯·罗伯特·马尔萨斯牧师（Thomas Robert Malthus，1766—1834 年）在《人口论》中认为：人口膨胀会刺激生产发展，产出增加又成为人口膨胀的动力；但人口膨胀的压力最终会受到自然资源的约束，然后形成剧烈的生存竞争，达到临界状态时，爆发战争、瘟疫等，使人口水平下降。该现象表现在人均收入上就如图 0-1 所示；人均收入只能围绕生存水平上下波动而无法突破。

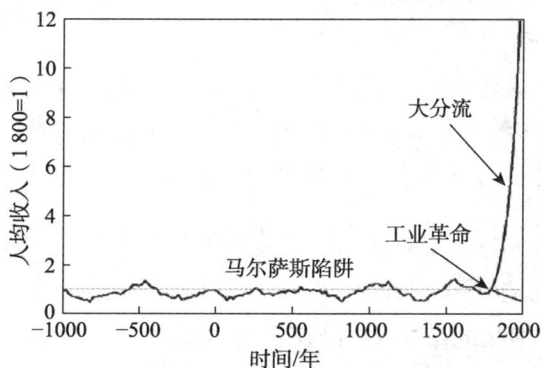

图 0-1　世界经济史图景①

但在工业革命之后，"马尔萨斯陷阱"在大多数国家被突破了。2000 年左右，多数国家的人均收入大约是 1800 年的 12 倍。同时，还有少数不发达国家的人均收入仍然维持在生存水平，甚至还有所下降。这就是经济史学家所说的"大分流"现象。

为什么在工业革命之后，大多数国家的人均收入会突破"马尔萨斯陷阱"，而少数国家仍然陷在"马尔萨斯陷阱"之中？

（二）社会分工和市场扩张

关于经济为什么会发展的问题，最原始和朴素的答案来源于亚当·斯密的《国富论》

---

① CLARK G. A farewell to alms: a brief economic history of the world[M]. Princeton: Princeton University Press, 2008.

（1776年）。《国富论》开篇即指出：劳动生产力的提高来源于劳动分工。在现代社会，具备一定知识的人都应该知道该解释，已无须更多的论述。《国富论》中描述的制针厂的例子深刻揭示了分工对劳动生产力提高的意义。

　　劳动生产力的最大提高以及生产中技能、熟巧和判断力的进一步完善看来都是分工的结果。

　　就以制造大头针作为一个例子。这是一个极不重要的制造业，然而它的分工却常引起人们的注意。一个没有受过这门训练的工人（分工已经使制针业成为一种独特的行业），又不熟悉制针机械的操作（可能同样是分工才导致了机器的发明），即使再努力，一天肯定制造不出 20 枚大头针，甚至一枚也制造不出来。但是现在大头针的生产情况就不同了，它不仅是一个独特的行业，而且被细分成了许多工种，其中的绝大部分又同样成为独特的行当：一个人拉（铁）丝、一个人捶直、一个人切割、一个人削尖、一个人磨光铁丝的另一端以便装上回头。制作这个回头又需要两三道不同的作业。……我就看见过一个这种小厂。厂里总共只雇用了 10 个工人，其中有些人还要连续完成两三种作业。他们非常穷困，因而对装备必要的机器也十分冷漠。但是当他们努力干的时候，他们一天也可以生产 12 磅左右的大头针，而一磅有 4 000 多个中号大头针。因而这 10 个人一天便可制造出 48 000 枚大头针。每个人做了 48 000 枚大头针的 1/10，一天也就做了 4 800 枚大头针。

　　但是如果他们都分散开单独地劳动，而且又没有受过这个独特行当的训练，他们一个人肯定一天做不了 20 枚大头针，也许一天连一枚都还完不成。那就是说他们绝对完成不了他们现今由于适当的分工和组合所能完成的 1/240，甚至 1/4 800。

　　社会分工并非天然可行，劳动分工的程度受到市场规模的制约。当某一商品的市场需求很小时，专门从事该商品生产的生产者无法出售其全部产品。或者该商品的市场需求足够大，但其他生活用品的市场供给却不足；该商品生产者即使出售了其专业生产的全部产品，也无法买到生活所需的其他商品；该商品生产者也无法将其全部时间和精力用于该商品的专业分工生产，而必须匀出部分时间为自己生产其他必需品。

　　相反，当市场扩张到足够大的时候，原来完全不可能进行专业分工的产业也变得可行。例如，肯尼亚的花卉产业，鲜花的保鲜期很短，如果市场仅限于肯尼亚国内或周边地区，肯尼亚这样的非洲贫穷国家根本不可能从事专业的鲜花生产。但在现代高度发达的鲜花销售模式下，特别是以荷兰的鲜花拍卖为主的销售体系之下，肯尼亚所产鲜花的 60% 在荷兰鲜花拍卖市场售出，并销往美国、英国、法国等。如此大而便利的市场使得远在几千公里之外的肯尼亚花农可以从事专业的鲜花生产。

（三）市场、分工和交易

扩展阅读 0-1

　　"市场"最初的含义是指交易的聚集场所，是交易者之间有意或无意协调的结果；交易的聚集使交易信息的搜寻和传递、交易的实现变得更加容易。如农贸市场、集市以及现代社会高度组织、高度协调的证券市场等。市场既可以是有形的物理场所，也可以是无形的虚拟网络空间，如淘宝网、Amazon 以及完全实现电子网络交易的现代证券交易所等。

"市场"还特指一种手段，如市场经济，"使市场在资源配置中起决定性作用"等语境中，市场指的是一种资源配置的手段，相对应的是"计划经济"。市场配置资源本质是通过自愿的市场交易实现资源配置，重点是自愿的价值交换；任何一方都能拒绝，而且在共同遵守的规则下任何一方都自愿地接受交易条款。

市场还可能指的是一种交易结果或交易潜力。如人们通常所说的市场规模、市场大小、市场占有率以及市场供给和市场需求等。特别地，市场供给是指在给定条件下，某一商品或某类商品的卖方能够且愿意向社会提供的用于出售的该（类）商品的数量。市场需求是指在给定条件下，某一（类）商品的买方能够且愿意通过交易而购入的该（类）商品的数量。可见，市场供给和市场需求就是可能的交易潜力；该交易潜力在特定的条件下通过交易得以实现，实现的结果就是交易量或成交量。

市场发展就是交易规模和交易范围的扩大与延伸。在高度分工的社会，市场供给和需求通过交易得以实现的均衡水平就是现代经济的发展水平。

因此，交易是市场的基本经济行为，是市场机制下的分工得以实现的核心环节。交易产生的原因是分工，分工使专业的生产者生产出远超出自己需求的商品，该（类）商品对其生产者是没有消费价值的。同时，分工使专业的生产者产生了对其他商品的需求。因此，分工使专业生产者必须用自己的产品交换别人的产品；只有该交易能够实现，该分工才能持续。交易的本质并非"等价交换"，"等价"只是交易的结果，而"不等价"才是交易的原因，因为交易物品对交易双方各自的价值不同才形成交易。交易会增进交易双方的总福利。

市场供给与需求均衡水平的提高来源于分工、交易所促进的供给与需求的螺旋式循环上升。因为分工、专业化生产提高了生产效率，创造了更多的供给；当供给通过交易满足了其他人的需求之后，生产者也提高了自己的需求水平，自身的需求提高之后又反过来帮助其他人所创造的供给得以实现，从而使得供给与需求的均衡水平不断提高，而这种提高的核心除了分工和专业化生产之外，就是使供给与需求得以实现的交易。

综上分析可见，市场供给和需求是经济增长的表象；分工和交易才是经济增长的源动力。供给、需求、分工、交易和市场的关系如图 0-2 所示。

二、金融通过为交易服务，使市场扩张而成为现代经济的核心

科斯定理指出：只要财产权是明确的，并且交易成本为零或者很小，那么，无论在开始时将财产权赋予谁，市场交易的最终结果都是有效率的。虽然该定理一般被认为是关于解决市场失效问题的理论，强调了产权制度和交易成本的重要性。而实际上，该定

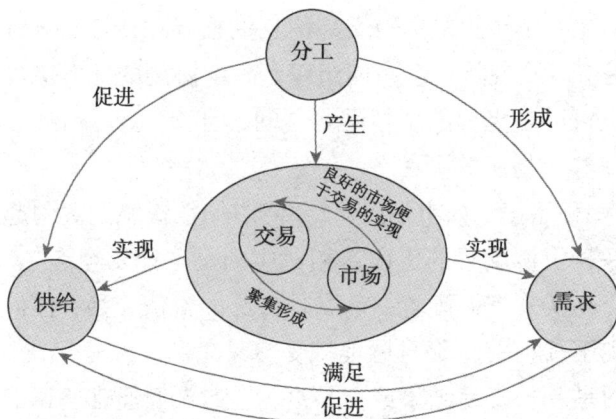

图 0-2   供给、需求、分工、交易和市场的关系

理恰恰从另一个角度证明了交易的重要性,产权明晰使交易可以进行,交易成本为零使交易容易进行,而交易本身才是解决问题的核心环节。

主流经济学关于交易的论述也基本只是至此为止,而交易的困难不仅只有产权是否明晰的问题,交易成本的大小也只是一个关于交易困难的混合性的、模糊的概念。如果回顾金融的发展历史和主要的金融成果,会发现几乎所有的金融成果都是围绕解决各类交易困难而产生和进化的。

(一)交易的复杂性

市场发展就是交易规模和交易范围的扩大,但要实现市场发展却存在很多困难和障碍。

1. 交易对手的匹配困难

在原始易物交易时代,交易对手的匹配是交易得以实现的基础。例如,有一农户有多余的粮食两担,想用它来换布匹以改善生活。为了实现该交易,他就必须在他的周围找到有剩余布匹且愿意交换者,并且刚好要换的是粮食,要换的数量也必须大致相当。而这种情况出现的概率并不高。因此,该农户希望的交易就难以实现。

2. 交易的时间和空间障碍

寻找合适的交易对手,直观的手段就是扩大寻找的范围。范围的扩大有两种方式。一是纵向的时间延伸。现在找不到合适的交易对手就等待,直到合适的交易对手出现。该方式的实现必须满足的条件是:交易的商品可以储存或可以转化成可储存的等价物。货币的出现在一定程度上解决了这一问题。二是横向的空间延伸。当附近地区没有合适的交易对手时,就到更远的区域去寻找。跨空间交易实现的前提,一是商品货物的物理流动(交通运输,这不是本学科的研究范畴),二是货币资金的跨空间转移。

3. 巨额的交易标的缺乏交易对手，复杂化的交易内容导致交易标的不易界定

随着社会经济的发展，交易内容也日益复杂多样。组建或转让公司者希望出售公司的所有权；需要借入大量资金者，要出售大量的债券。这些交易内容通常规模大、持续时间长，不易界定，也难以找到单个的交易对手。生活水平提高之后，人们不再满足于当下的好生活，还希望在未来也能保持生活水平不下降，但随着年龄增大，收入可能会下降，还会面临生病等各种不确定因素。企业的经营者也面临着其产品出售难、原材料采购难，甚至公司资产价值下降等风险。因此，有人希望将未来的不确定性（风险）出售，当然，这类风险是一种负资产，并且它的界定和交易都是复杂的。

4. 交易的不确定性降低交易者的交易意愿

交易的不确定性主要有两个方面，一是过程的不确定性，指交易可能无法按照预定的计划完成，使交易参与的一方或双方遭受损失。现代的金融交易，多数是跨期的价值交换，交易的最终完成，通常都要跨越一定的时期。如资金的借贷交易，从资金的借出到偿还有一个期限；股票的购买到权益的实现是没有期限的；期货和期权的交易到最后的履约、交割与结算也有一定的期限。由于存在一定的时间跨度，交易参与者的境况可能发生变化，交易参与者有可能无力履约，或因亏损而产生违约的动机等。二是交易标的价值的不确定性。交易标的价值难以准确判断或估计。如股票的价值、期权合约的价值等。无论是交易过程的不确定性，还是交易标的价值的不确定性，都会降低交易者的交易意愿。

5. 市场交易的信息交流困难和无序需要增强市场交易的组织性和规范性以提高交易效率

市场交易是一个复杂的交易情形，在该情形中，存在多个买者和多个卖者，买者和卖者都希望找到合适的交易对手；卖者希望找到愿意支付较高价格的买者，买者希望找到愿意以较低价格出售的卖者，以便以更优的价格实现交易。此外，交易者还必须找到能够满足其交易数量要求的交易对手，有大量标的需要交易的交易者可能要找到多个交易对手以完成交易。因此，市场交易还存在一个交易信息的搜寻问题。买者必须找到合适的卖者，卖者必须找到合适的买者。交易信息的获取对交易达成具有决定性的作用。集市交易只是初步实现了交易在空间和时间上的协调，市场交易者之间还是存在信息分散、难以有效搜寻的问题，需要进一步有序组织规范交易信息传递、撮合交易需求以达成交易的高级市场，如现代的证券交易所等。

（二）金融创造交易工具、组织交易市场

金融通过创造金融工具，让普通的经济个体能够方便使用金融工具完成各自的交易需求。通过组织和协调交易过程、建立交易市场，在有组织的交易市场上，规范交易信息的传递、撮合交易需求以达成交易，提高交易效率。通过建立金融制度、打击金融工具造假等破坏交易秩序的行为，维护金融发展成果。可见，金融的目标就是解决交易发展面临的所有问题，为价值的跨期交换提供服务。

1. 创造交易工具——金融工具

金融工具主要有三类，一是货币性工具，包括货币和票据等；二是资本性工具，主要是股票和债券；三是衍生性工具，主要有期货、期权等。

货币为所有的价值交换提供了基础性的工具——一般等价物，解决了交易对手匹配的基础性困难。早期的商品货币和称量货币是人类无意识自发创造货币的结果。从铸币开始，人类开始有意识地通过标准化、证券化等技术手段创造货币。标准化的铸币解决了交易过程中称量、成色鉴定不便的问题。货币的证券化（银行券、银票）等解决了跨地区交易携带贵金属货币的困难，同时也从无意识到有意识地解决了金属货币不足的问题。货币的证券化、提供汇兑服务等手段还解决了货币资金跨空间转移的困难。

股票为难以交易的公司或企业的所有权交易提供了工具，债券为巨额的资金使用权交易创造了便利工具。这些工具的创造让那些即使不知股票和债券为何物的人也能方便地参与交易，让公司和企业等机构可以通过出售股票和债券的方式获得大额资本。

期权、期货等金融衍生性工具的创造则以标准化的手段有效地界定了风险交易的内容，为以交易方式实现风险管理创造了条件。

2. 组织交易市场或经纪大额的、复杂的交易

金融工具解决了基础性的交易工具、规范交易标的问题，交易者具体使用金融工具实现交易的过程，还需要解决交易信息搜寻、高效实现交易的问题。金融通过组织交易过程、构建交易市场的方式提供交易服务。而对于无法利用金融工具、大额的、复杂的交易，金融则直接提供信息传递、谈判等交易经纪服务。

金融市场组织主要有两类，一是商业银行提供的货币资金使用权交易市场。商业银行提供的存贷款服务，实际上就是商业银行以小额零售的方式买入货币资金使用权（吸收存款），再以大额批发的方式卖出货币资金使用权（发放贷款）。通过集聚资金供给和需求的信息，形成了一个货币资金使用权交易的市场，为资金使用权交易提供便利。在该市场中，商业银行实际上是资金使用权交易的一个做市商。此外，商业银行吸收存款发放贷款的过程也是一个存款货币创造的过程。二是各类证券交易所。交易所通过创立交易平台，为交易者提供标准化的交易信息传递工具（指令）和科学的交易执行机制，为所有的证券交易提供便利。交易市场化的核心是交易信息的聚集和有效传递，以及交易的高效组织和协调。现代的交易所是协调程度最高的市场。

此外，股票、债券的发行，公司的兼并与收购等大额的价值交换还需要额外的交易服务。这些大额的、非标准化的交易过程有可能需要一次性找到大量的交易对手，也可能交易对手之间缺乏信任，交易标的的价值评估存在难度。所有这些问题都制约了大额交易的进行。投资银行运用其所拥有的金融技术和资源，为这些交易提供经纪和代理服务，解决每一笔大额交易所存在的具体困难，使这些交易能够顺利开展。

（三）建立金融制度，维护交易秩序和金融发展成果

金融通过标准化、证券化手段创造了金融工具，为交易带来便利的同时，也为欺诈行为打开了方便之门。由此，开启了一部金融欺诈与反欺诈的金融发展史。

金融工具的使用使所有的交易都是跨期的信用交易。最简单的一手交钱一手交货的即时现金交易也是跨期的信用交换；获得货币的一方，本质不是为了获得货币，货币最终要换成他所需要的其他商品或服务。这种跨期信用交易的实现需要金融工具的真实性、有效性做保证。货币不能是假币、劣币或者贬值；股票和债券等工具相关的公司信息、权益必须是真实、可靠的，交易者能据此判断其价值；交易过程的相关信息必须是透明的，不能有欺诈和操纵行为。但标准化和证券化的金融工具恰好为货币造假、贬值，以及股票等证券的相关信息造假、权益缩水等带来了可能。正如当货币严重贬值时，人们会放弃使用货币而退回到易物交易，当股票等金融工具造假横行时，人们也会放弃使用或不参与交易。这有可能从根本上摧毁金融发展成果。

为巩固规范化和标准化的金融成果，要对欺诈行为进行制约和打击。经济个体从自身的长期利益出发有诚信交易的动机，在初步的金融标准化和规范化成果出现之后，这种个体的诚信动机上升为行业自律。整个行业认识到维护金融标准化和规范化等成果有利于行业的长远利益时，行业自律逐步地上升为国家强制行为——金融制度。当然后发国家的金融制度更有可能是模仿和学习的结果，而不是自然演变的结果，但从制度的起源看，应是自然演变的结果。因此，金融制度的作用就是以国家的强制力量，维护金融发展成果，使便于交易发展的金融工具和金融运作机制能长期有效发挥作用，不至于因欺诈行为的发生而影响人们对使用金融工具的信心。

金融制度主要有货币制度、公司和财务制度以及证券交易制度等，这些制度的实施和执法行为就是金融监管。

（四）金融提供基础性交易服务

金融围绕分工发展的需要从货币、资本和风险三个方面提供基础性的交易服务，从而成为现代市场经济的核心。

分工需要交易，金融创造交易的一般等价物——货币提供基础性的交易工具，同时派生价值尺度功能。

分工产生对资本的需求。分工和专业化生产产生了对工具、组织管理和基础设施的需求，进而形成对资本的需求；只有形成足够的资本供给才能促进分工与专业化生产的深化。金融为资本交易创造资本性工具（股票和债券）、组织交易过程、形成资本市场，为分工发展的资本供给创造条件。

分工促进经济发展的同时，也形成了对风险管理的需求。分工与合作本身就带来风险，生活水平和管理水平的提高也带来对风险管理的新需求。风险本身就是一项负资产，风险管理的核心是以储蓄应对未来的不确定；但个别储蓄难以应对风险，只有集体储蓄

才能有效应对风险，集体储蓄也顺带形成资本供给。金融通过创设保单、期货、期权等衍生工具组织交易过程，提供以交易方式实现风险管理服务；同时以集体风险储蓄方式为分工提供资本供给。

综上所述，金融为交易服务的主要途径如下：通过创造金融工具、组织市场交易，清除各种交易障碍，挖掘潜在交易者；使不可交易、不方便交易的内容变得可交易，扩大交易内容范围。通过横向的空间拓展、纵向的时间拓展，扩大市场范围。通过建立金融制度和金融监管活动，维护交易秩序。服务内容上，金融从货币、资本和风险三个方面为分工的需要提供基础性的交易服务。

三、金融现象、技术与目的

认识事物的本质，要从现象入手，厘清现象之间的逻辑关系，掌握其发展的根本目的。理解金融也不例外，分析金融现象之间的逻辑关系、认清金融发展的目的和技术手段，才能对金融发展过程中的问题有正确的认识，进而实现真正的金融创新。

（一）金融现象

金融现象可分为三大类，即金融工具、金融机构和金融制度。理解金融发展的核心目的，有助于厘清金融现象之间的逻辑关系。前述关于金融之于交易的作用和角色已充分表明了所有的金融现象都指向一个核心目的——为交易服务，使交易更容易。

金融工具是普通经济个体都能够方便使用，借之完成交易的工具，是金融思想和金融技术的结晶，是金融领域中耀眼的明珠。如股票，现在连文化水平很低的人都能够便利地买卖股票，也就是买卖公司的所有权。这在股票及其完善的制度安排出现之前，是不可想象的。

金融机构主要有商业银行、中央银行、投资银行、交易所等。它们运用金融技术通过创造和完善或帮助创造金融工具，组织交易市场等活动为交易服务，掌握金融思想和金融技术的能动核心。如中央银行和商业银行的货币创造，投资银行的股票和债券的发行，交易所对期货、期权合约的创设等。金融机构也可以直接以经纪商、做市商等身份帮助完成交易。如商业银行的存贷业务实际上是做市行为，投资银行参与的收购与兼并活动是经纪行为。

金融制度是防范和打击破坏金融体系运行与金融发展成果行为的游戏规则，其本身也是金融发展成果的体现。

（二）金融技术

金融技术是金融机构用以创造金融工具、解决各类交易难题的措施和方法，主要有标准化、证券化、制度化、市场化以及金融定价技术。

标准化和证券化是创造金融工具的基本技术手段。标准化就是使交易对象规范、统一，如材质、形状的统一，合同条款的统一等。标准化使五花八门的交易需求有了共同的交易对象，简化了交易过程的议价内容，有利于计量和鉴定交易对象。如一般等价物从实物货币到金银、铸币等的发展，先是币材的标准化，然后是成色、计量单位的标准化。标准化可以使巨额的、长期的资产化整为零、变长为短，使之易于交易，如股票和债券等。

证券化是指各类权益或义务的书面表达和共同约定。证券化一方面使交易工具的创造突破了自然资源的约束，能够根据交易的实际需要创造，如信用货币的发展；另一方面，使可交易的内容突破了人们想象力的制约，使许多原本不可交易或难以交易的内容变得容易交易，如公司所有权的交易——股票、远期商品的交易——期货、买卖权利的交易——期权、指数的交易——指数期货和期权、债权的交易——债券、商业银行抵押贷款组合的交易——抵押贷款支持债券等。因此，证券化不仅是现有的关于银行贷款资产证券化这一狭义的概念，它实际上早已有之，是金融工具发展的普遍性技术和手段。

制度化是将金融发展成果上升为国家法律的过程，也是金融发展的又一种手段，它通过打击造假和欺诈等行为规范金融活动，以巩固金融发展的成果。

市场化是将分散的交易活动在固定的时间和场所中进行有序的组织与协调。市场交易存在搜寻交易信息（包括交易对手、交易数量、对交易价格的要求等信息）的困难，金融机构通过集聚和组织交易信息，使交易需求信息有序传递，然后再协调交易需求以组织交易。如商业银行吸收存款、发放贷款，实际上就是聚集了货币资金供给与需求信息，然后再以做市商的身份组织交易，实现间接的资金借贷活动。交易所通过交易指令的传递，集聚各类证券等的供给与需求信息，再以一定的交易执行系统撮合交易的完成。市场化的核心是对交易信息的聚集和组织，然后按照一定的规则组织交易。

金融定价技术为复杂金融工具提供合理确定价值的基本方法和手段，它使交易者能够科学界定交易对象的合理价值，以降低交易的盲目性，从而促进交易规模和范围的扩大。例如，复式记账技术为股票的定价提供了基础性的可靠信息，使股票交易得以发展；期权定价理论解决了期权定价问题，促进了全球期权交易规模的迅猛发展。金融定价技术是金融实践和金融理论发展的结果。

（三）金融之交易逻辑

交易障碍、金融技术和金融目的是理解各金融现象之间逻辑关系的基石，如图 0-3 所示，金融机构运用金融技术，通过创造金融工具、建立金融制度、组织交易过程等措施，解决各类交易障碍，最终实现为交易服务的金融目的，使经济个体能方便地通过交易活动实现财富管理和资源的有效配置。

综上所述，金融服务业是为交易提供服务的一个经济分工，它既可以为现有的交易排除困难和障碍，提供便利，也可以为难以进行交易的资源创造交易条件和方法，甚至工具。

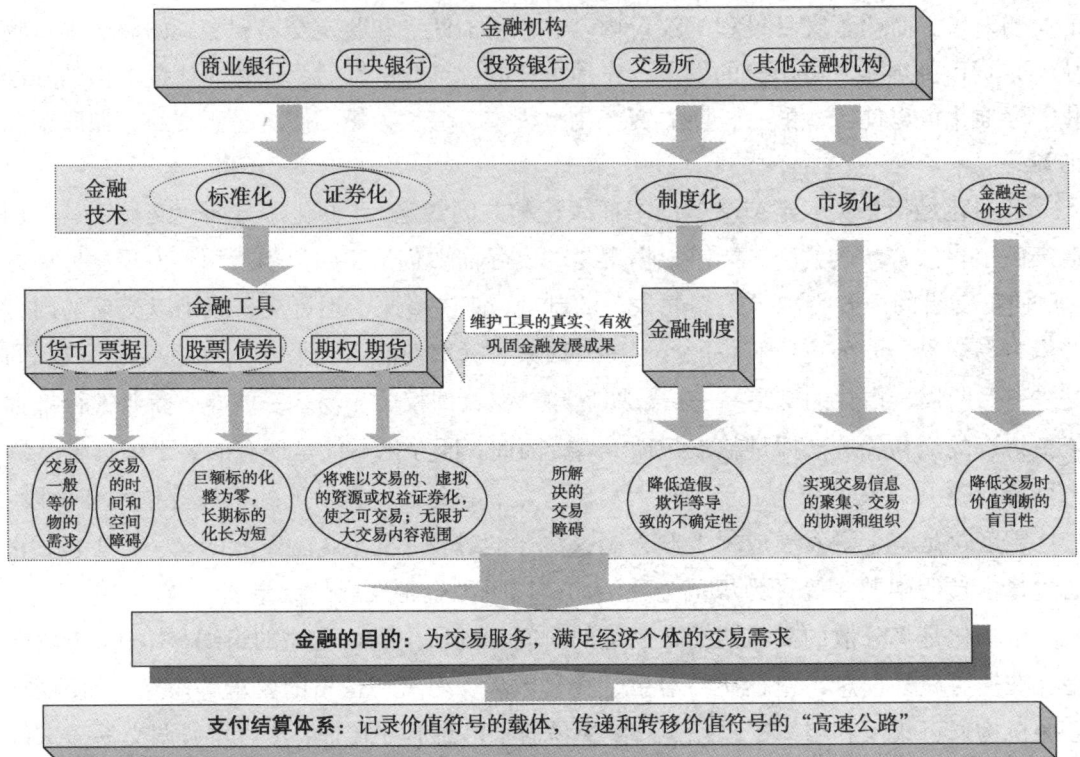

图 0-3　金融之交易逻辑

（四）金融服务与应用框架

在金融业之外，是金融业的服务对象，其可以分为三大类，分别是个人、公司和国家（图 0-4）。三者都利用金融业提供的金融工具、交易场所或交易规则、交易设施等交

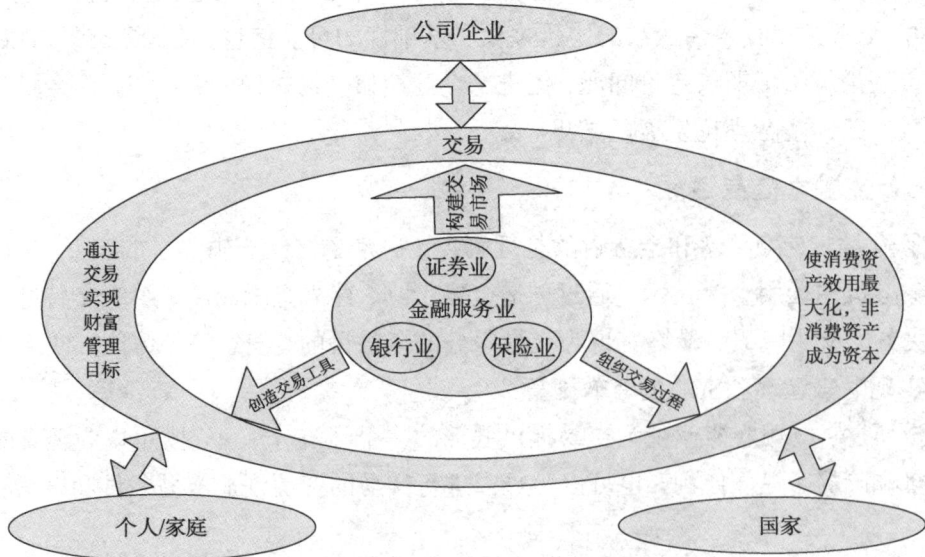

图 0-4　金融服务与应用的逻辑构架

易服务通过交易实现各自的目的。个人和企业通过交易使消费资产效用最大化，使非消费资产成为资本，获得收益，或者通过交易活动管理个体和公司面临的各类风险，国家也可能通过交易调控宏观经济活动。交易是一种手段，不同的经济主体都可以通过交易实现各自不同的目的。

四、金融学的内涵和金融理论

（一）金融学的内涵

我国传统上，多数将"金融"简单地定义为"资金融通"，认为银行从事间接资金融通，而金融市场从事直接资金融通。在西方以兹维·博迪和罗伯特·莫顿为代表，定义金融学是一项在不确定环境下针对人们怎样跨期配置稀缺资源的研究。也有人认为金融就是跨期的价值交换（陈志武），重点强调了金融的价值交换功能，本质是突出金融实现目的的基本手段——价值交换，或称为"交易"。还有一种定义是：金融是一门关于财富管理的艺术和科学。该定义突出强调了金融的目的——财富管理，实现保值增值，规避风险。

显然，以上不同定义本身就表明这些定义只是从不同的角度对金融现象进行抽象和概括，以上定义隐含了一个共同的基本要素：交易，或称为价值交换、资源配置和财富管理的实现手段。金融业是提供基础性交易服务的一个经济分工，个人、公司和国家都能够利用金融业提供的服务，实现各自不同的目的。

因此，本书将金融学定义为：研究金融业如何提供交易服务，以及公司、个人和国家等经济主体如何运用金融的交易服务实现资源配置和财富管理目标的基本现象、基本方法和一般规律的一门艺术和科学。

1. 一个核心逻辑：交易创造价值

不像工业、农业等经济活动，交易并不直接创造价值，但它通过促进分工、提高效率、优化资源配置而间接地创造价值。

2. 金融业提供交易服务而创造价值

交易是市场经济最基本的经济活动之一。人类社会通过分工、专业化生产、规模化获得技术进步，提高生产效率。分工必须通过交易才能实现，交易实现专业化生产的同时获得生活的多样化需求。

金融为交易服务。金融为交易提供一般等价物——货币，为难以交易的标的提供易于交易的工具——股票、债券、金融衍生性工具等，提供便利的、集中的交易场所——银行、证券交易所等。因此，金融被称为现代市场经济的核心。金融业以提供交易服务、促进分工进而提高效率的方式创造价值。

金融学研究金融业如何为交易服务，主要包括金融工具、金融机构和金融制度。

3. 金融服务的应用部门通过交易活动实现财富管理目标而创造价值

在金融业之外，是金融业的服务对象。个人、公司和国家都利用金融业提供的金融工具、交易场所或交易规则、交易设施等交易服务进行着各自的财富管理。研究个人如何运用金融工具、金融市场进行财富管理的专业方向称为个人金融或家庭金融。研究公司或企业如何运用金融工具、金融市场进行财富管理或资产管理的专业方向称为公司金融。研究国家如何运用金融工具、金融市场进行财富管理或经济管理的专业方向称为公共财政（public finance），也称为宏观金融。宏观金融的研究甚至还包括如何运用金融工具和金融市场进行国与国之间的合作与竞争等。

4. 金融既是一门艺术也是一门科学

艺术通常是指对于一些需要解决的复杂问题，凭个人的直觉和感悟，通过创造性的思维，直接提出解决方案和思路。而科学则指对于所要解决的问题，可以通过对某些已知前提进行演绎推理得到解决方案或措施。同时，科学与艺术之间也并非存在泾渭分明的界限。当人们对艺术解决的问题进行有条理、科学的深入分析之后，它就能逐步成为科学能解决的问题。如围棋通常被认为是艺术问题，人们要运用高超的创造性思维进行博弈。但如今，当 AlphaGo 已经可以战胜世界围棋高手时，我们发现围棋也是一个科学问题。

在金融领域，金融的艺术性主要体现为金融工具的创造、复杂交易结构的建构、金融制度和金融环境的创设，以及对未来不确定性的预期等。从事这些工作的金融人才需要有更高的金融直觉和感悟，以及更强的创造性思维。他们通常是一些高层管理人才，是高层次的应用型人才。

金融的科学性主要体现在微观经济主体借助金融服务业提供的工具和环境通过交易实现财富的保值与增值方面。经过近百年的发展，这些金融的微观应用已经形成了一系列完整的科学理论和方法，使得人们面临日常金融新问题时，能够有现成的理论和方法可用，能够用规范的方法提出问题的解决方案。在教育上，这部分内容也是最容易实施、最容易传承的。

"既是一门艺术也是一门科学"说明金融学正走在科学化的道路上，正是金融学已经具备较高的科学化水平，才使得金融学被誉为经济学皇冠上的"明珠"。

（二）金融理论

金融现象是金融世界中发生或存在的客观事实，金融理论是对金融基本现象的解释。传统的金融理论主要关注对利息（率）、货币数量和通货膨胀等金融现象的解释。

利息理论探究利息的产生、性质、影响和决定利率变动的因素等问题。对利息的认识决定了是否可以有偿放贷、利率多高。

货币供求理论在宏观上研究整个社会对货币需要量的决定因素、货币的供给过程、如何实现货币供给与需求的均衡、导致货币供求失衡（通货膨胀或紧缩）的原因是什么。对货币供求理论的认识，指导着各国中央银行对货币数量的调控、保持币值稳定。

现代金融理论重点关注除货币之外的金融工具的定价问题和市场交易的组织问题，

主要包括证券组合选择、资本资产定价、期权定价、金融市场微观结构理论等内容。资本资产定价理论的发展，使交易者对金融工具的价值判断不再盲目；微观结构理论探究如何高效组织交易过程，研究信息如何融入价格过程等内容。

金融学主要介绍利息理论和货币供求理论。现代金融理论是金融专业课程的学习内容。

第一篇　金融工具

工具是指能够方便人们完成工作的器具，因此，工具具有很强的目的性和便利性。金融工具也不例外，首先，金融工具是为价值的跨时间、跨空间转移服务的，即为交易服务；其次，金融工具的使用能使交易更方便。

货币是一般等价物，它为所有的价值交换提供交易媒介，是基础性金融工具。票据既是赊销赊购的凭证，也是资金融通的凭证。当其独立流通时，也履行了一定的货币职能。货币和票据统称为货币性金融工具。

股票是投资者向公司提供资本的权益合同，是公司的所有权凭证，是交易公司所有权的工具。债券是债权债务凭证，是交易资金使用权的工具。股票和债券的发行与交易主要是公司企业、政府等机构筹集资本、投资获取收益的工具，统称为资本性金融工具。

期货和期权等金融衍生性工具是特殊的权益凭证，是关于在未来交易某种标的物的权利或义务的凭证，是交易风险的工具；能让交易者通过交易的方式实现风险管理。这类工具是建立在未来交易某种标的物之上的特殊权益合约，因此统称为衍生性工具。

金融工具的创造和发展过程始终使用了标准化与证券化技术。标准化提高交易对象的可替代性，聚焦交易需求，扩大交易对象的市场规模。货币、债券、股票、期权和期货等金融工具都是标准化的结果。货币从早期的贝壳、石头、布匹等实物货币过渡到金银货币，实现了币材的标准化；再从称量货币发展到铸币，实现了形状、重量、成色和货币单位等的标准化；从铸币到银行券、信用货币的发展过程，实现了信用货币的国家统一发行，实际是对货币信用来源的标准化。现代票据是对普通赊销赊购凭证和短期借贷凭证的格式、语义、流通功能等标准化的结果。股票是对公司所有权的权益份额及股权所隐含的权利和义务标准化的结果；债券是对资金借贷合约条款标准化的结果；期货是对一般远期合约的标准化、交易所交易的期权是对一般买卖权利的标准化。

一般商品的交换容易实现实际占有的交换，交易也相对容易进行。而对于公司所有权、买卖商品的权利等难以实现实际占有的价值形态，实现交易的重要手段就是证券化；证券化是对不同价值形态占有的书面表述和共同约定。股票是对公司所有权的证券化，期权和期货是对买卖某种标的物权利或义务等权益的证券化。证券化使原本不可交易或难以交易的价值形态变得可交易，它扩大了交易的内容范围。同样，对于某些价值形态的实际占有并非必需的，证券化也能使之更容易交易和转让。如货币作为交易媒介，实际占有是不必要的。因此，货币实现证券化和符号化之后，也使得以货币为媒介的交易活动更加便捷。

总之，证券化和标准化是金融工具得以创造与发展的两项基本的金融技术。金融工具是金融思想和金融技术的结晶，是金融世界中耀眼的明珠。

本篇主要学习货币、票据、股票、债券、期权和期货等基本金融工具。

第一章

货币——交易的一般等价物

【本章导读】

　　在人类历史上，货币的种类形形色色，有些货币现象会令人感到惊奇。

　　雅浦岛是一个人口只有五六千人的太平洋小岛。岛上居民使用一种巨大石块作为货币，当地人称这种石币为费（Fei）。小的直径约 30 厘米，大的可达 3 米（厚约 50 厘米，重达 4 吨）。石币越大，质地越好，其所代表的价值便越高。石币中间有一个孔，方便搬运。受石币重量所限，有时交易结束后，重量很大的石币不用搬运转移，而是在费上做标记，表示所有权已经易手。只要大家认可，便承认了财富的转移。岛上有一户人家，祖先曾得一巨大且质地佳的石币，由于运回雅浦岛的途中遇上海难而石沉大海，但当地的居民仍相信，即便在物理上石币已从众人眼前消失，但理论上石币依然存在，只是不在拥有者家中，所以这户人家仍拥有石币代表的价值，也可以用它进行交易。

　　货币是人们既熟悉又陌生的概念，普通大众每天都在使用，但很多人又无法知道货币从何而来、未来将向何处去。你能理解石币为什么能成为货币吗？在互联网时代，比特币会是未来的货币吗？美国犹他州参议院 2011 年 3 月 10 日以 17∶7 通过一项法案，要求犹他州认可金银币为本州法定货币。在英国公投脱欧之后，美联储前主席格林斯潘也认为应恢复"金本位"，人类还会回到使用金币的时代吗？

　　在本章我们主要思考以下问题。

　　1. 什么是货币？是哪些特征使一项标的物成为货币？

　　2. 货币产生之后除了发挥其基本职能之外，又产生了哪些额外的作用？

　　3. 在实践中，如何确认哪些是货币，哪些不是？如何计量货币？

第一节　货币的产生与发展——从实物货币到价值符号

一、货币的历史演变过程

1. 实物货币时期

　　货币是商品交易的一般等价物，它的产生是因为物质交换和商品交易的需要，其是随着商品交易的发展而发展的，并且是个相互促进的过程。

在原始社会，人类过着自给自足的生活，人与人之间几乎没有物质交换，因此也不需要货币。随着社会的进步，开始出现剩余产品，出现简单的物物交换。在物物交换过程中，人们逐步发现，要完成所需要的交易面临很多困难。例如，捕鱼者张三有多余的鱼想要换一些大米，却发现其周围只有想用兔子换鱼的人，如果继续寻找交易对手，他的鱼可能就要腐烂了。牧马者李四想用一匹马换一些靴子、衣物和粮食，结果发现难以实现一次完成交易。这些困难主要缘于交易对手不匹配和交易物品的价值量不匹配等。面临这些困难时，人们自然想到变换交易方式。张三勉强把鱼先换成兔子，毕竟兔子还能活着，然后再寻找下一次的交易机会；李四也可能先把马换成几十双靴子，然后再逐步将多余的靴子换成想要的衣物和粮食。这就是寻找一般等价物的过程，将一个完整的交易过程转换成两个交易步骤（也可能是多个交易步骤），先将自己多余的物品换成一般等价物，然后将一般等价物换成自己想要的物品。

人们选择一般等价物的首要标准是：下一次遇见我想要的物品时，对方会很容易接受我现在持有的物品。因此，一般等价物的首要特征便是普通接受性，其次是价值相对稳定、不易腐烂等，再次是价值量相对较小或者容易分割。在人类历史上，在不同的时期、不同的地区都曾出现过种类繁多的物品被充当为一般等价物。例如，我国早期的贝壳、布匹；北美殖民地时期的烟叶；第二次世界大战时期德国集中营里的卷烟；太平洋小岛上的石头；等等。这类货币被称为早期的实物货币。

2. 金属货币时期

随着生产技术的发展和社会的进步，人类开始开采和提炼各种金属。人们发现各类金属，特别是金和银，价值稳定，容易分割和保存，更适合充当交易的一般等价物。世界各地都先后选择了金银作为货币，从而进入金属货币时期。因此，马克思曾指出，"金银天然不是货币，但货币天然是金银"[①]。

在早期的金属货币时期，人们只是简单地使用金银作为一般等价物，每次使用时需要称量，鉴定成色（称为称量货币）。虽然解决了交易对手的问题，具体交易过程还是很麻烦。为了简化交易过程，有些商家或官府将金银按照一定的重量和成色铸成一定的形状，并标上铭文（称为铸币），以便人们使用，从而在交易时只需清点个数、验证铭文而无须称量和鉴定成色。同时，由于金银的价值量比较高，小额交易可能用不到一个单位的标准铸币而无法进行；人们采用其他贱金属，如铜、铁等，铸成特定的形状，如铜钱等（称为辅币），供小额交易使用。有时还强制约定贱金属辅币与标准金银铸币的比价关系。

3. 代用货币时期

金属货币的使用，提高了交易的便利性，促进了社会分工和技术进步。随着社会进

---

① 但这句话不是放之四海而皆准的，它也只是在当时的历史条件下是正确的，现在金银显然不是货币，货币也不是金银。

步和财富积累，人类社会又出现了大规模的跨区域的交易需要。大量金属货币的跨区域运输产生了新的安全性和高成本的问题。先发展起来的商家或政府部门开始提供汇兑等服务；或者由于财富的积累，需要货币的鉴定和保管服务。无论是汇兑服务还是保管服务，通常需要先将一定量的金属货币交给提供服务者，后者再开出各类收据给前者，最后在原地或异地出示收据取回相应的金属货币。这些收据就是各类票据，如我国古代的便钱、交子等。人们早期的理解是这些收据需要换回金属货币，才能用于交易或支付活动。但在有些应急和特定的条件下，持有这些收据之人试着用这些收据进行交易，结果发现是可行的，逐步地，持有这些收据的人也不急于将其换回金属货币，这些收据就在社会上承担起了交易的一般等价物的作用，其等价的依据就是这些收据上注明的金属货币的数量。这些收据就是典型的代用货币，因为真实的金属货币都相应地保存在出具这些票据的商家或机构，这些票据不过是代替这些金属货币在社会流通，因此这仍然是金属货币时期。

由于这些票据不会及时回流，商家会积累起较多的金属货币，并成为人们申请借贷的对象。初始的借贷是商家直接给付金属货币，借贷者留下借条给商家。这时商家是利用别人的金属货币进行借贷活动，并获取利息。商家在同一笔金属货币上获得了两笔收入，一是原来的汇兑手续费或保管费，二是后来的借贷利息。但形成的后果是，当票据持有者前来申请换回金属货币时，可能没有足够的金属货币支付，从而丧失信用引起纠纷。

为解决这些问题，商家必须尽量让已开出的票据在市场上流通时间更长，同时维护及时兑付的信誉。越能及时兑付，人们越放心持有它的票据，同时尽量少用金属货币支付，保留足够的金属货币以保证票据的兑付。采取的措施主要有：一是将票据制作成更便于使用和流通的形式。如金额规范统一，便于不同规模的交易使用；票面上不注明持票人姓名、到期时间，任何持票人都可以出示兑付。这就是我国历史上的银票和庄票，以及欧洲国家的银行券（banknotes）等。二是尽量给借贷申请人支付票据而不是金属货币，如果借贷者本身就需要商家的汇兑服务，这就是自然的过程；否则，只有当商家提供的票据能被普遍接受、借贷者取得票据之后能够及时用于其交易等经营活动时，这个过程才能进行。当某些商家的财富和支付信用积累到一定程度，并且有意识地经营这类汇兑和借贷活动之后，这个过程就自然出现了。同时，这类商家经营汇兑和借贷活动的收益将逐步超过其他业务的收益，并逐步转变成专营汇兑和借贷业务，这就出现了我国明清时期南方的钱庄、北方的票号和西方国家的银行。

给借贷者提供的是票据而不是金属货币时，人类社会就出现了新的货币形式——信用货币。例如，当票号等机构因提供汇兑服务收入 100 两银币，然后开出 100 两银票，此时这 100 两银票只是代替 100 两银币在社会流通，发挥货币的职能。当票号再以这 100 两银币为基础向贷款人开出另一张 100 两银票时，在这两张银票流回票号之前，社会上就有了 200 两银票流通，而真实的金属货币仍然是 100 两银币，这多出来的 100 两银票就是信用货币，它是建立在票号能"及时兑付银票"的信用基础上的货币。但这只是部分的信用货币，处于向真正信用货币过渡的起始阶段。

信用货币的出现带来了货币现象的两个突破。一是货币数量不再受制于自然资源的约束，为人类社会的分工发展、交易规模的扩大和技术进步等奠定了重要基础。二是货币也逐步失去了与客观价值基础的联系，逐步演变成没有客观价值基础的价值符号。

当货币脱离客观价值基础时，货币的发展又面临新的问题。钱庄、票号和西方国家的银行等机构，发现可以凭自己的信用创造货币（开出银票、庄票和银行券等）并获取利息收入时，就有充分发挥其信用多创造货币、多获取利息收入的激励。但这种信用货币创造得越多，就越容易出现无法兑付的现象，并丧失信用。这是一对无法调和的矛盾。这些商家需要在这两者之间努力寻找平衡，但有些商家控制不好，有些商家控制得好一些。因此，不同商家发行的票据，在社会上被接受的程度也不同。被接受程度高的能按面值流通，而被接受程度低的只能以低于面值流通。例如，当你用面值100两的李家银票购买商品时，对方可能只愿意按80两计收，这时你也只能无奈接受，因为找李家票号兑换银子时，它总能找各种理由推三阻四，让你很难兑换成功。在这种情况下，市面上流通的银票就五花八门、价值不一，从而导致货币和经济秩序混乱。更有甚者，有的商家几乎或完全失去信用，从而引起挤兑、纠纷和社会动荡。

这种情况下，通常有政府部门介入调解、整顿，然后授权少数信用较好的商家发行票据，甚至直接取缔私人发行票据的权力，政府设立相关部门垄断发行。例如，10世纪末，我国四川成都（益州）一带由于商品经济的发达和使用铁钱的不便，有些富有商户（称为交子铺户）就开始发行交子，为商品交易提供便利。由于商人追求利益的本性，交子流行后不久就出现了过度发行、兑付纠纷等问题。1004—1007年，官府介入调解、整顿，整顿之后只授权16家富户连保发行交子，但此后不久交子的发行再次陷入混乱。1023年，因与西夏交战，军费增加和民间发行交子的混乱，宋朝下令交子铺停止发行交子，改由朝廷设益州交子务，由政府垄断发行交子，即"官交子"[①]。至此，货币就有了国家信用的特征。但北宋自此开始，官府滥发货币，包括后来的南宋、元朝和明朝的早期，在交子之后，先后发行了钱引、会子、中统钞、至元钞、大明宝钞等，但都因为过度发行、过度贬值而最终废止。直到新中国成立前，政府没有再试图垄断货币的发行，货币秩序也一直比较混乱，既有政府铸造的金银铸币、铜钱，也有进口的铸币（如墨西哥的银币鹰元等）[②]，以及民间钱庄和票号等发行的庄票与银票。这也是我国商品贸易难以发展、社会分工难以深化、技术进步缓慢的重要原因。

4. 信用货币时期

西方国家，在经历私人银行券发行秩序混乱之后，主要的早期工业化国家都先后通

---

① 贾大泉. 宋代四川商品经济的繁荣与交子的产生[M]//贾大全. 贾大泉自选文集. 成都：四川人民出版社，2013.

② 1901年，清政府对于中国境内流通的银圆进行了一个调查，结果发现其中的1/3都是墨西哥银圆。

过授权成立国家独立机构（中央银行）垄断国内银行券的发行，并且逐步强制流通和取消自由兑换。1694 年以私营方式成立的英格兰银行，在成立之初就将其 120 万英镑的资本金借给政府，并获得政府授权以政府债券为准备（抵押）发行银行券的权利；1797 年，法国人即将登陆英国的消息传到伦敦，银行的挤兑风潮出现了。如果英格兰银行因挤兑而垮掉，那么英国的经济体系就要崩溃。情急之下，政府出台了临时法案，宣布暂停兑付。暂停兑付的决定延续了十几年。1826 年，英国政府核准英格兰银行在伦敦周围 65 英里（1 英里≈1.61 千米）范围内享有银行券的垄断发行权；1833 年，英国议会又再次通过法案，规定英格兰银行发行的银行券为无限法偿货币，即在交易和支付活动中不能拒绝接受英格兰银行的银行券。1844 年，英国颁布了《英格兰银行条例》，英格兰银行成为唯一能够发行英镑的银行，该银行于 1946 年被收归国有。在英格兰银行之后，世界各国先后模仿英格兰银行的货币发行模式成立了中央银行，垄断货币发行，强制货币流通。至此，社会上使用的货币已经与具有内在客观价值的金属货币渐行渐远，逐步演变成了价值符号，成为国家信用货币。

在国家信用施行之初，各国还在一定程度上保留信用货币对金银货币的可兑换，但这种可兑换是脆弱的、不可持续的。

第一，因为国际贸易，金银会跨国流动，使得各国的金银储备不均衡。国家强制力的有效范围只在一国之内，一国不会轻易接受他国的信用货币。在国际贸易中，人们还是会保持对具有客观价值的金属货币的依赖。由于经济发展的差异，金银会流向经济发达国家。如第二次世界大战后期，1945 年美国曾持有世界当时黄金储备的 60%（21 770 吨）。金银流出的国家如果要保持货币与金银的可兑换和稳定的兑换比例，就只能收缩货币发行数量，这将导致本国的货币不足，制约经济发展；或者接受他国货币。这对于一个主权国家是不可接受的。在这种情况下，多个国家会通过协商，形成一个能维持各国货币稳定和国际贸易秩序的货币安排。例如，1944 年，由美国牵头，44 个国家参与的布雷顿森林体系规定了下列内容。

（1）以美元为国际贸易结算货币。

（2）美元直接与黄金挂钩（制定了 35 美元/1 盎司的官方金价），其他国家货币与美元挂钩，各国持有的美元可按官价向美国兑换黄金。

（3）各国央行有义务维持各国货币与美元的比价稳定。

这种规定意味着各国都不能滥发货币，这在一定时期内维持了各国的货币稳定和经济发展。

第二，金银的自然储量是有限的，并且每年的开采量也不高。而世界经济总量却在快速增长，需要的货币数量也越来越多。

世界经济总量自工业革命以来，增长了近 120 倍，而黄金的累计产量却只增长 10 倍左右，白银仅增长 2.6 倍左右，如表 1-1 所示。因此，如果要维持信用货币与金属货币的兑换比例，货币的供给量根本无法满足经济增长对货币的需要量。

表 1-1　世界经济总量、黄金、白银累计产量的历史变迁

年份	1500	1800	2000
世界经济总量/亿美元[1]	2 471	6 944	827 623[2]
黄金累计产量/万吨[3]	0.36	1.53[4]	16.52[5]
白银累计产量/万吨[6]	21.5	37.5	136.7[7]

在以上两个因素的作用下，布雷顿森林体系这一国际货币安排也仅维持了不到 30 年的时间。1973 年，美国政府拒绝了别国政府按照 35 美元兑 1 盎司的比率自由兑换黄金。至此，货币与黄金就几乎彻底脱钩，货币真正进入价值符号的时代。交易活动所需的价值标准不再有客观的价值基础，而完全取决于人类智慧的调控，承担这一职能的机构——中央银行和商业银行也在人类社会的经济活动中扮演起了前所未有的重要角色。

思 政 阅 读

闽西工农银行的货币

1929 年 3 月，毛泽东、朱德率领红四军进入闽西，开辟了红色革命根据地，建立了苏维埃政权。为粉碎敌人的经济封锁，稳定币值和市场，保障革命根据地在经济上的独立自主，中共闽西特委、闽西苏维埃政府决定在信用合作社的基础上建立起闽西工农银行。1930 年 9 月，闽西第二次工农兵大会通过了成立闽西工农银行的决议，推举邓子恢、阮山、曹菊如、蓝为仁、张涌滨、赖祖烈、黄维仁七人为银行委员会委员，阮山为主任。1930 年 11 月 7 日，闽西工农银行在福建省龙岩县（今龙岩市新罗区）下井巷成立，行长阮山，会计科长曹菊如，出纳科长陈寄今，营业科长赖祖烈，全行共 11 人。1931 年 10 月迁往汀州城（今福建长汀县）十字街。

闽西工农银行成立后，发行了面额为 1 元的银圆券和面额为 1 角、2 角的银圆辅币券三种面额的货币，制定了"掌握多种储备，注重经济发行，排斥非苏区纸币，统一银毫兑换率"等一系列金融政策。

曹菊如当时认为，要提高纸币信用，首先要保证信用。银行坚持"来者不拒，随来随换"，兑换比价稳定不变，从而安定了民心。持纸币来兑银圆者日渐减少。有的人因

---

① 麦迪森. 世界经济千年史[M]. 伍晓鹰，许宪春，叶燕斐，等译. 北京：北京大学出版社，2003. 按购买力平价计。

② 2012 年。

③ 综合 David Zurbuchen, http://www.gold-eagle.com/article/worlds-cumulative-gold-and-silver-production 和 W. C. Butterman and Earle B. Amey III, https://pubs.usgs.gov/of/2002/of02-303/OFR_02-303.pdf.

④ 根据区间产量估计。

⑤ 2008 年。

⑥ David Zurbuchen, http://www.gold-eagle.com/article/worlds-cumulative-gold-and-silver-production.

⑦ 2004 年前的估计数加 2005 年之后的统计数据 10.4 万吨得 2012 年的累计数。

银圆携带不方便，愿收纸币不收银圆。民间贸易商人甚至用银圆来银行兑换纸币，愿付百分之几的"贴水"。

1931 年 11 月 7 日，闽西工农银行举行了闽西工农银行周年纪念，并举办为期一周的金塔银塔展览会，即用金条摆成一个金塔，用银圆堆成一个银塔，群众观后都称赞说："从来没有见过这样多的金银财宝，苏区银行也有雄厚的资本。"这使苏币在群众中的信誉大增，进一步稳定了币值，统一了货币流通。闽西工农银行纸币信用之高、币值之稳定，是根据地发行纸币的"奇迹"。闽西工农银行成为土地革命时期中央苏区最有影响力、最具有示范作用的革命金融机构。

1934 年红军长征之后，留守在苏区的闽西工农银行员工信守承诺，坚持工作。他们冒着生命危险走村入户，一个个结清存款、收回纸币，用行动呵护闽西工农银行的信用，用生命抒写共产党人的庄严承诺。1935 年春，中共福建省委被打散后，闽西工农银行已经无法履行职责，才不得不停止工作。新中国成立后，经中央人民政府同意，中国人民银行于 1952 年对闽西工农银行的股东所持有的股票和原发行的纸币进行收兑，最大限度保障群众的利益、维护党的金融信用。

闽西工农银行的成立及其货币的发行打破了半殖民地半封建的金融体系，创建起新型的民主主义的金融机构，有着非凡的历史意义。

二、货币演变的规律

1. 标准化

标准化是一种技术手段，就是让一类物品或对象具有一致的特征，包括规格、质量和成色等，目的是使该类物品或对象能被更大范围使用，并且容易互换或替代，能提高使用的简便性。作为交易一般等价物的货币最重要的要求之一就是能被普遍接受。因此，用标准化的手段创造货币就是自然的选择。

从实物货币币材的五花八门，到金银货币，实现了币材的统一和标准化。从金银称量货币到铸币，实现了形状、质量和成色的标准化，提高了使用的便利性。在代用货币时期，标准化首先是对形式不一的票据条款，包括金额、时间、署名以及权利和义务等内容进行简化、规范和统一，形成了银行券和银票等标准化的票据。在代用货币向国家信用货币过渡时，对信用来源的标准化，由各种各样的商人私人信用标准化成统一的国家信用，再次规范了代用货币的价值基础，使货币的使用范围从私人所能影响的有限区域扩大到整个国家甚至多个国家，扩大了货币被普遍接受的范围。

2. 证券化和符号化

证券化是指对权益的书面确认和共同约定。持有借条表明持有人有权在特定的时间收回特定的本金和利息，持有汇票表明有权收回当初委托转移运输的金银等货币。持有这些书面凭据就相当于持有相应的权益和价值，标准化之后的书面凭据就是各类证券，如银票、银行券等。这类证券转移、转手和交易很容易，而货币作为交易的一般等价物，仅仅是在交易过程中作为中介转手，并不需要特定价值的实际占有。因此，证券化之后的价值形态，最适合承担货币职能，银行券和国家信用纸币也就逐步取代了金属货币。

书面凭据和证券的本质就是对权益的记载，就是有特定含义的符号记录。在纸媒体时代，人类的信息只能记录在纸面上，当人类跨入电子媒体时代后，计算机网络系统成了人类最重要的信息记录媒体，当人类在网络系统上构建起公正、可靠、安全的价值记录体系之后，纸币等纸媒体媒介记载的权益关系就自然转移到了计算机网络记载体系上，这就有了现代的存款货币等电子化的真正意义上的货币符号化。货币符号化之后，货币就是一个由记账符号、记账方法、记账规则、记账载体（计算机网络系统）构成的完整记账体系中的记账符号。

证券化的逻辑基础是信用，如个体之间的信用、公众之间的多方信用、政府的信用等，信用具体地表现为债权债务关系，这种信用关系有着具体的债权人的监督，是可靠的证券化、符号化手段。

3. 信用的延伸和滥用

信用的本质是相信某种承诺，通常通过特定的信息记载以传递这种承诺。交易就是人与人之间的合作，如果没有一定的信用，任何交易都无法进行。同样作为交易的一般等价物，其发展和演变过程也处处体现信用的作用。铸币的形状和铭文传递的是该铸币包含一定数量的特定成色的金或银。因此，人们使用时不再称量、鉴定成色。银票是票号承诺见票给付票面金额的银币；银行券是银行承诺见票可兑换特定金额的金或银；国家发行的纸币是承诺其具有特定的内在价值，通常是承诺保持既有价值，即币值稳定。因此，信用的内涵和使用范围的延伸是货币发展与演变的重要线索。

信用在形成之后，也存在被滥用的风险。一是被盗用。因为信用的具体表现就是某种承诺的记载，容易被造假。自铸币使用以来，人类社会就不断与假币做斗争。二是被信用所有者过度使用以致破产。信用的使用几乎没有显性的成本，所有者都有过度使用的冲动。银行券的超发、国家信用纸币的泛滥都是信用的滥用。前者通常导致银行挤兑和破产，后者通常导致社会动荡、政府更替。我国北宋发明交子，经过南宋、元、明初，200多年的时间里，政府滥用政府信用，屡屡超发货币，不断换旧币发新币。从金融角度看，这也是宋朝灭亡、元朝短命的原因之一。

货币信用是一种特殊的公共信用，有人信任并使用它，其他人也就容易信任它，从而形成良性循环，成为真正有价值的货币；相反，如果有人不信任而拒绝使用，也会形成恶性循环，使之破产。18世纪中期，由于战争等原因，英格兰银行的银行券曾经暂停兑换。当时的银行家弗朗西斯·巴林反对恢复兑换，他认为这种公共信用的倒退会产生不可估计的后果，认为信贷从来不应该授之于社会动乱，而应该使英格兰银行银行券成为法定货币，同时货币量要进行控制，保持英格兰银行的独立性，防止政府干预货币发行。

扩展阅读 1-1

第二节　货币的类型和职能

一、货币的主要类型

（一）按货币的历史演变分

按货币的历史演变过程，可分为实物货币、金属货币、纸币和存款货币。

1. 实物货币

实物货币是人类社会早期那些曾经充当过交易一般等价物的特殊商品。在人类历史上曾经作为货币的特殊商品主要有布匹、贝壳、牲畜、龟背、动物的牙齿及兽角、毛皮、盐巴、特殊的石块等。其主要特征是价值稳定、相对容易保存、价值量适中等，具有充当交易一般等价物的主要性质，充当货币时基本保持其原有形态，其作为货币的价值与其作为普通商品的价值相等。实物货币的主要缺点是体积大而笨重、质量不一、不易分割、难以携带，有的甚至容易磨损和腐烂。实物货币不是理想的交易媒介，随着社会的进步逐步被金属货币所取代。

2. 金属货币

金属货币是以金属为币材的货币，它又分为称量货币和铸币。

金属货币具有实物货币不可替代的优越性。其价值相对稳定，易于分割、保存，便于携带等。因此，在金属熔炼技术和矿山开采技术发展之后，金、银和铜等金属在商品交换中逐步成为交易对象，最后取代实物货币成为主要流通货币。

金属货币最初是以条块状流通的，每次交易时要称量、鉴定成色。这种货币称作称量货币。称量货币在交易中使用不便，难以适应商品生产和交换发展的需要。随着商人阶层的出现，信誉好的商人在货币金属块上打上商人印记，标明其质量和成色，用于流通，于是出现了最初的铸币，后来为了便于识别，又将金属铸成特定形状，通常为圆形，即私人铸币。当铸币使用突破区域范围后，国家便开始管理货币，设立专门的铸币厂铸造货币，这就出现了国家铸币。私人可以将自己的金银交给铸币厂，缴纳一定费用后铸成相应的国家铸币。

3. 纸币

纸币是以纸张为币材印制成特定形状、标明一定金额的货币。纸币又分为兑现纸币和不兑现纸币。兑现纸币是指持有人可以随时向发行机构或政府兑换成金属铸币或金银条块的纸币，它是商人提供金属货币的汇兑和保管等服务时，对其提供的票据进行标准化、规范化之后而创造出来的，其效力与金属货币完全相同。不兑现纸币是不能兑现成金属铸币和金银条块的纸币，它只有货币价值而没有币材价值。它是在兑现货币基础上，由于相对于金属货币存量而过度发行，不能及时兑付，通过暂停兑付、增加兑付难度、拒绝兑付、政府强制流通而形成的。目前，各国流通的纸币大都是不兑现纸币。

4. 存款货币

存款货币是记录在银行账户上，可以通过开立支票或转账等实现交易支付的货币。在政府垄断货币发行之后，客户仍然有保管、汇兑纸币等需求，银行在提供这类服务时，虽然不能再发行具有货币流通性质的票据，但在银行体系扩大之后，银行可以通过提供转账服务，让银行客户通过账户之间的转账实现交易支付，从而使存款成为新的货币。

例如，刘建国在工商银行存了 1 000 元，并有了自己的存款账户，张华和付小红也有工商银行的账户。刘建国找张华买了件衣服，需支付 500 元，他通过自助或通知银行的方式，让银行从自己的账户转 500 元到张华的账户。不久，张华又因进货，通知银行将 500 元从自己的账户转到付小红的账户。这就相当于银行开出了一张"票据"，然后在刘建国、张华和付小红之间转让与流通，不过这张"票据"不是有形的，而仅仅是通过各种形式的指令（这种指令既可以开立支票，也可以通过网络或 ATM 机通知银行），在他们三个人的银行账户之间进行账户划转而已。因此，存款因转账而成了货币。更重要的是，虽然刘建国用了 500 元，但对工商银行而言，刘建国存进来的钱始终留在银行，银行也可以"挪用"这些存款发放贷款，形成新的存款货币。这与金属货币时代的银行券和银票货币的创造逻辑是一样的。现代社会，存款货币已经成为主要的交易媒介。

（二）按货币价值与币材价值的关系分

按货币价值与币材价值的关系，货币可分为商品货币、代用货币和信用货币。

1. 商品货币

商品货币的货币价值就是币材的价值，早期的实物货币和金属货币都属于商品货币。其主要优点是具有客观的价值基础，不存在贬值等风险。其缺点是实物和金属币材使货币的运输与保管困难。

2. 代用货币

代用货币通常指可兑现纸币，是代替实质货币在市场上流通的货币。代用货币的币材就是纸张，币材本身没什么价值，其价值表现为可以随时兑换成具体的金属货币，因此，代用货币仍然具有客观的价值基础。其优点是成本低，便于携带，方便使用。

3. 信用货币

信用货币的币材是一些特殊纸张、贱金属，或者根本没有币材，就是一些记账符号。信用货币的价值与币材无关，也没有客观的价值基础。为什么没有客观价值的纸张等可以成为货币与有价值的商品进行交换？原因是货币不过是交易的媒介而已，本质上并非交易的目的。例如，刘建国想用 5 双跑鞋换 1 部手机，并且也能实现交易，那么这种交易就是等价交换，即

$$5\text{双跑鞋} = 1\text{部手机}$$

或者写成

$$\frac{5\text{双跑鞋}}{1\text{部手机}} = 1$$

现在由于交易不便，我们引进了货币，即先用 5 双跑鞋换 X 单位货币，然后再用 X 单位货币换 1 部手机，用式子可以表示为

$$\frac{5\text{双跑鞋}}{X\text{单位货币}} \times \frac{X\text{单位货币}}{1\text{部手机}} = 1$$

由以上式子可知 X 取非零的任何值都不影响等式的成立。如果取 $X = 5$，1 单位货币价值就是 1 双跑鞋；若取 $X = 1$，1 单位货币价值就是 5 双跑鞋或 1 部手机。因此，货币价值是否具有客观价值基础对实现交易并不重要，重要的是货币价值的稳定，因为有了货币之后，所有的交易都是跨期的。

虽然信用货币已经没有了客观的价值基础，但其价值的演变通常都有连续性。从代用货币向信用货币演变时，信用货币通常继承代用货币的价值。如美国宣布拒绝美元自由兑换黄金时，市场上流通的美元价值也基本维持在 35 美元/1 盎司黄金。当一国面临恶性通货膨胀，废除旧币发行新币时，也会规定新旧货币之间的兑换比例。因此，信用货币虽然没有了客观价值基础，但其价值也不会任意指定、随意变动。

在现代社会，不兑现纸币、小额的辅币和银行的存款货币都属于信用货币。

（三）按货币的使用范围分

按货币的使用范围，货币可分为国内货币和国际货币。

在现代信用货币制度下，信用货币的流通以一国政府的强制实施做保证。通常一国国内只能流通本国政府发行的货币，

案例 1-1

称为国内货币，也称为本币；他国货币不能在国内流通，统称为外币。而在国际贸易等国际交往中，货币的使用主要取决于自愿原则。经济发达国家的生产能力强，其商品和服务会有更多的国际需求，其货币也会被普遍地接受，而成为国际货币。历史上英镑、美元、日元、欧元等都曾是重要国际货币。近年来，我国的人民币也被越来越多国家所接受。

有些国际货币会被一国中央银行作为储备资产持有，以应付国际贸易逆差和国际债务清偿等问题，这类货币也称为储备货币。此外，由于黄金具有客观价值基础，虽然现在很少用于国际支付，但仍然被多数国家作为储备资产持有。在一定意义上，黄金还可以被看成国际货币。

二、货币的主要职能

1. 交易媒介

货币是为解决交易困难而产生的，是交易的一般等价物。因此，交易媒介是货币的

基本职能。作为交易媒介，货币极大地解决了交易对象匹配、跨空间、跨时期等交易难题，为深化社会分工提供了保证，促进了技术进步和社会发展。

交易媒介职能包括流通手段和支付手段。作为流通手段，货币是人类为解决交易困难而寻找并进而创造出来的特殊而又被普遍接受的价值形式，是所有交易的中心。在人们不断地利用货币进行交易的过程中，货币在不同的交易者之间进行转让、流通。

早期人们认为，作为流通手段的货币必须是现实的货币而非观念上的货币。因为货币作为商品交换的媒介时，它是包含或代表一定的价值量来同商品相交换的，交易双方必须是一手交钱，一手交货。实际上，随着科技的发展，作为流通手段的货币也可以是观念上的货币，即符号货币或存款货币。如前述刘建国、张华和付小红之间的交易，就是 500 元的存款货币在他们三人的存款账户之间转移和流通而实现的。

货币作为支付手段，通常指货币用于结清因赊销赊购、劳务购买、税收、借贷等行为而产生的债权债务关系，本质上是交易的跨期完成而产生的需要用货币结清交易的一个过程。

2. 价值尺度

价值尺度是交易媒介功能的延伸。尺度就是比较，有交易就有比较。因此所有可交易的物品和劳务都具有价值尺度的功能。例如，用 5 双跑鞋交换 1 部手机，跑鞋和手机就可能互相成为价值尺度，可以说 1 部手机值 5 双跑鞋，也可以说 1 双跑鞋值 0.2 部手机。但有了货币就有了统一、标准的价值尺度，即使没有交易也可以进行价值衡量。有了统一的价值度量标准，对经济活动就方便进行规划、评价，从而提高经济决策科学性和有效性。

有了货币才使会计核算成为可能。例如，有一个家庭生产了 2 000 千克的大米、10 头羊和 20 只鸡，买进了 100 尺布、5 双鞋和 1 头牛。我们很难知道这个家庭是收入多还是支出多。一个企业、一个国家也类似。统一用货币进行价值核算时，能够方便地衡量不同投资项目的成本和收益，选择较优的投资项目；能方便地评价、比较公司或企业的经营绩效，进而还可以核算一国的宏观经济。

统一的价值尺度还提高了经济社会的分工、合作的水平和效率。正如建造大厦需要有标准的长度单位一样，建设"经济大厦"也需要有标准的价值尺度。想象一下，当建造港珠澳大桥的工程师和工人们手上拿的皮尺的单位不一样时，有的是米，有的是厘米等，那么，这座大桥的建造过程会是什么情景？如果他们的长度单位还会随时间而变，又会是怎样的情景？货币的价值尺度功能对经济建设的作用正如长度单位对于大型建筑的作用一样，其核心的功能在于价值尺度的统一、标准和稳定。但在信用货币制度下，币值的稳定却是对人类智慧的极大考验。

3. 价值贮藏

货币通过跨期的价值交换实现价值贮藏，也是交易媒介功能的延伸。货币作为交换媒介把"物品 A—物品 B"的直接交换转变成了"物品 A—货币—物品 B"的间接交换。这一转变之后，人们手中物品 A 变成了货币，有时并不急于进行第二步的交易，这时原来的物品 A 就被转换成货币而贮藏起来。等到需要之时，再将货币换成需要的物品 B。

大多数用于消费的物品和劳务的价值是不能贮藏的。食品会腐败、布匹会老化等，劳务也只是个过程。要贮藏这类价值，最好的方法就是转换成货币，持有货币。换成货币对个人来说是价值贮藏，但对整个社会而言，食品等最终会腐烂，是不可能贮藏的。这类价值贮藏的本质是交易，是互通有无。劳务价值的贮藏也类似，年轻的时候多劳动，多积累货币等财富；年老时用货币购买食品、看护等服务，就实现了价值的贮藏和跨期消费。这种价值贮藏手段有效地提高了人类社会的生活水平。

货币的价值贮藏职能增加了人类社会的财富积累，在财富积累的基础上，就能实现货币资金的借贷，进而能有效动员社会资源，提高社会的财富创造能力。

货币要实现价值贮藏职能，必须保证自身的价值稳定。如果货币持续贬值，它就失去了价值贮藏职能，人们会选择其他的价值贮藏手段，如价值比较稳定的黄金、珠宝、房屋或土地等。如果货币急剧贬值，甚至可能失去交易媒介职能，市场会回到以物易物的状态。

第三节　货币的本质和货币计量

一、货币的本质

（一）对货币本质认识的历史过程

历史上对货币本质的认识经历了货币金属论、货币符号论和马克思的一般等价物理论。

16世纪的重商主义学派认为，货币用于交换，必须有与交换对象同等的价值，金银等贵金属具有实质价值，是财富，因而货币天然是贵金属，不能被其他商品所代替，金银是一国真正的财富。因此，重商主义者极力建议国家发展对外贸易，以换取国外的金银。这种把货币等同于贵金属的观点，被称为"货币金属论"。

在货币金属论主导下，有些国家禁止金银货币输出，阻止外国商品的输入，甚至不惜将本国的生活必需品也大量出口以换取货币，结果导致国内货币泛滥、产品枯竭、物价上涨、民不聊生。在该情况下，诞生了货币符号论，否定重商主义学派的理论基础——货币财富观。

货币符号论又叫货币工具论，从货币的关键职能——流通手段和支付手段等认识货币，完全否定货币的商品性和价值性，认为货币不是财富，主张货币只是一个符号、一种票证，是名目上的存在，是便利交换的技术工具。其价值是由国家权威或法律赋予的，是商品价值的符号，是观念的计算单位，可以不具有实质价值，可以用任何材料制成。

货币符号论的缺点是完全否定了货币的价值，实际上是混淆了货币的交换价值与商品使用价值。

马克思以劳动价值论为基础，区分了商品的交换价值和使用价值，提出了一般等价物理论，认为货币是从商品世界中分离出来的，固定充当一般等价物的特殊商品，它反映一定的社会生产关系，但货币本身没有阶级性。

现代金融经济学家，主要从实践的角度，根据货币的普通接受性、交易媒介（支付手段、流通手段）和价值尺度等方面界定货币。凯恩斯把货币界定为"具有一般购买力的，能被用来结清债务合同价格的东西"；现代货币主义代表弗里德曼认为，货币是购买力的"栖息所"，具有为一般人能接受的交换媒介的职能；美国当代经济学家托马斯·梅耶定义货币：任何一种能执行交换媒介、价值标准或完全流动的，具有财富贮藏手段职能的物品都可看成是货币。

（二）关于货币本质的若干问题

1. 货币价值与币材使用价值的关系

早期的实物和金属货币都有内在足值的使用价值，与一般商品交换时，基本上能够实现等值交换。但是，当具有使用价值的实物商品充当货币之后，其使用价值的存在就构成两个矛盾：一是要靠使用价值的存在保证其能够作为货币进行交换，它的使用价值就不能被消费而实现其价值；二是货币作为流通手段，需要在一定的时间内保持其货币特征，由此，币材的使用价值就可能因腐败或老化而被浪费，即使金银等不会老化腐败，也因为使用价值的闲置而浪费。而货币需要足值的观念完全建立在以物易物的基础上，实际上充当交易媒介的货币并非交易的目的，而是实现交易的手段和工具，并不需要足值的币材，因此就有了现代的信用货币。但币材没有价值，并不等价于货币没有价值。

2. 货币符号与货币价值的关系

货币从商品货币、称量货币、铸币等"足值货币"演变为银行券、纸币等"不足值货币"是货币历史上的第一次革命；而现代的电子货币、记账货币的出现则是货币历史上的第二次革命，即货币从有形向无形化、标准化发展与演变，其符号化特征越发突出。

现代信用货币已不是通常意义上的商品，不具有内在价值和使用价值，而是一般等价物所需要的统一的、标准化的价值符号。

货币价值则是通过交换得以体现。如100单位的货币可以购买1双跑鞋，则1单位货币价值就是百分之一双跑鞋，以此类推。但货币借贷则无法体现货币价值，而体现货币的时间价值。

3. 信用货币与财富的关系

对个体而言，货币是财富，是资产。持有货币可用于交易具体商品，并获得相应的使用价值。但对发行者而言，货币则是负债。现钞是中央银行的负债；存款货币是商业银行的负债。对整个社会而言，货币是一项重要的基础性交易工具，并不服务于具体的消费目的。信用货币就是债权债务凭证，全社会的债权债务之和应该为 0，货币不是财富。

综合以上分析，作为价值尺度的货币可能是任意的符号，其价值量通过交易得以体现。任何与货币交易的商品的价值量就是其价格，相反，货币的价值量就是相应商品价格的倒数，由于货币与所有商品交易，货币的价值量就表示为一般商品价格（代表性商品篮子的价格）的倒数。作为流通手段的货币需要具体的、稳定的价值形态。债权债务凭证就是一种相对稳定的特殊价值形态，其稳定性表现为受到债权债务关系的制约，不易随意变动和调整；同时，债权债务凭证没有具体的使用价值，只有货币价值。因此，现代信用货币的本质可以认为是充当一般等价物的特殊价值形态。

二、货币计量

认识货币的本质是为了能在实践中具体确认什么是货币、什么不是货币。对整个社会而言，货币不是财富，并非多多益善。过多的货币会导致币值不稳定、通货膨胀；货币不足也会制约经济发展。因此，在实践中，准确计量货币总量是控制货币供应水平、实现货币稳定的基础性工作。

货币计量的目的是测度货币持有部门在购买商品、劳务、金融资产和非金融资产时拥有货币的可能性。货币总量是中央银行在决定货币政策时所密切关注的指标，货币总量的变动是实现币值稳定（物价稳定）等最终政策目标的中间目标。

（一）货币计量理论依据

在一般意义上探讨货币时，主要强调某类资产在具有"普遍可接受性"条件下作为交易媒介和价值贮藏的职能。但在货币计量实践中，"流动性"（liquidity）日益成为区分货币层次和计量的重要标准。

现代信用货币最初都是银行发行的，是银行的债务凭证。在现代中央银行制度下，中央银行发行的纸币、商业银行创造的存款是标准货币。但在实践中，还有很多的价值形态在发挥着交易媒介等货币职能，有的很容易转换为标准货币，如定期存款，流通中的票据、债券等。

货币，对于持有者来说，就是一项资产，可以最方便地交易成其他资产。但除了货币之外，其他资产也可以实现这一目的。如一个人想买一辆汽车，最容易的方式就是用现金购买；他也可能用他持有的票据、定期存款的存单、债券、股票等资产去交换，只要卖汽车的人愿意接受；他也可能将这些资产先换成现金，然后去购买汽车。因此，很多资产都具有一定的"货币性"。

现阶段，世界各国普遍以资产的流动性的强弱作为划分和计量货币的主要依据。流动性是指一项资产及时转变为现实购买力并不受损失的能力。社会公众持有的各类资产中，根据流动性从强到弱，大致可分为以下几类。

1. 现金

居民手持现金和企业单位的备用金，可随时作为流通手段和支付手段，故具有最强的购买力。

2. 活期存款

活期存款可以通过签支票、自助转账、POS 机转账等方式进行支付和流通，与现金具有类似的购买力。

3. 定期存款

定期存款可以提前取现，但需支付一定的利息成本，因此其流动性弱于活期存款。

4. 股票和债券

在证券市场发达的条件下，股票和债券也相对容易变现，但急于变现时，可能要降低成交价格，支付较高的变现成本。

5. 票据

票据主要指各类银行和商业票据，由于金额大、受众范围有限，因此流动性较弱。

6. 其他各类资产

房屋、汽车等其他各类资产均具有特定的使用价值，更加难以变现，流动性更弱。

（二）货币计量实践

由于各国金融发展路径和发展阶段的不同，各类金融工具的使用习惯和形式也各不相同，因此，在货币计量上各国也存在差异。为了便于国际比较，国际货币基金组织推荐了一个货币计量的统计口径。

（1）M0（现钞）。此处的现钞指流通于银行体系外的现钞，包括居民手持现金和企业单位的备用金。具体统计时，它等于中央银行的货币发行总量减去商业银行的库存现金。

（2）M1（狭义货币）。M1 = M0 + 商业银行的活期存款。M1 是现实的购买力，是各国货币政策调控的主要对象。

（3）M2（广义货币）。M2 = M1 + 准货币。准货币一般由定期存款、储蓄存款、外币存款及各种短期信用工具，如银行承兑汇票、短期国库券等构成。准货币能够较为容易地转化为现实货币，进而增大流通中的货币量。M2 包括了一切可能成为现实购买力的货币形式，自 20 世纪 80 年代以来，成为各国货币供应量调控的重点。

我国对货币层次的研究起步较晚，参照国际货币基金组织的划分口径，现阶段我国货币计量划分为以下四个层次。

（1）M0 = 流通中现金。流通中现金主要包括企业、个人、机关团体、非存款类金融机构所持有的硬币和现钞总和，即中央银行发行的货币扣减银行业存款类金融机构库存现金后的货币总额。

（2）M1 = M0 + 企业单位活期存款 + 农村存款 + 机关团体部队存款 + 个人持有的

信用卡类存款。

（3）M2 = M1 + 城乡居民储蓄存款 + 企业存款中具有定期性质的存款 + 外币存款 + 信托类存款。

（4）M3 = M2 + 金融债券 + 商业票据 + 大额可转让存单等。

其中，M1 是通常所说的狭义货币，流动性较强，是国家中央银行重点调控对象。M2 是广义货币，M2 与 M1 的差额称为准货币，流动性较弱；M3 是考虑到金融创新的发展而设立的，暂未测算。图 1-1 是我国 1990—2020 年的货币供应量变化情况，我国的货币供应量随着经济增长而增长，广义货币 M2 从 2000 年的 13.46 万亿元增长到 2020 年的 218.68 万亿元，年均增速达 13.9%。随着金融信息化的发展，现金占比（M0/M2）也逐年降低，从 2000 年的 10.92% 下降到 2020 年的 3.85%，基本上快进入无现金社会。

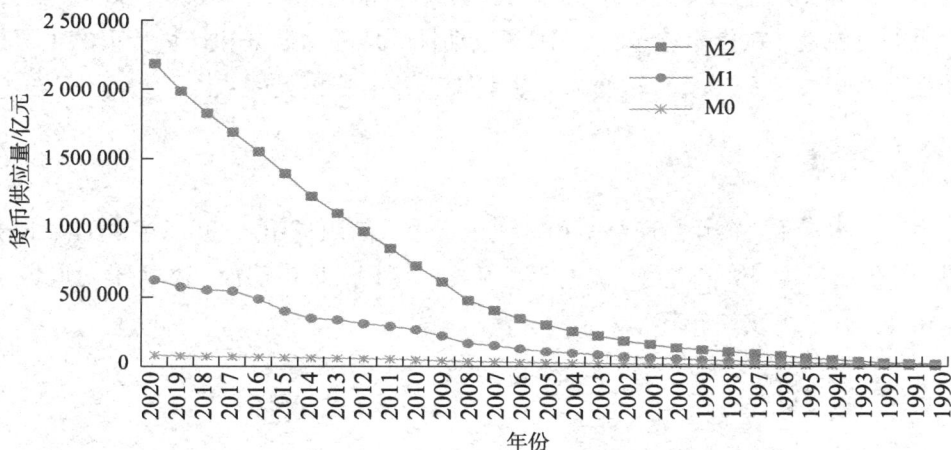

图 1-1　我国 1990—2020 年的货币供应量变化情况

本 章 小 结

货币发展从实物货币、金属货币（铸币）、代用货币到现代信用货币的演变，遵循的基本目的是为交易服务，解决交易困难。因此，货币被称为交易的一般等价物。标准化和证券化是货币性工具发展演化的基本金融技术与演化逻辑，标准化实现币材、计量单位、货币形状，甚至信用来源等的统一和规范，使得货币更易于使用，增强货币的普遍接受性。证券化解决了商品货币时代币材的使用价值与货币价值的内在矛盾，也使得货币供给更具弹性，能根据商品交易对货币的需求而调整。信用的内涵和使用范围的延伸是货币发展与演变的重要线索。货币信用形成之后，存在被盗用和过度使用等风险。

货币的种类，如果按演变过程，可分为实物货币、金属货币、纸币和存款货币。若按货币价值与币材价值的关系，货币可分为商品货币、代用货币和信用货币。不兑现纸币、小额的辅币和银行的存款货币都属于信用货币。若按货币的使用范围，货币可分为国内货币和国际货币。

交易媒介是货币为交易服务的基本职能，它包括支付手段和流通手段。在充当交易媒介的基础上，它又派生了价值尺度和价值贮藏的职能。货币的使用带来了标准的价值尺度，为人类社会的分工与合作创造了基础性条件。

作为价值尺度的货币可以是任意的符号，其价值量通过交易得以体现。作为流通手段的货币需要具体的、稳定的价值形态。债权债务凭证是一种相对稳定的特殊价值形态，其稳定性表现为其价值受到债权债务关系的制约，不能随意变动和调整；同时，债权债务凭证没有具体的使用价值，只有货币价值。因此，现代信用货币的本质是充当一般等价物的特殊价值形态。

货币计量的目的是测度货币持有部门在购买商品、劳务、金融资产和非金融资产时拥有货币的可能性。在货币计量实践中，"流动性"是各国划分和计量货币的主要依据。"流动性"是指一项资产及时转变为现实购买力并不受损失的能力。

知识要点

货币、实物货币、铸币、商品货币、代用货币、信用货币、纸币、标准化、证券化、交易媒介、价值尺度、价值贮藏、流通手段和支付手段、货币层次、流动性、现钞（M0）、狭义货币（M1）、广义货币（M2）

复习思考题

1. 简述货币的主要类型。
2. 货币的职能有哪些？
3. 如何理解货币的本质？
4. 如何理解标准化、证券化对货币创造的作用？
5. 请分析信用在货币发展和演变过程中的作用。
6. 什么是"流动性"？举例说明流动性的重要意义。
7. 简述货币层次的划分和货币计量标准。

作业

1. 请收集中国近 30 年来的货币供应量（M0、M1 和 M2）和 GDP（国内生产总值）的发展变化情况，据此分析你对货币的理解，以及货币供应量与经济发展的关系。
2. 请对你身边的人（至少 20 个样本）做一个关于"货币是什么"的调查，并做调查分析报告。

第二章

票据——商人货币

【本章导读】

2016年1月22日，农业银行晚间发布公告：农业银行北京分行票据买入返售业务发生重大风险事件，经核查，涉及风险金额为39.15亿元。

重庆市公安局移送审查起诉认定：2015年3月，王某一（另案处理）经人介绍与姚某、张某结识。2015年5月，王某一与姚某共谋挪用票据二次贴现用于购买理财产品等经营活动。后姚某、张某、王某二、刘某共谋，利用分别承担的审查审批客户提交的票据及资料、办理票据封包移交及入出库手续等职务便利，共同将已入库保管的银行承兑汇票票据包提前出库交由王某一使用。王某一将挪用票据二次贴现后的资金部分用于购买理财产品和支付票据回购款，部分用于高风险股票投资交易等活动。但因投资不当，资金产生巨额亏损。同年9月，王某一明知自身已资不抵债、根本不具备回购票据的能力，故意隐瞒将提前出库票据二次贴现所得资金的真实用途以及资金链断裂的财务状况，继续与农业银行北京分行开展票据买入返售业务。截至2015年12月，共发生业务39笔，涉及票据381张，票面金额合计人民币32 307 359 670.2元。

根据北京银监局2017年11月17日公布的"京银监罚决字〔2017〕1号、京银监罚决字〔2017〕19号"：

对中国农业银行北京市分行、姚某等涉案职工分别给予罚款、禁止终身从事银行业工作等行政处罚。

该案例表明，票据是一项十分重要的金融工具，那么票据是什么？它是如何产生和创造的？它对经济有何意义？

第一节 票据概述

在货币发展的代用货币阶段，人类社会创造了种类繁多的各类信用凭据，这些信用凭据通过对凭据形式和信用来源等方面进一步标准化之后就形成了现代的信用货币，但传统的信用凭据仍然具有一些信用货币无法替代的交易支付和融资等功用。因此，这些传统的信用凭据在另一条发展路径上，以票据法律为约束，进行有限标准化之后，形成了现代的票据。

早期的信用利用口头承诺方式进行。口头承诺仅凭双方当事人的相互信任建立起来，一般是无形的，对双方都无约束，有较大的道德风险，经常发生毁约失信情况。为制约双方当事人信守合约，人们便将信用工具从口头承诺形式发展到挂账信用形式，即将债权债务关系用记账的方式反映在账簿上。挂账信用是一种有形的信用工具，它比原始的口头承诺前进了一步。但由于挂账信用不规范，难以受到监督和有效的制约，并且挂账信用无法流通，使用范围有限。于是，人们便创造出完善的书面信用工具。这种书面信用工具可将借贷双方的权利和义务反映在具有一定格式的书面凭证上。由于这种书面凭证具有一定的格式①，能准确记载借贷双方的权利和义务，明确偿还日期和偿还金额，又经过一定的法定程序，能有效约束双方的行为，因此，它具有法律效力，可以偿还、转让、贴现。这种具有一定格式并可用于证明债权债务关系的书面凭证叫作票据。

票据是市场经济中货币信用发展到现代的产物，它既是反映现代经济生活中债权债务关系的重要凭证，又是促进市场经济高速高效运行的信用工具、支付工具和流通手段。

票据从其签发、背书、承兑、保证，一直到支付等各阶段的行为和责任，都是在严密完善的票据法律的管辖下规范运作的。票据在现代国内国际结算中占核心地位，票据融资成为我国社会融资总规模的重要组成，票据市场是我国利率市场化最早、最充分的金融货币子市场，它是一种高效率、高质量和高度规范化、统一化的工具。

案例 2-1

一、票据的概念

票据的概念有广义和狭义两种。广义的票据泛指各种有价证券和凭证，如债券、股票、提单、国库券、发票等。狭义的票据仅指以支付金钱为目的的有价证券，即出票人根据票据法律签发的，由自己无条件支付确定金额或委托他人无条件支付确定金额给收款人或持票人的有价证券。

我国和很多其他国家一样，主要使用狭义的票据，即汇票、支票及本票的统称。《中华人民共和国票据法》（以下简称《票据法》）规定的票据，是出票人约定自己或委托付款人见票时或在指定时间向收款人或持票人无条件支付一定金额并可以流通转让的有价证券。它是以支付金钱为目的的特定证券。

关于票据，特别要注意以下三点。

---

① 一定的格式即一定程度的标准化，这种标准化是各国或者国际组织通过专门的票据法律来进行规定的，具有法律强制性。在票据法律方面即所谓票据的要式性，它是指票据的形式必须符合法律规定，票据上的必要记载项目必须齐全且符合规定。各国法律对票据必须具备的形式条件和内容都做了详细规定，各当事人必须严格遵守这些规定，不能随意更改。只有形式和内容都符合法律规定的票据，才是合格的票据，才会受到法律保护，持票人的票据权利才会得到保障。此外，在票据发行和流通转让的票据行为中，也有法律规定的要件，如下文中提及的背书和承兑行为等。而所谓一定程度的标准化，则是相对颁布票据法律的适用地理范围而言的。

（1）传统票据是书面凭证。传统票据是出票人签发的，约定他人或自己向收款人付款的书面指示，必须是书面的，而不是口头的，否则无法签字。现在已经有电子签名，因此也有电子票据。

（2）票据的付款指示是无条件的。这意味着付款不能有限制或附带条件，即没有先决条件，是自己的承诺或对他人的命令而不是请求、商量或征求意见等。

如若付款指示附加了条件，则汇票为无效汇票，不具有法律效力。

（3）票据支付的是确定金额。必须以货币表示，即币种加数字，不能用货物数量等表示，并且金额必须确定，不能模棱两可，如"付大约 2 000 美元""付 5 000 欧元加利息"等这些表示都不是确定的金额。

二、票据的类型

1. 按出票人分

按出票人，票据可分为商业票据和银行票据。商业票据是公司或企业开立的，银行票据是商业银行开立的。不同出票人的票据，主债务人身份和信用状况不同，在流通转让时市场接受的程度、出价会有差异。

2. 按付款时间分

按付款时间，票据可分为即期票据和远期票据。即期票据是见票即付，票面没有付款时间记载的视为即期支付。远期票据是在未来某一特定时间支付，通常票据的付款时间在一年以内。

3. 按收款人分

按收款人，票据可分为记名票据和不记名票据。记名票据有明确的收款人或者其指定人。不记名票据也称来人票据，没有记载特定的收款人名称，或直接记载来人字样。

4. 按是否以商品交易为基础分

按是否以商品交易为基础，票据可分为真实票据和融通票据。

真实票据是指以真实的商品交易活动为基础而开立的票据，它反映真实的经济活动，是由于商品交易时，买方资金不足或支付不便而开立的。通常因支付不便而开立的是即期票据，因资金不足而开立的是远期票据。而卖方收到远期票据后会用于转让购买自己所需商品，或支付债务等，从而使票据具有类似于货币的流通、支付功能；或者向银行申请贴现获得货币资金。银行通过贴现向社会注入货币，早期的银行理论认为给真实的经济活动提供货币资金是保证银行放贷安全、控制社会货币数量的基本准则。因此，银行进行票据贴现时，要努力识别票据的真实性。

融通票据又称"金融票据"或"空票据"，不是以商品交易为基础，而是专门为了融通资金签发的一种特殊票据。它是当事人双方达成协议后产生的，一方（通常为资金需求者）作为债务人（出票人）签发票据，另一方作为债权人（受票人）给予承兑，出票人于票据到期前将款项送达承兑人，以备清偿。融通票据有商人出票、商人承兑的，也有商人出票、银行承兑的，还有银行出票、银行承兑的。它并不反映真实的物资周转，只是为套取资金而签发，常被投机者所利用。

例如，如果甲企业因为某种原因出现了资金暂时短缺，需一笔周转资金。但是由于甲企业规模小，经营状况不稳定，银行认为其信用程度不高，不肯贷款给甲企业，于是甲企业打算向关系很好的乙企业借钱。于是甲企业开出一张两个月后到期的汇票交由乙企业承兑，乙企业承兑后就负有对该票据的支付责任。甲企业对乙企业未给付任何对价，如货物、劳务、金钱等，即甲、乙两企业之间没有真实的商品或劳务交易，汇票的开立只是建立在双方的信用之上。此时，甲企业可拿此汇票筹措资金，譬如到银行贴现，从而甲企业就得到了短期资金的融通。如果到期（两个月以后）甲企业的资金状况有所好转，可将汇票金额交付给乙企业，由乙企业负责兑付汇票。如果甲企业仍然没有足够资金，乙企业也得承担支付责任，而甲、乙企业之间的债权债务关系，只能通过其他渠道解决。

5. 按出票人与付款人的关系分

按出票人与付款人的关系，票据可分为汇票、支票和本票。

汇票是出票人签发的，委托付款人在见票时或者在指定日期无条件支付确定的金额给收款人或者持票人的票据。汇票是一张"支付命令"，命令第三方给收款人支付确定的金额。第三方是否同意支付是汇票是否有效的关键，因此，汇票需要第三方确认同意支付，该过程就是承兑。如果第三方是银行，汇票就是银行承兑汇票；如果第三方是普通的公司或企业，汇票就是商业承兑汇票。汇票是经济活动中使用最为广泛的一种票据，也是其他票据的基础。

支票是出票人签发的，委托办理支票存款业务的银行或者其他金融机构在见票时无条件支付确定的金额给收款人或者持票人的票据。因此，支票是以金融机构为付款人的即期票据，是汇票的特例。

本票是出票人签发的，承诺自己在见票时无条件支付确定的金额给收款人或者持票人的票据，实际上就是一张欠条。如果出票人是银行，并且是无记名、无期限、定额的，它就是一张银行券；现钞就是中央银行签发的本票。因此，统一货币发行之后，各国都禁止银行签发无记名、无期限的定额本票。

第二节　票据的实践应用

实践中，各国的票据法律主要根据出票人和付款人的关系对票据分类，并做出具体的要式规范和使用规范。

我国 1995 年颁布的《票据法》规定，票据包括汇票、本票和支票。

一、汇票

汇票是经济活动中使用最为广泛的一种票据，也是其他票据的基础。

国际上影响力广泛的英美法系的典型代表《英国票据法》①中关于汇票的定义是，汇票是一人向另一人签发的要求即期、定期或在可确定的将来时间向某人或其指定人或来人支付一定金额的无条件支付命令。

以上两种定义的实质是相同的。

其要式性体现为票据法律规定了票面的必要记载项目，一般而言，汇票有如下必要记载项目：①"汇票"字样；②无条件支付命令；③付款时间（或期限）；④出票地点和日期；⑤付款人名称及地址；⑥收款人名称；⑦出票人名称及签名；⑧一定金额的货币（图2-1、图2-2）。

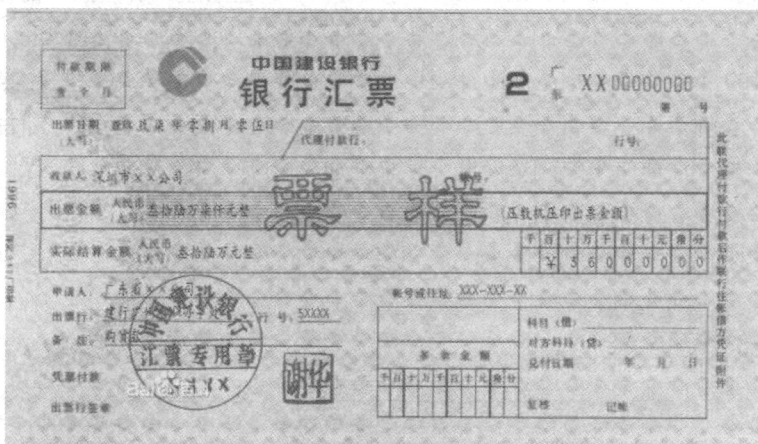

图 2-1　银行汇票票样

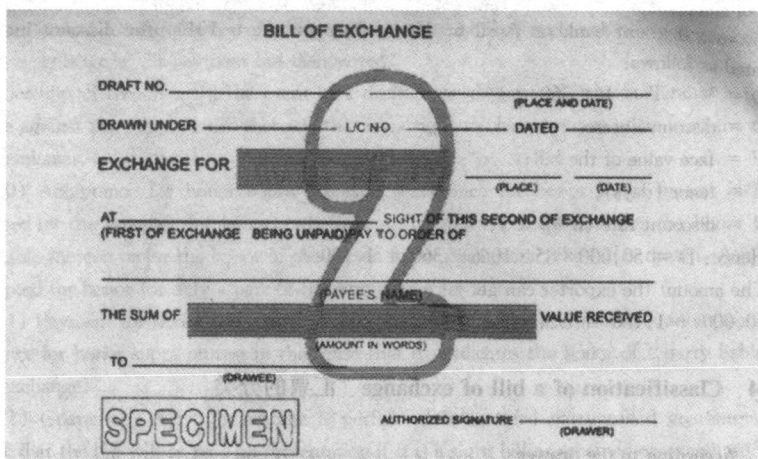

图 2-2　国际贸易结算中的汇票票样

在电子化、信息化高度发展的今天，汇票除了有纸质的还有电子的。电子商业汇票

---

① 国际上的票据法律还有其他如《日内瓦统一法》等，本章仅以《英国票据法》为代表来定义汇票，因为事实上关于汇票的定义并无差异。

是由出票人以数据电文形式制作的，委托付款人在指定日期无条件支付确定的金额给收款人或者持票人的票据。电子商业汇票与纸质商业汇票相比具有以数据电文形式签发、流转，并以电子签名取代实体签章的突出特点，其对于杜绝伪造变造票据、降低企业结算成本、提升结算效率、控制融资风险具有十分重要的作用。电子商业汇票具有安全性大大提升、传递及保管成本大大降低、票据的支付结算效率大大提高、资金融通的操作成本大大降低等优势。

二、本票

本票是出票人自己的债务承诺，所以即便是未来付款的本票，也不需承兑。我国本票都是银行本票。有许多本票在票据上印有"不得转让"（Not Negotiable）字样，已丧失了流通票据的部分性质，但人们仍将其列为流通票据。收款人可以是出票人指定的其他人，也可以是执票来人（不记名）。但一般各国不允许银行开出见票即付的不记名本票，因为这种本票性质上相当于钞票，会加剧通货膨胀，扰乱货币秩序。

《票据法》规定，本票必须记载的项目有：①表明"本票"的字样；②无条件支付的承诺；③确定的金额；④收款人名称；⑤出票日期；⑥出票人签章（图2-3）。

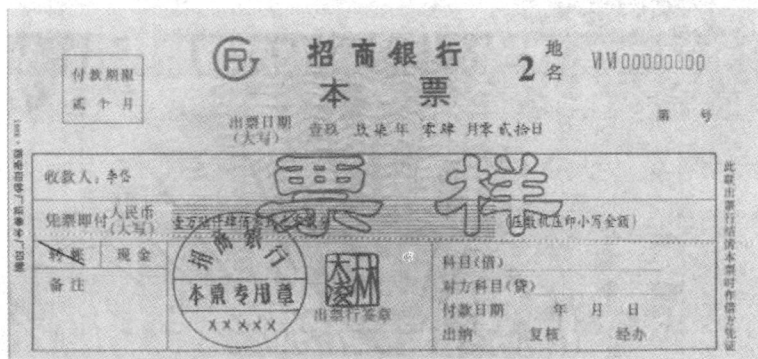

图2-3　银行本票票样

三、支票

支票一般是各银行制作的，在存款人开立支票存款账户后交付给存款人使用，有本行标识、存款人账号，存款人一般只需填写出票时间、收款人名称、大小写金额，并在右下角签字。支票一般是见票即付的，所以也无须承兑。有空白支票，即可以除了出票人签字外其他栏空白任收款人填写金额和收款人名称；也有空头支票，出票人在银行的账户余额不足以支付支票票款，银行会拒付该支票。

支票根据是否必须转账，分为现金支票和转账支票。写明是转账支票必须转账，写明是现金支票只能先支取现金。这是我国的用法。国外分为普通支票和划线支票，划线支票是在普通支票上加上两条平行线的支票，这种支票只能转账，它有效地克服了普通支票可能被冒领现金的局限。

《票据法》规定，支票必要记载项目有：①表明"支票"的字样；②无条件支付的委托；③确定的金额；④付款人名称；⑤出票日期；⑥出票人签章（图2-4、图2-5）。以上内容缺一不可，否则支票无效。不过，支票金额可由出票人授权补记。

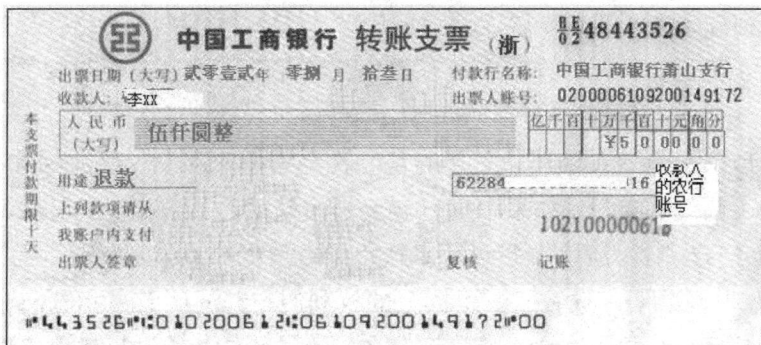

图 2-4　转账支票票样

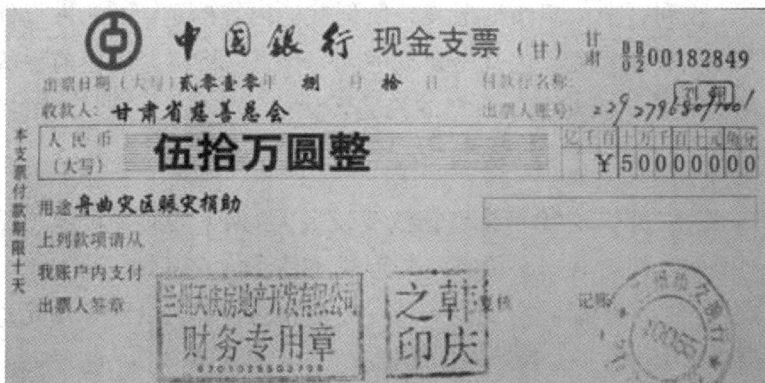

图 2-5　现金支票票样

汇票、本票、支票中，在商业领域使用得最广泛的是汇票，西方国家支票的使用也极普遍，我国支票的使用相对较少，尤其是个人支票。

扩展阅读 2-1

第三节　票据的基本特征和主要功能

一、票据的基本特征

票据起源于债权债务关系，与普通的债权债务凭证相比，经由《票据法》标准化之后的票据是以收付金钱为目的的特定证券，以无条件支付一定金额为其核心内容。履行票款支付义务时，出票人可以自己付款，也可以委托他人付款。与普通的债权债务凭证相比，无因性、要式性、流通转让性是票据的基本特征。无因性和要式性是票据标准化的核心手段，流通转让性是票据标准化的目的和结果。

（一）无因性

票据的开立通常都有特定的原因。出票人在票面要求受票人付款给收款人一般是由于他们之间存在着债权债务关系或者资金关系。如受票人是出票人的债务人，或者受票人有出票人的存款，也可能是受票人愿意向出票人贷款；出票人让受票人支付款项给票面的收款人，可能是出票人对收款人负有债务，或者是从收款人处购买了货物，或者是以前有欠款。

这些原因是票据当事人权利和义务的基础，是票据原因。这些原因如果存在瑕疵，可能会影响最后票款的支付。如果票据已经经过多轮的转让、流通，最后可能导致很多原来不相关的各方也陷入债权债务纠纷，这将导致票据难以流通转让。

《票据法》强调票据一旦做成，票据上的权利便与其原因关系相分离，成为独立的票据债权债务关系，不再受先前原因关系存在与否的影响。如果收款人将票据转让给他人，对于票据的受让人而言，无须调查票据原因，只要是合格票据，便确定能享受相应的票据权利。票据权利完全依照票据上文义所记载的内容确定，不能进行任意解释或根据票据以外的其他文件来确定。这就是票据的无因性，它将票据转让前手的原因予以切断，使其不能对抗后手，以此保证票据的流通转让。

（二）要式性

要式性是指票据的形式必须符合票据法律规定，票据上的必要记载项目必须齐全且符合规定。各国票据法律对票据必须具备的形式条件和内容都做了详细规定，各当事人必须严格遵守这些规定，不能随意更改。只有形式和内容都符合法律规定的票据，才是合格票据，才会受到法律保护，持票人的票据权利才会得到保障。

此外，票据的要式性还表现在票据流通转让过程中票据行为上。票据行为一般有出票、背书、承兑、付款、担保、贴现等，其中出票、背书、承兑在要式性的要求上特别突出。

1. 出票

出票包含两个动作：开票（或写成）并签字；交付。交付是物权的自愿转移，是票据生效不可缺少的行为。一般将出票称为主票据行为，是基本的票据行为，其他票据行为都是在票据存在之后才能发生，是附属票据行为。

出票完成后，出票人就成为主债务人，承担担保承兑和付款的责任。若受票人承兑而不付款，则出票人应当承担清偿票款的责任。收款人取得票据后，即取得票据上的权利。

2. 背书

背书是持票人在票据背面或粘单签名，并交付给受让人，以转让票据及票据权利的行为。背书包含两个动作，一是在票据背面或粘单上记载有关事项并签名，二是交付。

汇票、本票、支票都可以经背书而转让，但记载了"不得转让"字样或限制收款人的票据是不能背书转让的，而不记名票据即来人票据则不需背书即可仅凭交付转让。

3. 承兑

承兑是远期汇票的受票人在汇票上签名，表示完全同意出票人指示到期付款的行为。它包括两个动作，首先是完成记载及受票人签名。其次是完成交付，可以是实际交付，也可以是推定交付（受票人承兑后将汇票留下，以其他方式通知持票人该汇票已承兑并告知承兑日期）。

承兑后，承兑人成为主债务人，出票人及其他汇票债务人的债务责任向后顺延一位。

承兑对远期汇票是非常重要的票据行为，承兑之后它才具有法律效力。在票据市场上，未到期的已承兑的远期汇票才能申请贴现。而本票是出票人自己的债务承诺，即使是未来付款也无须承兑；支票基本上是即期的，无须承兑。

要式性的目的是保证票据语义理解的一致性，避免在转让过程中产生理解偏差或歧义，保证流通转让的顺利。

（三）流通转让性

票据可凭交付或背书交付后进行转让，这是票据的基本特征。票据转让不同于一般债权和书面凭证的转让，其有如下特征。

（1）票据转让无须通知原债务人。通常一般债权债务的转让，需通知原债务人。而票据权利的转让，仅凭交付或背书后交付即可完成，不必通知原债务人。《票据法》的这一规定有效地提高了票据转让的效率。

（2）正当持票人的权利不受前手票据权利缺陷的影响，可以获得完整的权利。该特征使票据受让人只需关注本身的交易及票据信息，而无须了解之前的转让过程是否存在缺陷。该特征提高了票据的普遍接受性，使之成为重要的支付手段和流通手段。

《票据法》对票据形式和语义的规范在一定程度上决定了票据是标准化的债权债务凭证。但票据的标准化非绝对的标准化，即票据会因出票人的不同，在内容的表达形式（如纯文字式、表格式，横向、纵向等）上会有一定的差异，但同一种票据，其内容的构成项目是相同的，必须符合本国或者出票地的票据法律的规定。对语义和行为的理解也要根据票据法律。

二、票据的主要功能

票据是经济活动中非常重要的金融工具，从经济角度来看，票据具有汇兑、支付和流通、信用和融资等功能。

（一）汇兑

汇兑是票据的原生功能，主要用于解决货币支付的空间间隔问题。在票据产生的最初阶段，票据几乎成了转移资金的专门工具，它解决了跨区域或跨国家贸易活动带来的直接携带或运送现金的不便。利用票据，可在甲地将现金转化为票据，再在乙地将票据转化成现金或票款，通过票据的转移、清算等过程实现资金的转移，这种方式不仅简单、方便、迅速，而且很安全。

（二）支付和流通

支付是票据的基本功能。在现实经济生活中，随时都会发生支付的需要，如果都以现金支付，不仅费时费力，而且成本高、效率低。如果以银行为中介、以票据为手段进行支付，只需办理银行转账即可，方便、准确、迅速、安全。票据不仅可以进行一次性支付，还可通过背书、交付进行流通转让。票据到期时，通过最后持票人与付款人之间的清算，就可以使此前发生的所有各次交易同时结清。

从支付和流通角度讲，票据被誉为"商人的货币"。由于背书人对于票据的付款具有担保责任，票据的背书次数越多，负责担保的人就越多，票据的可靠性就越强，票据的价值就越高。流通性是票据，特别是汇票的显著特征，任何持票人都可以通过向债权人转让票据来清偿债务。作为流通工具，票据完善了自身的支付功能，以及市场的流通手段。因此，票据具有很强的货币性。

（三）信用和融资

信用是票据的核心功能，也被称为"票据的生命"。

在现代经济活动中，企业的生产过程从支付资金购买原材料到产成品出售收回资金都有一定时间周期，如果原始资金不足，很难开展生产经营活动。因此，生产经营周期决定了企业经营活动有资金或实物融通的需要。从供应商来看，可能基于竞争等原因，也愿意通过赊销赊购等方式提供融通。这种实物或资金融通称为商业信用，这种信用保障程度较低，并且难以转让和提前收回资金，影响供应商的生产经营过程，从而阻碍商业信用的发展。引进票据结算后，由买方向卖方开出约期支付票据，则可使债权标准化的形式明确，提高商业信用的可靠性，确定清偿时间，使转让手续简便，且可通过贴现提前获取现金。这就是票据的信用和融资功能，它使市场的分工协作变得更加顺畅。

扩展阅读 2-2

本 章 小 结

在货币发展的代用货币阶段，人类社会创造了种类繁多的各类信用凭据，这些信用凭据通过对凭据形式和信用来源等方面进一步标准化之后就形成了现代的信用货币，但传统的信用凭据仍然具有一些信用货币无法替代的交易支付和融资等功用。因此，这些传统的信用凭据在另一条发展路径上，以票据法律为约束，进行有限标准化之后，形成了现代票据。

现代票据指以支付金钱为目的的有价证券，即出票人根据票据法律签发的，由自己或委托他人无条件支付确定金额给收款人或持票人的有价证券。

票据既是反映现代化经济生活中债权债务关系的重要凭证，又是促进市场经济高速高效运行的信用工具、支付工具和流通手段。票据从其签发、背书、承兑、保证，一直到支付等各阶段的行为和责任，都是在票据法律的管辖下规范运作的。

无因性、要式性、流通转让性是票据的基本特征。无因性和要式性是标准化的结果，流通转让性是标准化的目的。票据具有汇兑、支付、流通、信用和融资等功能。在现代市场经济中，尤其是支付、流通、融资这些功能更为凸显，这些功能体现了票据的货币性。

知识要点

票据、汇票、本票、支票、无因性、要式性、流通转让性

复习思考题

1. 什么是票据？其常见的分类有哪些？它们分别是如何划分的？

2. 什么是无因性？什么是要式性？

3. 什么是汇票？汇票票面有几个当事人名称？它们之间的债权债务关系是怎样的？

4. 什么是本票？本票票面有几个当事人名称？它们之间的债权债务关系是怎样的？

5. 什么是支票？有人说"支票是一种特殊的即期汇票"，你觉得它特殊在哪些方面？

6.《票据法》及实际银行业务中自 20 世纪八九十年代便已允许个人支票的使用，但是为何至今我国个人支票的应用极少呢？请自行查阅相关资料，说出你的看法。

第三章

股票和债券——资本交易工具

【本章导读】

1990 年 12 月 19 日,上海证券交易所(简称上交所)在上海浦江饭店正式开业,时任上海市市长朱镕基敲响开业之锣。当时上市交易的仅有 30 种国库券、债券和 8 只股票。这 8 只股票分别为延中实业、真空电子、飞乐音响、爱使股份、申华实业、飞乐股份、豫园商城和浙江凤凰。

深圳证券交易所(简称深交所)于 1990 年 12 月开始试营业,之前先后发行了深宝安、深发展、深万科、深金田、深达声、深振业、深华新、深锦兴、深安达、深原野等 10 只股票,其中深发展、深万科、深金田、深安达、深原野等 5 只股票于深交所试营业前就在深圳特区证券公司公开柜台上市交易。1991 年 7 月 3 日,深圳证券交易所正式开业。

从此,中国证券市场进入快速发展阶段。到 2020 年底,国内共有上市公司 4 154 家,股票总市值达 797 238 亿元,各类债券余额 116.72 万亿元;当年利用境内股票市场和债券市场募集资本总额分别达 11 567 亿元和 56.94 万亿元。

在本章我们主要学习以下问题。

股票和债券是什么? 其主要作用分别是什么?

股票和债券是如何创造的?

第一节 资本性工具概述

在现代市场经济环境下,资本是企业为从事生产经营活动所需的相关经济资源。资本的起源和归属是分工与专业化;分工与专业化的发展需要资本,大规模资本的运用又进一步促进了分工与专业化的深化。

在现实生活中,资本首先表现为一定的物,如货币、机器、厂房、原料、商品等,体现在企业资产负债表的资产方。其次,这些资源是如何获得的、归谁所有体现在资产负债表的负债和所有者权益方。如果通过借贷获得则体现为负债,如果是企业的所有者(股东)投入则体现为股本等所有者权益。因此,资本是投资者对企业的投入,体现在资产负债表的右侧,分为债务资本与权益资本,分别归债权人和公司所有者(股东)所有，企业对其资本不拥有所有权。因此，从政治经济学的角度看，资本的本质不是物，而是体现为物上的生产关系。

从生产效率提高角度看，即企业如何最大化地为社会创造商品或提供服务，或企业如何发展壮大，有两个方面的工作可做。一是在企业内部，在给定已有资源的条件下，通过对资产方的不同类别资产的优化配置，实现效率提高、盈利积累而发展壮大。这是属于企业生产经营管理的研究范畴。二是放眼企业外部，通过负债、募集新股东投入新股本，甚至直接收购、兼并其他企业，出售部分或全部企业等，在更大的经济环境下优化配置资源。这就是金融领域的研究范畴，也称为资本运营或资本交易。

如图3-1所示，公司或企业通过资本交易（投资性资产/负债或所有者权益），与其他公司或企业或个人形成交易关联；与个人的交易主要就是向公众募集资本，直接扩大公司或企业的规模；与其他公司间的交易，就形成公司间的控制或被控制关系，在不同的公司间实现经济资源的优化配置。

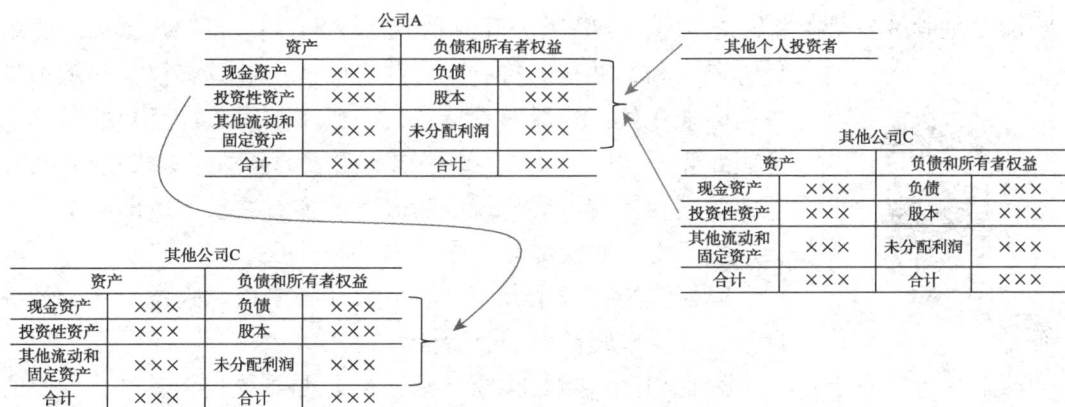

图3-1　资本交易形成的公司之间及公司与个人投资者之间的关联关系

资本交易存在独特的困难：一是资本交易标的价值量大，难以在少数几个交易对手间完成，通常需要大量的、不确定的公众参与才能完成；二是为了保证公司或企业等的持续或永续经营，资本的有效期限都很长，如果没有接力等特殊机制，将极大地限制参与资本交易的参与者，从而使大规模的资本交易难以完成。为了解决资本交易存在的困难，经过长期发展，金融为资本交易创造了特殊的金融工具——资本性工具。本书的资本性工具是指公司或企业等经济主体发行的，用于筹集短期资本或长期资本的标准化工具，根据资本的两个不同的来源渠道，资本性工具一般分为债券和股票两类。

债券是一种金融契约，是政府、金融机构、工商企业等直接向社会借债筹措资金时，向投资者发行、同时承诺按一定利率支付利息并按约定条件偿还本金的债权债务凭证。债券购买者或投资者与发行者之间是一种债权债务关系，债券发行者即债务人，

扩展阅读3-1

投资者（债券购买者）即债权人。债券是一种社会化、标准化的债务凭证，是一种有价证券。

股票是股份公司发行的所有权凭证，是其为筹集资金而发行给各个股东作为持股凭证并借以取得股息和红利的一种有价证券。每股股票都代表股东对企业拥有一个基本单位的所有权。每个股东所拥有的公司所有权份额的大小，取决于其持有的股票数量占公司总股本的比重。股票是股份公司资本的构成部分，可以转让、买卖，但不能要求公司返还其出资额。

第二节　股　　票

一、股票的内涵和基本特征

（一）股票的内涵

股票是股份公司在筹集资本时向出资人公开或私下发行的、用以证明出资人的股东身份和权利，并根据持有人所持有的股份数享有权益和承担义务的标准化凭证。股票是持有人（股东）对股份公司的所有权份额的凭证，每一股同类型股票所代表的公司所有权是相同的，即同股同权。有了股份就成为股东，拥有股权，也即股东权。股票、股份、股权可谓三位一体，密不可分。

案例 3-1

股权主要有两个方面：收益权和投票权。收益权属于经济权利，投票权则类似于政治权利。

收益权包括三个方面：分红、升值和剩余财产分配。分红是指公司将其经营产生的利润按照持股比例分配给股东。升值是指股票价格的上涨，然后通过出售获得收益。剩余财产分配是指在公司清算的情况下，公司财产如果在清偿了公司的全部债务之后尚有剩余，股东有权凭其所持的股份，参与对该剩余财产的分配。

投票权是股东参与公司决策的权利。股东有很多，单个股东只拥有公司股份的一部分，甚至很少的一部分。股东之间的意见也不尽相同，所以只能通过投票表决。股东会是股东共同行使决策权和否决权的权力机构。会议每年至少召开一次，公司必须将开会的时间和地点通知股东，每个股东都有参加会议的权利，在会上有权就其所拥有的股份投票表决。根据相关公司法律的规定，股东会议有权决定公司的经营方针和投资计划，选举和更换董事、监事，审议批准董事会的报告、监事会的报告、公司的年度财务预算方案和决算方案、利润分配方案，对公司的合并、分立、解散和清算做出决议。在所有这些权利中，最重要的是选举董事的权利。有了这项权利，就有了对公司的控制权。

（二）股票的基本特征

1. 权责的法定性

股东凭其持有的股票，享有其股份数相应的权利，同时也承担相应的责任。权利主要表现为：参加股东大会、投票表决、参与公司的经营决策，领取股息或红利，获取投资收益。责任主要是承担公司的经营风险，对公司的经营决策承担责任，责任以其认购股票的全部投资额为限，即有限责任。在现代市场经济体制下，股票持有人对公司的权利和责任是由国家法律（主要是相关公司法律）和公司章程所规定的。因此，股票的有效性是建立在国家法律和公司章程等基础之上的。

2. 无期性

股票是一种无偿还期限的有价证券，投资者认购了股票后，就是公司股东、公司的所有者之一，不能要求退股，只能到二级市场卖给第三者。股票的转让只意味着公司股东的改变，并不减少公司资本。从期限上看，只要公司存在，它所发行的股票就存在，股票的期限等于公司存续的期限，通常都假设公司是可以永续经营的。

3. 流通性

股票的流通性是指股票在不同投资者之间的可交易性。股票可以公开上市，也可以不上市。在股票市场上，股票是投资或投机的对象。

流通性通常以可流通的股票数量、股票成交量以及股价对交易量的敏感程度来衡量。可流通股数越多，成交量越大，价格对成交量越不敏感，股票的流通性就越好；反之就越差。股票的流通和股价的变动，可以反映人们对于相关行业和上市公司的发展前景与盈利潜力的预期。能在流通市场上吸引大量投资者、股价不断上涨的行业和公司，可以通过增发股票，不断吸收大量资本进入，以扩大生产经营规模，从而实现优化资源配置的效果。

4. 收益性

股东凭其持有的股票，有权从公司领取股息或红利，获取投资的收益。股息或红利的大小，主要取决于公司的盈利水平和公司的盈利分配政策。股票的收益性还表现为股票投资者可以通过低买高卖获利，获得价差收入。

5. 风险性

股票在交易市场上作为交易对象，同商品一样，有自己的市场行情和市场价格。由于股票价格受到诸如公司经营状况、供求关系、银行利率、大众心理等多种因素的影响，其波动有很大的不确定性。正是这种风险性，有可能使股票投资者遭受损失。因此，股票是一种相对高风险的金融工具。

二、股票的类型

按股东所享有的权益和承担的风险不同，股票可分为普通股和优先股。

（一）普通股

普通股是指在公司的经营管理和盈利及财产的分配上享有普通权利的股份，即同时具有收益权和投票权的股份。普通股是构成公司资本的基础，是股票的一种基本形式，也是发行量最大、最为重要的股票。

普通股持有者按其所持股份比例享有以下基本权利。

（1）参与公司经营的投票表决权。普通股股东一般有出席股东大会的权利，有表决权和选举权、被选举权，可以间接地参与公司的经营。投票表决权是普通股最本质的特征，优先股和债券都没有投票表决权。

（2）参与股息红利的分配权。普通股的股利收益没有上下限，视公司经营状况、利润大小而定，公司税后利润在按一定的比例提取了公积金并支付优先股股息后，再按股份比例分配给普通股股东。如果公司亏损，则普通股股东得不到股息。

（3）优先认购新股的权利。当公司资产增值，增发新股时，普通股股东有按其原有持股比例认购新股的优先权。

（4）请求召开临时股东大会的权利。

（5）公司破产后依法分配剩余财产的权利。

此外，在理论上，一个公司可以根据需要发行多类普通股。在每一类内部，每一股的权利义务都是相同的，即所谓同股同利、同股同权。不同类的普通股拥有不同的权利，包括收益权和投票权。当公司发行多类普通股时，某几类普通股可以享有较少的投票权甚至没有投票权，但是至少必须有一类普通股有投票权。但根据我国现阶段的公司实践和现行公司法的规定，一个公司只能发行权利义务相同的一类普通股，尚未出现一个公司发行多类普通股的现象。

（二）优先股

与普通股相对应的是优先股。优先股的收益权优先于普通股，但是一般没有投票权。

收益权的优先表现在三个方面。第一，分红优先。公司有剩余的利润可供分红，必须先分给优先股，再分给普通股。凡是优先股的股东没有得到足额分红的，普通股一律不得分红。第二，剩余财产分配优先。在公司清算中，在清偿债务之后如果尚有剩余财产，优先股有权以其初始的出资额为限优先于普通股参与剩余财产的分配。凡是优先股的股东没有得到足额分配的，普通股一律不得分配。第三，有限表决权，优先股股东在一般股东大会中无表决权，但如果会议讨论与优先股股东利益有关的事项，优先股股东具有表决权。

作为股票，优先股像普通股一样是永久性的，公司只需付息（分红），无须还本。在这点上它与债券不同。优先股的分红权与普通股不同。普通股是没有限制的，分红可多可少，由公司酌情而定。优先股却有固定的红利率，因而它的分红是有上限的。假定优先股的红利率为8%，那么一张面值100元的优先股最多只能分到8元钱。优先股也没有普通股所具有的增值潜力。其市场价格的确定，与债券相似，可以因市场利率的提高而下降，因市场利率的降低而上升。

优先股的股利一般高于债券的利息，但是在分配顺序上要排在债券的后面。债券到期的本金或利息未清偿之前，优先股不得分红。此外，债券的利息只要合同有规定，就必须逐年偿付，而优先股的固定红利却可以不付。只要公司当年没有对普通股分红，就可以不对优先股分红。在不分红的情况下，优先股的未分配红利一般是逐年累积的。以红利率8%的优先股为例，如果上一年没有分红，今年就必须先给每百元优先股分红16元（为简明起，不计复利），否则普通股不得分红。可见，优先股是介于普通股和债券之间的一种证券。

以上是优先股的一般特征。公司还可以根据自己的需要对某些一般性的约定进行调整，形成各种特殊的优先股，如非累积优先股、参与优先股、可转换优先股、可赎回优先股等。

非累积优先股规定优先股的红利不累积。

参与优先股约定除了固定红利之外，在普通股分红时按一定的比例参与分红。

可转换优先股规定持有人可以在一定的期限内按照一定的比例转换成普通股。

可赎回优先股约定发行人可以在一定的期限内按照一定的价格赎回。

应当注意，对优先股的这些调整和特别约定，都影响到公司与优先股股东的相对权利义务关系，都会在价格上反映出来。例如，允许其转换成普通股，意味着优先股股东得到了一般情况下没有的好处，于是优先股的价格就会适当地提高，或者红利率将适当地降低。如果规定其红利不累积，或者公司可以赎回，意味着优先股股东失去了一般情况下应有的权利，于是价格就得适当地降低，或者红利率将适当地提高。

此外，公司发行什么样的优先股，具备哪些权利和义务，一般都事先在公司章程中规定清楚。为了适应市场变化、提高决策效率，有的公司章程会授权董事会决定优先股的发行并确定其权利义务特征。国际上多数大公司的章程里都有这样的规定。

三、股票价值的基本要素

（一）面额

股票票面价值的最初作用是注明公司组建时最原始的股东投资入股的金额，或保证股票持有者在退股之时能够收回票面所标明的资产。随着股票的发展，购买股票后不能再退股，并且非原始股东投资入股的金额也无法与原始股东投入的同等金额拥有相同的权益。所以股票面值现在的作用主要是表明股票的认购者在股份公司总股本中所占的比例，作为确认股东权利的根据。如某上市公司的总股本为1 000万元，持有一股股票就表示在该股份公司所占的股份为千万分之一。

（二）市场价格、发行价格与清算价格

股票的市场价格是指股票在二级市场上交易的价格。它由股票的预期价值决定，同时受到许多其他因素的影响。其中，供求关系是直接的影响因素，其他因素通过作用于供求关系而影响股票价格。由于影响股票价格的因素复杂多变，所以股票的市场价格呈现出高低起伏的波动性特征。发行价格是指股票公开发行时的价格。清算价格是公司破

产或倒闭后清算时每股股票所代表的实际价值。换言之，一旦公司倒闭或破产，公司将资产变现，股东手上的股票可以拿回多少钱，即清算价格。公司倒闭或破产清算补偿有一定的顺序，普通股位于最后，故往往一文不值。

（三）股息与分红

1. 股息

股息就是股票的利息，是指公司按照票面金额的一个固定比率向股东支付的利息。股息不同于红利，股息与红利合起来称为股利。

2. 分红

分红是在上市公司分派股息之后按持股比例向股东分配的剩余利润，也称红利。红利虽然也是公司分配给股东的回报，但它与股息的区别在于，股息的利率是固定的（特别是对优先股而言），而红利数额通常是不确定的，它随着公司每年可分配盈余的多少而上下浮动。因此，有人把普通股的收益称为红利，而股息则专指优先股的收益。

公司可以用三种形式实现分红：一是以上市公司当年利润派发现金，二是以公司当年利润派发新股，三是以公司盈余公积金转增资本。这三种形式俗称"派""送""转"。我国股民经常将"送""转"分红形式当作利好炒作，而实际上"送""转"分红后，股票市值没有任何变化。

（四）除息与除权

分红与股票升值是互为消长的关系。在其他因素给定的前提下，公司分红越多，股票升值越少；分红越少，股票升值越多。分红与否不影响股东的总体权益。

例如，一个发行了 1 000 万股股票、市价为 1 亿元的公司，在盈利之后升值到了 1.5 亿元，每股价格也从 10 元升到 15 元。如果公司决定拿出 2 000 万元来分红，每股 2 元，分红之后公司的总市价将降为 1.3 亿元，每股的价格为 13 元。可见，分红多了，升值就会减少。不分红，每股 15 元；分红 2 元，每股 13 元，加起来还是 15 元。股票分红之后，市场会对股价自动进行除息或除权，以保证分红前后股东的权益总量不变。

1. 除息

股票发行企业在发放股息或红利时，需要事先进行核对股东名册、召开股东会议等多种准备工作，并以股权登记日在册股东名单为准，将股息或红利发给登记在册的股东，股权登记日之后买进股票的投资者就不能享有领取股息或红利的权利；同时股票买卖价格相应扣除发放股息或红利数，此为除息，除息之后的价格就是除息交易价。

2. 除权

上市公司发生送股、转增股、配股时都要除权。除权实质是由于公司股本增加，每股股票所代表的企业实际价值（每股净资产）有所减少，需要在发生该事实之后从股票市场价格中剔除这部分因素，而形成的剔除行为。

3. 除息除权价计算方法

除息除权价计算的基本原则是除息除权前后股票对股东的总价值是相等的。

$$除息价 = 股息登记日的收盘价 - 每股所分红利现金额$$

例 3-1：某股票股息登记日的收盘价是 15 元，每股送现金红利 2 元，则其次日除息价为 $15 - 2 = 13$（元）。

$$送红股后的除权价 = 股权登记日的收盘价 \div （1 + 每股送红股数）$$

例 3-2：某股票股权登记日的收盘价是 15 元，每 10 股送 3 股。

设除权价为 P，除权前后总价值应相等，即

$$15 \times 10 = P \times (10 + 3)$$

则次日除权价为

$$P = 15 \div (1 + 0.3) \approx 11.54 （元）$$

$$配股后的除权价 = （股权登记日的收盘价 + 配股价 \times 每股配股数）$$
$$\div （1 + 每股配股数）$$

例 3-3：某股票股权登记日的收盘价为 15 元，10 股配 3 股，即每股配股数为 0.3，配股价为每股 6 元。

设除权价为 P，除权前后总价值应该相等，即

$$15 \times 10 + 6 \times 3 = P \times (10 + 3)$$

则次日除权价为

$$P = (15 + 6 \times 0.3) \div (1 + 0.3) \approx 12.92 （元）$$

$$除权除息价 = （股权登记日的收盘价 - 每股所分红利现金 + 配股价 \times 每股配股数）$$
$$\div （1 + 每股送红股数 + 每股配股数）$$

例 3-4：某股票股权登记日的收盘价为 15 元，每 10 股派发现金红利 2 元，送 1 股，配 2 股，配股价为 6 元/股，即每股分红 0.2 元，送 0.1 股，配 0.2 股。

设除权除息价为 P，除权除息前后总价值应该相等，即

$$15 \times 10 + 6 \times 2 = 2 + P \times (10 + 1 + 2)$$

则次日除权除息价为

$$P = (15 + 6 \times 0.2 - 0.2) \div (1 + 0.3) \approx 12.31 （元）$$

（五）股票基本要素与公司资产负债表的关系

1. 股票的票面价值、账面价值与内在价值（理论价值）

股票的票面价值代表每一张股票所包含的资本数额及股东在股份公司投资中所占的比例，是确定股东权利的依据。面值与市价无关。

股票的账面价值也称净值，即每股净资产值 =（总资产 - 总负债）/总股本。它由财务报表计算得出，数据相对精确可靠，是投资者评估分析上市公司实力的重要参考指标。

内在价值即股票未来收益的现值，取决于股票的收入和市场收益率。股票的内在价值决定股票的市价，市价围绕内在价值波动。投资者通过预测股票未来收益并折成现值（真实价值），再对比股价，判断股价是低估还是高估。

2. 股本、分红与资产负债表

股本，包括新股发行前的股份和新发行的股份的数量的总和。通常都直接用货币单位作为股本单位，即最初发行的股份按每股 1 元计，而后续发行的股份价格通常与原始股份价格不同。为了反映同股同权，股本保持同一的单位计价，超出部分计入资本公积项目。公司资产的总价值包括股本金、长期债务及经营盈余所形成的资产。企业总资产指企业拥有或控制的全部资产，包括流动资产、长期投资、固定资产、无形资产及递延资产、其他长期资产、递延税项等，即为企业资产负债表的资产总计项。

向股东分配利润时，反映在资产负债表上项目为：未分配利润减少，应付股利增加或者现金或银行存款减少。如果是"送""转"股，实际上是将未分配利润或盈余公积按比例转为股本，每个股东持有的股份数量按比例增加。

企业净利润的分配顺序为：一是弥补以前年度亏损（用利润弥补亏损无须专门做会计分录）；二是提取法定盈余公积和公益金（盈余公积可用于弥补亏损或转增资本，公益金只能用于职工集体福利）；三是提取任意盈余公积；四是分配优先股股利；五是分配普通股股利；六是年终未分配利润。

3. 市盈率与市净率

市盈率（PE）又称价格盈利比，是每股市场价格与每股盈利的比值，即

$$市盈率 = 每股市场价格/每股盈利$$

市盈率是衡量股票是否具有投资价值的重要指标之一。一般情况下，一只股票市盈率越低，市价相对于股票的盈利能力越低，表明投资回收期越短，投资风险就越小，股票的投资价值就越大。但对不同行业的股票，市盈率的判断标准不同。

市净率指的是市价与每股净资产之间的比值，即

$$市净率 = 股票市价/每股净资产$$

比值越低意味着风险越低。净资产的多少是由股份公司经营状况决定的，股份公司的经营业绩越好，其资产增值越快，股票净值就越高，因此股东所拥有的权益就越多。一般来说市净率较低的股票，投资价值较高，反之较低。

第三节 债 券

一、债券及其基本特征、性质

（一）债券的定义和基本构成要素

债券是指按照证券法的规定由公司企业、政府等向社会公众公开发行的债务凭证。

债券的发行人是债务人，债券的持有者是债权人。公司债券是公司资本的重要组成部分，其持有人与公司的长远发展有着切身的利害关系。但债权人在公司事务中没有投票权，其权利主要由合同规定。规范发行人与债券持有人之间的权利义务关系的借贷合同叫作债券合同。每一批债券的发行都有一份债券合同。债券合同的条款相当精细，基本合同条款就构成了债券的基本要素。债券合同主要是对本、息、还款期限等要素的规定，以及一些限制性和选择性条款的约定。

1. 债券名称和发行单位

债券首先应注明该债券的名称，如政府债券、金融债券、公司债券等；发行单位的名称和地址、发行日期和编号、发行单位印记及法人代表的签章、审批机关批准发行的文号和日期、是否记名、记名债券的挂失办法和受理机构名称、是否可转让以及发行者认为应说明的其他事项。这表明了该债券的债务主体，同时也便于债权人行使其权利。一些非公开发行的债券则要标明"内部发行"字样。

2. 债券发行总额和票面金额

债券合同要注明本次债券发行的总金额，便于投资者掌握发行单位的筹资规模，了解发行单位的负债情况和偿债能力。

债券的票面金额是指一份债券的票面价值，也称面值，是对一次债券发行（同一债券合同）总规模等额划分后每一份债券的金额，是债务凭证标准化的集中体现。票面金额是发行人对债券持有人在债券到期后应偿还的本金数额，也是企业向债券持有人按期支付利息的计算依据。

票面金额设计需考虑经济与适销的矛盾，票面金额的大小不同可以满足不同层次的投资者认购需求。票面金额大、发行成本小，有利于机构投资者认购，但小额投资者无法参与；如票面金额定得小，则有利于小额投资者认购，但发行成本增加。在网络信息化时代，债券通过网络发行和交易，面额设计对发行成本影响不大。

债券发行价格大于面值称为溢价发行，小于面值称为折价发行，等于面值称为平价发行。

3. 票面利率、利息支付方式和支付日期

票面利率是指债券利息与债券面值的比值，是发行人承诺以后一定时期支付给债券持有人报酬的计算标准。债券利率形式有单利和复利，贴息发行的债券不注明利率，但其发行价与票面的差额可以换算成发行时的实际利率。

利息支付方式是指到期一次付息还是分期付息。如果是分期付息，则要注明每次支付日期。

4. 还本期限和还本方式

债券偿还期是指企业债券上载明的偿还债券本金的期限，即债券发行日至到期日之间的时间。除少数的永续债券外，债券通常都有期限，短则 2～3 个月，长则 30～40 年。

不同的还本期限，即可满足发行者对不同期限资金的需求。

还本方式是指是到期一次偿还还是分期偿还等。短期债券大都到期一次偿还，中长期债券常采用分期偿还方式，其目的是减轻筹资者到期的还本付息压力。

5. 债券是否记名和流通

债券有记名与无记名之分。债券如果是记名债券，应载明债券持有人的姓名、挂失方法以及受理机构名称等。它们的差别仅仅在于转让方式的不同：记名债券转让时需要背书加交付方可生效，无记名债券转让时只需交付便可生效。所以，记名债券遗失或失窃时可以挂失，无记名债券则缺乏这样的安全保障。但是二者的实体权利义务是一样的，并不因为记名或不记名而有所不同。

但现在已经很少有书面实体型债券发行了，基本上是电子债券，并有专门的证券登记机构负责债券发行、持有情况登记。因此，电子债券可以说基本上是实名的。

6. 其他事项

除了以上债券基本条件外，通常还包括一些限制性条款，以保证债券持有人的权益。如要求公司必须做某些事情和不做某些事情。如果公司的清偿能力没有达到某一具体的标准，就不得分红、不能发行新的债券等。这些具体要求往往比法律的限制严厉得多。

有的债券还设定一些选择性条款，赋予债权人或债务人以特殊的权益，如可转换、可回售条款，可赎回条款等。

有的债券合同还有偿债基金（sinking fund）条款，规定公司每年从盈利中拨出一定数额的现金赎回部分债券，这样可以稳定公司的现金流，避免本金到期时一次性支付的压力。有的偿债基金条款还与公司的盈利状况捆绑起来，规定只有当盈利达到一定水平时，才向偿债基金支付。

最后，以上所有要素都会体现在完整的债券合同中。在现代网络化的交易所市场中，债券合同在发行前向公众公告，并在证券监管部门备案。交易所赋予该债券合同一个特定的编号，然后，债券发行者就用该编号出售发行债券，持有者利用该编号进行交易转让，债券登记部门利用该编号记录债券的持有、转让等信息。

（二）债券的基本特征

1. 收益性

债券的收益是指债券能定期给投资者带来利息收入。通常，投资者的收益可通过两条途径实现：一是持有债券到期满，这样可按约定的条件收到债券本息；二是在债券期满之前将债券售出，取得转让差价。

2. 期限性

债券的期限是指从发行日到偿还日止的一段时间。债券的期限性表现为按一定的法定程序发行，并在发行时约定还本付息的日期，如果有提前还本或展期支付，需要在发行时注明。

债券一般都明确规定期限，但也有例外，如英国政府曾经发行过一种没有确切偿还日期的公债，这种无期限国债没有规定必须全部偿还的最后期限，发行后一段时间，政府有随时归还本金的权利，即每年回购一定比例的债券，也可以无限期地支付利息不偿还本金，而投资者无偿还请求权。

3. 流动性

债券持有人在债券到期前如需要现金，可到证券市场转让变现，因此债券具有迅速变现能力，即流动性。债券的流动性强弱主要取决于债券所在国或地区的证券市场的发达程度。如证券市场供需两旺，交易便利，则债券的流动性较强。

流动性是债券的灵魂，是普通借贷合同进化为债券的根本目的。流动性特征弥补了中长期债券期限长且到期才能还本的缺陷。投资者可根据需要，持券到期满收回本息或到流通市场出售变现。债券的流动性最大化地拓展了债券的受众范围，实现更大规模募集资本的可能。

4. 安全性

债券在发行时都承诺到期偿还本息，所以其安全性一般都较高。虽然如此，债券也有可能遭受不偿还债务的风险及市场风险。

不偿还债务的风险是指债券的发行人不能充分和按时支付利息或偿付本金的风险，这种风险主要取决于发行者的资信程度。一般来说，政府的资信程度最高，其次为金融公司和企业。

市场风险是指债券的市场价格随资本市场的利率上涨而下跌，因为债券的价格是与市场利率呈反方向变动的。当利率下跌时，债券的市场价格便上涨；当利率上升时，债券的市场价格就下跌。

（三）债券的性质

1. 债券反映了投资者和投资者之间的债权债务关系

债券的发行人就是债务人，而购买债券的投资者则是债权人，债券的发行人为筹措资金而发行债券，并在债券出售后获得这笔资金在一定期限内的使用权，但资金的所有权仍然是债权人的，因此债务人必须支付一定的利息给债权人，作为有偿使用资金的代价。债券投资者的合法权益受到法律保护。

2. 债券是一种社会化的债权债务凭证

债券的发行条件不是针对某一个人和法人，它适合所有愿意按该条件而借出资金的投资者，具有高度的社会化；另外，债券一般可以上市流通转让。

公司私下里向金融机构或者别的企业借得的长期贷款不是债券，虽然本质上都是借贷合同，都是债权债务关系，但两者存在重要区别：第一，债券借贷双方的信息不对称程度、议价能力差异远大于普通的借贷；第二，普通的借贷合同难以流通转让，而债券却容易流通转让；第三，债券可实现的筹资规模通常远大于普通的借贷。

债券的这种社会化特征要求债券的发行、流通、履约等行为需要有代表公众利益的公共部门进行监督和管理，使债券工具更好地为社会经济发展服务。

二、债券的类型

（一）按清偿顺序分

按清偿顺序，债券可分为高级债券和低级债券。高级债券的本息未曾全额清偿，低级债券不得清偿。因此，在第一次发行债券时的债券合同中往往会对公司再次发行债券做出限制，规定以后只能发行级别低于本批债券的债券。如果第二批债券的级别低于第一批，那么对第一批债券持有人来说就是一件有利的事情，可是第二批债券的风险就太大了，通常购买第二批债券的人会获得比第一批债券更高的利率。用较高的收益来补偿较大的风险，这是金融市场的基本规则之一。低级债券由于风险较大，在美国常被称为"垃圾债券"（junk bonds）。但再低级的债券，也比股票（包括优先股）优先。

前面说过，高级债券的本息在获得全额清偿之前，低级债券不得清偿。这是否意味着高级债券的期限届满之前低级债券不会付息呢？不是的。债券的期限很长，10 年、20 年、30 年的都有。如果在 30 年中公司不能再发行别的债券，或者发行了也不能付息，这显然不利于公司的正常运作，也不利于社会经济的发展。实践中，通常在前后两个债券合同中做出明确的规定，并相互衔接。为了使第二批债券能够按期付息，第一批债券合同中会规定：后次发行的低级债券的付息必须得到前次债券持有人或其代表人[①]的同意，发行人在对后次债券付息时必须提取一定数额的资金建立对前次债券的付息基金，或者发行人必须向前次债券持有人或其代表人出示令他信服的具有充足的还款实力的证据等。这类规定是律师在起草第一批债券合同时就已经预见到，并在合同中写清楚的，因而第一批债券的购买人在购买时已经知情。第二批债券在付息时只要满足了第一批债券合同中规定的这类条件，便可以按期付息。同时，第二批债券合同也会对第一批债券合同中这类有关的条文做出呼应，与之衔接。

目前我国的公司债券发行还处于初级阶段，因而尚未出现高低级债券的区别。随着我国公司实践和市场经济的发展，普通公司发行的低级债券将会出现。

（二）按债券的可选择性条款分

按债券的可选择性条款，债券可分为可转换债券和可赎回债券。

凡是债券持有人可以在约定的期限内按照约定的比例和方法转换成股票的债券就是可转换债券。可转换债券可以转换为优先股，也可以转换为普通股，但转换为普通股居多。至于具体转换成什么股，怎么转换，转换的比例、期限是多少等，都必须在发行

[①] 我国还没有设立代表债券持有人共同利益、与债券发行人相对的代表人。在美国，这个代表人称为债券托管人。按照美国 1939 年制定、1990 年修订的《信托契约法》，债券托管人必须代表债券持有人的利益，监督发行人的行为，保证债券如期付息还本。债券托管人并不持有债券。

之初的债券合同中规定清楚。转换与否的选择权在债券持有人手中。可转换债券比普通债券多了一项转换选择权，其价格要比普通的不可转换的债券贵些，也就是说，其利率相对低一些。此外，因为可以换成股票，所以可转换债券一旦进入行权区间，它的价格在受市场利率影响的同时，也受股票价格的影响。

可赎回债券是发行人可以在债券期限届满之前的一定期限内，按照合同规定的价格和方法向债券持有人赎回的债券。凡是含有偿债基金条款的债务都是可赎回的。可赎回债券发行之后，决定赎回与否的权利在发行人手中。赎回的价格、期限、具体方法都是在发行之初的债券合同中规定清楚的。在合同规定的期限内的不同时间点上，赎回的价格是不一样的。决定价格的主要依据是至该时点已经产生的利息，联系预先估算的市场利率行情适当加上一点对债权人失去后阶段利息的补偿，再加上本金，三者综合起来考虑确定。因为可赎回债券比普通债券少了一项权利，或者说债务人相应地多了一项权利，其价格要比普通债券低一些，也就是说，其利率相对高一些。

三、债券的信用评级

债券的信用评级主要指独立的第三方中介机构对债券发行人如期足额偿还债务本息的能力和意愿进行评价，并用简单的评级符号表示其违约风险和损失的严重程度。

信用评级的根本目的在于揭示受评对象违约风险的大小。信用评级所评价的目标是经济主体按合同约定如期偿还债务或履行其他义务的能力和意愿。最后，信用评级是独立的第三方利用其自身的技术优势和专业经验，就各经济主体和金融工具的信用风险大小所发表的一种专家意见，主要供市场投资者参考。

（一）评级机构

目前国际上公认的最具权威性的信用评级机构，主要有美国标准普尔公司、穆迪投资者服务公司和惠誉国际。上述三家公司负责评级的债券很广泛，包括地方政府债券、公司债券、外国债券等，由于它们占有详尽的资料，采用先进科学的分析技术，又有丰富的实践经验和大量专门人才，因此它们所做出的信用评级具有很高的权威性。

标准普尔公司和穆迪投资者服务公司及惠誉国际都是独立的私人企业，不受政府的控制，也独立于证券交易所和证券公司。它们所做出的信用评级不具有向投资者推荐债券的含义，只供投资者决策时参考。因此，它们对投资者负有道义上的义务，但并不承担任何法律上的责任。

目前，国内有资质的评级公司包括上海新世纪、中诚信、联合、大公、鹏元。国外著名的评级机构也进入我国评级市场，参股本土评级机构或展开合作，如穆迪参股中诚信，惠誉参股联合，新世纪与标准普尔在研发、评级方法等方面展开了合作。

我国对评级机构的监管，根据其业务方向的不同受不同机构监管。在证券市场从事公司债评级的机构归证监会监管，在银行间债券市场和信贷市场从事信用评级的机构归中国人民银行监管，而从事投标、企业债等信用评级的机构由国家发改委监管。另外，银保监会也曾发出相关文件，对评级机构做出特定要求。这种多头监管的模式，导致我国缺乏一个统一、明确的信用评级机构认定标准，这也是阻碍我国信用评级机构发展的一个原因。

（二）信用等级

不同评级机构对信用等级的划分和表示方法不大一样。穆迪用 Aaa、Aa、A、Baa、Ba 等表示，资信逐级下降。标准普尔用大写字母 AAA、AA、A、BBB、BB 等表示。

国际上流行的债券等级是 3 等 9 级。AAA 级为最高级，AA 级为高级，A 级为上中级，BBB 级为中级，BB 级为中下级，B 级为投机级，CCC 级为完全投机级，CC 级为最大投机级，C 级为最低级。

A 级债券是最高级别的债券，其特点是：本金和收益的安全性最大；受经济形势影响的程度较小；收益水平较低，筹资成本也低。一般人们把 A 级债券称为信誉良好的"金边债券"，对特别注重利息收入的投资者或保值者是较好的选择。

B 级债券的特点有：一是债券的安全性、稳定性以及利息收益会受到经济中不稳定因素的影响；二是经济形势的变化对这类债券的价值影响很大；三是投资者冒一定风险，但收益水平较高，筹资成本与费用也较高。因此，对 B 级债券的投资，投资者必须具有选择与管理证券的良好能力。对愿意承担一定风险，又想取得较高收益的投资者，投资 B 级债券是较好的选择。

C 级债券是投机性或赌博性的债券。从正常投资角度来看，没有多大的经济意义，但对于敢于承担风险、试图从差价变动中取得巨大收益的投资者，C 级债券也是一种可供选择的投资对象。

如果一张债券的信用等级高，如 AA 级，就意味着它的风险相对较小，它的利率就可以比较接近银行存款利率，价格也就高。反过来，如果一张债券的信用等级较低，就意味着它的风险相对较大，它的利率就必须高过银行存款利率好多，价格也就低。较高的利率是对较高风险的补偿。

当公司的偿债能力因经营状况的变化而变化的时候，债券信用等级也会被上调或下调。当一批原来被确定为 A 等级的债券以 8% 的利率平价发行以后，因公司偿债能力的变化其资信等级被下调为 B 级，在市场利率等条件不变的情况下，它的市场价格也会下降，实际利率会相应地提高。

例如，一张面值为 100 元的债券原来可以卖 100 元，现在资信等级被调低之后就只能卖 80 元，而利息依然按面值 100 元，利率 8% 支付，每年 8 元。于是，它的实际利率就从票面上的 8% 上升到了 10%。

债券的信用评级沟通了投融资者间的信息交流渠道，有利于社会投融资机制顺利运转。信用评级可以为投资者提供公正、客观的信息，从而起到保护投资者利益的作用，进而满足企业的资金需求。债券市场品种繁多，良莠不齐。信用评级可以对不同质量的债券进行等级区分，有助于债券的合理定价与正常流动，从而保证债券市场的健康发展。

第四节　资本性工具的产生与发展

一、债券的产生与发展

（一）西方国家债券的历史沿革

债券的历史比股票要悠久，其中最早的债券形式是在奴隶制时代产生的公债券。据文献记载，希腊和罗马在公元前 4 世纪就开始出现国家向商人、高利贷者和寺院借债的情况。进入封建社会之后，公债就得到进一步的发展，许多封建主、帝王和共和国每当遇到财政困难，特别是发生战争时便发行公债。

扩展阅读 3-2

12 世纪末期，羸弱的欧洲政府在中世纪晚期和文艺复兴时期一直诉诸赤字财政和发行债券。在当时经济最发达的意大利城市佛罗伦萨，政府曾向金融业者募集公债，其后热那亚、威尼斯等城市相继仿效。有史以来首次发行的政府债券是财政弱小而不是财政强大的结果。它诞生于绝望，并且在国家无力偿还本金的情况下依旧存留了下来。这是一个重大的金融创新，它使得政府在有需要的时候能够迅速集中金融资源，并将其转换成军事资产。

15 世纪末，美洲大陆被发现，欧洲和印度之间的航路开通，贸易进一步扩大。为争夺海外市场而进行的战争使得荷兰、英国等国竞相发行公债，筹措资金。1600 年设立的东印度公司，是历史上最古老的股份公司，它除了发行股票之外，还发行短期债券，并进行债券买卖交易。但只有当它获得了有限责任的许可之后才开始发行债券。

美国在独立战争时期也曾发行多种中期债券和临时债券，这些债券的发行和交易便形成了美国最初的证券市场。

1783 年，独立战争正式结束，当时美国的内外债总额高达 5 400 万美元。混乱的局面严重影响了人们对美国未来的信心，挑战着这个年轻国家的命运。

扩展阅读 3-3

19 世纪 40—50 年代，由政府担保的铁路债券迅速增长，有力地推动了美国的铁路建设。19 世纪末到 20 世纪，欧美资本主义各国相继进入垄断阶段，为确保原料来源和产品市场，建立和巩固殖民统治，加速资本的积聚和集中，股份公司发行大量的公司债，并不断创造出新的债券种类，这样就逐渐形成了今天多品种、多样化的债券体系。

根据国际清算银行的统计，截至 2020 年 12 月底，世界主要国家由政府和公司所发行的未偿还的流通中的债券超过百万亿美元。其中发行量最多的分别是美国、中国和日本，如表 3-1 所示。

表 3-1　世界主要国家未偿还债券统计（2020 年 12 月底）　　　　10 亿美元

国家	合计	金融债券	非金融企业债券	政府债券
法国	5 536	1 865	842	2 829
德国	4 287	1 761	267	2 260
英国	7 253	2 985	633	3 629
澳大利亚	2 493	1 228	223	1 041
加拿大	3 914	1 694	551	1 668
日本	14 670	2 971	894	10 804
美国	46 429	14 874	7 200	24 152
中国	18 556	6 663	4 518	7 375

资料来源：2022 年 4 月 10 日摘录自国际清算银行（http：//stats.bis.org/statx/srs/table/c1?P=202048&c=）。

（二）中国债券的历史沿革

中国自秦以来，实行的是大一统的、中央集权的郡县制，政府具有很强的征税能力，中国的债券产生晚于欧美国家。首次发行的债券是 1894 年清政府为支付甲午战争军费，由户部向官商巨贾发行的，当时称作"息借商款"，发行总额为白银 1 100 多万两。中日甲午战争后，清政府为交付赔款，又发行了公债（即"昭信股票"），总额为白银 1 亿两。辛亥革命后，南京临时政府为解决军政困难，发行了定额为 1 亿元的"民国元年八厘军需公债"。抗日战争期间，国民政府为了解决抗日战争的军费之需，发行了大量的"爱国公债"。

1949 年新中国成立之后，1950 年发行了 1.48 亿元的"人民折实公债"，这是新中国国债的起源。1954—1958 年又发行了总额 30 亿元的"国家经济建设公债"。此后国债就停发了。这些债券的发行对于实现社会主义改造、巩固和加强社会主义经济基础起到了良好的作用。以上债券还清以后，直到 1980 年的十多年间，我国一直处于既无内债又无外债的阶段。中国债券市场真正的起步是在改革开放之后。1981 年重启国债发行，当年 1 月财政部开始发行国债。

1988 年，为了使先后发行的大规模国债得到流通变现，财政部在全国 61 个城市进行国债流通转让的试点，这是银行柜台现券的场外交易，中国国债的二级市场也初步形成。1990 年 12 月，上海证券交易所成立，开始接受实物债券的托管，并在交易所开户后进行记账式债券交易，首次形成了场内、场外两个交易市场并存的格局。1991 年初，我国将国债流通转让范围扩大到全国 400 个地市级以上城市，以场外柜台交易市场为主、场内集中交易市场为辅的国债二级市场格局基本形成。

中国企业发债最早从发改委的企业债开始，中国从计划经济过渡到市场经济，过去企业投资需要发改委审批，发改委审批项目的同时提供资金配套。另外，证监会审批的公司债，主要是由上市公司发行（2007 年开始），2007 年第一只公司债长江电力发行；2015 年修订出台新的《公司债券发行与交易管理办法》，公司债扩展到全体企业。除了发改委、证监会，企业法人也可以向交易商协会申请短期融资券和中期票据等债券工具的发行。人民银行主管的银行间交易商协会从 2005 年开始创设短期融资券，2008 年开始创设中期票据。另外，金融企业发债由银监会和人民银行共同监管，包括金融债、信贷资产证券化等。

到 2020 年底，中国已发行未偿还的各类债券余额达 18.6 万亿美元，其规模位列世界第二。

二、股票的产生与发展

（一）西方国家股票发展历程

股票是现代公司制度发展成熟的结果。在人类历史上，为了筹集资本组建大规模企业，由股东出资，持有股票，设立企业的方式是最重要的金融技术创新之一。集资方法运作商业项目中，项目管理人必须保管出资情况登记表，同时出资人还要与项目管理人签订出资合同，出资合同的投资人副本，就成了现代股票的雏形。但是每个投资人财力有薄有厚，投资有多有少，合同办起来因人而异，还得逐笔对账，操作不便。且不同的投资人能够投资的期限也不相同，有的人希望投资合同能够转让，以实现其短期投资的需要，还能保证商业项目的长期持续。于是，将每份投资合同的出资额度定个标准，投资双方的权利和义务等合同条款也给予标准化（以公司章程等方式出现），同时也允许投资方转让投资合同。因此，股票就是这种投资合同标准化和制度化的结果。

股票的起源仍然处于争论之中，金融史学家米歇尔·弗拉蒂安尼（Michele Fratianni）发现由股本分割而来的股票早在 12 世纪中叶就已经在热那亚出现，典型的有：1407 年由热那亚主要债权人设立的金融机构——圣乔治屋发行的股票；1372 年图卢兹的荣耀巴扎克勒公司等；在哥伦布发现新大陆、麦哲伦完成第一次环球航行的 15—16 世纪，欧洲人看到了新世界的丰富矿产、劳动力和市场资源，组建各类远航贸易公司的股票开始出现，公司和股票的发展呈波浪式向不同行业、不同领域、不同国家渗透与漫延，并且逐步规范。总体上看，现代股票的发展大约经历了以下三个阶段。

第一阶段，在 16 世纪作为筹集资金、分散风险的一种手段而进入远航贸易领域。

15 世纪，哥伦布发现了美洲新大陆，随后麦哲伦又完成了第一次环球航行。这些地理大发现开通了东西方之间的航线，使海外贸易和殖民地掠夺成为暴富的捷径。但组织远航贸易需巨额的资金；且远航经常会遭到海洋飓风，殖民地掠夺会遭到土著居民的反抗，要冒很大的风险。

为了筹集远航的资本和分摊经营风险，就出现了以股份集资的方法，即在每次出航之前，招募股金，航行结束后将资本退给出资人并将所获利润按股金的比例分配。为保护这种股份制经济组织，英国、荷兰等国的政府不但给予它们各种特许权和免税优惠政策，还制定了相关的法律，从而为股票的产生创造了法律条件和社会环境。

1553 年，英国以股份集资的方式成立了莫斯科尔公司，1581 年又成立了凡特利公司，其采取的方式就是公开招买股票，购买了股票就获得了公司成员的资格。但普遍认为世界上最早的股份有限公司是诞生于 1602 年的荷兰东印度公司。由于远洋贸易的利润丰厚，这类公司迅速膨胀，到 1680 年，此类公司在英国已达 49 家；相应地，股票这一金融工具也得到发展。在 1660 年之前，股东若要转让其所持股票，要在本公司内找到相应的人员来接受，或设法依公司章程规定将本公司以外的承购者变为公司的成员，股票的转让相当不便。但从 1661 年开始，股票可以任意转让，购买了公司股票的人就具有了公司的股东资格，享有股东权益。17 世纪上半叶，英国确认了公司作为独立法人的观点，从而使股份有限公司成为稳定的组织形式。

第二阶段，17 世纪后，随着工业革命的爆发，股票逐渐进入金融和工业领域。

17 世纪末到 19 世纪中叶，大机器工业生产代替手工生产的工业革命，导致了商品经济的极大发展。股份有限公司因适应了大工业的要求而迅速发展。由于生产对扩大资本和进行远距离运输以扩大市场的需要，银行、运输业急需大量筹集资金，通过发行股票来筹集资金、建立股份有限公司就成为当时的一种普遍方式。

1694 年成立的英格兰银行及美国在 1790 年成立的第一家银行——合众美国银行都是以发行股票为基础成立的股份有限公司。相对于远航贸易来说，银行股票是金融业股票，不但股息多，且风险小，所以股票和股份制在金融业得到了迅速的发展。

18 世纪，蒸汽机的发明推动了工业革命，资本主义的手工业生产逐渐过渡到机器大工业生产。大机器不仅在纺织业使用，而且推广到轮船和机车行业，改变了整个社会的交通状况，极大地促进了生产力的发展。这时的生产规模要求在交通、能源、原材料、基础设施等方面进行巨大的投资，股份有限公司和股票正好提供了一条集中社会资本的道路。

从 18 世纪 70 年代到 19 世纪中期，英国利用股票集资这种形式共修建了长达 2 200 英里的运河系统和 5 000 英里的铁路。美国在 18 世纪初的 50 年里建成了约 3 000 英里的运河及 2 800 英里的铁路。到了 19 世纪 60 年代以后，资本主义大工业生产要求扩大企业规模、改进生产技术和提高资本的有机构成，独资或合伙办企业已难以适应。政府也采取各种优惠措施鼓励私人集资兴建企业；股票的自由转让，特别是可利用股票价格进行投机，刺激了人们向工业企业进行股票投资的兴趣。股份有限公司开始在工业系统确立统治地位，成为主要的企业组织形式，且通过股票筹措的资本额越来越大。1799 年，杜邦以每股 2 000 美元的股票筹措了 15 股资本而创办成立杜邦火药公司，1902 年成立的美国钢铁公司则用股票筹措了多达 14 亿美元的股金资本，成为第一个 10 亿美元以上的股份有限公司。

第三阶段，随着证券交易的发展，其相应的法律法规日益完善。

股票在近代和现代的高速发展，要求法律制度不断完备。各个西方国家均通过制定公司法、证券法、破产法等来维护股份有限公司和股票的发展，以保护股东的权益。

美国根据 1929 年经济危机的经验，于 1933 年颁布了《证券法》，主要规定了股票发行制度。1934 年又颁布了《证券交易法》，用于解决股票交易问题，并依该法成立了证券委员会作为股票市场的主管机关。1970 年，为了保护投资者的利益、减少投资风险，

颁布了《证券投资者保护法》。有关证券（股票）法律的公布和
实施，促进和巩固了股份有限公司制度与股票的发展。

案例 3-2

（二）股票在中国的发展历程

　　中国股份制经济和股票的发展，是从清政府被迫开放通商口
岸之后，美商、英商等外商在上海和香港等地设立股份公司发
行股票开始的，以在外资企业中参股以及中外合股开办股份制
公司的方式出现的。1862 年 3 月，美商金能亨凭借其与一些外商、华人买办的关系，
成功筹集 100 万两银子，在上海开办了近代中国第一家股份制企业——旗昌轮船公司；
不久，该公司股票开始上市；该公司成立不久甚至还垄断了中国的长江航运。1865 年，
英商的汇丰银行在获得英国的有限责任公司的许可之后，首先在香港发行股票，6 个
月之后又在上海第二次发行股票；汇丰成立之后成了中国关税的存放银行，并以关税收
入为担保为清政府发行并承销国际债券，为当时中国的铁路等基础设施建设提供了重要
资金来源。

　　1949 年新中国成立后，中国走上了计划经济的发展道路，
停止了股份公司、股票发行和交易制度；1978 年改革开放之后，
发展有中国特色的社会主义市场经济，逐步恢复股份公司和股
票制度。此后，最早发行股票的是 1984 年北京的天桥百货股份
有限公司。随后，上海的飞乐公司、深圳的宝安公司相继发行

扩展阅读 3-4

了股票。1988 年前后在上海和深圳出现了地区性的股票交易，1990 年 12 月后上海证
券交易所、深圳证券交易所相继宣布开业，拉开了新中国股票交易的序幕。1992 年，
中国证券监督管理委员会正式成立。1999 年 7 月 1 日，《中华人民共和国证券法》（以
下简称《证券法》）开始正式实施，从而使中国的股票交易逐渐走上了正规化和法制
化的轨道。

闽西工农银行的股票

　　1930 年 8 月，闽西苏维埃政府召集经济财政委员会联席会议，建立了闽西工农银
行筹备组，并拟定设立工农银行的初步方案。会议上，邓子恢特别强调金融机构的性质
和职能，提议创建"股份制"性质的工农银行，相应组织一个银行委员会，监督指导银
行的工作。因此，闽西工农银行成立伊始，就同时制定了苏区最早的银行组织纲要《闽
西工农银行章程》；确定闽西工农银行的任务是调剂金融，保存现金，发展社会经济，
实行低利借贷。营业范围为存款、放款、汇兑、买卖金银、发行纸币、铸造铜片、代理
兼营储蓄事业等，对资本来源、组织机构、募股办法等都做了具体规定，开创了共和国
股份制银行的先河。

《闽西工农银行章程》规定：股票用无记名式，分一股一张、五股一张、十股一张三种。红利之支配，逐年盈利，以20%作公积金，20%奖励工作人员，60%归股东照股摊分。

闽西工农银行计划发行股票20万元，每股按1元（大洋）为单位（不收纸币，金银器可折算大洋）。各级政府、工会、部队组织募股委员会，除向广大工农群众募股外，合作社每百元资本至少买10元，粮食调剂局每百元资本最少买20元，各工会及机关工作人员每人至少买1元。

在募集银行股金的过程中，出现了诸多问题，包括动员方式不当、挪用股金及缺乏专业人才等，苏维埃政府多次讨论相关解决办法和措施。事实上，在募集股金过程中，闽西人民表现出极大的革命热情，尤其是青年妇女，自动拿下身上戴的银饰，变价来买工农银行的股票，龙岩、湖雷等地的商人，也踊跃向银行入股，从而使得闽西工农银行的资本快速充实、扩大。

虽然章程中规定是无记名式的股票，但实际发行时还是采用了记名式股票。股票图案中使用马克思、列宁头像，右边框内书"一、本股票不得在市面流通买卖，二、凭票向本银行支领应得红利"，中间有编号，并用毛笔填写股票持有人（图3-2）。该股票还附有六期红利券，凭票照付红利；每到一期领取红利后剪去对应的一张。

显然该股票与现代股票内涵还有不少差距，但作为土地革命时期创办的第一家股份制银行，闽西工农银行摸索、创立了一整套股票发行和管理制度，为革命根据地银行或信用合作社发行股票提供了重要的实践经验[1]，是中国共产党领导下早期金融创新的标杆。

图3-2　闽西工农银行一元股票

第五节　资本性工具的发展逻辑和基本特征

一、资本性工具的发展规律

（一）资本性工具的发展是社会分工深化对大规模资本的需求所推动的结果，同时资本性工具的发展和完善也推动了社会分工的深化

人类社会从航海贸易时代开始，经过工业革命，到现代信息化时代；社会分工日益深化，每一项生产经营活动的开展都需要更多的资本和更少的人力劳动，从而形成了对大规模资本募集的需求。标准化的股票和债券等资本性工具的发展解决了大规模资本募集的问题，推动了社会分工的深化、生产效率的提高、经济和社会的发展。

---

① 万立明. 试论闽西工农银行对红色金融制度的开拓性贡献[C]//纪念闽西工农银行成立90周年学术研讨会论文集，2020.

（二）创造流动性是大规模资本稳定性要求与资本稀缺性矛盾的解决方案

多数资本的应用需要长期稳定，因此需要用长期的债券和无期限的股票来募集。但能够作为长期稳定资本使用的资源是非常稀缺的；要实现大规模长期资本性工具的成功发行，只有让这些工具能够方便地流通转让，从而使得只有短期闲置资金的人也能参与长期工具的购买，让短期资金成为长期资本，才能最大化地动员闲置资源，使之成为资本。因此，创造流动性是资本性工具发展的核心内容。

（三）流动性与投机性的矛盾使资本性工具的发展呈现波浪式前进

资本性工具的流通转让会在市场上显示出连续的价格波动，使之成为投机工具，进而吸引投机性资源参与资本性工具的交易；人性的投机心理往往催生投机性泡沫。典型的有，以英国南海泡沫和法国密西西比泡沫为代表，1720 年左右的股市债市疯狂发展，疯狂过后，股票和债券被社会嫌弃，市场归于沉寂。然后在 20 世纪初的工业化高潮中，刮起另一股旋风，导致 20 世纪 30 年代股市崩溃、世界经济大萧条；之后，全世界经历了六七十年的反思和纠偏，20 世纪 90 年代，互联网革命出现，又重新掀起新的一轮波澜壮阔的资本性工具发展新高潮。股票和债券等资本性工具就这样波浪式地向世界各地漫延发展。

这是资本性工具的内在流动性需求与投机性之间的矛盾统一，但人类社会对这种内在矛盾日益深入理解，逐步通过法律制度建设，减少恶性投机行为，已经使资本性工具的发展变得逐步稳定了。

（四）制度化和规范化是资本性工具稳健发展的基石

资本性工具通过证券化、标准化原始的债权和股权契约而来，证券化使其与实际资本之间有了一道隔离墙，使资本变得易于交易的同时，也为欺诈和造假打开了方便之门。因此，历史上有过无数的"注水股票"、一文不值的债券等。此外，高度的流动性也容易形成市场操纵。这些都制约着资本性工具的健康发展，甚至被社会抛弃。这些现象的发生也让人们认识到，只有通过国家层面的制度建设和市场监管，才能有效减少这类现象的发生，在社会上建立起对股票和债券等资本性工具的信心，使之更好地为社会发展服务。在资本性工具的发展过程中，世界各国先后颁布了有限责任制度、公司法、证券法、会计法等制度及法律。

二、资本性工具的创造技术

（一）资本权益的证券化使得能够以交易方式实现资本募集，权益合约的标准化使募集资本的交易变得更容易

证券化就是相关权益的书面表达和共同约定。资本的借贷和合资入股两种来源渠道，都可以通过挂账登记、签署私人合约等原始操作方法实现，但这些原始方法限制了资本募集的范围，并且过程复杂；不同的债权人、不同的合资入股者需签署不同的私人

合约，且多方之间的利益会互相影响，需要相互协调。将借贷的权益关系表达制作成债券，将合资入股的权益关系表达制作成股票，并出台相关的法律制度，使由债券所表达的债权债务权益关系、由股票所表达的股东权益关系具有社会法律制度层面上的共同约定；使所有由债券或股票形式表达的权益关系标准化、简单化；从而使得借贷或合资入股等资本募集方式只需简单地出售债券或股票就能实现。

（二）赋予权益工具流通转让功能，用市场化手段增强权益证券的流动性，让短期闲置资源能够续短为长，成为长期资本

一般私人之间的债务合同，如果要转让给第三方，需要事先约定，或者征得债务人同意。同样地，由于合资经营，对于企业所有权的转让，也必须征得其他合资或合伙投资人的同意。这些约束都极大地限制了可以参与资本募集的范围，限制了大规模募集资本的能力。债券和股票通过事先约定，允许购买之后可以转让流通，使得只拥有短期闲置资金的人也可以参与长期资本的投资，极大地拓展了资本的可募集范围，增强了全社会的资本动员能力。

三、资本性工具的基本特征

（一）公共性是资本性工具得以实现的基石

股票和债券通过允许流通转让，在发行时面向不确定的公众，全社会的所有人只要愿意，都可以参与股票和债券的交易。这就决定了股票和债券的权益约定是面向公众的，具有典型的社会公共性。

股票和债券是标准化的合约，其主要权益关系是标准化的、默认的。普通公众参与股票或债券交易时，也默认其有效性和真实性。但普通公众往往缺乏识别股票和债券的真实性与有效性的能力，从而会有不法之徒利用股票和债券等资本性工具进行造假与欺诈。若这种欺诈行为大量存在，将恶化资本性工具的交易环境，让公众远离该市场，降低股票和债券市场的资本动员能力。

因此，股票和债券的证券化、标准化、可流通转让、公众参与度等特征都表明，公共性是资本性工具的基本特征。债券和股票所反映的都不是简单的私人之间的债权债务关系或合资入股关系，反映的是普通社会公众之间的债权债务关系和股权关系。维护健康的资本市场各方利益关系也会使整个社会受益。因此，对于具有公共特征的资本性工具需要制度规范、需要政府监管；对资本性工具的违规、破坏行为，不是简单的民事或商事纠纷，情节严重的会被定性为刑事责任；对于破坏者，不是简单地承担赔偿责任，有可能被限制参与股票和债券市场，甚至被判入狱。

（二）流动性是资本性工具的灵魂

通过举债或合资筹集资本是原始和朴素的思想，而通过证券化、标准化、市场化等金融技术实现以交易手段最大化资本动员能力则是重大的金融创新。这些金融创新的目的始终围绕着流动性这一目标，即提高资本性工具的可交易、可转让性。流动性是指某一项资产或标的可交易或易交易特征；难以交易甚至不能交易的资产是没有流动性的，也难以实现优化配置；越是容易交易、交易成本低的资产，其流动性就越好，越容易实现优化配置；对于经济个体而言，货币是流动性最好的资产。

证券化使一般的股权和债权合同变得可交易；标准化和市场化将股票与债券等变得易于交易。在现代市场经济中，股票和债券的流动性已经仅次于货币。因此，流动性是资本性工具的灵魂，只有有效地提高资本性工具的流动性，才能最终实现利用资本性工具最大化社会资本的动员能力。

本 章 小 结

资本性工具是指公司企业、政府等经济主体发行的，用于筹集短期或长期资本的标准化工具，主要是债券和股票。

股票是股份公司发行的所有权凭证，是其为筹集资金而发行给各个股东作为持股凭证并借以取得股息和红利的一种有价证券。按股东所享有的权益和承担的风险不同，可分为普通股和优先股。

债券是一种金融契约，是政府、金融机构、工商企业等直接向社会借债筹措资金时，向投资者发行、同时承诺按一定利率支付利息并按约定条件偿还本金的债权债务凭证。按清偿顺序，可分为高级债券和低级债券；按债券的可选择性条款，可分为可转换债券和可赎回债券等。

债券的信用评级主要指独立的第三方中介机构对债券发行人如期足额偿还债务本息的能力和意愿进行评价，并用信用等级符号表示其违约风险和可能损失的严重程度。

资本性工具的发展是社会分工深化对大规模资本的需求所推动的结果，同时资本性工具的发展和完善也推动了社会分工的深化。权益合约的标准化使募集资本的交易变得更容易。赋予权益工具流通转让功能，用市场化手段增强权益证券的流动性，让短期闲置资源能够续短为长，成为长期资本。创造流动性解决了大规模资本稳定性要求与资本稀缺性矛盾，但流动性与投机性的矛盾使资本性工具的发展呈现波浪式前进。制度化和规范化是资本性工具稳健发展的基石。

知 识 要 点

资本性工具、股票、普通股、优先股、可转换优先股、可赎回优先股、非累积优先股、参与优先股、分红、除息与除权、股票分割、市盈率、市净率、流动性、债券、高级债券、低级债券、可转换债券、可赎回债券、国债、金融债券、企业债券、公募债券、私募债券、外国债券、欧洲债券。

复习思考题

1. 何谓股票？它与一般的合资入股凭证有何异同？

2. 如果你在某一公司投资入股了 10 万元，过后，因其他原因你后悔了，可以要求公司给你退股吗？

3. 普通股和优先股有何异同？

4. 某股票股息登记日的收盘价是 20 元，每股送现金红利 0.5 元，则其次日除息价为多少？若每 10 股送 3 股，其次日除权价是多少？若每 10 股配 3 股，配股价为每股 15 元，其次日除权价是多少？

5. 什么是债券？它与普通的借条有何区别与联系？

6. 债券有哪些分类方法？

7. 请问债券和股票的发展与社会分工深化有何内在的逻辑关系？

作业

1. 请从上海证券交易所或深圳证券交易所网站查询并下载一份公司章程、公司债券发行公告和募集说明书，分析公司章程、债券募集说明书和发行公告的主要内容，详细说明为什么股票是一般合作投资合同的标准化，债券是普通债权债务合同的标准化。

2. 请从上海证券交易所和深圳证券交易所、国家统计局网站的统计数据中查询每年的上市公司总数、流通市值、成交量、募集资金总额等数据，分析说明我国资本市场的发展情况和趋势。

第四章

金融衍生工具——交易性风险管理工具

【本章导读】

2002 年至 2008 年 7 月，国际油价从约 19 美元/桶位升至 147.27 美元/桶，而自 2008 年 7 月中旬以来，国际油价出现连续暴跌，至 12 月底跌至 40 美元/桶左右，跌幅超过了 55%。

燃油是航空公司的主要经营成本，油价回落，航空公司应该是成本下降、利润上升。但东方航空的 2008 年年报显示，"2008 年公司共发生公允价值变动损失 64.01 亿元，比上年增加了 64.85 亿元，主要是由于原油期货市场价格在 2008 年下半年大幅下降导致公司原油期权合约产生的公允价值变动损失比上年增加了 63.53 亿元"。除了东方航空，当年的中国国航和南方航空也出现类似情况，三家公司因燃油套期保值合约发生巨额公允价值损失，导致企业净亏损 279 亿元，约占全球航空企业亏损总额的 48%。显然这三家航空公司的情况并非全球航空业的普遍情况。

那么，我们现在要了解：什么是原油期货、什么是原油期权？航空公司为什么要参与期货和期权市场？是如何参与的？这三家航空公司在这方面做错了什么？

本章将帮助大家学习和思考前三个问题。

第一节　风险和衍生工具概述

一、风险

从广义来讲，风险就是未来的不确定性；从狭义上讲，风险通常指未来可能发生的损失。风险与所有金融概念类似，既通俗又有点抽象。通俗是因为我们个人或企业随时随地都会遇到风险。比如，我们可能会生病、退休之后收入下降、养老支出无保障、开车或乘公共交通可能会发生意外等；对于企业，原材料、产成品价格可能发生波动，可能遇上台风、战乱等天灾或人祸。抽象是因为所有这些未来的事件在发生的时间、方向、程度等方面都难以预测，也很难找到有效的方法去管理和控制。

在生活水平低下的时候，能过好今天就不错了，顾不了未来之事；生活水平提高后对未来的不确定就有了更高的管控要求。同样，在企业粗放管理阶段，面临风险也是听之任之；而管理水平提高之后，在资源得到充分、高效利用的情况下，对风险的控制要求也极大地提高了。在对风险管控要求日益提高的现代社会，对风险本身的认识、度量、管理水平等都有了极大的提高。

风险产生的原因既有自然的也有人为的。自然风险主要有地震、台风、疫情等自然灾害，是客观存在、不会消失的。人为风险又分为失误风险和主动参与风险。失误风险常见的有产品设计缺陷、生产失误、管理疏漏等风险，也是客观存在的、但可以通过改进技术和提升管理水平等降低风险。主动参与风险常见的有创业风险、技术开发风险、各种价格波动风险甚至赌博等；主动参与风险显然是人为创造的风险，有些是有益的，有些却是无谓的。

从结果来看，形成风险的相关因素一旦确定，风险就客观存在，只能转移而不会消失。根据风险产生的直接结果可将风险分为两类，一类是只能产生损失、不会有收益的损失风险，如自然风险和失误风险。另一类是既可能产生损失也可能形成收益的波动风险，主动参与风险基本上都是这一类。

二、风险管理与衍生工具

风险管理就是管理风险可能产生的结果，使其不会产生严重冲击和次生损失，让相关主体能够以可预期的状态稳定运行。根据产生结果类型的不同，风险管理方法也不同。对于损失风险，管理手段只能是转移风险，如购买保险等。对于波动风险，由于存在损失方和受益方，该类风险管理手段除了转移之外，还可以双方合作，直接形成对冲。比如，对于农产品价格的波动风险，农场主和农产品加工商之间就构成了该波动风险的一个损失方和受益方，

案例 4-1

他们就可以直接通过签订农产品买卖合同的方式实现对冲。但无论是签合同还是买保险，这种传统风险管理手段都是一次性的，不够灵活、便利，本身也存在违约等不确定性。现代金融业已经为这两类风险管理方法创造了更加便利和可靠的管理工具——金融衍生工具。

衍生工具（derivatives）是一种关于交易基础产品或基础变量的标准化的或准标准化的合约，即合同。根据合约的内涵不同，衍生工具可以分为两大类，一是期货（future），约定未来交易某一基础产品的标准化合约，实际上就是标准化的交易合同。二是期权（option），约定未来购买或出售某一基础产品的权利的合约。期权有两类，约定未来购买某一基础产品的权利的合约称为买权（call option），通常交易者认为未来基础产品的价格会上涨时（看涨）才购买买权，因此，买权也被称为看涨期权。约定未来出售某一基础产品的权利的合约称为卖权（put option），类似地，卖权也被称为看跌期权。其他衍生工具基本上都可以看成是这两类衍生工具的组合与演化的结果。

第二节　期　　货

一、期货合约

期货合约（futures contract）是期货交易的买卖对象或标的物，是由期货交易所统一制定的，规定了某一特定的时间和地点交割一定数量与质量标的资产的标准化远期合约。根据合约标的是否可交易，期货合约可分为两类：一是实物期货合约，它包括合约标的资产可以直接交易的商品期货合约、证券期货合约等。二是指数期货合约，这类合约的标的是各类市场指数，如股票指数等，指数本身不能买卖，这类合约到期时，不进行实物交割，只根据标的指数的市场值和预定的指数点价值进行交易双方的盈亏计算，并进行相应的现金结算。

案例 4-2

（一）实物期货合约

期货合约的主要条款包括两类。

一是对未来要交割的标的物和交割方式的约定，主要包括交易品种、交易单位、合约月份、交易时间、交割等级、交割地点、交割方式等。其中合约月份是远期合约到期时间的标准化，如表 4-1 所示，黄玉米期货合约中，合约月份为 1、3、5、7、9、11 月，表示大连商品交易所的黄玉米期货的到期时间为这 6 个月份，当然，不同的到期时间就是不同的合约。因此，具体的合约也用时间给予具体的编号。比如，在 2021 年 1 月 5 日，市场上可以交易的具体黄玉米合约为 C2101、C2103、C2105、C2107、C2109、C2111

表 4-1　大连商品交易所的黄玉米期货合约

项　　目	内　　容
交易品种	黄玉米
交易单位	10 吨/手
报价单位	元（人民币）/吨
最小变动价位	1 元/吨
涨跌停板幅度	上一交易日结算价的 4%
合约月份	1 月、3 月、5 月、7 月、9 月、11 月
交易时间	每周一至周五上午 9:00—11:30，下午 13:30—15:00
最后交易日	合约月份第 10 个交易日
最后交割日	最后交易日后第 3 个交易日
交割等级	大连商品交易所玉米交割质量标准（FC/DCE D001-2015）
交割地点	大连商品交易所玉米指定交割仓库
最低交易保证金	合约价值的 5%
交割方式	实物交割
交易代码	C
上市交易所	大连商品交易所

共 6 个合约，分别表示不同的到期时间；如果到了 C2101 的最后一个交易日 1 月 15 日，C2101 合约还可以交易，第二个交易日 1 月 18 日 C2101 就不能交易了，同时会有新的合约 C2201 上市供交易者交易。这些内容在一般的远期合同中都要经过合同签约双方谈判确定，而在期货交易中由交易所事先统一拟定，这就是远期合约的标准化。

二是合约交易的相关安排，主要包括报价单位、最小变动价位、涨跌停板幅度、交易时间、最后交易日、最低交易保证金、交易代码等。

期货是以交易方式实现合约的签订。比如，你希望在 9 月份玉米收成时，出售 20 吨的黄玉米，就可以在大连商品交易所的交易平台上卖出 2 份 C2109 合约，自己给个报价，假设为 2 520 元，如果有人接受你的报价，你们就成交，你可以不知道对手是谁，只要记住自己以 2 520 元的价格出售了 2 份 C2109；交易所也会在你的相应账号上记下这笔交易，记为 C2109 持仓 -2，也被称为空头 2 张 C2109。如果在合约到期前，你没有再对该合约做其他安排，那么你就必须在表 4-1 合约规定的交易时间、交割地点，提交相应等级的 20 吨的黄玉米；并收取（2 520×20）元的相应价款（为了容易理解，这里假设不考虑保证金账户的变化，在实际操作中，要考虑保证账户的变化，会有所不同）。实际上，你也可以在合约到期前，按另外某个价格买回 2 份 C2109，这叫平仓交易，这时 C2109 合约就跟你没关系了，但可能已经产生盈利或亏损。

因此，买卖期货合约，你手上没有合约也可以卖出，这叫开仓卖出，它本质上相当于在一份只可以填写未来交割价格的标准化合约上的卖方处签字同意，而成交价格就是合约双方谈判同意最终填写在标准化合约上的价格。

对于证券类期货，如货币期货、股票期货等，由于标的资产是证券，而给定某个证券本身没有质量差别，证券的交割也比较简单，通常只需在账户之间划转，没有运输成本。因此，期货合约条款相对简单，如表 4-2 所示。具体的合约代号同样由产品代码和时间代码组成，例如 2021 年四个到期月份的具体代码分别为 6EH2021、6EM2021、6EU2021、6EZ2021。如果你在 2021 年 1 月 13 日以 1.065 1 的价格卖出一份 6EZ2021 合约，然后等到合约到期。到期时，你必须交付 125 000 欧元，并收取 133 137.5（125 000×1.065 1）美元。

表 4-2　芝加哥商品交易所的欧元美元期货合约

项　　目	内　　容
合约单位	125 000 欧元
交易时间	周日—周五，美东时间下午 6:00 —下午 5:00，每天从美东时间下午 5:00 开始有 60 分钟休市时间。
最小价格单位	0. 00005 美元/欧元（6.25 美元/合约）
产品代码	CME Globex: 6E，CME 清算中心: EC，清算代码: EC
上市合约	3 个最近的连续月份合约，以及 20 个季月合约（3 月、6 月、9 月、12 月）
结算方法	支付
最后交易时间	合约月份的第三个周三之前的第二个交易日（通常是周一）的中部时间上午 9:16
交割方式	可交割
仓位限制	CME 仓位限制规定
交易规则	CME 261

最后，期货合约中都会对标的物的质量标准有具体的要求，则市场上完全符合要求的商品数量可能就比较有限；同时，买卖期货又只需缴纳少量的保证金。在这种情况下，市场就有可能被操纵。比如，某个资金比较雄厚的投机者，一方面大量买进期货，另一方面悄悄地把市场上符合标准的期货标的物全部买下。等到期货快到期时，期货卖方会发现，市场上已经没有可用于交割的现货，而想买回期货合约平仓，又没人愿意卖。这时期货的空头方为了履约，只能接受投机者的高价现货用于交割，或者接受投机者的高价期货用于平仓，甚至有可能被投机者逼到违约破产。该现象被称为围堵市场（corner the market）。为了避免该现象的发生，期货合约通常在具体可交割的产品等级上会放宽要求，并约定不同等级交易产品的支付价格调整办法，以扩大可交割产品范围、增加市场操纵的难度，或者直接限制每个账户可持仓的合约数量等。

（二）指数期货合约

指数是人为编制的用于反映某个特定市场变化的一个数据，如沪深 300 指数就是用于反映上海证券交易所和深圳证券交易所股票总体价格变化情况的序列数据。显然，指数现货是没法买卖的。但期货的本质是买卖双方对未来交割时间点标的物市场价格的对赌，买方赌未来价格会比现在约定的价格高，卖方赌未来价格会比现在约定的价格低；谁赌对了谁盈利，而相应地，对方则亏损。

例如，上述的黄玉米期货 C2109 的交易中，假设你和交易对手，既没有玉米要卖，对方到期时也不需要玉米，你们同样可以进行 C2109 的交易，并等到最后的交割。假设你仍然以 2 520 元/吨的价格出售了 2 份 C2109；持有到期等待交割；实际交割时，你只能到现货市场按市场价格，假设为 2 600 元/吨，买入 20 吨玉米，然后送到指定交割仓库，回收期货约定的总货款（2 520×20）元，最后发现，你亏损了 1 600 元。而对于 C2109 的买方，他履约时要缴纳（2 520×20）元货款，提取 20 吨黄玉米，但他也不需玉米，同样要在市场上按市场价格卖出 20 吨黄玉米，假设他卖出的价格也是 2 600 元/吨，则他盈利 1 600 元。在实际操作中，这个价格可能会有点上下波动。可见，如果 C2109 合约的交易双方能够对黄玉米现货市场价格达成一致的话，他们实际上并不需要真实地进行现货交易，只要根据达成一致的现货市场价格，如 2 600 元/吨，进行双方的盈亏计算，并进行相应的现金交付，还能省去现货交易的麻烦。实际上，芝加哥期货交易所的很多个股期货就是采用这种现金交割的办法。

基于以上认识，由于指数点不易被操纵，容易达成共识，同样可以设计指数期货让交易者对未来的指数点进行对赌。在对赌结果支付时，将盈亏的指数点换算成可支付的货币价值就行。因此，如表 4-3 中的沪深 300 指数期货合约，首先要约定每个指数点的货币价值，沪深 300 指数期货的每个指数点价值为 300 元，最终盈亏清算时等于盈亏的指数点乘以 300 元每点。这个乘数就类似于实物合约中约定的每份合约标的物的数量。其次，由于指数无法现货交割，明确只能现金交割。

表 4-3　中国金融期货交易所的沪深 300 指数期货合约

项　目	内　容
合约标的	沪深 300 指数
合约乘数	每点 300 元
报价单位	指数点
最小变动价位	0.2 点
合约月份	当月、下月及随后两个季月
交易时间	上午 9:30—11:30；下午 13:00—15:00
每日价格最大波动限制	上一个交易日结算价的±10%
最低交易保证金	合约价值的 8%
最后交易日	合约到期月份的第三个周五，遇国家法定假日顺延
交割日期	同最后交易日
交割方式	现金交割
交易代码	IF

例如，2021 年 1 月 12 日，中国金融期货交易所市场上可交易的沪深 300 指数期货合约有 IF2101、IF2102、IF2103、IF2106，当时 IF2102 的价格为 5 563 点。如果你以 5 563 点的价格卖出一份 IF2102 合约，然后等待合约到期，由交易所进行现金交割。如果在 IF2102 最后交易日 2021 年 2 月 19 日，沪深 300 的收盘指数点为 5 363 点，那么你就盈利 200 个指数点，盘后交易所进行清算后，你的账户就会转入（200×300）元。当然，这些盈利是由其他亏损交易者的账户转来的。

二、期货的交易方式

（一）报价和成交

期货的交易本质是以交易的方式实现远期合约的签订，其在交易时所报的价格，并非现在交付某个标的物的价格，而是指愿意在某个标准化合约上以此价格与对方签订买卖合约，如果某个期货合约的报价成交了，表明交易双方签订了一份标准化的交易合约，合约的卖方相当于在标准化合约中的卖方签字，合约的买方相当于在标准化合约的买方签字，成交价格就是标准化合约中要填上的、未来交付标的物的价格。显然，期货合约在成交时，交易双方不需要向对方支付或收取任何价款或标的物。

例如，2021 年 1 月 13 日黄蓉以 2 520 元/吨的价格出售了一份 C2109 的期货合约给杨过。这相当于，黄蓉与杨过签订了一份如表 4-1 所示的 2021 年 9 月到期的合约，黄蓉在该合约的卖方签字，杨过在该合约的买方签字，2 520 元/吨是到期时交付 10 吨标准黄玉米的价格。现在，他们双方不需向对方支付任何东西。

此外，期货交易只是签订合约，因此，没有任何数量的限制，所有交易者都可以任意地买入或卖出任意数量的某个合约（如 C2109 等），成交的数量只是表明已经有多少份合约签署生效了，生效之后，可能就是到期履约，或者中期将合约转让。

例如，假设 2021 年 2 月 3 日黄蓉以 2 500 元/吨的价格向郭靖买回了一份 C2109 合约。因为同样都是 C2109 合约，条款完全相同，所不同的是成交价格；黄蓉的这两笔交易完全可以看成是将原来与杨过签订的 C2109 合约的卖方权益转让给了郭靖，市场上仍然只有一份有效合约，黄蓉已经平仓了，与 C2109 合约不再有关系。

现在重要的是这种转让之后，他们之间的权益该如何调整？因为前后两笔的成交价格不一样，最后杨过与郭靖交割时应按哪个价格交割？此外，C2109 这样的期货合约可以任意交易，最后如何保证合约到期时能够全部履约？

以上三个问题都由交易所设计的保证金制度和逐日结算制度给予解决。

（二）保证金制度和逐日结算制度

期货交易时不需要进行支付和标的物交换，但在期货到期履约时却必须进行现金支付和标的物交换。能否履约是期货交易能否顺利进行的最重要条件。期货也只有在履约时，才让交易者实现其盈利或亏损。期货交易与现货交易最大的差别是：现货交易在一手交钱一手交货时，交易双方都认为交易是公平，甚至都认为自己是合算的。因此谈判完成后，实现现货交割几乎没有困难。而期货交易只有在期货买卖时有这种感觉，而在履约交割时，通常已经明确一方是盈利的，而另一方是亏损的；亏损的一方天然具有不愿意进行交割的情绪，也可能是已经没有能力进行交割。

例如，2021 年 1 月 13 日，黄蓉认为半年后黄玉米的价格会大跌，她现在以 2 520 元/吨的价格卖出 100 张 C2109 合约。但在 2021 年 9 月 15 日必须交割合约时，她才发现原来的判断是错误的，黄玉米现货市场的价格是 3 020 元/吨。要履约，她必须从现货市场购入 1 000 吨黄玉米。这时候她已经明确知道，履约交割会亏损 50 万元。一方面，她天然地不愿意交割；另一方面，也可能是先前的过度自信，导致她现在没有能力交割。

为了解决期货的履约问题，期货交易所在提供标准化合约的基础上，设计了保证金制度和逐日结算制度。

保证金制度要求所有交易期货合约的交易者，按照交易所要求的保证金比例向保证金账户缴纳相应的保证金之后，才能买卖相应数量的期货合约。如表 4-1 所示，大连商品交易所黄玉米期货的保证金要求是 5%，如果某一交易者想要买或卖 2 份 C2109 合约，假设当时 C2109 的报价是 2 500 元/吨，则他必须在他的保证金账户上至少有 2 500 元。该保证金称为初始保证金。5% 的保证金比例能保证期货价格在 5% 的范围之内波动，缴纳了保证金的交易者都不会违约。一旦违约，保证金被交易所扣收，然后交易所的清算中心取代该交易者与期货合约的另一方进行交割。

但是，期货价格在短期之内的价格波动不超过 5% 的概率较大；如果时间长了，期货价格波动超过 5% 的概率就会很大。为了解决一次性缴纳的初始保证金不能保证长期不违约的问题，交易所在初始保证金的基础上，又增加了保证金的逐日结算制度以及维持保证金和追加保证金制度。保证金的逐日结算制度是指根据每日的期货结算价格，计算每个交易账户的盈亏，并在其保证金账户上做相应资金增减的制度安排。客户保证金会由于逐日结算制度而发生增减变化，交易所允许保证金在一定范围内波动，但会制定保证金的下限，该下限被称为维持保证金。如果一个账户的保证金在当日结算之后小于或等于维持保证金，清算中心会通知交易者追加保证金，使之恢复到初始保证金的水平。相反，如果保证金增加了，超过初始保证金的部分，交易者可以从保证金账户提走。保证金制度和逐日结算制度既解决了期货交易的违约问题，同时也为期货合约的转让提供了便利。

（三）交割方式

交割是指期货合约到期后，按合约指定的时间和地点，期货的卖方向买方提交合约规定的标的物并收取相应货款的过程，这是传统的实物交割方式。

当期货合约的标的物是没有现货交易的各类市场指数，比如股票指数等，期货合约的最后交割是交易清算所在最后交易日强制约定以市场上的参考指数点作为结算价格，直接结清各交易者的保证金账户的过程。该交割方式称为现金交割。对于有些期货合约，如果其标的物存在完善的现货市场，且现货市场价格能够形成被普通接受的公平价格，也可能采用现金交割，如芝加哥商品交易所的个股期货。

案例 4-3

不论是实物交割，还是现金交割，都是期货市场与相应的现货市场形成紧密联系的唯一渠道，该联系保证了期货交易不是空中楼阁，不是简单的博彩工具，而是以现货为基础的远期合约。

（四）盈利核算

期货交易的盈亏是由开仓交易价格与平仓交易价格或最后交易日的结算价格之间的差额与期货合约数量的乘积决定的。如表 4-4 中，黄蓉以 2 520 元/吨的价格卖出一份 C2109，此后又以 2 500 元/吨的价格买回平仓，则其盈利就是 20 元×10 吨，共 200 元；而杨过以 2 520 元/吨开仓买入一份 C2109，一直持有至最后交割，交割结算价为 2 460 元/吨，他是高买低卖，因此亏损 60×10 = 600 元。

实际上，在期货交易中，风险管理者是不会在意期货交易的盈亏的，因为其期货交易的盈亏会完全被现货市场的盈亏抵消，其期货交易只不过是锁定未来现货的交易价格而已，正如签订一份远期合约一样。

例如，表 4-4 中的杨过在 2021 年 1 月 13 日时买入一份 C2109 只是因为他在 2021 年 9 月 15 日左右确实需要 10 吨的黄玉米，但担心黄玉米的价格会上涨而购买的；则期货价格的变动对他是没有任何影响，他始终都等价于在 2021 年 9 月 15 日以 2 520 元/吨的价格购买玉米。

表 4-4　　C2109 合约从缔结、转让到交割的过程

时间	交易价格或结算价格	保证金账户余额			备注
		黄蓉	杨过	郭靖	
2021.1.13	2 520	1 000	1 000		黄蓉向杨过出售一份 C2109
2021.1.13	2 530	900	1 100		当日结算
2021.1.14	2 510	1 100	900		
			...		
2021.2.3	2 500	1 200	800	1 000	黄蓉向郭靖买回一份 C2109
2021.2.3	2 490		700	1 100	
2021.2.4	2 480		600	1 200	
2021.2.5	2 460		400	1 400	要求杨过追加保证金
			1 000	1 400	杨过补缴 600 元保证金
2021.2.6	2 420		600	1 800	
2021.2.7	2 430		700	1 700	
			...		
2021.9.15	2 460		1 000	1 400	最后交易日的结算价

第三节　期　　权

一、期权合约

期权合约是指交易所统一制定的、规定买方有权在将来某一时间以特定价格买入或者卖出约定标的物的标准化合约。

期权合约的主要条款也包括两类，一是关于相关买卖权利具体内容的约定，这也是标准化期权合约的主要内容，一般包括合约标的物、合约类型、交易单位、合约月份、行权价格、行权方式等，二是关于期权交易方式的约定，主要包括报价单位、最小变动价位、交易时间、最后交易日、到期日、交易代码等。

案例 4-4

表 4-5 是芝加哥期权交易所个股期权合约内容。

期权合约关于权利内容描述主要是四项，分别是标的物、到期时间、权利类型和执行价格，这四项内容一般都包含在一个具体的期权代码中。如 CBOE 的一个关于 Apple 公司股票的期权：

AAPL220617C00135000

AAPL：100 股 Apple 公司股票；

220617：到期时间为 2022 年 6 月 17 日；

C：该权利类型为买权（call）；

135：执行价格为 135 美元。

表 4-5　芝加哥期权交易所个股期权产品合约内容

项　目	内　容
代码	股票代码＋到期时间＋期权类型＋执行价格，如 AAPL220617C00135000
标的资产	每手合约代表 100 股标的股票
执行价格	合约开始挂牌，按一定的间隔在当前标的股票价格的上下设定 4 个执行价格。当标的股份的交易价超过了市场现有最高或最低的定约价，会有新的期权系列挂牌。通常执行价在 5 美元与 25 美元之间，间隔为 2.5 点。如果执行价在 25 美元与 200 美元之间，间隔为 5 点；如果执行价高于 200 美元，间隔为 10 点。此外，到期日越近，间隔越小
权利金报价	用 10 进位表示每股的权利金，每 1 点等于 100 美元
到期日	多数期权的到期日为每个到期月的第三个星期五；2 个近期月几乎每个周五都有期权
到期月	2 个近期月和 2 个在 1 月、2 月或 3 月的季度周期中的月份
履约方式	美式。在到期日之前的任何一个交易日都可以行权
履约结算	可在任何一个交易日按程序递交行权通知，行权后第三个交易日得到标的股票的交割
持仓限额和行权限额	头寸限仓根据标的股票的持仓股份和过去 6 个月的交易量而变化，交易所会给出具体的规定
报告职责	持有头寸超过 200 手合约的要按规定报告
保证金	对 9 个月或更短期限的期权，买入看跌期权或看涨期权的交易者必须全额支付权利金。无保护的看跌期权和看涨期权的卖家必须存交 100%的权利金收入，再加上合约总价值（当前的股票价格乘以 100 股）的 15%或 20%，如果期权是虚值的，可以减去虚值的总数。期权保证金不得低于权利金收入加上合约总价值的 10%
最后交易日	个股期权的交易通常终止于到期之前的那个交易日（一般是星期四）
行权方式	实物交割
交易时间	美国中部时间（芝加哥时间）上午 8:30 —下午 15:00

该期权代码的完整含义为：持有该期权的交易者有权在 2022 年 6 月 17 日之前以 135 美元/股的价格从该期权的出售方买入 100 股 Apple 公司股票。

以上四个要求的任何一个变化都构成一个不同的期权。以 Apple 公司股票期权为例，2021 年 9 月 2 日这一天可交易的 Apple 公司股票期权有 13 个到期月份，分别为：2021 年的 9 月、10 月、11 月、12 月，2022 年的 1 月、3 月、4 月、6 月、9 月，2023 年的 1 月、3 月、6 月、9 月共 13 个到期月。其中 2021 年的 9 月和 10 月剩余的每个周五都有期权到期日，共 8 个到期日；其他每个到期月只有第三个周五为期权到期日，共 11 个到期日，即总共有 19 个到期日。每个到期日都有 30～50 个不同的执行价格，而所有的到期日和执行价格都有两类不同的权利，即买权和卖权，则在 2021 年 9 月 2 日，在 CBOE 可以交易的 Apple 公司的期权合约共有 1 770 个。但有些期权虽然可交易，但实际的交易量可能为零。例如，合约 AAPL211022C00100000 的交易量和持仓量均为 0，持仓量是指该合约所有未平仓合约数。

期权合约在该合约到期日之后，就过期不可交易，也不存在了，交易所提供新的到期日的期权合约供交易者交易。如合约 AAPL211022C00100000 在 2021 年 10 月 22 日之后就不存在了，但会提供新期权合约供交易。

二、期权的交易方式

（一）报价和成交

期权的报价是对期权合约的报价，本质是对权利的报价。如果合约报价成交，期权卖方会收取相应的权利金，也称为期权费，买方相应地支付权利金。同时，交易所在卖方账户记录该合约的持仓量为负数，称为空头方；在买方的账户记录正数，称为多头方。

例如，黄蓉报价以 1.70 的价格卖出 2 张 AAPL211001C00160000 合约，如果杨过接受该报价，那么他们就成交；黄蓉收取杨过的 1.70×200 = 340 美元的权利金。同时，交易所在黄蓉的账户上记录 AAPL211001C00160000 合约为 − 2；在杨过的账户上记录 AAPL211001C00160000 合约为 + 2。

（二）保证金

在期权交易中，买方向卖方支付一笔权利金，买方获得了权利但没有义务，因此除权利金外，买方不需要缴纳保证金。对卖方来说，获得了买方的权利金，只有义务没有权利，因此，需要缴纳保证金，保证在买方执行期权的时候能够履行期权合约。

CBOE 要求期权的卖方必须存交全部的权利金收入，再加上合约总价值的 20%，如果期权是虚值的，可以减去虚值的总数；但期权保证金不得低于权利金收入加上合约总价值的 10%。虚值期权是指该期权如果当时就执行是没有价值的，即买权的执行价格大于标的股票的价格，卖权的执行价格小于标的股票的价格。虚值期权被执行的概率比较低。

上述黄蓉卖出的 2 张 AAPL211001C00160000 合约应缴纳的保证金为（假设当天 AAPL 股票的收盘价为 155 美元/股）：

$$（1.7 + 155×20\%）× 200 = 6\ 540（美元）$$

如果黄蓉继续持有该空头合约，其保证金账户每天都会根据 AAPL 的股票收盘价重新计算，不足要补缴，多了可以提走。最后，如果平仓或到期履约结束，保证金会被释放。

（三）交割方式

期权的交割方式有两层含义。一是何时可以行权，有的期权合约规定在到期日之前的任一交易日，期权的买方都可以要求行权，这类期权称为美式期权；而有的期权规定只能在到期日才可以要求行权，这类期权称为欧式期权。理论上认为，美式买权不可能被提前执行，而美式卖权有可能被提前执行。二是行权时如何具体执行。具体行权时，与期货类似，可以有两种方式，分别为实物交割和现金交割。通常指数期权都是现金交割。

（四）盈亏核算

对于期权交易者，有两种方式结束期权交易并确定相应的盈亏。

　　一是平仓结束交易。交易者通过平仓交易结束其原先的期权头寸，其盈亏就是买入与卖出相应期权的期权费之差。

　　例如，黄蓉在 2021 年 9 月 3 日以 1.70 美元的价格卖出 2 张 AAPL211001C00160000 合约；如果两天之后又以 1.76 美元的价格买入 2 张 AAPL211001C00160000 合约，则在该合约上的交易就亏损 0.06×200 = 12 美元。

　　二是行权结束交易。如果交易者交易期权之后，一直持有合约到最后交易日，此时，期权的卖方没有主动权，只能等待期权买方的通知。期权买方可以要求执行期权，也可以放弃权利，任其作废。通常执行期权有收益时，会要求执行。执行期权的收益取决于期权的执行价格与标的股票的当时市场价格，执行期权的收益被称为行权收益，它不考虑原来购买期权时所支付的期权费。

　　对于买权，行权收益 = MAX（标的物市场价格 − 执行价格，0 ）。

　　例如，杨过以 1.70 美元的价格买入的 2 张 AAPL220121C00119000 合约，在 2022 年 1 月 21 日到期日的行权收益，就取决于 AAPL 股票在当日的市场价格。如图 4-1 所示，如果股票价格为 121 美元，杨过会要求行权，按合约规定，从 AAPL220121C00119000 合约的卖方按 119 美元的价格买入 200 股的 AAPL 股票；则行权收益为(121 − 119)×200 = 400 美元，股票价格越高，行权收益越大；如果股票价格为 118 美元，杨过会放弃行权，行权收益为 0。

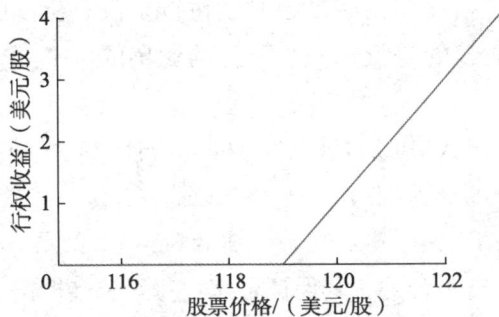

图 4-1　AAPL220121C00119000 买权的行权收益

　　对于卖权，行权收益 = MAX（执行价格 − 标的物市场价格，0 ）。

　　例如，杨过以 1.70 美元的价格买入的 2 张 AAPL220121P00119000 合约，在 2022 年 1 月 21 日到期时的行权收益，也取决于 AAPL 股票在当日的市场价格。如图 4-2 所示，如果股票价格为 117 美元，杨过会要求行权，按合约规定，向 AAPL220121P00119000 合约的卖方按 119 美元的价格卖出 200 股的 AAPL 股票；则行权收益为(119 − 117)× 200 = 400 美元，股票价格越低，行权收益越大；如果股票价格大于或等于 119 美元，杨过会放弃行权，行权收益为 0。

　　所有期权买方的行权收益就是卖方的亏损。

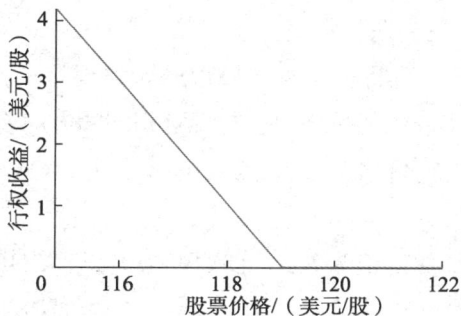

图 4-2　AAPL220121P00119000 卖权的行权收益图

第四节　金融衍生工具的应用

金融衍生工具的主要应用就是风险管理，运用期权、期货进行风险管理也称为套期保值（hedge）。之所以称为"套期"，是因为该保值手段只能在合约到期日之前或平仓之前的一段时间内实现保值的目的。根据市场参与者在市场上所处位置（买方或卖方）的不同，需要运用的套期保值策略可分为面临价格下降的套期保值策略和面临价格上涨的套期保值策略。两种策略都既可以用期货实现，也可以用期权实现。

一、面临价格下降的套期保值策略

面临价格下降的套期保值策略通常是为了锁定未来某个时间出售某一商品的价格而采用的策略。例如：

2021 年 5 月 3 日，辉腾贸易公司出口了一批商品到美国，商品价款以美元计，共500 万美元，这笔货款要 3 个月之后，即 8 月 2 日，才能收到。现在美元兑换人民币的比价（汇率）是 6.6 元人民币/美元。辉腾公司还有一笔贷款将在 8 月 2 日到期，共计要还本息 3 300 万元人民币，公司计划就用这笔货款还贷。现在汇率市场很不稳定，辉腾公司担心的是到时美元贬值，1 美元兑换不到 6.6 元人民币，公司就还不了贷款。这就是辉腾公司当前面临的标的资产（美元）价格下降的风险。

在该例子中，500 万美元就是辉腾贸易公司未来要出售的商品，其目标是未来出售价格不低于 6.6 元人民币/美元。实现该目标既可以用期货实现，也可以用期权实现。

（一）用期货实现

现在市场上，芝加哥商品交易所代号为 CNHQ21 的美元/人民币期货价格为 6.55 元人民币/美元。该标准化合约的内容是：2021 年 8 月 18 日（到期月份的第三个周三）到期时，合约的卖方向合约买方交付 10 万美元，合约的买方则向卖方交付成交价格×10万元人民币。

辉腾贸易公司为了实现其目标，采用以下策略：以 6.55 元人民币/美元的价格卖出

50 份 CNHQ21。这也称为空头期货策略。

到了 2021 年 8 月 2 日，现货美元兑人民币的价格要么上升、要么下降，不变的概率几乎为零。同时期货 CNHQ21 的价格也会与现货相同的方向变化。假设只有两种情形。

情形 1：价格上升，现货价格为 6.76 元人民币/美元，CNHQ21 的价格为 6.75 元人民币/美元。

情形 2：价格下降，现货价格为 6.26 元人民币/美元，CNHQ21 的价格为 6.25 元人民币/美元。

不论是哪种情形出现，辉腾贸易公司都必须出售 500 万美元现货，同时买回 50 份 CNHQ21 平仓，退出期货市场。两种情形的盈亏情况如表 4-6 所示。

表 4-6　价格下降时的期货和期权套期保值策略

时　　间		现货	卖出 50 份 CNHQ21	购买 32 份 call @XDC 210818 C00015300
2021.5.3		6.6	6.55	600$
2021.8.2	情形 1	6.76	6.75	80$
	盈亏	+ 0.16	−0.20	−520$×32×6.76
	情形 2	6.26	6.25	7 100$
	盈亏	−0.34	+ 0.30	+ 6 500×32×6.26

在情形 1 中，每美元可以比预期的多卖 0.16 元人民币，共多卖 0.16×500 万 = 80 万元人民币；但在期货市场亏损 0.2 元/美元（共 100 万元人民币），最终 500 万美元共换回 3 280 万元人民币，相当于锁定价格为 6.56 元人民币/美元。

在情形 2 中，1 美元比预期的少卖 0.34 元人民币，共少卖 0.34×500 万 = 170 万元人民币；但在期货市场盈利 0.3 元/美元（共 150 万元人民币），最终 500 万美元同样共换回 3 280 万元人民币，相当于锁定价格为 6.56 元人民币/美元。

可见，用空头期货套期保值，不论未来价格如何变动，都相当于锁定未来价格。

（二）用期权实现

现在市场上，纳斯达克费城股票交易所有交易代号为 call @XDC 210818 C00015300 的人民币/美元的期权交易，交易价格为每份 600 美元。该合约授予合约的买方以下权利：在 2021 年 8 月 18 日，有权利以每 100 元人民币换 15.3 美元的价格购买 1 000 000 元人民币。

辉腾贸易公司为了实现其目标，采用以下策略：以 600 美元每份的价格购买 32 份 call @XDC 210818 C00015300 看涨期权。这就是用期权实现的保值策略。

到了 2021 年 8 月 2 日，现货美元兑人民币的价格会变化，同时期权的价格也会随现货价格的变化而变化。同样假设只有两种情形，见表 4-6。

情形 1：价格上升，现货价格为 6.76 元人民币/美元（14.793 9 美元/100 元人民币），call @XDC 210818 C00015300 期权的价格为 80 美元/份。该情形下，期权已经没有执行价值，只剩下少量的时间价值。

情形 2：价格下降，现货价格为 6.26 元人民币/美元（15.974 4 美元/100 元人民币），call @XDC 210818 C00015300 期权的价格为 7 100 美元/份。该情形下，期权直接执行能产生 10 000 ×（15.974 4 − 15.3）＝6 744 美元收益，期权价格就包含了该部分内在价值和少量的时间价值。

在情形 1 中，美元价格上升，辉腾贸易公司会在现货市场上直接出售 500 万美元，换回 3 380 万元人民币，在期权市场上损失约 11.25 万元人民币。但应注意，在该情形下，如果美元现货价格上升得更高，比如，7.50 元人民币/美元，期权价格最多降为 0，在期权市场上最多损失全部期权费 600$×32×6.76，但能保住美元价格上涨带来的更多盈利和无限可能。

在情形 2 中，美元价格下跌，辉腾贸易公司在现货市场上出售 500 万美元，换回 3 130 万元人民币，在期权市场上盈利约为 130.208 万元人民币。大约相当于锁定美元价格不低于 6.536 元人民币/美元（100/15.3）。同时，在该情形下，如果该期权是美式期权，辉腾贸易公司可以选择直接执行该期权，用 100 元人民币/15.3 美元的价格换回 3 200 万元人民币。但通常情况下，由于期权还有时间价值，出售期权实现期权平仓会更合算。

二、面临价格上涨的套期保值策略

面临价格上涨的套期保值策略通常是为了锁定未来某个时间购买某一商品的价格而采用的策略。例如：

2021 年 5 月 3 日，百特设备公司与一美国公司签订了一份设备购买合同，设备价款以美元计，共 500 万美元。这笔货款要 3 个月之后，即 8 月 2 日支付。现在美元兑换人民币的比价（汇率）是 6.6 元人民币/美元。百特设备公司支付该设备款的预算就是 3 300 万元人民币。现在汇率市场很不稳定，百特设备公司担心的是到时美元升值，购买 1 美元会超出 6.6 元人民币，那么公司就超预算了。这就是百特设备公司当前面临的美元价格上涨风险。

在该例子中，500 万美元就是百特设备公司未来要购买的商品，其目标是未来购买价格不高于 6.6 元人民币/美元。实现该目标同样既可以用期货实现，也可以用期权实现。

（一）用期货实现

现在市场上，芝加哥商品交易所代号为 CNHQ21 的美元/人民币期货价格为 6.55 元人民币/美元。

百特设备公司为了实现其目标，采用以下策略：以 6.55 元人民币/美元的价格买入 50 份 CNHQ21。这也称为多头期货策略。

到了 2021 年 8 月 2 日，假设只有两种情形。

情形 1：价格上升，现货价格为 6.76 元人民币/美元，CNHQ21 的价格为 6.75 元人民币/美元。

情形 2：价格下降，现货价格为 6.26 元人民币/美元，CNHQ21 的价格为 6.25 元人民币/美元。

不论是哪种情形出现，百特设备公司都必须购买 500 万美元现货，同时卖出 50 份 CNHQ21 平仓，退出期货市场。两种情形的盈亏情况如表 4-7 所示。

表 4-7   价格上涨时的期货和期权套期保值策略

时 间		现货	买入 50 份 CNHQ21	购买 32 份 put @XDC 210818 P00015300
2021.5.3		6.6	6.55	800$
2021.8.2	情形 1	6.76	6.75	5 300$
	盈亏	−0.16	+ 0.20	+ 4500$×32×6.76
	情形 2	6.26	6.25	200$
	盈亏	+ 0.34	−0.30	−600$×32×6.26

在情形 1 中，购买每美元会比预期的多支付 0.16 元人民币，共支付 0.16×500 万 = 80 万元人民币；但在期货市场盈利 0.2 元/美元（共 100 万元人民币），最终购买 500 万美元共支付 3 280 万元人民币，相当于锁定价格为 6.56 元人民币/美元。

在情形 2 中，购买 1 美元可以比预期的少花 0.34 元人民币，共少付 0.34×500 万 = 170 万元人民币；但在期货市场亏损 0.3 元/美元（共 150 万元人民币），最终购买 500 万美元同样共支付了 3 280 万元人民币，也是锁定价格为 6.56 元人民币/美元。

可见，用多头期货套期保值，不论未来价格如何变动，也都是锁定未来价格。

（二）用期权实现

现在市场上，纳斯达克费城股票交易所交易代号为 put @XDC 210818 P00015300 的人民币/美元的期权，交易价格为每份 800 美元。该合约授予合约的买方以下权利：在 2021 年 8 月 18 日，有权利以每 100 元人民币换 15.3 美元的价格出售 1 000 000 元人民币。

百特设备公司为了实现其目标，采用以下策略：以 800 美元每份的价格购买 32 份 put @XDC 210818 P00015300 看跌期权。这就是用期权实现的保值策略。

到了 2021 年 8 月 2 日，现货美元兑人民币的价格会变化，同时期权的价格也会随着现货价格的变化而变化。同样假设只有两种情形，如表 4-7 所示。

情形 1：价格上升，现货价格为 6.76 元人民币/美元（14.793 9 美元/100 元人民币），put @XDC 210818 P00015300 期权的价格为 5 300 美元/份。其中 10 000×（15.3 − 14.793 9）= 5 061 美元是期权内在价值。

情形 2：价格下降，现货价格为 6.26 元人民币/美元（15.974 4 美元/100 元人民币），put @XDC 210818 P00015300 期权的价格为 200 美元/份。此时期权没有内在价值。

在情形 1 中，美元价格上升，百特设备公司在现货市场上购买 500 万美元，支付 3 380 万元人民币，在期权市场上盈利约 97.344 万元人民币（4 500$×32×6.76）。购买 500 万美元，实际支付 3 282.656 万元人民币。在该情形下，如果该期权是美式期权，百特设备公司可以选择直接执行该期权，用 100 元人民币/15.3 美元的价格支付 3 200 万元人民币，购得 489.6 万美元。不足部分再从现货市场上补。

在情形 2 中，美元价格下跌，百特设备公司在现货市场上购买 500 万美元，支付 3 130 万元人民币，在期权市场上亏损约为 12.019 2 万元人民币（600$×32×6.26）。在该情形下，如果美元现货价格下跌得更多，比如，5.50 元人民币/美元，期权价格最多降为 0，在期权市场上最多损失全部期权费 800$×32×6.76，但能保住美元价格下跌带来更多盈利和无限可能。

第五节　金融衍生工具的基本特征和作用

一、金融衍生工具的基本特征

金融衍生工具的共同特征是以缴纳保证金为基础，以交易的方式实现对未来交易某一标的物或交易权利的合约的签订与转让。它具有跨期性、联动性、杠杆性和高风险性等基本特征。

（一）跨期性

金融衍生工具是交易双方通过对商品价格、利率、汇率、股价、指数等因素变动趋势的预测，约定在未来某一时间按照一定条件进行交易或选择是否交易的合约。因此，金融衍生工具的交易建立在对未来预期的基础上，预期的准确与否直接决定交易者的盈亏。

（二）联动性

金融衍生工具的价值或交易价格与合约标的物的市场价格或标的变量的变动具有极为紧密的联系。期货在临近到期日时就是现货，期货价格在到期日时必定收敛于现货价格；期权的价格是期权费，在临近期权到期日时，期权费也会收敛于标的物市场价格与执行价格之差的绝对值，或收敛于零。在到期日之前，衍生工具的价格会与标的物市场价格保持特定的联动关系，该联动关系由衍生工具的相对定价理论决定，这一联动关系也是衍生工具用于风险管理的基础。

（三）杠杆性和高风险性

金融衍生工具交易不需要全额支付合约价值的资金，只需要支付一定比例的保证金或期权费就可进行标的资产面值的全额交易，即可以让投资者或投机者实现以小博大的杠杆效应。同时，在收益可能成倍放大的同时，投资者或投机者可能承受的损失也是成倍放大的，即具有高风险性。

二、金融衍生工具市场的作用

（一）风险管理与市场参与者

衍生工具市场主要有三类参与者。

一是风险管理者，也称为套期保值者。它们主要是一些生产型企业、贸易公司、证券投资基金、银行等机构，需要对其原材料价格、汇率、利率或股票等价格波动进行防范，而采用相应的期货或期权等工具进行风险管理，以保证其生产、贸易等经营活动顺利和稳定。

二是投机者，衍生工具的高杠杆性，对投机者很有吸引力。风险管理者借助衍生工具市场进行风险管理也需要投机者为其提供流动性，使风险管理者能够更容易实现风险管理所需要的交易活动。

三是套利者，由于衍生工具的价值与其标的物的价格具有内在联系，若这种内在联系不成立，通常是由于交易者交易冲动、交易者的误判等原因导致。在这种情况下，一些专业的市场人士就能够运用衍生工具的定价理论，构造套利组合，获得无风险收益，直到这种机会消失。

因此，衍生工具市场既为风险管理者提供风险管理工具，也为投机者提供投机便利，还为市场专业人士提供无风险套利机会。但风险管理是衍生工具市场的基本功能，投机者的投机活动和套利者的套利活动最终也是为风险管理者创造一个流动性更好、市场定价效率更高的风险管理市场。

（二）价格发现

衍生工具市场具有广泛的参与者，风险管理者运用自身的行业知识和信息分析市场变动趋势，投机者会努力挖掘衍生工具市场供需双方的力量变化。所有市场参与者都会运用自己的专长和信息对衍生工具的未来价格进行预测与判断，并形成相应的交易活动，最终形成衍生工具的交易价格。

套利者运用其专业知识让衍生工具价格与其标的物价格维持合理定价关系，使衍生工具价格能够反映标的物的未来预期价格。衍生工具市场连续不断的交易活动形成了可供参考的关于标的物未来价格的信息，即具有发现标的物未来价格的功能。

第六节　金融衍生工具的发展历史和规律

一、金融衍生工具的发展历史

金融衍生工具的发展大致可以划分为以下四个阶段。

（一）衍生工具萌芽阶段（19 世纪中叶以前）

金融衍生工具起源于朴素的远期合约、买权和卖权交易。公元前 2000 年左右，在美索不达米亚地区就出现过远期合约。早在古希腊时期，亚里士多德在其著作《政治学》中就记载了古希腊哲学家泰勒斯运用橄榄压榨机使用权交易策略而在橄榄大丰收年份获得巨额收益的事情。在日常经济活动中，也普遍存在朴素的衍生工具交易。比如，各类生产商或销售商在商品销售策略中提供的"无条件退货保证"，实际上就是在销售商品的同时免费给商品购买者赠送一份相应商品的卖权，它就是附加在商品销售过程上的一份期权。

萌芽阶段的衍生工具发展的主要推动力是商业活动的高度集中趋势，即交易的市场化、集中化，以及投机交易的兴起。发展的主要内容是期货合约的标准化、证券化；期货合约交易向交易所集中交易演变，形成制度化、规范化；而期权交易在争议声中逐步获得社会承认和接受。

扩展阅读 4-1

以贸易活动为主要特征的资本主义从航海运输便利的地中海沿岸起源，到荷兰、英国和美国的国际贸易中心的转移路线，也是期货期权等衍生工具发展的主要路线。早期地中海沿岸各国航海贸易活动频繁，对大宗商品贸易有需要。因此，早在古希腊和古罗马时期，就出现过中央交易场所、大宗易货交易，以及带有期货贸易性质的交易活动。当时的罗马议会大厦广场、雅典的大交易市场就曾是这样的中心交易场所。

在欧洲之外，17—18 世纪，日本由于大名领主占据大量土地，并且集中生活在江户和大阪，需要大量交易各种大米现货和期货，且其国内缺乏金属货币材料，米市交易出现的各种大米库券被标准化成了世界上最早的标准化期货合约，并于 1710 年出现正式的有组织的商品期货市场——堂岛大米会所。

扩展阅读 4-2

期权交易因在历次的金融危机中屡次被滥用、在危机中发挥了推波助澜的作用而饱受争议。1634—1637 年的郁金香泡沫期间，大量投机者涌入郁金香市场，推动了期权在荷兰郁金香商品交易中的使用，直至郁金香泡沫彻底破灭。当时，人们普遍认为期权是一种只有投机者才会青睐的东西，阿姆斯特丹交易所的期权交易指引中写道，"期权属于纯粹的赌徒所热衷的范围"。1637 年 4 月，荷兰政府决定禁止投机式的郁金香交易，相关法律彻底禁止了不持有商品的卖空行为和相关期权交易。从 1697 年起，英国也有法令限制滥用期权行为，但对期权是否应该禁止的争论一直在持续。自从 1720 年南海泡沫事件开始，英国国会加大力度规范股票炒作行为。1733 年，巴纳德法（Barnard's Act）宣布禁止以证券为标的物的期权交易，但期权交易从未停止。1820 年的一场针对股票期权交易的争论，几乎导致伦敦证券交易所的分裂。最终，大量交易所会员在期权交易可能带来的巨大利润面前妥协了，废除了这项禁止期权交易的规定。1860 年，巴纳德法也被撤销。美国对期权交易的态度一直非常谨慎。18 世纪末，美国出现了股票期权，但直至 19 世纪末几乎所有美国股票和商品交易所都禁止期权交易，当时期权交易只能在场外进行，依靠做市商为买方和卖方寻求配对。

（二）商品衍生工具和衍生工具交易制度完善阶段（19 世纪中叶至 20 世纪 70 年代）

在侵占新大陆之后，北美殖民者多数拥有大片的土地，从事着大规模的农牧业生产，并与欧洲各国进行大规模的农产品贸易。农产品的季节性特征、价格的季节性波动，以及气候变化等对农产品价格的影响，都使得农产品的生产商、贸易商和加工商的生产经营活动受到影响，迫切需要管理农产品价格风险的交易方式和手段。同时，随着工业生产方式的深入发展，工业生产对各种金属、矿产等工业原材料的大量需求，也推动了大宗工业品的世界贸易活动，同样也需要进行风险管理。

19 世纪中叶至 20 世纪 70 年代期间，金融衍生工具的发展以农产品和金属商品期货为主。1848 年 3 月 13 日，在美国重要的农产品集散地和加工中心，国内外贸易中心——芝加哥成立了美国芝加哥期货交易所，它标志着现代期货交易的诞生。随后，各类现代化的商品期货得以快速发展。例如，1851 年芝加哥期货交易所开始交易玉米期货；1870 年纽约商品交易所推出棉花期货；1876 年伦敦金属交易所推出铜、锡期货；1920 年又推出铅、锌期货，1971 年芝加哥商品交易所推出了饲养用小牛期货等。

这一时期除了交易工具以商品期货为主的显著特征以外，衍生工具发展的另一个核心标志是完善了合约标准化、保证金制度和统一结算制度，形成了真正现代意义的衍生工具交易。

扩展阅读 4-3

在商品期货迅速向规范化现代衍生工具交易方式发展时，期权交易还在争议中艰难地前进。由于早期的期权交易存在着大量的欺诈和市场操纵行为，美国国会为保护农民利益，于 1921 年宣布禁止交易所内的农产品期权交易。1936 年，美国又禁止期货期权交易。虽然很多国家都在某种程度上禁止期权交易，但期权的高杠杆特征仍然吸引风险管理者和投机者参与期权交易，不同种类的期权交易都始终存在。19 世纪后期，一个美国金融家——卢索·萨奇（Russell Sage）在其提供的期权交易中运用看涨看跌期权平价关系发明了一个给客户提供贷款的组合交易策略，虽然最后由于亏损而停止了该交易策略，但该交易策略却是期权交易发展的重要策略，萨奇也被认为是第一个发现看涨看跌期权平价关系的人。同时期，在美国，期权的经纪商和交易商通过为客户的期权交易提供经纪服务也推动期权交易的发展。在经纪活动中，需要为客户寻找交易对手。为了更高效地寻找交易对手，美国成立了期权经纪商和交易商协会（The Put and Call Brokers and Dealers Association）。在 1929 年"股灾"之后，美国国会准备取消期权交易时，该协会通过努力争取为期权交易正了名，使得期权交易在美国合法化，并被纳入美国证券交易委员会（SEC）的统一监管。

（三）利率和汇率衍生品与期权交易快速发展阶段（20 世纪 70—80 年代）

20 世纪 70 年代的两个重要事件推动了金融衍生工具向两个方向快速发展。

一是布雷顿森林体系解体后汇率、利率风险凸显。以美元为中心的固定汇率制彻底瓦解，使得汇率（两种货币的比价关系）剧烈动荡，推动了外汇期货的发展。1972 年，美国芝加哥交易所率先推出英镑等 6 种货币的期货合约。1982 年，费城股票交易所推出了货币期权交易。

扩展阅读 4-4

20 世纪 70 年代中期以后，汇率自由浮动后为了稳定汇率，西方各国纷纷推行金融自由化政策，利率管制得以放松甚至取消，导致利率波动日益频繁而剧烈。各类金融商品持有者，尤其是各类金融机构迫切需要有效的管理利率风险的工具，利率期货应运而生。1975 年 9 月，美国芝加哥商业交易所首先开办了利率期货交易。1975 年 10 月，芝加哥期货交易所推出了政府国民抵押贷款协会（GNMA）抵押凭证期货合约，标志着利率期货这一新的金融期货类别的诞生。1976 年 1 月，芝加哥商业交易所的国际货币市场推出了 3 个月期的美国短期国库券期货交易；在整个 20 世纪 70 年代后半期，它一直是交易最活跃的短期利率期货。

1981 年 12 月，国际货币市场推出了 3 个月期的欧洲美元定期存款期货合约。该品种交易量很快超过短期国库券期货合约，成为短期利率期货中交易最活跃的一个品种。最重要的是，该品种推出期货合约的现金结算制度，为此后的股票指数等各类指数期货的发展奠定了基础。

二是期权定价理论的突破，促进了期权交易的复活和快速发展。1973 年，芝加哥大学的两位教授费舍尔·布莱克（Fisher Black）和迈伦·斯科尔斯（Myron Scholes）发表了《期权定价与公司负债》，使人们第一次得以量化研究期权的理论定价，为期权发展做出了重要贡献。直至今日，Black-Scholes 期权定价公式仍然是期权市场上的指导公式。

同时，1968 年美国经济萧条，商品期货市场的交易量大幅度减少。芝加哥期货交易所希望开拓新的业务领域。1973 年 4 月 6 日，芝加哥期权交易所正式成立，将期货的合约标准化、保证金和统一清算制度引进到期权交易之中，使期权交易进入一个新的历史时期。第一个月，芝加哥期权交易所的日交易量就超过了场外交易市场。1977 年 6 月 3 日，芝加哥期权交易所又开始看跌期权交易。1983 年，芝加哥期权交易所推出了以标准普尔 100 指数为标的资产的股指期权（OXE），后来又推出了以标准普尔 500 指数为标的资产的股指期权（SPX）。由于芝加哥期权交易所的巨大成功，其他的交易所也纷纷推出各种股指期权；此外，在 20 世纪 80 年代，货币期权、利率期权等期权新品种也陆续在各期权交易所上市进行交易。20 世纪 90 年代以后，芝加哥期权交易所又推出了长期股票期权。

1982 年以后，芝加哥期货交易所陆续推出大豆、玉米、小麦等期货期权交易，为交易者提供了更多的价格保护形式。此后，很多现货商改用期权代替期货进行保值交易。

1993 年，美国农业部还采用期权这一形式来代替农业补贴，保护农产品价格。美国农业部从 1993 年开始，通过支付农场主购买期权的权利金，鼓励部分农民进入芝加哥期货交易所进行期权交易，购买玉米、小麦、大豆的看跌期权，以维护玉米、小麦、大豆的比较合理的价格水平，以此利用市场机制保护农产品价格，替代农业支持政策。

最后，这一时期的两次石油危机也催生了能源衍生工具，如纽约商品交易所 1978 年推出的取暖油期货、1983 年的原油期货等。

（四）信用衍生工具时代（20 世纪 80 年代迄今）

信用风险主要指债务人破产、没有履行支付义务、加速、拒绝或延期支付义务以及构成违约的债务重组等事件导致债权人产生债券等投资损失的风险。自 20 世纪 80 年代以来，不断爆发的信用危机为管理信用风险带来了巨大的市场需求。1980 年拉丁美洲的债务危机，1982 年的美国储贷危机，1997 年亚洲金融危机，1998 年俄罗斯债务危机，2001 年世通、安然破产事件，2007 年次贷危机，这一系列信用危机向全球金融市场的参与者管理信用风险提出了巨大的挑战，对信用风险的管理工具提出了强烈要求。

另外，信用风险度量技术的发展和成熟，信用数据可得性的提高以及电子交易平台和标准合同文本的出现，为信用衍生工具的发展提供了技术保证。

1995 年，摩根大通银行开发出了信用违约互换产品 CDS，在之后的十几年内，其交易规模呈现指数级增长。1999 年，国际互换与衍生品协会（ISDA）出台了第一部信用衍生工具定义（Credit Derivatives Definitions）；2002，年 ISDA 颁布了主协议（2002 ISDA Master Agreements）。随着这一系列权威交易文本的出台，全球信用衍生工具市场的交易规则逐步完善。

二、现代衍生工具的主要类别

衍生工具通常按照基础产品分类，如图 4-3 所示。根据基础产品的不同，首先将衍生工具分为商品类衍生工具和金融衍生工具。

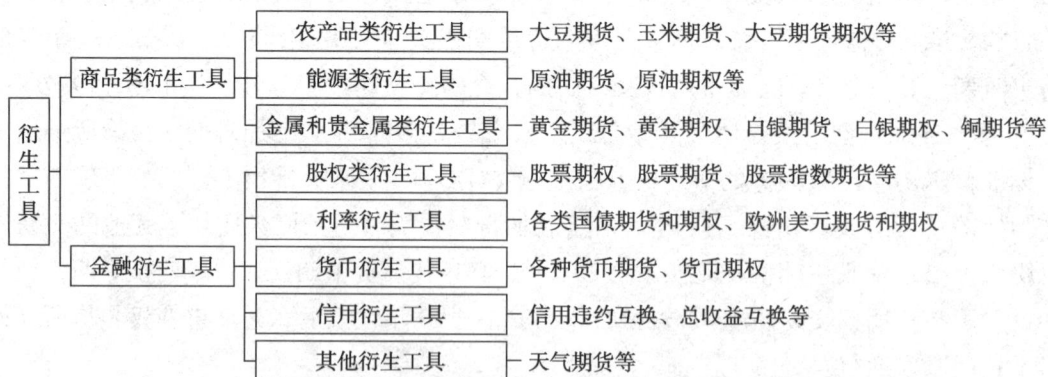

衍生工具		
商品类衍生工具	农产品类衍生工具	大豆期货、玉米期货、大豆期货期权等
	能源类衍生工具	原油期货、原油期权等
	金属和贵金属类衍生工具	黄金期货、黄金期权、白银期货、白银期权、铜期货等
金融衍生工具	股权类衍生工具	股票期权、股票期货、股票指数期货等
	利率衍生工具	各类国债期货和期权、欧洲美元期货和期权
	货币衍生工具	各种货币期货、货币期权
	信用衍生工具	信用违约互换、总收益互换等
	其他衍生工具	天气期货等

图 4-3　衍生工具的分类

（一）商品类衍生工具

商品类衍生工具主要是指各类大宗商品的期货和期权，大致可以分为农产品类、能源类、金属和贵金属类衍生工具。如原油期货、大豆期货、玉米期货、黄金期货；原油期权、黄金和白银期权等。

（二）金融衍生工具

金融衍生工具主要是指以各类基础金融工具为标的产品的期货和期权，大致可划分为股权类、货币类、利率、信用以及其他衍生工具。

（1）股权类衍生工具是指以股票或股票指数为基础产品的金融衍生工具，如股票期货、股票期权、股票指数期货、股票指数期权等。

（2）货币类衍生工具是指以各种货币作为基础产品的金融衍生工具，如各种货币期货、货币期权以及上述各类合约的组合交易合约。

（3）利率衍生工具是指以利率或利率的载体（主要为各类债券）为基础产品的金融衍生工具，如各类国债期货和期权、欧洲美元期货和期权以及各类利率指数期货期权等。

（4）信用衍生工具是指以基础产品所蕴含的信用风险或违约风险为基础变量的金融衍生工具，用于转移或防范信用风险。典型的信用衍生工具有信用违约互换、总收益互换等。当合约约定特定信用事件发生时，信用违约互换的买方可以从卖方获得损失补偿；信用事件可以包括破产、清算、支付违约、债务加速到期、债务违约、偿付变更及评级下调、信用利差扩大等（取决于衍生工具合约双方的约定）。

（5）其他衍生工具是指在非金融变量基础上开发的金融衍生工具，如用于管理气候变化风险的天气期货、管理巨灾风险的巨灾衍生工具等。

金融衍生工具的基础产品是一个相对的概念，不仅包括现货产品，也包括金融衍生产品，如芝加哥商品交易所交易的货币期货期权，该期权交易的基础产品就是货币期货。此外，除了到期需要进行实物交割的金融衍生工具之外，基础产品在金融衍生工具合约中的作用就是提供一个参考变量用以确定合约到期时合约交易双方的支付方向和支付数量，该参考变量就是各类资产价格、价格指数、利率、汇率、通货膨胀率、信用等级以及某些自然现象（如气温、降雪量）等。因此，金融衍生工具有时又被称为定义在某个基础变量之上的金融合约。

三、金融衍生工具的发展逻辑

（一）风险管理需求是推动衍生工具发展的基本动力

需求是任何产品产生和发展的基本动力，金融衍生工具的基本作用是风险管理，而伴随作用是提供投机工具。无论是风险管理需求还是投机需求，都能推动衍生工具的发展，但投机需求在推动衍生工具创新发展的同时，往往带来相应的市场泡沫和金融危机，危机过后，相应的衍生工具市场也就烟消云散。

只有风险管理需求是推动衍生工具发展的基本动力和稳定衍生工具市场的核心力量。19世纪中期欧美之间大宗农产品和工业原材料贸易带来的相应风险管理需求推动了商品期货和期货交易制度的完善；20世纪70年代起的汇率和利率波动带来的相应风险管理需求，促进了货币和利率衍生工具的发展；20世纪80年代以来，大量债务违约事件的发生，产生金融机构管理信用风险的需求，推动了信用衍生工具的发展。

同时，应该认识到投机也是金融衍生工具市场天然而有机的组成部分。如果没有投机交易的存在，市场的流动性不足，即使有相应的衍生工具存在，仅有风险管理者存在的市场，市场交易很难活跃，风险管理者也很难达成交易以实现风险管理。

（二）金融知识、金融环境和生产成本决定了衍生工具的供给水平

衍生工具的供给水平主要取决对衍生工具的认知水平、金融环境和衍生工具的生产成本。

对衍生工具的认知决定了能否创造出有效的、能被社会所接受的衍生工具。典型的例子是期权的发展过程。早期社会普遍认为期权只是一种投机工具，期权合理价格的确定问题也没有解决，虽然人们已经知道如何创造期权，但期权始终不被社会接受。20世纪70年代纠正了期权的坏名声、解决了期权定价问题，同时也认识到期权的发展应该像期货进行标准化之后，期权交易得以快速发展。

金融环境决定了衍生工具的创造所需求的基本材料。衍生工具是建立在基础工具之上的金融工具，只有市场上存在足够规模的商品交易、股票交易、债券交易，形成了公平、可靠、公开的价格体系，如市场利率、股票价格和各类价格指数等，衍生工具的创造才具备所需的基础材料。

创造衍生工具本身的成本很低，通常只是设计一份标准化的合约而已；但要使衍生工具能在市场上被高效地使用，还需要创造相应的交易环境、交易制度、清算制度等，并维护交易环境和交易制度等的有效运转，这是创造衍生工具的固定成本，通常由相应的交易所承担。此外，还需要监管衍生工具市场不被操纵、滥用的监管成本，通常由政府部门的监管机构承担。衍生工具的投机者本质上是给风险管理者提供流动性，作为风险管理者的交易对手，让风险管理者能够顺利地完成交易，实现风险管理目的。这些投机者相当于保险公司给客户提供保险，他们也需要利润，这些都是衍生工具创造的成本。只有市场上的风险管理需求足够多，能够分担这些成本时，相应的衍生工具才能被创造，市场才能够健康运行。

（三）金融衍生工具的创造技术

金融衍生工具的创造技术主要包括权益的证券化、合约的标准化、交易过程的制度化和市场化四个方面。

权益的证券化是指交易双方签署合约，如远期交易合约、买权或卖权（期权）合约，签署之后的合约就是一份有特定价值的文件，合约签署的各方都可以据此文件主张相应

的权益。如果仅仅是交易双方之间签署合约，合约条款可以通过谈判任意约定，但结果是合约的转让会很困难。

合约的标准化是指交易中介机构作为第三方（通常是各类交易所）为交易双方拟定一份标准化的合约，标准化的内容包括：未来要交易的商品名称、数量、质量、交易时间、交割地点等；交易双方真正要谈判的内容只有交易价格。合约的标准化简化了交易谈判的内容，让以市场交易的方式签署合约成为可能。如果有很多人接受一份标准化的合约，该合约的交易量就会提高，合约的成交和转让也就更加容易。

合约标准化之后，交易中介机构创造交易环境，如交易大厅、网络交易平台等，制定交易制度，包括交易者如何报价、撮合成交、保证金的安排、清算和交割安排等制度，让交易者聚焦到给定的交易场所或交易平台上，在交易制度的规范下有序地完成交易。这就是衍生工具交易过程的制度化和市场化，它们是衍生工具的有机组成部分。

本 章 小 结

衍生工具是一种关于交易基础产品或基础变量的标准化的或准标准化的合约。根据合约的内涵不同可以分为两大类，一是期货，约定未来交易某一基础产品的标准化合约。二是期权，约定未来购买或出售某一基础产品的权利的合约。约定未来购买某一基础产品的权利的合约称为买权，也被称为看涨期权。约定未来出售某一基础产品的权利的合约称为卖权，也被称为看跌期权。其他衍生工具基本上都可以看成是这两类衍生工具的组合与演化的结果。

期货合约是期货交易的买卖对象或标的物，是由期货交易所统一制定的，规定了某一特定的时间和地点交割一定数量和质量标的资产的标准化远期合约。根据合约标的是否可以交易，合约可分为两类：一是实物期货合约，二是指数期货合约。期货交割是指期货合约到期后，按合约指定的时间，期货的卖方向买方提交合约规定的标的物并收取相应货款的过程。当期货合约的标的物是没有现货交易的各类市场指数时，期货合约的交割是交易清算所在最后交易日强制约定以市场上的参考指数点作为结算价格，直接结清各交易者的保证金账户的过程，这种交割方式称为现金交割。

期权合约是指交易所统一制定的、规定买方有权在将来某一时间以特定价格买入或者卖出约定标的物的标准化合约。关于权利内容的描述主要是四项，分别是标的物、到期时间、权利类型和执行价格。如果期权规定只能在到期日才可以要求行权，这类期权称为欧式期权；如果在到期日之前任何时间都可以要求行权，则被称为美式期权。

衍生工具发展的基本动力是风险管理需求，而金融知识、金融环境和衍生工具的生产成本决定了衍生工具的供给水平。金融衍生工具的创造技术主要包括权益的证券化、合约的标准化、交易过程的制度化和市场化四个方面。

金融衍生工具的共同特征是以缴纳保证金为基础，以交易的方式实现对未来交易某一标的物或交易权利的合约的签订与转让。期货通过其保证金制度和逐日结算制度解决了远期合约违约问题，并创造性地解决了合约交易和转让的便利性问题。期权通过要求期权卖方缴纳保证金解决了期权最后行权时可能违约的问题。衍生工具具有跨期性、联动性、杠杆性和高风险性等基本特征。

衍生工具市场主要有三类参与者，一是风险管理者，也称为套期保值者；二是投机者；三是套利者。

知识要点

风险、风险管理工具、期货、期权、保证金、开仓、平仓、逐日结算制度、实物交割、指数期货、现金交割、买权、看涨期权、卖权、看跌期权、欧式期权、美式期权、期权费、执行价格、内在价值、时间价值、套期保值

复习思考题

1. 何谓金融衍生工具？其主要类型有哪些？

2. 期货与一般的远期合约有哪些相同点和不同点？

3. 何谓期权？

4. 可以说期权、期货也是一种投资工具吗？为什么？

5. 如何理解标准化对期权、期货等衍生工具创造的作用？

6. 如何理解制度化对期权、期货等衍生工具创造的作用？

7. 简述期货的保证金制度和逐日结算制度的主要内容。

8. 请分析期货的保证金制度和逐日结算制度的作用与意义。

9. 请分析期货与期权的保证金制度的异同点。

10. 为什么说期货市场具有价格发现功能？

11. 请说明衍生工具市场通过哪些措施增进了市场的流动性。

12. 如何理解金融衍生工具的高杠杆性和高风险性？

13. 如何解释"金融衍生工具是通过交易的方式实现合约的签订"？

作业

1. 调查我国目前主要的衍生工具交易市场（交易所）情况，应包括发展过程、主要的交易品种、交易量等。

2. 请从相应的交易所网站查询一些具体的期货、期权合约，并分析哪些合约内容体现了标准化和制度化，是如何体现的。

第二篇 金融机构和组织

金融机构是指为交易活动提供服务的企业或组织，是掌握金融思想、运用金融技术的主体。金融机构一方面通过标准化、证券化技术创造金融工具，使原本难以交易、无法交易的价值形态变得可交易、易于交易；另一方面通过市场化手段构造交易平台、聚集交易信息、组织和协调交易过程，使交易更加便利。

最基本的交易服务就是创造交易的一般等价物——货币，并维护货币的有效性。因此，早期的金融机构主要围绕着货币的铸造、保管、汇兑等活动开展业务。典型的金融机构主要是中国的钱庄、银号、票号，以及西方的金匠银行等。随着商品经济的发展，早期的金融机构发展成以经营存、贷款业务为主的商业银行和中央银行体系。它们通过经营存、贷款业务为货币资金使用权的交易提供中介服务和交易平台，同时，在经营业务过程中创造货币。而中央银行除了发行基础货币之外，还承担维护货币有效性——币值稳定的职能。商业银行通过存、贷款业务创造存款货币。

另一种交易服务是为不易转让、难以交易的价值形态创造交易条件。通常是采用证券化手段，针对特定的价值形态创造特定的金融工具。这类金融机构主要是投资银行和交易所，它们帮助公司、政府等机构发行股票和债券，创设标准化的期权和期货等金融工具。

第三类交易服务是聚集交易信息、组织和协调交易过程。提供这类服务的首先是商业银行，其次是交易所。商业银行作为资金借贷的中介机构，聚集了最主要的货币资金供给和需求信息，使资金供求双方能够方便地在商业银行的平台上实现货币资金使用权的交易，商业银行赚取中间的价差（利差）。交易所作为现代金融的标志性机构，提供了最典型的交易信息的聚集场所和最先进的交易组织与协调过程。

最后，在现代货币经济体系下，货币作为几乎所有价值交换的媒介，使得价值交换实现了商品、服务及其他价值形态的流动与货币资金流动相分离。为货币资金流动提供便利和快捷通道的就是现代的支付结算体系，它是货币经济体系中最核心的金融基础设施。

交易的聚集就是市场，市场天然地需要集中和协调。在一定程度上，中央银行就是商业银行之间聚集和协调的结果，中央银行组织商业银行间的市场交易、组织票据交换、支付结算体系等。同样地，交易所也是投资银行间交易协调和聚集的结果，证券交易所提供了最典型的交易信息的聚集场所和最先进的交易组织与协调过程。

金融机构是金融世界中的能动主体，它们运用金融思想和金融技术创造或协助创造金融工具、金融规则，构造交易平台、组织交易过程。

本篇主要学习商业银行、中央银行、支付体系、投资银行、交易所等金融机构的产生与发展及其主要业务内容，理解这些金融机构如何为交易服务。

第 五 章

商业银行——存款货币创造机构

【本章导读】

　　1997 年底，成立不到两年的海南发展银行（以下简称"海发行"），根据政府的政策安排接管了海南 25 家经营陷入困境的信用社，随后宣布原来信用社承诺的超过 20% 的存款利息只能按央行规定的 7% 支付利息。1998 年春节过后，不少客户开始将本金及利息取出，转存其他银行。海口街头凡是有海发行营业网点的地方，等候取款的人，从室内延伸至马路上，排成长队，并心急地往网点内探头。为了应对兑付，海发行规定了每周取款次数、每次取款限额，且优先保证个人储户的兑付。由于挤兑严重，次数和限额规定一变再变，加剧了个人储户的不满情绪，超常的兑付压力，使得该行的其他业务基本无法进行，应对取款几乎成了海发行这段时间里的全部活动。同时，由于房地产泡沫破灭，海发行账内不少贷款也难以收回。有的营业部为了减少储户挤兑，吸引存款，开出了 18% 的存款利率，但已没有人愿意再把钱存入海发行。1998 年 3 月 22 日，人民银行在陆续给海发行提供了 40 亿元的再贷款后，决定不再给予资金支持。1998 年 6 月 21 日，人民银行发出公告：关闭海南发展银行，由工商银行托管全部资产负债。海南发展银行成为新中国银行业发展史上第一家破产倒闭的银行。

　　在一般人的心目中，银行几乎是一种神圣的存在，银行也会倒闭吗？商业银行到底是一个怎样的机构？

　　本章将从一家典型的商业银行的财务报表入手，学习商业银行的主要业务内容、派生的职能及其发展历史。

第一节　商业银行的主要业务

一、典型商业银行的财务报表

　　表 5-1 是一家典型商业银行——中国工商银行 2020 年底资产负债表概要。

　　该资产负债具有以下典型特征。

　　首先，从资产方来看，工商银行的资产占比最大的是贷款、债券投资，占总资产的比例达 80.2%。固定资产比例很小，只占 0.7%。这是典型的不同于一般工业或商业企

表 5-1   中国工商银行 2020 年底资产负债表概要

资产	金额/亿元	占比/%	负债	金额/亿元	占比/%
客户贷款及垫款	181 363	54.4	吸收存款	251 347	75.4
投资	85 911	25.8	发行债券	7 981	2.4
其中：债券	80 542	93.8	其他负债	14 250	4.3
权益工具	1 757	2.0			
基金及其他	3 612	4.2			
现金及存放中央银行款项	35 378	10.6	同业及其他金融机构存放和拆入款项	27 843	8.3
存放和拆放同业及其他金融机构款项	10 819	3.2			
买入返售款项	7 393	2.2	卖出回购款项	2 934	0.9
固定资产	2 491	0.7	负债合计	304 355	91.3
其他	10 095	3.1	股东权益合计	29 095	8.7
资产合计	333 450	100	**负债和所有者权益总计**	333 450	100

业的两个特征，一般企业需要依托固定资产和存货开展经营活动，而商业银行却几乎全部依托金融资产获得收益，并且是债权为主的金融资产。资产运用占比次高的是现金及存放中央银行款项，占比达 10.6%。

此外，资产规模特别大，2020 年底中国工商银行的资产总额达 33.3 万亿元。2020 年第三季度中国 40 家上市商业银行的平均资产规模为 5.19 万亿元，最低的也有 524.8 亿元（如皋银行）。而同期，3 911 家上市一般企业中，资产规模最大的是中国石油天然气股份有限公司，为 2.57 万亿元，大约为工商银行的 8%；平均资产规模为 196 亿元，不到商业银行平均资产规模的 0.4%。

其次，从负债和所有者权益方看，即资金来源，负债占比高达 91.3%，其中存款占 75.4%；股东权益占比小，仅 8.7%。这是典型的负债经营，并且以吸收存款形式获得负债；负债权益比，即杠杆率高达 10.5。而一般企业中，以 2020 年第三季度中国 3 911 家一般企业上市公司为样本，该杠杆率平均值只有 1.27，超过 1 的公司（已经资不抵债了，净资产少于负债）有 1 388 家，占 35.5%，超过商业银行杠杆率平均值 10.8 的公司只有 36 家，约占 0.9%。同时杠杆率过高的一般企业，基本都已经无法正常经营了，但对于商业银行却是正常情况。

以上资产负债特征表明，商业银行主要盈利来源是贷款利息，并且通过吸收存款、发放贷款实现。商业银行的经营杠杆比率高，属高杠杆、高风险行业。高风险管理的一个重要手段就是通过存放中央银行款项（存款准备金）进行控制，这也是商业银行区别于一般企业的重要表现，一般企业通常与中央银行没有业务往来。

商业银行的盈利特征更集中表现在利益表上。表 5-2 是中国工商银行 2020 年底利润表概要。工商银行的收入和支出最大的都是利息，净利息收入占总收入的比例高达 73.3%；贷款获得利息收入，吸收存款需要支付利息，商业银行主要就是获得存贷款利差。此外，手续费及佣金净收入是商业银行的第二大收入，占比在 14.9%，主要是商业银行为客户提供汇兑、支付结算等服务时收取的手续费和佣金。这部分盈利无法在资产负债表反映。

表 5-2　中国工商银行 2020 年底利润表概要

科目	金额/亿元	占营业收入份额/%
一、营业收入	8 826.65	
利息净收入	6 467.65	73.3
利息收入	10 925.21	
利息支出	4 457.56	
手续费及佣金净收入	1 312.15	14.9
手续费及佣金收入	1 466.68	
手续费及佣金支出	154.53	
投资收益	299.65	3.4
其他业务收入	618.82	7.0
二、营业支出	4 912.83	
三、营业利润	3 913.82	
四、利润总额	3 921.26	44.4
减：所得税费用	744.41	
五、净利润	3 176.85	

二、商业银行的主要业务

前述典型财务报表特征已经表明了商业银行的主要业务内容，商业银行是以盈利为目的而存在的，首要收入来源是将资产运用于贷款等金融资产获得利息收入，其次是提供汇总、支付结算等金融服务获得佣金收入；用于贷款的资产来源主要是吸收存款等负债方式获得，同时这种高负债经营方式需要有特殊的风险控制手段，以保证安全经营。因此，商业银行的业务主要包括：资产业务、负债业务、资本管理业务、中间业务与表外业务四个方面。

（一）资产业务

资产业务是商业银行运用资金创造收益的业务。商业银行的资金运用主要是贷款和投资。此外，由于贷款资金来源主要是吸收存款，为了应付客户提存，通常保留一定比例的现金和其他准备金，由此构成银行资金运用的一个特殊项目，即现金资产和其他准备资金。

1. 贷款业务

贷款也称"放款"，是商业银行作为贷款人，按照一定的贷款原则和政策，以还本付息为条件，将一定数量的货币资金提供给借款人使用的一种借贷行为。贷款是商业银行最主要的盈利资产，大约要占其全部资产业务的 60%。

为了提高贷款管理水平、保证贷款安全、提高贷款质量，通常会按不同的标准将贷款划分为不同类别，如按贷款的保障条件划分为信用放款、担保放款和票据贴现，按贷款质量划分为正常贷款、关注贷款、次级贷款、可疑贷款和损失贷款等，按贷款期限划分为活期贷款、定期贷款和透支贷款，按贷款投向行业划分为工业贷款、商业贷款、农业贷款、科技贷款和消费贷款，按具体用途划分为流动资金贷款和固定资金贷款，按贷款的偿还方式划分为一次性偿还贷款和分期偿还贷款。

票据贴现是商业银行贷款业务最早的形式，是指银行以购买借款人未到期合格票据的方式发放的贷款。借款人将其持有的未到期合格票据经过背书转让给银行，申请贴现；银行以票面价格扣除贴现利息后的票款发放给申请人，银行在票据到期时，凭票向票据付款人收取票面现款。票据贴现业务现在仍是商业银行重要的资产业务之一，也是工商企业进行短期资金融通的一种重要方式。

随着商业银行经营管理水平和社会经济的发展，商业银行的贷款形式也在不断地创新。比如，将支付服务与贷款业务相结合的信用卡分期贷款，借助互联网平台识别个体信用而发放的小微信用贷款，等等。

2. 证券投资

证券投资业务是商业银行从事与有价证券投资有关的各项业务的总称。

在分业经营的国家中，商业银行不能经营投资银行业务（第八章介绍）。典型的商业银行原则上只能投资中央或地方政府或政府机构发行的证券，包括国库券、中长期国债、政府机构债券、市政债券或地方政府债券，这类证券流动性强、市场价格波动小，相对稳定；但对地方政府所有的企业或公益事业单位发行的证券，商业银行购买有一定的限制。禁止投资公司证券，包括股票、债券；因为股份制企业破产、倒闭的可能性比政府大得多，风险大，流动性也较弱。

商业银行进行证券投资的主要目的是兼顾投资收益和流动性。早期的商业银行，为了保证经营安全，避免"挤兑"现象的发生，需要持有足够的现金和中央银行存款作为存款客户的备提资金，称为一级准备，但这部分资金是没有收益的。随着金融市场的发展，各国的国债市场的规模逐渐壮大，投资国债既有一定的收益，流动性和安全性也很好，商业银行就逐步将部分现金准备投资于这些流动性好的证券。因此，证券投资常常被视为商业银行的二级准备，也得到了监管部门的认可和支持。

3. 现金业务

现金资产是商业银行中最富有流动性的资产，基本上不能给银行带来直接收益。该部分资产的数额不大，但对保障银行对客户的支付、维护银行的信誉具有重要意义，属于商业银行的一级准备金。现金资产主要包括以下方面。

（1）库存现金。商业银行金库保留的现钞和硬币，主要用于客户提取现金和商业银行自身的日常开支。现金是一种非营利资产，一般不宜保留过多，它只是商业银行一级准备金的很少一部分。库存现金的经营原则就是保证正常的现金支付需要。

（2）中央银行的存款。中央银行的存款指商业银行存放在中央银行的存款准备金，其用途主要是满足中央银行所规定的法定准备金要求和用于银行间交易与支付。其具体由两部分构成：一是法定准备金，按照中央银行要求的法定准备金比率缴存的准备金；二是超额准备金，存在中央银行的存款准备金账户中超过法定准备金的余额，是商业银行能随时对外运用的资金，主要用于日常支付和债权债务清偿等流动性较大的业务。

（3）同业存款。同业存款指商业银行存放在其他金融机构的存款。银行间相互存款的目的是便于同业之间的结算收付及开展代理业务。由于存放同业存款属于活期存款性质，可以随时支用，因而可以视为商业银行的现金资产。

（二）负债业务

对于一般的公司或企业来说，通常也都有负债，但都是在有资金困难、有需要的时候到特定的机构（通常是银行等金融机构）寻求借款，而不会将负债活动作为一项业务来开展。但商业银行却完全不同，负债业务是其经营活动的主要资金来源，持续获取负债是商业银行的主要业务活动，主要包括存款负债业务和非存款类负债业务即借入款负债业务。

1. 存款负债业务

存款负债业务是指商业银行通过设计存款产品、拓展客户关系，吸收各阶层、各部门的储蓄和存款的业务活动，目标是持续扩大存款规模。

商业银行通过吸收存款、发放贷款，同时做大资产负债表规模。在给定存贷款利差的情况下，银行的净利息收入约等于扣除存款准备后的存款规模乘以存贷利差，即

$$净利息收入 \approx （总存款 - 存款准备）\times 存贷利差$$

因此，在保证资本充足的情况下，银行资产扩张在很大程度上受到银行所吸收的存款量的制约，存款规模决定着银行的资金供给能力，是银行获得利差收益的基础。从一定意义上说，一家银行盈利能力的增长主要依赖于其存款业务的增长。正是认识到存款业务的重要性，商业银行总是力图通过种种方式和渠道吸收存款。

通常将存款分为活期存款、定期存款和储蓄存款。

（1）活期存款。活期存款是指客户不需预先通知，可随时存取并用于交易和支付的存款。开立这种存款账户是为了通过银行进行各种支付结算，银行和客户之间没有明确的时间约定。在网络、ATM 等自助转账支付手段兴起之前，交易和支付主要采取支票等手段，因此活期存款又称为支票存款。为了通过银行进行各种支付结算，各市场主体都在银行开立活期存款账户。活期存款流动性强、风险较高，银行一般不对其支付利息；但是其相对稳定的部分可以被银行用于发放贷款；同时，活期存款也是密切银行与客户关系的桥梁。

（2）定期存款。定期存款是客户与银行约定存款期限，将暂时闲置的资金存入银行，在存款到期支取时，银行按存入日约定的利率计付利息的一种存款。商业银行向定期存

户出具存单或存折并给予较高利息。因为定期存款存期固定且较长，风险较小，从而为商业银行提供了稳定的资金来源，对满足商业银行长期贷款和投资的资金需要有着极其重要的意义；但其利息成本较高。中央银行对定期存款所要求的存款准备金率低于活期存款。

（3）储蓄存款。储蓄存款是指为居民个人积蓄货币资产和获取利息而设定的一种存款。储蓄存款也分为活期和定期两种。活期储蓄存款是完全不同于活期存款的：活期存款可以开支票，早期的活期储蓄存款不可以；活期储蓄存款虽然可以随时支取，但取款凭证——存折不能流通转让，也不能透支。但现在的活期储蓄账户已经与银行储蓄卡绑定了，也能够方便地实现自助转账支付功能，与活期存款区别不大；不同的是居民的活期储蓄的稳定性要高于企业的活期存款，也更有挖掘潜力。因此，对活期储蓄存款是给付利息的。

吸收个人储蓄存款是商业银行的一项重要工作，银行资金来源的增长，在很大程度上取决于组织储蓄存款的状况，目的都是获得更多的存款，做大银行的资产规模。从宏观意义来看，商业银行的储蓄业务活动也是一个社会资本的动员过程。

2. 非存款类负债业务

商业银行经营非存款性负债的动因主要有两个方面，一是低成本的存款负债已经难以满足扩张经营规模的需求，以发行债券的方式积极转向金融市场获取更稳定、更低成本债务资源；二是短期资金余缺管理的需要，也称为流动性管理需要，为了盈利，银行会尽力做大贷款等盈利资产，尽量持有最低水平的现金类非营利性流动资产，但客户提现、转账支付等需求却难以预测，除了运用流动性资产进行调剂管理之外，还可以通过短期负债进行调剂管理。银行的非存款类负债可以分为两类。

1）中长期金融债券

商业银行以发行人的身份直接在资本市场发行中长期债券，向投资者举借债务并且承担债券利息。其目的是适应商业银行中长期投资和贷款的资金需求，或者作为其附属资本的来源。其特点是资金来源稳定但成本较高。

在国内市场融资成本较高时，商业银行也会在国际金融市场上通过发行可转让大额定期存单、商业票据、中长期债券等方式广泛地筹集资金。

2）短期流动负债

商业银行的短期流动负债主要有三种类型：同业拆借、回购协议、向中央银行借款。

（1）同业拆借。同业拆借是金融机构之间的短期资金借贷行为，主要用于支持日常性的资金周转。是解决短期余缺、调剂法定准备金头寸的重要渠道。同业拆借一般是通过中央银行的存款账户进行的，实际上是超额准备金的调剂，因此又称为中央银行基金，在美国则称为联邦基金。银行同业拆借的期限较短，最长不超过1年。同业拆借分为隔夜拆借（即1个营业日）、7个营业日、1个月、3个月、6个月，甚至1年，以3个月以内的居多。

（2）回购协议。回购协议是资金的需求者在出售金融证券时向金融证券的购买方承诺在指定日期以约定价格再购回这些金融证券的协议。从本质上看，回购协议是一种质押贷款协议。

现代的回购交易是在交易所的组织下进行的。例如，上海证券交易所提供的国债回购交易，提供有 GC001、GC002、GC003、GC004、GC007、GC014、GC028、GC091、GC182 共九个品种的回购交易。如果工商银行事先将自己符合要求的国债向系统申报转入质押库，并获得 10 亿元的融资额度，则工商银行就可以在交易所的交易时段内随时申报以上品种交易，并借入资金。假设申报购入 GC003、500 手（每手 10 万元人民币）、报价 4.1；如果市场有人接受该申报并成交，则当天晚上系统清算之后工商银行的资金账户就会转入 5 000 万元，并在 3 天之后系统自动归还 5 000 万元，并相应扣减 4.1% 的 3 天利息。交易市场上有临时闲余资金的投资者也可以方便地利用该交易获得收益。因此，回购协议可以充分利用金融市场，是银行调节流动性的灵活工具。

（3）向中央银行借款。商业银行还可以向中央银行借款，主要有再贷款和再贴现两种形式。再贷款是以政府债券或商业票据为担保的抵押贷款，也叫直接借款。再贴现则是指中央银行以买进商业银行已贴现票据的方式向商业银行提供资金，也叫间接借款。借入的资金一般为短期资金，如美联储规定商业票据不得超过 90 天，有关农产品交易的票据不得超过 9 个月；而我国规定商业票据的期限最长不得超过 6 个月。通常情况下，商业银行向中央银行的借款只能用于调剂法定准备金头寸、补充储备和应急调整资产，不得将借入的款项用于发放贷款和其他套利活动。

再贷款和再贴现不仅是商业银行筹措短期资金的重要渠道，同时也是中央银行调节经济的重要货币政策工具。

此外，在商业银行的业务实践中，通常将流动负债业务和流动资产管理归入流动性管理部门，而将中长期债务业务归入资本管理业务。

（三）资本管理业务

表 5-1 中股东权益比率只有 8.7% 表明：只要商业银行发生 8.7% 的资产损失，工商银行的全部资产就不够偿还全部债务，在一定意义上来说，这是要破产清算的。如果是一家普通的企业，在这种情形下，已经没人敢再借钱给它；但是作为一家银行，你却始终相信它，并且随时将钱借给它（存款），也相信随时可以取回款项，在绝大部分情形下，也确实如此。这其中的奥秘是什么？

首先，在现代社会，"银行"一词已经被社会公众赋予了超越现实的信仰，形成了能自我强化的信任，即只要人人相信银行是安全的，你就可以实现随时取款，因为随时都会有人来存款，因此，银行就是安全的。相反，如果有一定比例的人不相信，它也同样能够实现自我否定，随时发生"挤兑"破产。

其次，商业银行通过自身的稳健经营已经超越了一般企业的信用水平，并且其以盈利为目的的存贷款经营业务具有重要社会意义的派生功能——存款货币创造，并且存款货币体系虽然还不完美，但已经是迄今为止人类社会发现的最好的货币体系，各国也都普遍使用这一货币体系。因此，各国政府也积极帮助商业银行维护这种信用，使得这种信用具有一定的国家信用，公众相信自己的国家在一定程度上就是相信自己，使得这种银行信用具有更强的自我强化的逻辑基础。

但无论如何，银行的信用不可能凭空产生，银行的稳健经营和政府的维护需要落实在具体的业务工作上，商业银行的资本管理业务就是其中的重要一项。

资本管理的核心工作就是资本充足率的管理，资本充足率的计算公式如下。

$$资本充足率 = \frac{合格资本}{风险加权资产}$$

显然，资本管理就涉及三个方面的内容。

1. 合格资本

从严格意义上来说，最后承担风险的应该是股东提供的资本，即所有者权益；但在实际经营中，有些长期债务是可以用来缓冲短期损失的。因此，从安全管理的角度看，合格资本的定义可以有别于股东资本，BASEL Ⅲ（巴塞尔协议Ⅲ）对合格资本分层定义为一级资本和二级资本。

一级资本是维持银行持续经营的资本，包括核心一级资本和其他一级资本。

核心一级资本包括：实收资本或普通股、资本公积、盈余公积、未分配利润、一般风险准备等；扣除公允价值变动形成的净利得、当期预计分配但实际尚未分配的利润、商誉、其他无形资产等。

其他一级资本包括：合格的其他一级资本工具（优先股、无固定期限资本债券、减记条款等符合监管要求）、少数股东资本可计入部分。

二级资本是在银行清算时发挥作用的资本，包括：合格的二级资本工具（受偿顺序、减记条款、期限等符合监管要求）、超额贷款损失准备、少数股东资本可计入部分。

可见，总资本的计算公式如下。

$$总资本 = 核心一级资本 + 其他一级资本 + 二级资本$$

2. 风险加权资产

导致资产减值或亏损的风险主要有信用风险（也称违约风险）、由于利率或汇率等波动而导致的市场风险、因工作流程等失误而导致的操作风险。因此，风险加权资产包括信用风险加权资产、市场风险加权资产和操作风险加权资产。以下是 BASEL Ⅲ 推荐的计算办法。

$$风险加权资产 = 信用风险加权资产 + 市场风险加权资产 + 操作风险加权资产$$
$$= 信用风险加权资产 + 12.5 \times （市场风险资本要求 + 操作风险资本要求）$$

信用风险加权资产是以一般的公司贷款资产为基准（100%权重），再根据相对风险的大小分别赋予不同的权重。比如，国债的违约风险是最低的，金融债次之，它们就分别被赋予 20% 和 50% 的权重，而逾期贷款发生违约的概率就会比较高，则可能被赋予 150% 的权重。具体的权重在不同的国家、不同时期会有不同的具体要求。

对于市场风险，则会根据不同的资产类别直接赋予资本要求比例。比如，对于信用评级为 A+至 BBB–、剩余期限为 6～24 个月的政府债券按 1.00%计提资本要求，等等。

对于操作风险，则根据不同的业务类别，按业务收入赋予资本要求比例。比如，公司金融总收入和零售银行总收入分别按 18%和 12%计提操作风险资本要求，等等。

当然，也可以用其他方法测度风险资本，目的就是要能够较准确地估算一个可比较的风险暴露总规模。

3. 资本充足率目标

历史已经表明银行信用是作为一个整体而存在的，如果个别银行做得不好，发生挤兑，这种风险就会传染和蔓延，最后导致整体银行信用的崩溃。因此，以上管理内容需要整个银行业共同遵守才有意义，由此，资本管理不仅形成了各国自身的管理标准，也已经形成国际监管标准。1974 年底，国际清算银行牵头成立了巴塞尔银行监管委员会，并先后制定了一系列以资本管理为核心的重要银行监管规定，如《关于统一国际银行资本衡量和资本标准的协议》《有效银行监管的核心原则》《新巴塞尔资本协议》《巴塞尔Ⅲ：后危机改革的最终方案》等。这些协议、监管标准与指导原则也可统称为巴塞尔协议。2017 年底通过的最后方案被称为巴塞尔协议Ⅲ。巴塞尔委员会认为"压倒一切的目标是促进国际金融体系的安全与稳健"。

表 5-3 是 BASEL Ⅲ 推荐的最低资本充足率要求，一级资本充足率为 6%，由普通股等权益资本构成的"核心"的一级资本充足率为 4.5%，总资本最低要求为 8%。

表 5-3　BASEL Ⅲ 推荐的最低资本充足率要求　　　　　　　　　　%

项　目	核心一级资本	一级资本	总资本
最低资本要求	4.5	6.0	8.0
资本留存缓冲	2.5		
最低资本要求与资本缓冲要求之和	7.0	8.5	10.5

在最低资本要求基础上，还建议商业银行保留 2.5%的资本留存缓冲，以更好地应对经济冲击和金融冲击。资本充足率越趋近最低资本要求，银行的收益分配越会受到监管限制。

（四）中间业务与表外业务

商业银行的第二大盈利来源是手续费和佣金收入，这些收入来源于商业银行提供的银行服务，也称为金融服务，通常分为中间业务和表外业务。

1. 中间业务

中间业务是指银行以中间人和代理人身份替客户办理收付、咨询、代理、担保等委托事项，并收取一定手续费或佣金的业务活动。这类业务主要有支付结算、代理、咨询顾问、信托和基金托管。

支付结算是存款业务的延伸，指商业银行利用一定的支付结算工具，通过收付款双方在银行开立的存款账户，将资金由付款方账户划至收款方账户。该业务活动以存款货币作为价值度量，通过银行账户的形式将现代经济社会连接成了一个有机整体——支付体系（第六章介绍）。

基金托管是指有托管资格的商业银行接受基金管理公司的委托，安全保管所托管的基金的全部资产，为所托管的基金办理基金资金清算款项划拨、会计核算、基金估值、监督管理人投资运作等业务活动。

2. 表外业务

狭义的表外业务是指商业银行所从事的按会计准则不计入资产负债表内、不影响银行资产负债总额、会改变当期损益，并在一定条件下会转化为表内资产或负债的业务。这些业务虽然没有发生实际的货币收付，也没有垫付任何资金或者只是垫付少量资金，但是在将来随时可能因具备了契约中的某个条件，而由表外业务转变为表内业务。它构成了商业银行的或有资产、或有负债，包括担保类、贷款承诺类等业务。

1）担保和类似的或有负债

其主要有投标保证书、履约担保书、贷款担保、备用信用证、跟单信用证、承兑票据等，其共同的特征是由银行向客户的现行债务提供担保并承担相应的风险，本质是为客户提供增信服务。

2）贷款承诺

贷款承诺指商业银行向客户做出承诺，保证在未来一定时期内根据一定条件，随时应客户要求予以提供贷款或融资支持的业务。一般是商业银行在向客户所提供的信贷额度内，随时根据客户的贷款需求提供贷款，主要有信贷承诺和票据发行便利两种形式。

信贷承诺是指银行在对借款客户信用状况评价的基础上与客户达成的一种具有法律约束力的契约，约定按照双方商定的金额、利率，银行将在承诺期内随时准备应客户需要提供信贷便利。作为提供信贷承诺的报酬，银行要向客户收取承诺佣金。承诺的借款对象多是银行所熟悉的优质客户，银行进行调查分析的成本很低，并且加强了与优质客户的联系。

票据发行便利是一种中期周转性票据发行融资的承诺。根据这种承诺，借款人可用自己的名义发行短期票据来筹措中期资金，由包销银行承诺购买借款人发行的未售出的任何票据或提供备用信贷。票据发行便利是 20 世纪 80 年代金融创新的"四大发明"之一，其实质是一种直接信用，是借款人与投资者之间直接的资金融通关系，商业银行虽然有时也提供融资，但最主要的是提供服务。

虽然从历史演变来看，汇兑、保管等传统中间业务是商业银行的起源业务，但对于现代商业银行而言，负债业务和资产业务是最基本的信用业务，是其主营业务；中间业务与表外业务是资产和负债业务派生与拓展的结果，本质是以资产负债业务形成的强大信用和便利的账户网络为基础、发挥优势寻求盈利新渠道的结果。中间业务和表外业务也大致可分为增信类和支付结算等便利类。

在实践中，商业银行也可能发挥信用和便利优势综合开展中间业务和资产负债业务，如银行卡业务和代发工资等代理业务。

银行卡业务，银行卡是指由商业银行向社会发行的具有消费信用、转账结算、存取现金等全部或部分功能的信用支付工具，包括信用卡和借记卡。该业务是在提供支付便利的同时，开展吸收存款、发放贷款（信用卡分期）业务。

代发工资等代理业务，是在提供支付便利的同时，吸收储蓄存款。

第二节　商业银行的货币创造和市场组织功能

商业银行的存贷款业务派生了两个重要的金融功能，一是创造存款货币；二是构建货币资金使用权的交易市场，即间接资金融通市场。

一、存款货币创造

为了具体地理解存款货币的创造过程，先看一个简化的例子。

假设整个银行体系由中央银行和至少两家商业银行所构成；法定存款准备金率为20%（$r_d = 20\%$）；商业银行系统不保留超额存款准备金，即银行超额准备金为零；银行客户将其一切收入均存入银行体系，经济体系中的所有交易均通过银行账户之间的转账结算方式进行支付，即银行体系没有现金外流发生；客户也没有将活期存款转为定期存款。

假设在该经济体系中有以下存贷款业务发生。

（1）设A银行吸收到客户甲存入10 000元现金；由于法定准备金率为20%，且无超额准备金，则A银行产生了8 000元的可贷资金，假设全部贷给客户乙。则A银行的资产负债状况变化如表5-4所示。

表5-4　A银行的资产负债状况变化　　　　　　　　　　　　　元

资产		负债	
准备金	+2 000	存款	+10 000
贷款	+8 000		
总额	+10 000	总额	+10 000

（2）客户乙将8 000元支付给客户丙，丙将其存入自己的往来银行B，B银行按法定存款准备金比率20%，提取准备金1 600元，其余6 400元贷给客户丁。如表5-5所示。

表5-5　B银行的资产负债状况变化　　　　　　　　　　　　　元

资产		负债	
准备金	+1 600	存款	+8 000
贷款	+6 400		
总额	+8 000	总额	+8 000

（3）客户丁将借到的 6 400 元用于支付给银行 C 的客户，最终被以支票存款的形式存入 C 银行。C 银行按法定存款准备金比率20%提取准备金 1 280 元，并将余下的 5 120元用于贷放。如表 5-6 所示。

表 5-6　C 银行的资产负债状况变化　　　　　　　　　　　　　　　　　元

资产		负债	
准备金	+1 280	存款	+6 400
贷款	+5 120		
总额	+6 400	总额	+6 400

（4）（1）～（3）的过程可以不断地循环进行，直到所有银行的法定准备金增加额达到 10 000 元，即 10 000 元的原始存款全部转化成法定准备金，该过程才会结束。该过程结束后，整个银行体系的存款货币完全扩张的结果如表 5-7 所示。

表 5-7　存款货币完全扩张的结果　　　　　　　　　　　　　　　　　元

银行	活期存款	法定准备金	贷款
A	10 000	2 000	8 000
B	8 000	1 600	6 400
C	6 400	1 280	5 120
D	5 120	1 024	4 096
…	…	…	…
合计	50 000	10 000	40 000

由以上分析可以发现，在这个循环进行的存、贷款过程中，只有 A 银行吸收的 10 000元存款是原始存款，其他存款都是基于该存款而派生出来的派生存款。这个存款派生过程结束时，整个银行体系的存款货币总额 D 变成了

$$D = 10\ 000 + 8\ 000 + 6\ 400 + \cdots$$
$$= 10\ 000 \times [1 + (1 - 20\%) + (1 - 20\%)^2 + \cdots]$$
$$= 10\ 000 \times 1 / 20\% = 50\ 000（元）$$

一般地，假设法定存款准备金率为 r_d，准备金总额为 R（即原始存款），存款货币总额为 D，则

$$D = R \times [1 + (1 - r_d) + (1 - r_d)^2 + \cdots] = R / r_d$$

上述过程表明，在部分准备金制度下，一笔原始存款通过整个银行体系的派生存款创造过程，可产生大于原始存款若干倍的存款货币。这一扩张的数额，主要取决于两大因素：一是原始存款量的大小，二是法定准备率的高低。原始存款量越多，创造的存款货币量越多；反之，则越少。法定准备率越高，扩张的数额越小；反之，则越大。

这里的存款乘数是 $1 / 20\% = 5$，即存款货币是原始存款的 5 倍。存款乘数的含义是每一元准备金的变动所能引起的存款变动。用公式表示为

$$K = 1 / r_d$$

可见，商业银行以盈利为目的的存贷款业务过程派生了存款货币创造功能，从而商业银行的存贷款业务也不再是简单的公司盈利行为，而具有为社会提供存款信用货币的职能，进而受到政府的支持、监管等特别关注。

二、货币资金使用权交易的市场组织

吸收存款可以看成通过支付利息买入货币资金使用权，发放贷款就是卖出货币资金使用权而获得利息收入，商业银行就是一个做交易中介、一个做市商，作为一个货币资金使用权交易（借贷活动）的市场组织者，赚取交易价差（存贷利差）。

市场的本意就是交易的聚集，聚集的目的是更方便地找到交易对手、更好地完成交易。这种聚集可以是约定俗成的，也可以是人为组织的。约定俗成是低水平的聚集，有效性较低，而人为组织可以提供更多的交易信息传递、交易撮合等服务，效率更高。商业银行从自身的盈利目的出发利用各种手段积极吸收存款、有效地发放贷款、及时调整利率（价格），客观上就是为货币资金使用权交易提供服务。

在历史上，这种角色的取得，是通过早期的钱币经营（鉴定、保管）、汇兑以及长期财富积累而获得信用的基础上实现的，然后通过政府加持、帮助维护市场秩序，最后确认了银行作为货币资金使用权交易的市场组织者地位。典型的表现就是"银行"一词已经成为法律规定的专有名词，只有经过政府授权才能使用、才能经营存贷款业务；同时，"银行"一词也已经被公众默认为货币资金使用权交易的场所，即有闲置资金存入（卖给）"银行"，需要资金找"银行"贷款（买入）。

从中国人民银行的统计数据看，2020 年 12 月社会融资规模存量为 284.75 万亿元，其中银行系统的人民币贷款为 171.60 万亿元，约占 60.3%，可见，商业银行体系就是一个最大货币资金使用权交易市场。

三、商业银行的定义

从商业银行的业务内容及其派生的功能看，商业银行可以定义为：以货币资金为经营对象，以追求利润为经营目标，从事多种金融资产和金融负债业务，能利用负债进行信用创造，并向客户提供多功能、综合性金融服务的企业。具体地，可以从以下三个方面来理解。

首先，商业银行是企业，具有企业的一般特征，是以盈利为目的的企业，具有从事业务经营所需要的自有资本，依法经营，照章纳税，自负盈亏，以获取利润为经营目的和发展动力。

其次，商业银行是特殊的企业——金融企业。不同于一般的企业，它是经营货币资金、提供金融服务的特殊企业，主要从事金融资产、负债及支付、结算、汇兑和增信等金融服务业务，是为从事商品生产和流通的企业、个人及政府等市场主体提供金融服务的企业。

最后，商业银行的特殊业务内容派生了对社会具有重要意义的职能，从而其经营活动既得到政府的支持，同时也接受政府的管制。派生的主要职能有以下几个。

1. 信用货币创造职能

商业银行作为一个整体在存款—贷款业务循环的基础上，产生了存款信用货币创造这种特殊的职能，满足了市场经济的交易过程对交易一般等价物的需要。这也是商业银行与其他金融机构的一个重要区别，政府也通过法律规定只有商业银行能够吸收各类存款，同时纳入监管以维护币值稳定等基本货币秩序。

2. 信用中介的资本动员职能

商业银行以做市商的形式成为实际上的货币资金使用权交易中介。通过吸收存款等负债业务将社会上的各种闲散富余的货币资金集中到银行，通过贷款等各种资产业务将其投向资金短缺的社会经济部门。商业银行通过信用中介的职能实现资本盈余和短缺之间的融通，并不改变货币资本的所有权，改变的只是货币资本的使用权。

这种使用权的交易，一方面可以积少成多，变小额储蓄资金为巨额货币资本，扩大了社会资本总量，提高社会资本的增值能力，为社会经济的加速发展提供了动力和源泉。另一方面，可以续短为长，实现短期资金向长期资本的转化。虽然商业银行的传统资金来源中主要是短期存款，但存款客户众多，使得商业银行总是保有一个稳定的存款余额，商业银行在保证支付的条件下，可以把短期资本的稳定余额当作长期资本使用，从而满足社会对长期资本的需要。

3. 支付中介职能

商业银行支付中介职能以活期存款账户为基础，通过账户间的划拨和转移为其客户办理货币结算、货币兑换、异地存取和货币收付等业务活动，并由此形成全社会的支付结算网络，极大地降低支付结算等交易成本。

支付中介职能的发挥从起源上早于信用中介职能，是商业银行最原始的职能，只是在办理货币保管和支付中，货币经营者积存了大量的货币，当为了盈利而放款时，才产生了信用中介职能。但支付中介职能的发展，亦有赖于信用中介，只有在为客户保存一定存款的基础上，才能办理支付。存款余额不足，就会产生向银行的借款需要，而银行贷款又会转化为客户存款，又需要办理转账支付或提取现金。因此，支付中介职能和信用中介职能相互推进，构成了银行借贷资本的整体运动。

第三节　商业银行的历史演进与未来发展

一、商业银行的产生与发展

（一）早期银行业的产生

据《大英百科全书》记载，早在公元前 6 世纪，在巴比伦已有一家"里吉比"银行。

考古学家在阿拉伯大沙漠发现的石碑证明，在公元前 2000 年以前，巴比伦的寺庙即代人保管金银财宝，收取 1/60 的保管费，寺院还对外放款，收取月息 20%，而且放款是采用由债务人开具类似本票的文书，交由寺院收执，且此项文书可以转让。公元前 4 世纪，希腊的寺院、公共团体、私人商号，也从事各种金融活动。但这种活动只限于货币兑换业性质，还没有办理放款业务。

罗马在公元前 200 年也有类似希腊银行业的机构出现，它不仅经营货币兑换业务，还经营贷放、信托等业务，同时对银行的管理与监督也有明确的法律条文，已具有近代银行业务的雏形。人们公认的早期银行的萌芽，起源于文艺复兴时期的意大利。

早期银行业的产生与国际贸易的发展有着密切的联系，主要是对国内外贸易活动提供各种交易便利，大体可以分为以下三个阶段。

第一阶段：货币兑换业和兑换商的出现。中世纪的欧洲地中海沿岸各国，尤其是意大利的威尼斯、热那亚等城市是著名的国际贸易中心，商贾云集，市场繁荣。但由于各国商人所携带的铸币形状、成色、重量各不相同，为了适应贸易发展的需要，必须进行货币兑换。于是，单纯从事货币兑换业并从中收取手续费的货币兑换商便开始出现和发展。

第二阶段：货币兑换业演变成货币经营业。随着异地交易和国际贸易的不断发展，来自各地的商人为了避免长途携带产生的麻烦和风险，开始把自己的货币交存在货币兑换商处保管，并委托其办理汇兑与支付。货币兑换商开出的收据演变成早期的"汇票"。货币兑换商在货币兑换业务基础上增加了货币保管和收付业务，出现了货币经营业。这时候的货币兑换商已反映出银行萌芽的最初职能：货币的兑换与款项的划拨。因此，货币经营业被认为是银行早期的萌芽。

第三阶段：早期银行业的产生。伴随着贸易及货币流通的不断扩大，货币经营业得到了充分的发展。货币兑换商不再满足于只在经营中收取手续费，开始放款以增加收益。最初贷放的款项仅限于自有资金，随着保管及汇兑的货币数量增加，商人们发现委托人不会同时提取他们所托管的货币，于是开始把保管及汇兑业务中暂时闲置的资金贷放出去。为了获得更多的资金、发放更多的贷款，货币兑换商还从被动接受客户委托保管业务，转而通过降低保管费或者不收保管费，到后来给客户一定的好处而积极主动地获取货币保管业务，由此，货币保管业务便演变成存款业务了。于是，货币兑换商逐渐开始从事信用活动，即利用通过信用积聚起来的暂时闲置的货币，从事一些可以获得利息收入的借贷活动。同时，改变了以前实行全额准备以防客户兑现提款的做法，实行部分准备金制度，将扣除准备金之后的存款用于贷款取息，货币兑换商也就演变成为集存款、贷款和汇兑业务于一身的早期银行家。早期银行的典型代表是意大利佛罗伦萨的美第奇银行。

近代银行主要出现在当时的世界商业中心意大利的威尼斯、热那亚等城市。16 世纪，西欧进入资本主义发展时期，银行在这一时期得到了飞速的发展。1587 年，意大利诞生了著名的威尼斯银行，它通常被认为是最早使用"银行"名称经营业务的银行。此后，各国贸易中心相继出现了米兰银行（1593 年）、阿姆斯特丹银行（1609 年）、纽伦堡银行（1621 年）、汉堡银行（1629 年）等。

在英国，早期银行是在金匠业的基础上发展而来的。17 世纪中叶，英国的金匠业很发达。随着美洲大陆的发现，大量金银流入英国，人们为了防止金银被盗，将金银货币委托给金匠保管，当时金匠业不仅代人保管金银、签发保管凭条、收取保管费用，还可按客户书面要求，将金银划拨给第三者，并以自有资本发放贷款以获取利息。同时，金匠们签发的凭条可代替现金流通于市面，称之为"金匠券"。随着英国经济的发展，金匠业的业务发生了重大变化，保管凭条演变为银行券，保管业务中的划拨凭证演变为银行支票，十足准备制度变为部分准备制度，金匠业逐渐发展成为从事货币经营业务的早期银行业。

近代银行是私人银行，规模不大，贷款利率较高，通常都在 20% 以上，其放款对象主要是政府和封建贵族，主要从事高利贷放款，其生存基础还不是社会化的大生产，不能适应资本主义工商业的发展需要。

（二）现代商业银行的产生

17 世纪末到 18 世纪初，随着资本主义经济的发展和国际贸易的进一步扩大，迫切需要建立与新兴经济发展方式相适应的商业银行。现代商业银行主要通过两个途径逐步形成：一是由旧的高利贷性质的银行转化而来；二是工商业者根据资本主义经济发展的要求，以股份公司的形式组建而成。

由于不利于资本主义的发展，很多国家都限制高利贷。资本主义前形成的高利贷性质的早期银行逐步退出了历史舞台，部分主动适应资本主义生产发展的需要，吸收外部资本，降低利率，为资本主义工商企业提供贷款，从而发展成为现代商业银行。

同时，资本主义工商业主为了尽快改变自身经营的金融环境，按照股份公司的形式组建商业银行。1694 年在英国成立的第一个股份制银行——英格兰银行，它的投资结构突破了传统的独资或合伙制投资结构对资金的限制，使银行资本得到迅速扩张，增强了竞争实力；对高利贷者产生了巨大的冲击，因为它的贷款利率为 4.5%～6%，大大低于高利贷的 20%～30% 的利率；同时，它还与政府合作垄断了银行券的发行。英格兰银行的成立，标志着资本主义商业银行制度的形成以及现代银行制度的建立。由于其能够更好地适应资本主义经济发展的需要，股份制银行很快被推广到欧洲其他国家。

18 世纪末 19 世纪初，在商品经济发展较快的国家和地区，规模巨大的现代股份制商业银行纷纷建立，成为资本主义银行的主要形式，并开始在世界范围内普及和迅速发展。早期的股份制商业银行以办理工商企业存款、短期抵押贷款和贴现等为主要业务。

（三）商业银行的发展

第二次世界大战以来，随着经济发展对资金需求的多元化、对金融服务需求的增加、技术革命的进步、金融机构之间的激烈竞争，现代商业银行经营范围不断扩大，活动领域不断拓宽，管理方式不断创新，对社会经济的影响和重要性日益显著。其具体表现在以下几个方面。

首先，各国普遍建立了中央银行制度，商业银行的存款信用货币创造基础从原来的金银货币转为中央银行的信用货币，特别是1971年布雷顿森林体系解体之后，各国货币与金银彻底脱钩，以中央银行——商业银行体系为核心的现代货币体系制度正式确立，现代商业银行正式诞生，并成为一国货币体系的核心组成部分。

其次，由于技术进步，商业银行账户服务的可得性极大提高；ATM机、网络银行和移动支付等日益普及，商业银行的账户服务深入每一个经济个体，形成网络体系，在极大降低交易支付成本的同时，也将整个社会连接成了一个有机整体，并使主要的商业银行发展成为具有系统重要性的金融机构。

最后，商业银行的贷款服务对象从原来的工商业扩展到了个人和家庭消费者，从为资本服务拓展到为消费服务。从汽车贷款、住房贷款到信用卡分期等各类耐用消费品分期，现代商业银行不断开拓新的贷款领域。2020年底中国存款性金融机构的统计数据表明，住户贷款已经占各项贷款总额的35%，消费贷款占27.4%，体现了社会经济发展水平是供给与需求螺旋式循环上升的动态平衡结果。在生产能力有限、资本不足时，商业银行主要为筹集资本服务；当生产能力提高之后，需求不足时，商业银行又转向为消费服务。

此外，商业银行资本越来越集中，国际化进程加快。

二、中国商业银行的产生与发展

（一）中国早期的银行业

中国关于银钱业的记载，较早的是《周礼》中的"泉府"的记载，"泉府"即办理赊贷业务的机构。其次是春秋战国时的借贷活动及南北朝时的寺庙典当业。有关这方面的大量记载始于唐朝。到了商业发达的唐代，出现了经营典质业的质库（即当铺）、保管钱财的柜房、打制金钱饰物和经营金银买卖的金银铺。唐代还出现了类似汇票的"飞钱"，这是我国最早的汇兑业务，不仅有商人经营，更主要的是由官府经营，此外，还有专门放债收息的官府机构。北宋真宗时，由四川富商发行的交子成为我国早期的纸币。经过宋、元、明、清，随着钱庄、银号、票号的先后兴起，我国的银钱业得到了长足发展。宋朝设置的"便钱务"，金代的"质典库"，元代的"解典铺"，明代的"钱庄"，清朝的"票号"，都是从事货币经营业务的机构。到了明清以后，当铺是中国主要的信用机构。明末，一些较大的经营银钱兑换业的钱铺发展成为银庄。银庄产生初期，除兑换银钱外，还从事贷放，到了清代，才逐渐开办存款、汇兑业务，但最终在清政府的限制和外国银行的压迫下，走向衰落。由于封建社会的

扩展阅读 5-1

长期停滞，中国古老的银钱业一直未能实现向现代银行业的演变。

（二）中国现代商业银行的产生与发展

我国近代银行业是在 19 世纪中叶外国资本主义银行入侵之后才兴起的。最早的是英国于 1845 年在香港成立的丽如银行，其后各资本主义国家纷纷来华设立银行。这些外商银行控制了中国金融业，也控制了中国的经济财政命脉，并给中国国民经济带来巨大破坏，但在客观上也对我国银行业的发展起了一定的刺激作用。

为了摆脱外国银行的支配，清政府于 1897 年在上海成立了中国通商银行。其组织制度和经营管理办法模仿汇丰银行，除了经营存款、放款外，还兼办代收库银的业务，并被清政府授予发行纸币的特权。虽然形式上是商办民族资本银行，实际上是受控于官僚、买办的银行。它是中国第一家股份制银行，它的成立标志着中国现代商业银行的产生。

1927 年以后，国民党当政期间，官僚资本垄断全国金融机构，逐步建立了以中央银行（1924 年成立）、中国银行（1912 年由户部银行改组成立）、交通银行（1908 年成立）、中国农民银行（1935 年改组成立）、中央信托局（1935 年成立）、邮政储金汇业局（1930 年由邮政局改编）和中央合作金库（1946 年成立）"四行二局一库"为主体，包括省、市、县银行及官商合办银行在内的金融体系，并由国民党政府直接控制。

扩展阅读 5-2

此外，还有一批民族资本家兴办的私营银行及钱庄，如江浙财团的"南三行"——浙江兴业银行、浙江实业银行和上海商业储蓄银行，以及被人称作"北四行"的金城银行、盐业银行、中南银行和大陆银行。旧中国的商业银行普遍规模较小、管理落后、投机盛行。

1978 年 12 月十一届三中全会之后，我国的银行业逐步走上了改革开放的道路。

从 1979 年开始，中国农业银行和中国银行先后从中国人民银行独立。随后，中国人民建设银行（后改名中国建设银行）从财政部分离。1984 年 1 月 1 日起，中国人民银行专门行使中央银行职能，另行成立中国工商银行。至此，中央银行体制开始建立，由中国工商银行、中国农业银行、中国银行和中国建设银行组成专业银行体系，中国人民银行行使中央银行职能，中国工商银行负责工商企业贷款，中国建设银行负责基本建设贷款，中国农业银行则负责农村金融服务。1986 年 7 月，交通银行重组成以公有制为主的股份制全国性综合性银行，之后中信实业银行、福建兴业银行、民生银行等全国性或区域性股份制银行相继成立，推动了我国银行商业化改革的进程。

2003 年起，国有银行的改革进入实质性阶段。通过金融资产管理公司剥离不良贷款、政府注入资本、资本市场上市三个步骤，工、农、中、建等国有银行均已完成股份制改造。中国银行、中国工商银行、中国建设银行、中国农业银行、交通银行等已经成为上市银行，中国银行、中国工商银行、中国建设银行、中国农业银行还实现了在香港上市。截至 2020 年 12 月，在深圳证券交易所、上海证券交易所上市的商业银行已经达到 40 家。通过上市改造，我国现代化的商业银行体系已经成型，甚至在支付服务等领域的业务水平已经处于领先地位。

思政阅读

"红色小上海"

1932 年春，中共福建省委、福建省苏维埃政府、福建省军区先后在汀州市成立，汀州市成为福建苏区的政治、军事中心。依托"千年汀州府的地位，便利的汀江航运，雄厚的物质基础以及福建的政治军事中心"等有利条件，在革命实践中不断探索发展，成为名副其实的中央苏区经济中心。

在中央苏区经济中心建设过程中，闽西工农银行在调剂金融、稳定币值的同时，与一系列的信用合作社共同倾力支持了中央苏区的经济建设运动，积极放贷兴百业，对军需公营企业、生产合作社、消费合作社、粮食合作社提供资金，以支持这些新生的、具有社会主义因素的新民主主义经济迅速发展壮大，对稳定苏区人民生活、保障中央苏区的物资供应发挥了重要作用。

一是关注民生，调剂粮价，巩固土地革命成果。据曹菊如回忆："闽西工农银行将大批的资本借给各种合作社，帮助其营业的发展，以减少资本主义的剥削，它在粮食缺乏的时候，以巨额资本帮助各县建立粮食合作社，使苏区的粮食得以调剂，恐慌不至于成为事实。"

二是支持或直接参与组建耕犁、农具、纸业贩卖、茶油豆油贩卖、中药材贩卖等176 个合作社，满足了农业生产、商业销售等方面的群众资金需求。

三是为整修汀江桥梁码头和交通干线提供资金支持，使汀州成为汀江水运集散地，大量重要物资和人才通过汀州输送到中央苏区。据史料记载，通过汀江航运到达汀州码头的物资，有价值 900 多万光洋的食盐、600 多万光洋的布匹、300 多吨的药品等。

四是支持贸易活动。如帮助中华商业股份有限公司将纸张、木材、钨矿出产销往白区，甚至曾奇迹般地与"围剿"苏区的国民党第 19 路军达成物物贸易协议，用钨矿出产换取对方的棉布、药品，间接瓦解了第 19 路军对苏区的"围剿"。

据刘少奇 1934 年 3 月《论国家工厂的管理》一文统计，当时中央苏区有国家工厂32 个，在长汀的约占一半数量。

到中央红军长征前的近 6 年时间里，长汀始终是中央苏区的经济中心。周恩来在给中央的信中赞叹道：汀州的繁盛，简直是全苏区之冠！被誉为"红色小上海"。

三、商业银行产生发展的基础与规律

（一）商业银行产生发展的经济基础是商品生产与交换的发展

银行从产生的那一天起就总是与货币打交道，没有货币就没有银行；货币的产生源自商品经济的发展，是商品生产、商品交换的需要催生了货币，而商品生产与交换又是社会分工的结果。所以，商品经济、市场经济的发展是银行产生与发展的经济基础。

早期的商品交换和国际贸易中，需要专门的货币鉴定、称量、兑换等服务，在货币兑换中，不仅要把不同货币兑换成商人们可以接受的货币，还要将不同金属、不同规格的货币准确地转换成共同的货币单位，这需要专门的知识和技术设备，需要有比较雄厚的经济实力，因而随着经济的发展，铸币兑换逐渐成为一些商人盈利的方式，进而发展成为最初的银行业务。

商品经济和社会分工的深化，扩大了对资本的需求，早期的货币兑换商等利用已有的优势地位转向开展放贷业务、进而主动吸收存款发放贷款以满足社会分工对资本的需求，由此进化成了现代的商业银行。

（二）商业银行产生发展的思想基础是信用

信用是指履行承诺的意愿和能力，前者取决于经济个体的道德品质，后者由经济个体的经济基础和综合能力决定；同时，信用的建立还取决于互信双方的信息透明程度。商业银行设立和开展业务的思想基础是社会经济主体之间的信任，包括社会公众对银行的信任和银行对债务人（如工商企业）的信任。社会公众出于对银行的信任而将自己的货币存入银行，并允许银行将这些货币借贷给需要资金的企业或个人；银行出于对债务人的信任，按照约定条件将自己掌握的货币借贷给债务人使用，或者购入债务人签发的商业票据。失去社会公众和工商企业之间的信任，银行不可能设立，设立的银行也会倒闭。

（三）商业银行产生发展的组织基础是比较富有的阶层

银行的前身不仅是金匠，而且包括包税商、汇票交易经纪人、公证人和商人等富有阶层。金匠一方面为他人加工金银器皿或饰物，另一方面为他人保管金银及其制品，具备吸收存款、发放贷款的能力。包税商通过经理公共资金、经纪人通过替人买卖汇票、商人通过商品交易都掌握了大量的货币资金，他们都有条件成为银行业主。比如，14—16世纪时，意大利的佛罗伦萨和托斯卡纳市的美第奇家族，中国清末的晋商，我国现代的阿里巴巴、腾讯等，他们都是因为在商业等方面的成功而积累了大量财富，进而转型经营银行业务等，核心的原因是财富的积累就是信用的积累，只有具备足够的信用，才有能力经营商业银行业务。

（四）现代商业银行在政府支持和监管之下得以规范发展

商业银行以追求盈利的目的开展存贷款业务，当该业务所内含的信用货币创造和信用中介的资本动员等对社会经济发展具有重要意义的职能逐步显现之后，商业银行得到了政府的支持。首先，具有"挪用"嫌疑的存贷款业务被部分存款准备金制度合法化；其次，"银行"的名称、存贷款业务被纳入特许经营以保证在位商业银行的垄断经营；最后，商业银行经营活动陷入困境或危机时，会得到政府的救助。

商业银行存贷款业务的高风险性与其派生功能的特别社会重要性是一对天然的矛盾，而商业银行本身是以盈利为目的，并不关注其派生的社会功能，容易过度冒险。因此，商业银行在获得政府支持的同时，也被纳入政府监管对象，并形成国际监管合作。

四、商业银行发展的新趋势

（一）银行服务成本进一步降低

交易是实现社会分工与协作的核心纽带，零交易成本、无交易摩擦是人类社会追求无成本合作的永恒目标，也是经济理论模型的理想假设。正因为如此，人类社会每当有新的通信技术出现，总是被优先应用于金融领域，包括电报、电话、卫星通信、计算机、互联网等，原因是这些技术的应用能极大地降低交易成本，带来巨大的经济效益和社会效益。

随着这一轮移动互联网应用的进一步普及，商业银行的开户、存款、贷款、转账支付等事务性业务已经全面网络化，先进国家将逐步进入无现金社会，商业银行的营业网点逐步收缩，甚至在审贷、风险管理等后台也都已经有人工智能技术的应用。因此，金融服务成本将进一步降低。我国已经于 2015 年出现了纯网络银行网商银行和微众银行等，虽然其规模尚小，但已经展现出很强的竞争优势，根据 2019 年的年报数据，网商银行的人均管理资产规模和人均利润水平已经是工商银行的两倍。

（二）银行服务范围进一步向末端延伸

早期银行的服务对象主要是政府、富有的贵族，后来逐步延伸到从普通百姓吸收存款，为工商业提供资本供给服务。随着经济的发展和财富积累的增加，资金成本在下降，银行业逐步具备了低成本资金供给能力，金融服务范围扩张到了为家庭住房、汽车等大宗消费提供金融支持。随着银行服务成本的进一步降低，未来的银行服务范围将进一步向消费者和小微个体生产者延伸与全面覆盖，直至通过银行账户体系将整个社会连接成一个有机的支付结算整体，并能无差异地获得银行金融服务，实现真正的普惠金融。

（三）银行监管将会进一步强化

现代市场经济已经发展成了分工高度细化的社会，商业银行以其账户体系为基础已将整个社会连接成了一个有机整体。商业银行经营的初始目的是盈利，但派生的货币性公共职能已经完成显现，特别是大型商业银行，自身也已经演变成了对社会经济运行具有系统重要性的金融机构。商业银行将需要更严格的监管以实现其营利性与安全性矛盾的协调，在强监管下，商业银行有可能逐步分离非货币性的营利性业务，演化成更纯粹的货币性金融机构，而不是综合化、多元化发展。

扩展阅读 5-3

本 章 小 结

商业银行的主要盈利来源是贷款利息，并且通过吸收存款、发放贷款实现，经营杠杆比率高，属高杠杆、高风险行业；手续费及佣金是商业银行的第二大收入。

商业银行的业务主要包括四个方面：资产业务、负债业务、资本及风险管理业务和表外业务。

资产业务是商业银行运用资金创造收益的业务，主要包括贷款和投资，以及为了应付客户提存的现金资产和其他准备资金。持续获取负债是商业银行的主要业务活动，包括存款负债业务和非存款类负债业务即借入款负债业务。

资本管理的目的是管理风险，核心工作就是资本充足率的管理。

中间业务是指银行以中间人和代理人身份替客户办理收付、咨询、代理、担保等委托事项，并收取一定手续费或佣金的业务活动。其主要有支付结算业务、代理业务、咨询顾问服务、信托和基金托管业务。表外业务是指按会计准则不计入资产负债表内，不影响银行资产负债总额，会改变当期损益，并在一定条件下会转化为表内资产或负债的业务，包括担保类、贷款承诺类等业务。

商业银行的存贷款业务派生了两个重要的金融功能，一是创造存款货币；二是构建货币资金使用权的交易市场，即间接资金融通市场。在部分准备金制度下，一笔原始存款通过整个银行体系的派生存款创造过程，可产生大于原始存款若干倍的存款货币，该过程就是商业银行的存款货币创造过程。

从商业银行的业务内容及其派生的功能看，商业银行可以定义为：以货币资金为经营对象，以追求利润为经营目标，从事多种金融资产和金融负债业务，能利用负债进行信用创造，并向客户提供多功能、综合性金融服务的企业。商业银行的特殊业务内容派生了对社会具有重要意义的职能，从而其经营活动既得到政府的支持，同时也接受政府的管制。派生的主要职能有信用货币创造、信用中介的资本动员和支付中介的降低交易成本职能。

早期银行业主要是对国内外贸易活动提供各种交易便利，近代银行主要是私人银行，规模不大、贷款利率较高，服务对象主要是政府和封建贵族，而早期的股份制商业银行则以办理工商企业存款、短期抵押贷款和贴现等为主要业务。

在中央银行—商业银行体系的现代货币体系制度正式确立后，现代商业银行正式诞生，并成为一国货币体系的核心组成部分，商业银行账户服务的可得性极大提高，并使主要的商业银行发展成为具有系统重要性的金融机构；贷款服务对象从原来的工商业扩展到了个人和家庭消费者，从为资本服务拓展到为消费服务。

商业银行产生发展的经济基础是商品生产与交换、思想基础是信用、组织基础是比较富有的阶层，并在政府支持和监管之下得以规范发展。未来银行服务成本将会进一步降低，服务范围进一步向末端延伸，银行监管将会进一步强化，商业银行有可能逐步分离非货币性的营利性业务而演化成更纯粹的货币性金融机构。

知 识 要 点

资产业务、负债业务、资本及风险管理业务、表外业务、贷款业务、信用贷款、担

保贷款、票据贴现、同业拆借、回购协议、资本充足率、一级资本、二级资本、风险加权资产、存款货币创造过程、存款乘数

复习思考题

1. 商业银行的资产负债表的主要特征是什么？

2. 商业银行的盈利来源是什么？

3. 简述商业银行的主要业务内容。

4. 商业银行为什么要进行资本管理？怎样理解商业银行的资本充足性？

5. 什么是商业银行？

6. 商业银行具有哪些派生职能？

7. 如何理解商业银行的存款货币创造职能？何谓部分准备金制度？

8. 如果法定存款准备金比率为15%，则商业银行能创造多少倍的存款货币？

9. 如何理解商业银行的货币使用权交易的市场组织功能？

10. 商业银行的发展趋势有哪些？对商业银行有何影响？

11. 如何认识商业银行的资本内涵与功能？

12. 商业银行的中间业务有哪些？表外业务有哪些？

13. 商业银行的演化历史有哪些主要特征？如何理解其未来的发展趋势？

第六章

中央银行——信用货币来源及管理机关

【本章导读】

1947 年 10 月 24 日，中共中央华北财经办事处成立，董必武任主任，南汉宸任副主任。董必武向党中央建议，组建中央银行，统一发行货币。新成立的银行起名为"中国人民银行"。原计划 1949 年 1 月 1 日中国人民银行成立，然而战争把时间表大大提前了。解放军马上就要进入北京，不能带着多种货币到北京街头买东西，必须加紧赶制全国统一货币——人民币。

为什么新中国一成立就需要成立一家中央银行？中国人民银行到底是一家银行，还是一个政府部门？

本章将从中央银行的资产负债表入手，介绍其基本业务、主要特征、中央银行—商业银行体系的货币创造，以及中央银行制度的历史演进和发展规律等。

第一节　现代中央银行的基本业务及其特征

一、中央银行的资产负债表

与商业银行类似，从央行的资产负债表入手也是理解中央银行的一个重要途径。表 6-1 是我国中国人民银行 2021 年 1 月的资产负债表。

表 6-1　货币当局资产负债表

（2021 年 1 月）

资产	金额/亿元	占比/%	负债	金额/亿元	占比/%
国外资产	218 073.61	56.0	储备货币	316 822.07	81.4
外汇	211 400.06	54.3	货币发行	95 834.60	24.6
货币黄金	2 855.63	0.7	金融性公司存款	203 006.66	52.2
其他国外资产	3 817.92	1.0	非金融机构存款	17 980.81	4.6
对政府债权	15 250.24	3.9	不计入储备货币的金融性公司存款	4 643.44	1.2
对其他存款性公司债权	132 072.17	33.9	发行债券	900.00	0.2
对其他金融性公司债权	4 431.82	1.1	国外负债	1 059.65	0.3
对非金融性部门债权			政府存款	53 529.47	13.8
其他资产	19 303.62	5.0	自有资金	219.75	0.1
			其他负债	11 957.07	3.1
总资产	389 131.46	100.0	总负债	389 131.46	100.0

中国人民银行的资产负债表反映了以下主要特征。

（一）资产

中央银行持有的资产主要是国外资产、对其他存款性公司债权和对政府债权。

中国人民银行最大的资产类别是外汇、货币黄金，占比55%。外汇就是其他国家的货币，如美元、欧元、日元等，他国货币在本国被禁止流通使用，企业和个人等在国际交往中如果有外汇结余需要通过商业银行最终出售给中央银行，如果需要外汇也通过商业银行申请购汇使用，由此形成了中央银行的外汇资产。黄金在现代社会也已经被禁止流通，不能再作为普通的货币使用；中央银行持有的货币黄金的来源和原因主要有三个方面，一是历史遗留，在黄金白银作为主要货币的时代，中央银行自然会持有黄金；二是在禁止黄金流通时，政府要收购民间流通用的黄金和新出产的黄金；三是在国际交往中还无法形成类似国内的信用安排，黄金仍然是最后的支付手段，当一国外汇储备较高时，有可能使用外汇从国外购入黄金。

其次是对其他存款性公司债权，占33.9%，主要就是商业银行等可以吸收存款的金融机构，对这类公司的债权就是给它们的贷款、持有它们发行的债券或其承兑的汇票等。

第三大类是对政府债权，占3.9%。现代中央银行通常不给政府直接发放贷款，而是通过市场交易持有政府发行的债券。

（二）负债

中央银行的负债形式主要是储备货币和政府存款，还包括小部分不计入储备货币的金融性公司存款和发行债券。

中国人民银行以储备货币方式实现的负债最多，占81.4%。其中主要包括货币发行（24.6%）、金融性公司存款（52.2%）和非金融机构存款（4.6%）。

货币发行就是直接用央行印制现钞支付给交易对象，通常是商业银行向中央银行出售外汇、债券、票据或申请贷款时，央行直接给付现钞。因此，现钞就是中央银行的负债。

金融性公司存款主要是各类存款性金融机构在中央银行的存款。由第五章可知，商业银行从吸收原始存款（现金）开始，按照存款准备金的要求，按一定比例向中央银行缴存准备金存款，这就形成了存款性金融公司在中央银行的存款；并且在缴存时，央行是回收现金，即货币发行减少，准备金存款增加，由货币发行科目向存款科目转移；在极端情况下，实现完全的存款货币创造时，货币发行会全部转化为准备金存款，可见存款机构存款就是货币创造的基础，也被纳入储备货币科目。

此外，非金融机构存款是指专门的支付机构的备付金存款，如支付宝、微信支付等。如果这些支付机构是纯粹的支付机构，没有信用创造功能，客户向支付机构的资金转移就是银行体系的现金漏损，如果支付机构将备付金又存入商业银行，是现金回流，减少现金漏损。但是早期的支付机构经常会变相经营资金池业务，即变相地经营部分准备的信用货币创造，使货币创造脱离央行监管。因此，我国央行强制要求支付机构的备付金统一存入中央银行，实际上是通过支付中介的货币回收，也是货币发行向央行存款的转移。

这三项构成了中央银行的基础货币发行总量，也是中央银行最基本、最重要的工作成果体现。因此，中央银行也被称为发行的银行。

除了储备货币之外，最大的负债就是政府存款。我国中央银行本期的政府存款占比达 13.8%，该项负债反映的是中央银行经理国库的职能，即充当财政部的出纳。实际上政府收入存在哪个银行都行，但是作为政府的一个职能部门，中央银行是以银行业务的经济手段管理本国的金融部门，需要有足够的资金规模才能有效地开展工作。因此，各国都将国库收入存放在中央银行，形成中央银行最为重要的基础性资金来源。因此，中央银行也被称为**政府的银行**。

（三）资产和负债的经营对象主要是金融机构

不论是买卖外汇、政府债券、发放贷款，还是吸收准备金存款等，中央银行的交易对手都是金融机构，特别是存款性金融机构。因此，中央银行也被称为银行的银行。

二、中央银行的基本业务

中央银行的资产负债表是通过开展业务活动而形成和变化的，与商业银行类似，中央银行的基本业务主要包括负债业务和资产业务。这种分类是静态的结果分类，实际业务都是一种价值流动过程，可能是由于负债而形成资产，也可能是由于偿债而减少资产，或者由一种资产（或负债）转为另一种资产（负债）等。从业务过程看，可分为公开市场业务、存款准备金业务和再贷款再贴现业务，中央银行的这些业务的目的和结果都直接影响货币供应水平。因此，这些业务活动也被称为货币政策工具。

（一）负债业务

央行的负债业务主要由货币发行业务、存款业务、债券发行和对外负债构成。

1. 货币发行业务

货币发行是央行最初且最重要的负债业务。从业务操作看，货币发行是指货币从中央银行的发行库，通过各商业银行的业务库流向社会。流通中的现金都是通过货币发行业务流出中央银行的，货币发行形成了现代社会货币的基础。具体地，货币发行是通过给商业银行再贴现、再贷款、在公开业务市场购买证券和外汇等业务活动，通过商业银行将货币注入流通领域的，并通过同样的渠道反向进行货币的回笼，从而满足经济发展、商品生产与流通对货币的需求。

2. 存款业务

中央银行的存款业务一般包括存款准备金、非金融机构存款、政府存款、其他存款、债券发行和对外负债等。

1）存款准备金

存款准备金是指金融机构为保证客户提取存款和资金清算需要而准备的资金，金融机构按规定向中央银行缴纳的存款准备金占其存款总额的比例就是存款准备金率，是中央银行存款业务中数量最多、意义最重大的一项。存款准备金业务的初始目的在于防范商业银行因过度放贷产生无法支付、"挤兑"等风险，后来发展成中央银行调控货币供给水平的基础业务。存款准备金业务一般包括以下几个方面的内容。

（1）规定或调整存款准备金比率，即法定存款准备金率。举例来说，法定存款准备金率若为10%，则商业银行吸收的每100万元存款中就必须拿出10万元作为法定准备金缴存中央银行，剩余的90万元可以用于资产运用。存款准备金率的高低，改变货币乘数，直接制约着商业银行创造派生存款的能力。

（2）规定可充当存款准备金的资产形式。从商业银行的角度看，存款准备金有第一准备金和第二准备金之分。第一准备金是商业银行为应对客户取现而随时可以兑现的资产，主要包括库存现金及存放在中央银行的法定准备金，一般称为"现金准备"或"主要准备金"；第二准备金是指银行容易变现而又不易遭受重大损失的资产，如国库券，也叫"保证准备金"。但从中央银行的管理角度要求，能够充当法定存款准备金的只能是存在中央银行的现金存款；商业银行的库存现金不能充当法定存款准备金，只有上存到中国人民银行的存款才能充当法定存款准备金。如果中央银行不持有商业银行的活期存款，商业银行上缴准备金时，必然要上缴现金，这就形成央行回收现金、货币发行减少，实际上是形成货币发行向准备金存款转换。

（3）确定存款准备金计提的基础。它的核心是确定存款余额以及如何确定缴存存款准备金的基期。通常情况下，存款余额有两种确定方法：一种是商业银行存款的日平均余额，另一种是月末或旬末的存款余额。确定缴存准备金的基期，一般也有两种做法：一种是当期准备金账户制；另一种是前期准备金账户制，即一个结算期的法定准备金以当前或前一个结算期的存款余额作为计提基础。随着信息技术应用的普及，各金融机构对存款等信息的统计已经十分快捷，我国自2001年1月1日起，要求各金融机构法人每日报告一般存款余额表，但法定准备金考核仍按上一旬末余额要求。

2）非金融机构存款

这是我国在支付宝等第三方支付机构大规模发展之后，要求支付机构将全部备付金存款上缴中央银行形成的。

备付金上缴央行之后，相当于商业银行的现金回流，效果与商业银行的存款准备金相同。因此，货币发行、金融性公司存款和非金融性机构存款三项负债就构成了中央银行的储备货币。

3）政府存款

政府存款是现代中央银行开展业务活动所需的重要资金来源。各个国家政府存款的构成有差异，有的国家就指中央政府的存款，而有的则将各级地方政府的存款、政府部门存款也列入。中央政府存款包括国库持有的货币、活期存款、定期存款及外币存款等。

4）其他存款

其他存款包括非银行金融机构存款、外国存款等。

非银行金融机构没有法定的存款准备金要求，其在中央银行存款主要用于清算，存款多少由非银行金融机构自主决定，但中央银行可以通过存款利率的变动对其进行调节。

外国存款的债权人属于外国中央银行或者外国政府。这些存款随时可以用于贸易结算和清偿债务。通常情况下，外国存款规模较小。

3. 债券发行

发行中央银行债券是央行的一种主动负债业务，其发行的目的不是融资，而是灵活调节市场货币供应量；发行对象主要是国内金融机构。中央银行债券发行时可以回笼基础货币，而债券到期清算则使基础货币流通量增加。我国中央银行发行的短期债券称为央行票据。

4. 对外负债

中央银行的对外负债业务主要包括国外银行的借款、对外国中央银行的负债、国际金融机构的贷款、在国外发行的中央银行债券等。各国中央银行国际筹资通常是为了实现平衡国际收支、维持本币汇率的相对稳定、保证国际贸易的顺利进行。

（二）资本业务

中央银行的资本业务是中央银行筹集、维持和补充自有资本（也称权益资本）的业务。中央银行的资本来源，即自有资本的形成主要有四个途径：政府出资、地方政府出资、私人银行或部门出资、成员国中央银行出资。由于出资方式不相同，各国中央银行补充自有资本的渠道和方法也不同。

如果中央银行是一国自身独立拥有的，作为一个政府部门，在理论上是不需要资本的，也就没有资本业务。但要用银行业务手段开展工作，又需要经济资源。因此，各国中央银行是否有资本金是不同的，有的中央银行是由私人银行等金融机构演变而来，仍然保留有资本金项目，如美国的联邦储备银行、英格兰银行；而有的中央银行是通过学习他国经验直接组建，已经认识到并非一定要资本金，而直接利用国库资金、准备金存款开展业务，如韩国银行。我国的中国人民银行是由早期的解放区银行逐步演变而设立，仍然保留了自有资金项目，但自有资金项自2002年5月起就没有发生变化了。

美国的联邦储备银行按《联邦储备法》要求每家会员银行认购储备银行的股本，数额相当于会员银行资本和盈余的6%，并随着成员银行的资本和盈余发生变化，其持有的储备银行股本也必须进行调整。目前，只有实缴认购股本的一半，其余的在需要的时候再缴。这些股本面值为100美元，没有投票权，也不能转让或抵押。同时，根据法律规定，会员银行有权从实收股本中获得6%的年度股息。2016年美国通过的《修复美国地面交通法案》对总资产超过 100 亿美元的会员银行的股息率调整为 6% 和最近 10 年期国债拍卖利率的低者。欧洲央行也类似，欧元区内各国的中央银行是欧洲央行的会员，按各国的经济和人口规模按比例缴交股本。

（三）资产业务

中央银行的资产指的是中央银行在一定时点上所拥有的各种债权。中央银行的资产业务主要包括再贴现业务、再贷款业务、证券买卖业务、黄金外汇储备业务等。

1. 再贴现业务

中央银行的再贴现业务是指中央银行通过买进商业银行持有的已贴现但尚未到期的商业汇票，向商业银行提供融资支持的行为。再贴现通过调整可贴现的票据类别、贴现利率影响商业银行筹资成本，限制商业银行的信用扩张，进而影响货币供应总量。

2. 再贷款业务

中央银行的再贷款业务是指中央银行向各商业银行直接提供贷款的业务。它通过调整贷款抵押品要求、利率水平等方式调节向金融机构融资的成本来对金融机构的资产负债表和市场预期产生影响，调节货币供给。中国人民银行创设的常备借贷便利、中期借贷便利等工具都属于再贷款业务。

3. 证券买卖业务

证券买卖业务主要是中央银行通过向符合资格的商业银行等金融机构买回或销出证券（主要是国债）来调控货币供应总量的业务。

4. 黄金外汇储备业务

国际经济交往使国与国之间产生债权、债务关系，而国际债权和债务关系的清偿主要是通过黄金、外汇所有权的转移来实现的，但黄金和外汇已经不允许在国内流通。中央银行将黄金和外汇作为储备资产，代理国家进行经营和管理。

中央银行的债券发行、证券买卖、外汇交易统称为公开市场业务，是中央银行吞吐基础货币、调节市场流动性的主要货币政策工具，通过中央银行与市场交易对手进行有价证券和外汇交易，实现货币政策调控目标。

中国公开市场操作包括人民币操作和外汇操作两部分。外汇公开市场操作于 1994 年 3 月启动，人民币公开市场操作于 1998 年 5 月 26 日恢复交易，已成为中国人民银行货币政策日常操作的主要工具之一。1998 年开始建立公开市场业务一级交易商制度，选择了一批能够承担大额债券交易的商业银行和证券公司等其他金融机构作为公开市场业务的交易对象。具体交易活动在中国外汇交易中心和全国银行间同业拆借中心进行。具体交易品种主要包括回购交易、现券交易和发行中央银行票据。其中回购交易分为正回购和逆回购两种，正回购为向一级交易商卖出有价证券，并约定在未来特定日期买回有价证券的交易行为，正回购为央行从市场收回流动性的操作，正回购到期则为央行向市场投放流动性的操作；逆回购是向一级交易商购买有价证券，并约定在未来特定日期将有价证券卖给一级交易商的交易行为，逆回购为央行向市场上投放流动性的操作，逆回购到期则为央行从市场收回流动性的操作。现券交易分为现券买断和现券卖断两种，前者为央行直接从二级市场买入债券，一次性地投放基础货币；后者为央行直接卖出持有债券，一次性地回笼基础货币。央行通过发行央行票据可以回笼基础货币，央行票据到期则体现为投放基础货币。

三、中央银行业务活动的主要特征

（一）不以盈利为目的

中央银行是一个政府机关，显然不能以盈利为目的。但是作为一个唯一可以发行无息信用货币（纸币、电子货币等）并且经营着与商业银行类似的存贷款业务、持有生息资产的银行，又具有极强的盈利能力。

金属货币流通条件下，私人部门向铸币场提供黄金和白银时，作为对原材料的支付，私人部门收取一定数量的金银铸币，这些铸币所含金或银的总量少于它们所提供的原始金和银的总量，两者之间的差额被称为铸币成本。在正常情况下，它只反映铸币的劳动价值，铸币可以自由铸造。但在某些情况下，有些政府会恶意降低铸币的真实金银含量，这种好处就成为国家的额外收入，称为"铸币税"。

纸币流通条件下，纸币本身几乎没有价值，只是价值符号。政府发行货币不能直接用于商品和劳务的购买。中央银行发行货币本质上是创造不支付利息的标准化债券（钞票）贷给商业银行收取利息，该利息收入就构成了中央银行的货币发行收入，该收入理论上可记录为央行的自有资金。商业银行获得贷款之后，转贷给企业或个人收取利息，商业银行赚取利差；企业和个人获得贷款之后可以用于购买劳务、原材料或消费品而进入流通，另一些企业或个人通过销售商品或提供劳务而获得货币收入又转存入银行，银行又可再利用该存款继续发放贷款。货币就如此源源不断地在社会上流通，中央银行就可能不断地获得利息收入。如果该收入能转为国家的财政收入，就形成了国家的财政收入，用于财政支出。

现代中央银行理论认为央行的收入不能直接转为财政收入，这些发行收入就只能在中央银行账户内流转，从而不影响社会的收入分配。但在实践中，各国的做法不一，有的国家会在某个特殊时期或为某个特殊目的而将中央银行收入转入财政。

以美国的联邦储备银行为例，如表 6-2 所示，美国联邦储备银行扣除银行经营费用、联储理事会支出、纸币发行成本、存款保险经营管理费用之后的净收入，在 1995 年、2015 年和 2019 年分别为 239 亿美元、1 002.7 亿美元和 556 亿美元；这些净收入除了按法定股息率对会员银行支付股息之外，剩余的基本上都转入美国财政部国库。1914—2019 年期间总共向美国财政部转入 15 666.84 亿美元，占净收入 98%。

表 6-3 是美国联邦储备系统净收入对国库转移的简单比较分析，储备银行通过大量直接持有国债，平均占储备银行总资产均超过 55%，2005 年还高达 87.4%；持有国债

获得了国债利息收入，但与净收入对国库的转移相比，相当于美国联邦政府每年发行了
2 万亿美元的国债不仅不用支付利息，还有净收入。若与联邦税收总收入相比，储备银
行净收入对国库的转移与联邦税收总收入的比例平均超过 4%，2015 年还高达 8.7%。
美国联邦储备银行的盈利水平极高。

表 6-2 美国联邦储备银行的净收入及其分配

年份	实收资本/ 百万美元	净收入/ 百万美元	股本分红/ 百万美元	股息率/%	转入国库/ 百万美元	占净收入 比例/%
2019	31 698	55 607	714	2.25	54 893	98.7
2018	32 335	63 143	999	3.09	65 319	103.4
2017	31 389	81 343	784	2.50	80 560	99.0
2016	30 442	92 178	711	2.34	91 467	99.2
2015	29 508	100 270	1 743	5.91	117 099	116.8
2010	26 524	81 735	1 583	5.97	79 268	97.0
2005	13 536	23 520	781	5.77	21 468	91.3
2000	6 997	29 868	410	5.85	25 344	84.9
1995	3 966	23 903	231	5.82	23 389	97.8
1914—2019		1 598 942	25 432		1 566 684	98.0

资料来源：美国联邦储备委员会的各年度报告。

表 6-3 美国联邦储备银行净收入对国库转移的比较分析

年份	转入国库/ 百万美元	直接持有国债 总额库/百万美元	占总资产 比例/%	国债利息收入库/ 百万美元	财政净收入 库/百万美元	联邦税收总收 入库/百万美元	占比/%
2019	54 893	2 328 933	55.8	58 532	−3 639	1 601 709	3.4
2018	65 319	2 222 547	54.8	62 807	2 513	1 497 290	4.4
2017	80 560	2 454 208	55.2	64 267	16 292	1 444 723	5.6
2016	91 467	2 463 616	55.3	63 845	27 622	1 366 637	6.7
2015	117 099	2 461 552	54.9	63 317	53 782	1 338 930	8.7
2010	79 268	1 021 493	42.0	26 373	52 895	1 247 454	6.4
2005	21 468	744 215	87.4	28 959	−7 491	1 150 406	1.9
2000	25 344	518 501	85.0	32 737	−7 393	883 192	2.9
1995	23 389	378 197	83.1	23 826	−437	660 221	3.5

资料来源：美国联邦储备委员会的各年度报告、美国财政部网站。

中央银行的盈利能力来自纸币发行的垄断地位和强制流通。从理论上讲，各国中央
银行都具备这种盈利能力，但美元除了作为其本国货币，还由于美国的经济、军事实力
和路径依赖等原因，美元也已经成为最主要的国际货币，美国联邦储备银行自然也具有
其他各国央行所无法比拟的盈利能力。以中国人民银行为例，由于我国的人民币在国际
上的接受水平还较低，在国际经济交往中仍然需要大量使用美元等外汇，为了保证人民
币汇率市场的稳定，中国人民银行主要通过购入外汇发行人民币，见表 6-1，外汇占央

行总资产达 54.3%，与美国完全不同；持有外汇的盈利能力也与美联储持有政府债券完全不同，存在极大的不确定性，甚至受制于国外央行的政策调整。

为了避免中央银行开展业务过程偏离目标，各国普通规定中央银行每一会计年度的收入减除该年度支出，提取一定准备金后的净利润，要全部上缴中央财政，如果有亏损，由中央财政弥补。对于历史形成的非国有资本也只支付固定的股息率。

（二）维护币值稳定、经济增长

中央银行作为一国货币的起源点，其经营业务的目标自然是货币，与商业银行一起共同为社会经济发展提供合适的货币量，但一个社会到底需要多少货币又是一个极其难以确定的问题。为此，各国通常以维持币值（或物价总水平）稳定作为中央银行的目标。货币作为交易的一般等价物，持有的最终目的是通过交易获取所需的商品或劳务，当一国货币过多时，将导致物价上涨、货币贬值；相反，当一国货币不足时，将导致物价下跌、货币升值。因此，维护物价和币值稳定，就是提供合适的货币总量。

此外，货币总量也代表一国直接可实现的总购买能力、总需求，在供给能力具备弹性的条件下，总需求的上升会拉动供给，形成经济增长；在总需求不足时，也会抑制供给，限制经济增长。

因此，中央银行的业务目标是维护币值稳定和经济增长。《中华人民共和国中国人民银行法》第三条明确规定：货币政策目标是保持货币币值的稳定，并以此促进经济增长。

中央银行是通过前述的资产负债业务来实现目标的，这些业务活动也被称为货币政策工具，根据实现途径的不同，也被划分为以下三类。

（1）存款准备金率政策。这是中央通过行政命令调整法定存款准备金率，在给定央行储备货币发行水平下，让商业增减法定存款准备金水平，调整商业银行存款货币创造的总水平，从而调整货币供给总量。存款准备金率政策是对货币供给总量影响最大的一项政策工具。

（2）再贴现和再贷款业务。中央银行也可以直接给商业银行贷款，或买入商业银行持有的贴现票据，中央银行经营这些业务时，在资产方形成贷款资产或持有票据，负债方相应地增加货币发行，给商业银行提供货币；而贷款或票据到期时，则相反，要核销贷款、返还票据，回收货币。具体地，中央银行会通过调整利率、调整再贷款条件、可申请再贴现票据要求等方法，调整再贷款和再贴现的规模，从而影响货币发行总量。

（3）公开市场业务。中央银行通常会组建一个由符合条件的商业银行和其他金融机构参与的专门的证券交易市场，主要是交易本国的国债或央行债券（也称央行票据）。在该市场上，中央银行可以发行货币、买入证券，也可以卖出证券、回收货币，从而调整基础货币水平。该项业务是调整货币供应水平最灵活的一项工具。

中央银行通常都会成立专门的货币政策委员会和公开市场业务委员会，定期召开会议，通过研判经济形势，制定或调整存款准备金率、再贷款再贴现利率、条件，公开市场业务的买卖方向和规模等，然后由具体业务部门执行。

第二节　中央银行—商业银行体系的货币创造

一、中央银行—商业银行体系的货币创造过程

从中央银行垄断货币发行但允许商业银行创造存款货币作为支付工具开始，现代社会就形成了由中央银行和商业银行组成的信用货币体系，具体如图 6-1 所示。

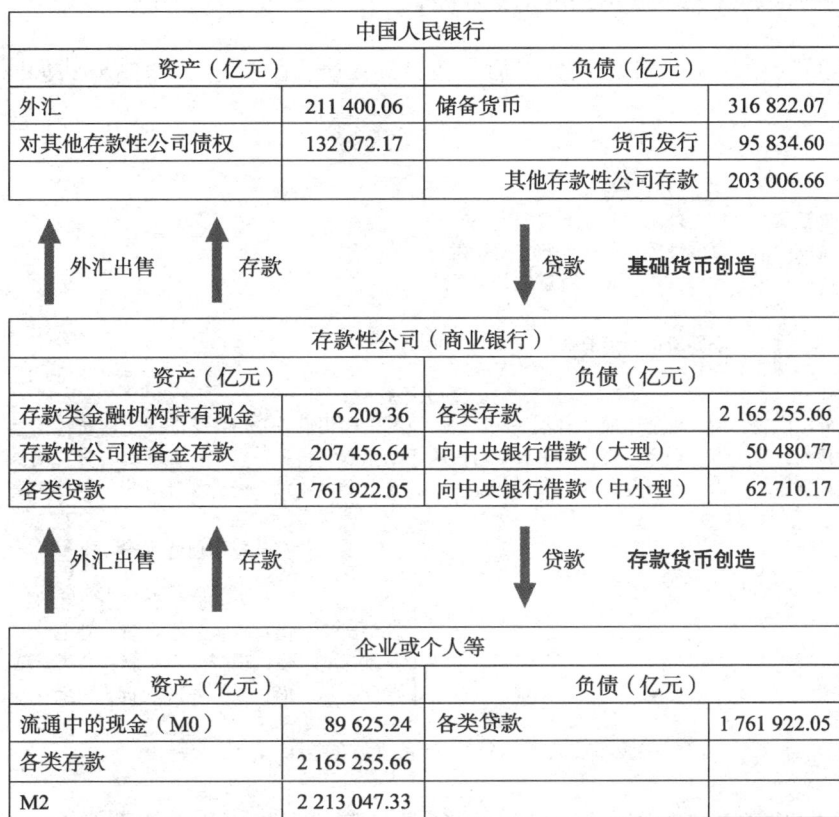

中国人民银行			
资产（亿元）		负债（亿元）	
外汇	211 400.06	储备货币	316 822.07
对其他存款性公司债权	132 072.17	货币发行	95 834.60
		其他存款性公司存款	203 006.66

↑外汇出售　↑存款　　　　　↓贷款　**基础货币创造**

存款性公司（商业银行）			
资产（亿元）		负债（亿元）	
存款类金融机构持有现金	6 209.36	各类存款	2 165 255.66
存款性公司准备金存款	207 456.64	向中央银行借款（大型）	50 480.77
各类贷款	1 761 922.05	向中央银行借款（中小型）	62 710.17

↑外汇出售　↑存款　　　　　↓贷款　**存款货币创造**

企业或个人等			
资产（亿元）		负债（亿元）	
流通中的现金（M0）	89 625.24	各类贷款	1 761 922.05
各类存款	2 165 255.66		
M2	2 213 047.33		

图 6-1　中央银行—商业银行体系的货币创造过程

资料来源：中国人民银行网站，2021.1。

中国人民银行（中央银行）与商业银行之间的三类基本业务：外汇交易（结售汇）、存款和贷款，就是基础货币（现金）的发行和回收过程。其中商业银行出售外汇、国债等资产或贷款是从中央银行获得基础货币，形成商业银行持有的现金，称为基础货币的创造过程。相反，如果从中央银行购买外汇、国债等资产或存款就是基础货币回收的过程。

在完成上述基础货币创造之后，商业银行持有库存现金，再通过外汇等资产购买或发放贷款，支付现金，让现金注入社会，形成流通中的现金，整个社会的经济主体之间就有了可用于支付、流通的一般等价物——现金。此后，商业银行通过吸收存款、发放

贷款的业务循环创造出倍增的存款货币,再利用银行间的支付体系形成存款货币的支付和流通功能。

由此构成了现代中央银行—商业银行货币供给体系,中央银行以币值稳定为目标,通过与商业银行的业务活动提供基础货币——现金(未来也可能是央行电子货币),调控商业银行的存款货币创造能力;商业银行通过与企业和个人的业务活动向社会注入现金、创造存款货币,能够更敏锐地感知经济社会活动对货币的需求。

二、货币创造主要业务过程的记账方式

中央银行与商业银行开展业务之后,各自需要分别记账。记账的方式如图 6-2 左边部分所示。

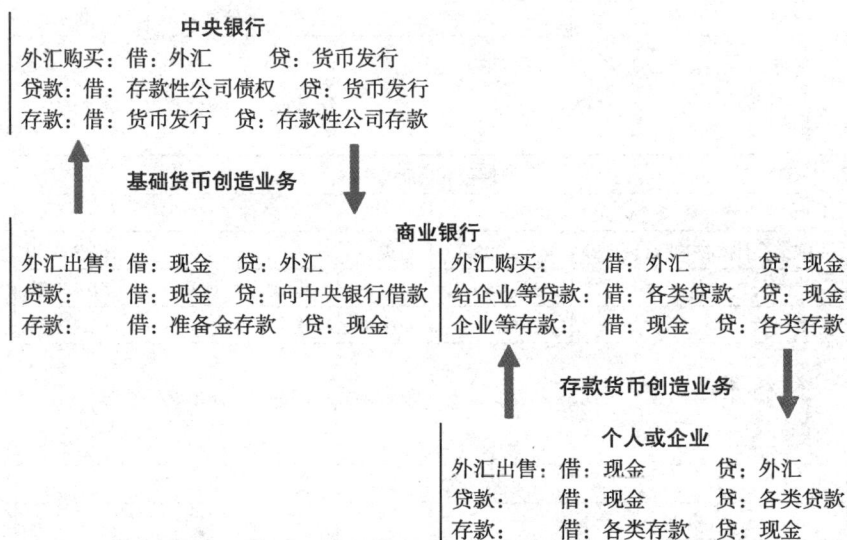

图 6-2　主要货币创造业务的会计记录

央行的外汇等资产购买,对应商业银行是外汇等资产出售,记录为

央　　行:借:外汇　　　　贷:货币发行

商业银行:借:现金　　　　贷:外汇

中央银行是以负债(货币发行)获得资产,央行资产负债表扩张,社会增加基础货币;而商业银行是将外汇资产转换为现金资产。以上业务也可以是反向的,记账方向也相应调整。

中央银行对商业银行的贷款,记录为

央　　行:借:存款性公司债权　　贷:货币发行

商业银行:借:现金　　　　　　　贷:向中央银行借款

中央银行是以负债(货币发行)支付贷款,形成债权资产,商业银行也是以负债获得现金资产,央行和商业银行的资产负债表同时扩张,社会增加基础货币。

中央银行吸收商业银行的准备金存款，记录为

央　　行：借：货币发行　　　　贷：存款性公司存款

商业银行：借：准备金存款　　　贷：现金

中央银行是不同负债（货币发行与商业银行存款）之间的转换，商业银行是不同资产（现金与准备金存款）之间的转换，中央银行和商业银行的资产负债表规模不变。

由此，中央银行与商业银行的资产负债表之间就存在钩稽关系。

商业银行从央行获得货币之后，可以与个人或企业开展外汇等资产交易、存贷款业务活动，这些业务过程就是基础货币流向市场和存款货币创造的过程。记账的方式如图 6-2 右边部分所示。

商业银行的外汇等资产购买，对应个人或企业是外汇等资产出售，记录为

商业银行：　借：外汇　　贷：现金

个人或企业：借：现金　　贷：外汇

商业银行、个人或企业都是资产转换，但现金货币通过该业务流向社会。同样，该业务也可能是反方向，也就是回收货币。

商业银行对个人/企业的贷款，记录为

商业银行：借：各类贷款　　贷：现金

个人/企业：借：现金　　　　贷：各类贷款

商业银行是以现金支付贷款，形成债权资产，个人或企业是负债获得现金资产，资产负债表扩张，现金流入社会，社会增加基础货币。

商业银行吸收个人或企业的金存款，记录为

商业银行：　借：现金　　　　贷：各类存款

个人或企业：借：各类存款　　贷：现金

商业银行是以负债获得现金资产，个人或企业是不同资产（现金与存款）之间的转换，现金回流，社会流通现金减少。

三、货币扩张水平的实例

通过商业银行吸收存款、发放贷款的循环，市场上可用的货币在中央银行的货币发行总量的基础上扩张了。如图 6-1 所示，社会上的货币总量（M2）是 2 213 047.33 亿元，而中央银行实际发行的货币总量是 316 822.07 亿元（储备货币），放大为 6.98 倍左右。发行的现钞实际上只有 95 834.6 亿元，其中只有 89 625.24 亿元（M0）在银行体系之外流通。

由图 6-1 可知，中央银行通过贷款、资产购买给商业银行提供现金，商业银行再通过贷款、资产购买向个人或企业提供现金；个人或企业又通过存款将现金转回商业银行，形成商业的存款；商业银行再将部分现金作为准备金存款交回中央银行，形成中央银行的货币发行转入准备金存款；然后再将剩余部分现金用于贷款，开展新的存贷款循环，

扩张存款货币。

由以上循环过程可知，原始存款的总量就是储备货币（316 822.07 亿元）–流通中的现金（89 625.24 亿元）。

实际存款扩张倍数 = 各类存款（2 165 255.66）/原始存款（316 822.07 – 89 625.24）
$$= 9.53$$

2021 年 1 月，我国的存款准备金率为 9%，理论存款货币扩张倍数为 11.11 倍。与理论值的差异主要源于现金漏损，流通中的现金和银行持有现金，也就是货币发行额（95 834.60 亿元）。如果要达到理论扩张倍数，应该没有现金漏损，货币发行额会全部转为准备金存款。

第三节　中央银行的历史演进

一、历史演进

中央银行的首要特征是以国家强制力量垄断代币或信用货币的发行，这一特征的形成与强化过程就是中央银行的演变历史，也是私人利益和公共利益的冲突与转化过程。

中央银行的雏形是中国宋朝在 1023 年设置的益州交子务，它统一了当时在成都一带八大商户发行的交子，同时也将纸币发行的利益收归政府所有。但是当时交子产生的主要原因是贵金属短缺导致的货币不足，而不是商品经济发展导致的货币不足；同时封建王朝也无法代表更广泛的公共利益，因此，人类最早的纸币——交子未能发展成现代意义的信用货币，交子务也没能演变成现代中央银行。

现代中央银行主要是起源于欧美国家代表资产阶级利益的商业银行体系，典型的发展路径主要有三种：一是实力强大的商业银行通过与政府合作，获得货币发行等的垄断地位，随后在公众利益逐步觉醒的情况下，又逐步被收归国有而形成，典型代表是英国的英格兰银行；二是由代表公众利益的政府和代表私人资本利益集团的商业银行体系反复争夺与协商而成，典型代表是美国联邦储备体系；三是多数后发国家直接由政府模仿先进经验组建成立。

扩展阅读 6-1

思 政 阅 读

中华苏维埃国家银行

1931 年 11 月 21 日，中华苏维埃共和国临时中央政府决定筹建国家银行，毛泽民亲自到闽西工农银行考察，并抽调曹菊如、赖祖烈等参与筹备工作。

1932 年 2 月 1 日，中华苏维埃国家银行在江西瑞金成立，受中央财政人民委员部领导，毛泽民任行长。银行内组织管理委员会，委员九人由财政部呈请中央人民委员会任命。管理委员会主任亦由中央人民委员会任命。全行共五人，其中三人为闽西工农银行原工作人员。国家银行及各地分行代理国家金库，办理集体和个人存贷款。

国家银行发行面额为一元、五元、十元的苏维埃主币、辅币，以及少量苏维埃银圆和可以流通到白区去的银圆（图 6-3）。

图 6-3 中国苏维埃共和国国家银行纸币

1932 年 8 月，苏维埃国家银行又以闽西工农银行人员和资金为基础，在汀州水东街成立了国家银行福建省分行。行长由福建省苏维埃财政部部长李六如兼任，不久由闽西工农银行赖祖烈接任分行行长。

1934 年 10 月，国家银行大部分工作人员随军长征，国家银行编入中央纵队十五大队，毛泽民担任政委，曹菊如任党支部书记；过湘江之后，曹根全任十五大队大队长。在国民党几十万大军的围追堵截下，十五大队 100 多位运输员，挑着 100 多副担子，其中有几十担苏区铸造的白洋，几十担票子和一批印票子用的机器、材料等随军行动。1935 年 10 月终于到达陕北根据地时，国家银行干部有 6 人牺牲于长征途中，只剩下毛泽民、曹菊如、钱希均、黄亚光和曹根全等 6 名干部，其中来自闽西的银行骨干占一半。100 多位运输员只剩下 2 人。他们越过万水千山，成为历史上著名的"扁担银行"，创造了金融史上罕见的奇迹。

1935 年 11 月，国家银行跟随中央红军到达陕北瓦窑堡。当月下旬，国家银行总行奉命改称为中华苏维埃共和国国家银行西北分行，并将陕甘根据地的陕甘晋省苏维埃银行并入，由中央财政部部长林伯渠兼任行长，曹菊如任副行长。1936 年 7 月，随中共中央迁至保安，改称为中华苏维埃人民共和国国家银行西北分行。1937 年 1 月，迁至延安。10 月，改名为陕甘宁边区银行，总行设在延安。

中央银行制度在全球范围的发展大致可以划分为推广期和强化期两个阶段。

（一）推广期

第一次世界大战爆发前，世界各地出现了成立中央银行的第一次高潮。在此期间，全球范围内约有 29 家中央银行设立，包括法国的法兰西银行、德国的普鲁士银行和美国的联邦储备系统、中国清政府的户部银行等。第一次世界大战期间为适应战时财政需要，各国央行陆续脱离金本位制度，大量发行货币，征收铸币税为财政融资，导致普遍严重的通货膨胀。第一次世界大战结束后，为了维持国际货币体制的稳定，1920 年在布鲁塞尔召开了第一次国际金融会议。会议提出：为稳定币值、消除通货膨胀，各国中央银行应摆脱政府政治上的控制，实行稳健的货币政策；尚未成立中央银行的国家，尽快建立中央银行，以改变战后币制、汇率和金融混乱的局面。以此为基础，1921—1942 年，改建和新建设立的中央银行共计 43 家。该时期是中央银行积极推广和发展阶段。

（二）强化期

第二次世界大战以后，一批经济较落后的国家摆脱了殖民统治获得独立，它们将中央银行的建立视为民族独立和国家主权的重要标志。与此同时，世界各国为发展经济，普遍奉行凯恩斯的宏观经济理论，用货币政策、财政政策来管理经济。鉴于中央银行在货币政策制定和实施中的重要地位，各国加强了中央银行制度建设，中央银行制度的强化主要体现在以下几个方面。

（1）中央银行的国有化，即中央银行的经营权和决策权归国家所有。

（2）国家对中央银行的控制加强。中央银行成为国家制定货币政策的机构，直接受国家的控制和监督，其最高领导者一般由国家任命。

（3）强化中央银行货币政策的宏观调控功能。一是除了法定存款准备金、再贴现、公开市场操作等一般性货币政策工具的法制化和制度化外，还出现了诸多可供选择的货币政策工具，使得货币政策具有全局性或局部性的结构调控功能；二是明确了稳定币值、经济增长、充分就业、国际收支平衡等多元化的货币政策目标；三是将金融监管职能从中央银行剥离，使中央银行专注于制定与执行货币政策。

（4）中央银行国际合作的加强。随着经济与金融往来的不断加深，各国中央银行间的合作也不断加强，国际货币基金组织、世界银行等国际机构相继成立。

（5）跨国中央银行的出现，即若干国家联合组建一家中央银行，在成员国内部行使全部或部分央行职能，如发行统一货币，制定统一的货币政策，对成员国进行融资，监管成员国金融机构和金融市场，办理金融业务等。早期的跨国中央银行有西非货币联盟、中非货币联盟、东加勒比海货币区；1998 年 7 月 1 日，欧洲央行宣告成立，其对欧洲经济与金融的发展稳定具有重要作用。

二、中央银行发展的客观规律

17 世纪后半叶，随着分工深化、商品经济迅猛扩张，资本主义银行业得以快速发展，同时也出现银行券的信誉下降、兑付困难，银行间票据结算和清算效率低下及银行支付危机等现象，严重影响到社会商品的生产与交换。因此，商品经济社会产生了以下客观需要。

（一）统一货币发行

银行券作为一种信用货币，突破了金属货币量的限制，为经济发展与商品交换提供了动力，但银行业发展初期，为数众多的小银行由于信用实力薄弱，其发行的银行券常常不能兑现或出现延期兑现，从而造成货币流通陷于混乱；且小银行的信用还受地区的限制，即它们所发行的银行券只能在有限的地域内流通。商品经济发展、市场扩展、分工深化要求银行券成为能在全国市场上广泛流通的一般信用货币。因此，客观上需要国家以法令的形式限制或取消一般银行的货币发行权，把发行权集中于中央银行并强制流通。

（二）统一票据交换和清算

随着商品经济和银行业务的不断扩大，债权债务关系日益复杂，银行转账结算、票据的交换及清算等业务量大、关系复杂，需要及时处置，客观上需要建立一个全国集中统一且有权威的清算机构为之服务。

1770 年，英国的私人银行组建了伦敦票据交换所，同时，许多私人或股份银行因英格兰银行代理国库业务，货币发行范围广、信誉高，也在该行经常保留一些存款。这就为建立统一的票据交换和资金清算奠定了基础。1854 年，各股份银行也参加了伦敦票据交换所。此后不久，英格兰银行就获得了最终的清算银行的地位。

（三）保证银行和金融稳定

各商业银行的经营模式客观上存在挤兑风险，天然存在保持流动性与追求盈利性的矛盾，当商业银行陷入流动性的紧张时，仅靠同业拆借或市场借贷可能无法满足需要，客观上需要一个更强大的金融机构为它们提供流动性支持，即需要一家"银行的银行"。

（四）为政府（公共利益）融资

一个国家的安全、战争、交通基础设施等公共服务需要庞大的资金，难以通过一般的税收等收入积累解决。虽然无论是购买政府债券或是直接融资，中央银行都是通过货币发行实现这一功能，容易脱离实际货币需求而增发，导致通货膨胀。但从中央银行出现到现在，世界各地的中央银行都不同程度地发挥了这一作用。英格兰银行是最早成为政府的融资者和国库代理人的银行，到 1746 年，英格兰银行已借给政府 1 168.68 万英镑的款项。事实上，19 世纪末之前各国的中央银行都是以解决政府资金问题为动机而建立的，并首先获得"政府的银行"的职能。如美国建立的第一国民银行和第二国民银行、法国的法兰西银行、日本的日本银行等。

中央银行的产生是货币统一化、标准化的客观要求，是金融制度不断完善的必然经历，是金融为生产与交换服务逻辑的具体体现。

现代中央银行不仅是为商业银行等普通金融机构和政府提供金融服务的特殊金融机构，还是制定和实施货币政策、监督管理金融行业、规范金融秩序、调控金融和经济运行的重要宏观管理部门；是一国金融体系的核心，是经营金融业务的特殊金融机构，也是管理一国金融事务的国家机关。

三、面临的新挑战

（一）比特币

2008 年爆发的全球金融危机，激发了人们对现有以中央银行为基础的货币体系的怀疑，人们希望寻找一种更科学合理、公平、不易被少数人操纵的货币。

2008 年 11 月 1 日，一个自称中本聪（Satoshi Nakamoto）的人在一个密码学讨论小组中上发布了比特币白皮书 *Bitcoin: A Peer-to-Peer Electronic Cash System*，提出了一个电子货币的新设想——比特币系统。很快，网站上的几个程序员将这一设想付诸实践，搭建了一个分布式记账的网络系统，在这个系统中，只对自己的货币单位——比特币（BitCoin）记账。

所有人只要上公开网站（http://bitcoin.org/）下载一个比特币钱包，给钱包设置一个密码，就可以收款、付款，系统自动记录你的比特币资产。系统设置了一个服务者的角色——记账员，同时向完成这项工作的人给予奖励（发行比特币），因此后者也称为"矿工"。2009 年 1 月 3 日，比特币创世区块（第一个区块）诞生。起初大家只把这个系统当作一个游戏。2010 年 5 月 22 日，佛罗里达程序员 Laszlo Hanyecz 用 1 万个比特币购买了价值 25 美元的比萨，实现了比特币历史上的第一笔真实交易。

2013 年 3 月，欧债危机爆发后，塞浦路斯的银行业遭遇了巨大亏损，需要得到外部援助，否则其金融业将瘫痪。根据塞浦路斯与欧盟、欧洲央行和国际货币基金组织达成的救助协议：塞浦路斯第二大银行大众银行（LaiKi）被关闭，该行 10 万欧元以下存款将转移至第一大银行塞浦路斯银行，10 万欧元以上存款中超出 10 万欧元的部分，37.5% 被转为塞浦路斯银行的股权，22.5% 被冻结，剩下的 40% 被暂时冻结直至援助结束。至此，法币的政府信用饱受质疑。人们疯狂寻求资金出路，突然发现比特币或许可以挽救他们的财富。随后比特币钱包在塞浦路斯的下载量突飞猛涨，比特币价格也一路走高。2013 年 3 月下旬到 4 月 10 日，仅用了三周时间，比特币兑美元的价格就从 65 美元升到 266 美元，涨幅超过 3 倍。

比特币的出现是源于对现有中央银行货币制度的不信任，是对黄金崇拜的回归，它也确实很好地模拟了黄金，被称为"数字黄金"。但黄金都已经不是货币了，模拟黄金反而会成为货币？答案显然是否定的。虽然，比特币刚出现时，各国政府对它的定性还有些混乱，但目前已经明确，比特币就是一项数字资产。它的出现带来了一套公共账本技术——区块链，以及去中心化、共识机制、匿名性等新理念，并引发了稳定币和通证（token）经济的发展，也对现行中央银行制度和货币发行制度形成挑战。

（二）稳定币

由于比特币等加密数字货币的价格波动大，并不具备货币的价值尺度职能所需要的特征，已经明确只能成为一种"数字资产"，市场上又出现了以区块链技术为基础的稳定币。稳定币指的是锚定美元等法币或者其他价值稳定的资产，包括法币抵押型稳定币（如稳定币 USDT、USDC、BUSD 等）、数字资产抵押稳定币、算法型无抵押/部分抵押稳定币等。

初期的稳定币主要用于加密数字货币领域。加密货币价格波动大，稳定币则发挥了价值尺度的作用，在行情下跌的过程中，还有避险功能；更重要的是规避监管，有些国家是不允许比特币等数字货币直接交易的。随着稳定币发行的加速，各国监管机构都感到担忧。

2019 年，Facebook 拟推出的天秤币（Libra）也是一种稳定币。其最初的设想是成为一种与美元、欧元等一篮子主权货币挂钩的通用数字货币，Facebook 声称其使命为"用区块链技术建立 Diem 支付系统，以实现开放、即时和低成本的资金流动。使人们能够便利地支付、接收和花费他们的钱，实现金融服务的普遍可得"。Facebook 的特殊身份，引起了各国主管机关与中央银行的关切，担心 Libra 将扰乱金融稳定和沦为洗钱工具。2020 年 4 月，将重心从锚定一篮子货币转为锚定单一货币。2020 年 12 月，Libra 正式更名为 Diem。由于未获得监管机构的批准，目前还没有 Diem 稳定币发行。

确实，从目前来看，稳定币主要着眼于支付，特别是跨境支付；但稳定币是由私人部门发行的本质是不变的，只要是使用了自己的货币名称，都会在不同程度上动摇央行的货币发行权。全球性的稳定币也将给国际货币体系、支付清算体系、货币政策、跨境资本流动管理等带来诸多风险和挑战。

全球稳定币会冲击一国的货币主权。稳定币的潜在用户基础巨大，有可能在个别司法辖区具有系统重要性，在全国甚至全球范围内替代现行货币。稳定币对弱势货币的威胁更大，一些小国本身货币不稳定，如果流入大量稳定币，可能就被迫美元化了。锚定或主要锚定美元的稳定币，其国际使用可能会进一步增强美元在国际货币体系当中的主导地位，遏制多极化国际货币体系，包括人民币国际化的发展。

（三）通证经济

随着数字货币的发展，又出现了通证经济。通证定义为：可流通的加密数字权益证明，就是价值的载体。通证经济就是借助这类载体，将重要价值、重要权益通证化，利用区块链或者可信的中心化系统让生产要素进入流通环节，利用自由市场让资源配置更加精细也更加合理，把数字管理发挥到极致。其目标是形成独立的数字社区、发行独立的通证、构造一个发行机制让社区所有参与者都能根据自己的贡献、拥有的各种权益合理地参与通证发行并流通，形成有效激励。目前通证经济尚无实践项目。

从比特币到稳定币、通证经济，它们的技术基础都是区块链技术，侧重点各不相同：比特币是针对当前央行货币的不可信性，想要创造更可信的货币载体；稳定币针对的是央行货币的支付便利性，特别是跨境支付；而通证经济强调的是货币发行参与的普惠性。它们的最终目标都是与中央银行或商业银行竞争货币发行权。

同时，这些技术潮流所针对的，也应该是中央银行制度着力改进的方向。面对以上挑战，各国/地区纷纷开启了对中央银行数字货币（CBDC）的可行性讨论、研发或实证实验。我国的数字人民币（DCEP）布局也已取得阶段性进展。中央银行数字货币是应用区域链技术，以数字形式保存和流通的央行货币，具有最先进的支付便利性，至于可信性、发行普惠性的改进还有赖于创新中央银行管理新机制。

思 政 阅 读

仅次于原子弹的绝密技术

货币的防伪自铸币以来，到现代的加密货币，都是货币发行的核心技术。20 世纪 50 年代末，我国印钞界已获知，苏联卢布的防伪"绝招"是沙俄时代印刷专家奥洛夫发明的具有集色辊筒的一版多色凸版印刷，但当问及苏联专家康诺诺夫时，没想到这位专家连连摇头："这是我国仅次于原子弹的绝密技术！"表示绝不外传。

后来，经过我国印钞专家的潜心研究，克服重重困难，终于在 1959 年研制出我国第一台"平凸版多色接线印钞机"，1959 年造出样机，它可以十分准确地一次完成 4 种颜色图案花纹的接线、间接套印和叠印，首次实现了干胶印一版多色的接线工艺技术。接着，我国又自行研制成功了更先进的"一版多色双面凸版间接印钞机"，这种神奇的机器可以同时印刷正背面的 8 个基本色，经叠印可以出 10 个以上色数，接线和正背面对印都十分准确。

这些研究成果首次运用于我国第三套人民币，加上国产水印纸研制成功及传统手工钢板雕刻新技法的应用，使得人民币的印刷技术一步跨越了 20 年，跻身于当时世界一流水平，我国成为能够采用变色连续接线法印制钞票的少数几个国家之一，从此彻底结束了依靠外国印制高质量钞票的历史。

本 章 小 结

中央银行持有的资产主要是外汇、货币黄金等国外资产、对其他存款性公司债权和对政府债权。负债形式主要是储备货币和政府存款；货币发行、金融性公司存款和非金融机构存款构成了中央银行的基础货币发行总量；除了储备货币之外，各国都将国库收入存放在中央银行，形成中央银行最为重要的基础性资金来源。因此，中央银行分别被称为发行的银行、政府的银行。此外，中央银行的交易对手都是金融机构，特别是存款性金融机构，因此也被称为银行的银行。

中央银行的基本业务主要包括负债业务和资产业务。这种分类是静态的，实际业务都是一种价值流动过程。从业务过程看，其可分为公开市场业务、存款准备金业务和再贷款再贴现业务。这些业务也被称为货币政策工具。

中央银行业务活动不以盈利为目的，但又具有极强的盈利能力。为了避免央行业务过程偏离目标，各国普通规定央行每一会计年度的收入减除该年度支出，提取一定准备金后的净利润，要全部上缴中央财政，如果有亏损，由中央财政弥补。对于历史形成的非国有资本也只支付固定的股息率。央行的业务目标是维护币值稳定、经济增长。

从中央银行垄断货币发行但允许商业银行创造存款货币作为支付工具开始，现代社会就形成了由中央银行和商业银行组成的信用货币体系。中国人民银行（中央银行）与商业银行之间的三类基本业务：外汇交易（结售汇）、存款和贷款，就是基础货币（现金）的发行和回收过程。完成基础货币创造之后，商业银行持有库存现金，再通过外汇等资产购买或发放贷款，支付现金，让现金注入社会，形成流通中的现金，整个社会的经济主体之间就有了可用于支付、流通的一般等价物——现金。此后，商业银行通过吸收存款、发放贷款的业务循环创造出倍增的存款货币，再利用银行间的支付体系形成存款货币的支付和流通功能。

中央银行的首要特征是以国家强制力量垄断代币或信用货币的发行，这一特征的形成与强化过程就是中央银行的演变历史，也是私人利益和公共利益的冲突与转化过程。

现代中央银行主要是起源于欧美国家代表资产阶级利益的商业银行体系，典型的发展路径主要有三种：一是实力强大的商业银行通过与政府合作，获得货币发行等的垄断地位，随后在公众利益逐步觉醒的情况下，又逐步被收归国有而形成；二是由代表公众利益的政府和代表私人资本利益集团的商业银行体系反复争夺与协商而成；三是多数后发国家直接由政府模仿先进经验组建成立。

分工与商品经济社会对统一货币发行、统一票据交换和清算、保证银行和金融稳定、为政府（公共利益）融资等的需求是中央银行产生与发展的根本原因。

比特币的出现带来了一套公共账本技术——区块链，以及去中心化、共识机制、匿名性等新理念，并引发了稳定币和通证经济的发展，也对现行中央银行制度和货币发行制度形成挑战。面对挑战，各国/地区央行纷纷开启了央行数字货币研发。

知识要点

货币发行、储备货币、公开市场业务、存款准备金业务、再贷款再贴现业务、货币政策工具、中央银行的业务目标、中央银行—商业银行体系、货币创造过程

复习思考题

1. 中央银行的资产构成有什么特征？
2. 中央银行的负债构成有什么特征？
3. 央行资产负债表的哪些特征表明央行是"发行的银行"？
4. 央行资产负债表的哪些特征表明央行是"政府的银行"？
5. 为什么说中央银行是"银行的银行"？
6. 中央银行有哪些基本业务？可以怎么分类？
7. 为什么中央银行的基本业务也被称为货币政策工具？通常会分为哪些种类？

8. 中央银行会盈利吗？能以盈利为目标吗？

9. 中央银行的业务目标也称为货币政策目标？具体目标是什么？

10. 请简述中央银行—商业银行货币创造体系。

11. 为什么流通中的现金属于中央银行的一种负债？

12. 有人认为政府垄断货币发行权往往导致货币多发、通货膨胀，所以主张让自由竞争的私人银行来发行货币，因为私人银行会关心自己所发货币的币值稳定，可以避免过量的货币发行，对此你有何评论？

13. 根据央行资产负债表，基础货币的变动与其他负债的变动方向是否一致？其与各项资产业务的关系又如何？

14. 中央银行提高贴现率，必然影响商业银行的贴现行为，进而可以起到收缩货币总量的作用，对吗？

15. 中央银行的产生与发展经历了哪些过程？

16. 主要有哪些因素导致了中央银行的产生？

17. 比特币、稳定币和通证经济对中央银行构成了哪些挑战？当前的中央银行如何应对？

作业

1. 从中国人民银行网站下载近期的货币当局资产负债表，分析其主要资产负债构成和业务特征，并与之前 5 年、10 年和 20 年的进行比较。

2. 比较分析最近的中国人民银行与美国联邦储备银行的资产负债表，并写出分析报告。

第七章

支付体系——货币资金流通的基础设施

【本章导读】

　　据俄新社 2019 年 7 月 29 日报道，伊朗核问题全面协议联合委员会会议 28 日在维也纳召开，俄外长里亚布科夫在会议期间对媒体表示："INSTEX 系统已完成首次交易。"

　　事实上，2018 年 8 月 21 日，德国外长 Heiko Maas 在德国《商报》撰文呼吁，建立一个独立于美国的全球支付系统，作为挽救伊核协议的手段。他指出，欧洲不应该让美国凌驾于我们之上，牺牲我们的利益。因而，十分有必要建立一个独立于美国之外的支付渠道来巩固欧洲的自主权——创立一个欧洲货币基金（European Monetary Fund），独立于 SWIFT（环球同业银行金融电讯协会）之外的体系。

　　虽然 SWIFT 体系的管理者声称自身在政治上是中立的，但是 SWIFT 体系明显已经被美国控制。美国曾强制利用 SWIFT 体系对他国进行制裁，要求 SWIFT 封锁、限制受制裁国的美元交易，最典型的就是针对伊朗。

　　2019 年 1 月底，法国、德国和英国三国外长宣布，将联合建立与伊朗的商业结算系统 INSTEX（贸易往来支持工具）。这一系统允许欧洲企业在美国主导的全球金融体系之外与伊朗进行贸易，绕开美国对伊朗的单方面制裁。

　　据《卫报》报道，法、德、英三国在 12 月 30 日发表联合声明说，比利时、丹麦、芬兰、荷兰、挪威、瑞典将加入欧洲——伊朗结算机制"贸易往来支持工具"。

　　INSTEX 和 SWIFT 到底是个什么系统，为什么会成为大国竞争的战场？

　　本章将从最简单的支付概念入手，来系统地回答这些问题。本章的主要内容包括：支付和支付体系的概念，中国的支付体系，支付体系的发展历史和规律。

第一节　支付与支付体系

一、支付

　　人类社会在使用货币作为一般等价物进行交易活动之后，所有的交易活动都是一手交钱一手交货的过程，而交钱的过程就是支付活动。这个过程既可以很简单，也可能很困难。

困难的原因来自两个方面，一是交易本身复杂，如金额特别大，异地、异国交易，交易双方信任不够（比如网上从未谋面）等；二是人们对支付的便利性有了更高的要求，如不愿意使用现金、希望随时随地都能进行支付、希望支付能即时完成，甚至都不愿意使用密码等。

为了解决这种困难，为人们提供更便利的支付服务，一些专门的金融机构为客户提供了一系列便利的工具和手段，如票据、银行卡、网络银行、手机 App、二维码、刷脸工具等，客户只要简单地通过这些工具给这些机构下达一个支付命令，剩下的工作就由这些机构通过分工协作完成。

因此，支付是指单位、个人在社会经济活动中使用现金、票据、银行卡和汇兑、委托收款、网络银行、手机 App、二维码等工具进行货币给付的行为。但本章特指非现金、由金融机构提供服务的支付行为。

扩展阅读 7-1

二、支付体系

支付是资金所有者的行为，但在客户提交支付命令之后，到完成实际货币资金的划转，还有很多工作要做，围绕这些工作形成了一个由支付机构、账户系统、支付工具、处理支付命令完成资金划转的计算机网络系统等组成的分工协作体系。

（一）支付机构（组织）和双层账户结构

为支付活动提供服务的是一系列的支付机构（组织），主要包括中央银行、商业银行，以及一些专门为支付活动提供服务的机构（组织），如银行卡组织、清算公司以及网络时代发展起来的第三方支付机构（我国的支付宝、微信支付，西方国家的 PayPal、苹果 Pay 等）。

以账户资金转移为基础的现代支付活动需要支付机构建立一套完整的账户体系结构，客户首先要在这个账户体系中至少拥有一个账户，才能获得支付机构提供的支付服务。

这个账户结构通常是双层的。一线服务机构要为需要支付服务的个人或企业开立直接的支付账户，客户就通过这些账户发起支付请求（支付命令）或者接收支付资金。这些账户主要由商业银行提供，一般也称为结算账户。此外，现代的网络支付机构也提供支付账户服务，并且为了便利服务，通常将各自的网络账号直接设定为支付账户，如支付宝和微信支付提供的支付账户服务。

如果客户所要求的支付需要跨越不同的支付机构，此时，支付机构之间就会产生派生支付需求，支付机构之间的派生支付就需要二线支付机构提供支付服务。这些二线支付机构就需要为一线支付机构开设账户，这些账户习惯上称为清算账户。由于中央银行是银行的银行，这些清算账户一般都开在中央银行。

此外，还有一类支付服务机构，它们本身不提供支付账户服务，主要是提供更便利的账户访问、支付信息传递和处理服务等。这些机构典型的有中国银联、中国网联清算有限公司、早期的各类票据交换所等。

（二）支付工具

以账户资金转移为基础的现代支付活动，对于支付者而言，支付就是给其开户银行（或其他开户机构）下达支付命令；对于收到指令的银行等支付机构，就是确认该指令的真实性和正确性，然后执行指令完成支付。

支付工具就是支付机构开发的提供给客户、方便用户提交支付指令的各类有形或无形的工具。支付指令至少包括四个方面的信息：付款账户、收款账户、支付金额、身份确认信息等。根据提交支付指令的方式不同，支付工具可分为以下几类。

（1）纸质支付工具，如支票、汇票、汇款凭证（汇单）、委托收款、委托付款凭证等各类支付凭证。这是一类最简单、最原始的支付工具，随着计算机网络等信息技术的发展，这类支付工具的使用率已经在逐步减少，除非该工具还具备融资等其他功能，如汇票等。

（2）卡式支付工具，主要是指各类银行卡（借记卡、信用卡等）和预付卡等。这类工具通过支付机构提供的 POS 机、ATM 机读取卡片上账户信息、利用密码或签名进行身份验证，或者访问账户进行相关的验证，通过验证后，提交支付指令。

这类工具已经逐步实现账户的身份验证、指令执行的自动化；实现交易现场的支付指令提交，也突破了金融机构营业时间的限制。

（3）网络支付工具。在计算机网络普及的情况下，各金融机构都开发了各自的网络银行、支付平台等软件供客户使用，可以让每个客户在自己的电脑上自助使用银行功能，包括自助支付服务。这些网络银行软件通常直接使用账号和密码登录，登录之后的可用功能比较全面，从严格意义上讲，这不仅是一项支付工具，更是一个自助服务平台，它让银行终端向客户终端延伸，让客户可以在家、在办公室完成各种复杂的支付指令的提交。

（4）移动支付工具。随着移动终端，特别是智能手机的普及，各支付机构又进一步将账户接口前移，开发出了更多、更便利的移动支付工具，如手机 App、二维码支付、无接触支付、闪付、刷脸支付、聚合支付，甚至是与汽车等移动设备绑定的支付工具［如我国高速公路的 ETC（电子不停车收费）支付］等。这些移动支付工具为支付活动提供了极大的便利，通过将特定的收付款账户与身份认证绑定，只要确认付款金额、完成简单但又安全的身份确认就自动完成支付。

（三）支付网络系统

需要支付服务的个人或商户通过支付工具提交支付指令，然后是接收验证指令、传输处理指令到最后完成资金在收付款账户以及支付服务的中间账户之间的划转。这些工作在现代的金融系统中都是通过计算机网络程序自动完成的。

这些网络系统是由各支付机构建立的。不同的支付机构根据自己的账户特征、提供的支付工具以及支付要求的不同特点，建设相应的网络支付处理系统，通过这些系统的相互协调与合作形成一个完整的全社会支付网络。中央银行以它提供的二线清算账户和自己的簿记处理系统为基础，建设全国性基础支付系统，如中国人民银行的大额支付系统（HVPS）和小额支付系统（BEPS）。商业银行以它提供的一线结算账户为基础，直接通过自己的簿记处理系统处理行内客户之间的支付活动。对于非账户服务的其他支付机构，主要是建立协调、处理甚至代理记账等支付网络系统，为跨行、跨机构的支付提供银行等支付机构间的协调服务。例如，中国银联建立的银行卡跨行支付系统（CUPS）、中国网联建立的非银行支付机构网络支付清算平台等。

1. "结算—清算"二级支付网络系统

支付便利来源于账户资金转账替代现金转移，并且账户在单一支付机构的控制之下。但不存在任何一个机构能够为所有客户提供账户服务，那么跨支付机构之间的支付就需要上一层的账户服务机构提供服务，这就是前面所述的双层账户结构。

与双层账户结构相一致的、实现账户间资金划转等功能的支付网络系统也自然地形成了一种双层结构，即"结算—清算"二级支付网络系统，如图7-1所示。

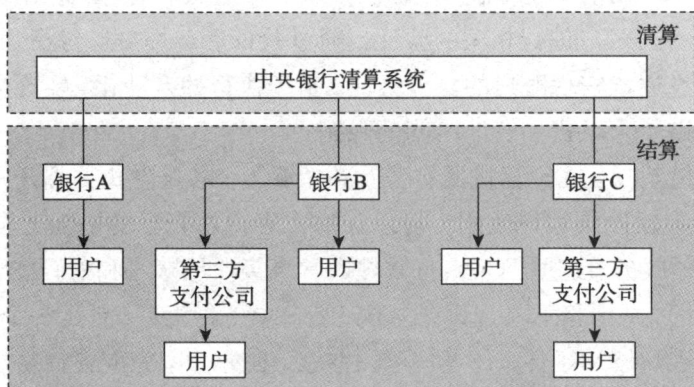

图7-1　"结算—清算"二级支付网络体系

结算系统是前端，由商业银行、非银行的支付公司等向客户提供支付服务，处理客户之间、客户与银行之间的资金转账等业务。结算系统以商业银行、支付公司的内部账务处理系统为主。

清算系统是后端，由中央银行等向商业银行、其他金融机构提供支付服务，处理因跨行交易而产生的银行间债权债务，以结清因跨行、跨金融机构交易产生的债务债权。清算系统通常由中央银行主导建设，一般企业和个人用户不会直接接触清算系统。

"结算—清算"二级体系有利于中央银行监控全社会的资金流动，避免系统性风险，提高支付的效率，树立公众对支付体系的信心；同时，也有利于有效地实施货币政策等。清算系统是一个经济体的金融基础设施，对系统稳定性、可靠性、高效性、安全性要求极高。

结算系统要通过支付工具连接分散的市场主体，对用户体验要求较高，应在不产生系统性风险（在一定程度上可容忍非系统性风险，如创新业务试点中发现安全漏洞之类的）的前提下，鼓励创新，提高用户支付效率，提升体验。

2. 支付网络系统工作原理

支付资金的转移，对于最终支付客户而言，就是一笔转账，是很简单的工作，但对于给很多客户提供服务的支付机构而言，特别是这些支付是跨行支付的话，不仅要对具体客户进行转账，还要涉及银行与银行之间的转账。那么银行与银行之间的转账如何高效、可靠处理？这就是网络支付系统的工作原理。

根据对支付的及时性和效率性要求的不同，一般有两种支付结算方法：定时净额结算、实时全额结算。

（1）定时净额结算。在定时净额结算模式下，支付系统并不是实时地对每一笔支付业务实施转账，而是在清算周期的特定时刻（通常为营业日内的特定时点），将在清算周期内收到的转账金额总数和发出的转账金额总数进行总计轧差，得出净余额（贷方或借方），即净结算头寸，通过中央银行（或其他清算机构）提供的支付清算服务实现净结算头寸在付款银行和收款银行之间的账户划转。

如表 7-1 所示，假设有 100 笔从银行 A 客户转给银行 B 客户，共 10 万元；有 150 笔从银行 B 客户转给银行 A 客户，共 20 万元。如果是全额结算，清算机构就需要处理 100 笔从 A 银行清算账户到 B 银行清算账户的转账和 150 笔的反向转账。但净额结算却简单得多，如果是双边净额结算，在银行 A 和银行 B 之间只需要转一笔差额 10 万元从银行 B 账户到银行 A 账户。同样地，在其他银行之间也要结转差额，共需要 4+3+2+1=10 笔转账。进一步，还可以采用多边净额结算，即每个银行先结算出应付总额和应收总额，如银行 A 应付总额 110 万元，应收总额 170 万元，则总净额是应收 60 万元，其他银行的应收（或应付）净额如表 7-1 所示，最终这 5 家银行间总共只需转出 2 笔、转入 3 笔就完成结算。可见，净额结算，特别是多边净额结算，极大地减少了清算系统的转账工作量。

表 7-1 一个净额结算的例子   万元

项目	银行 A	银行 B	银行 C	银行 D	银行 E	应付总额	应付净额
银行 A		10	30	20	50	110	
银行 B	20		10	40	70	140	
银行 C	40	30		60	30	160	50
银行 D	30	50	60		20	160	
银行 E	80	90	10	50		230	60
应收总额	170	180	110	170	170		
应收净额	60	40		10			110

净额结算不仅提高了支付机构间的转账效率，对用于维持行间转账结算的资金需求也相对较小，支付机构可减少存放于中央银行或清算机构的资金头寸，具有节约流动性的优势。但是，由于净额结算只在规定时点处理资金的转账划拨，无法满足需要及时转账的客户要求。此外，若净债务银行在清算时刻没有足够的资金清偿债务，结算则无法完成，还可能导致支付系统风险发生。

由于定时净额结算的特点，通常处理小额的、前端的支付系统都采用定时净额结算模式。

（2）实时全额结算。全额结算就是对客户的每笔转账业务进行一一对应结算，而不是在指定时点进行净额结算。全额结算还分为两种模式：一是定时全额结算，即结算集中在营业日内系统运行期间的指定时刻；二是实时全额结算（real time gross settlement，RTGS），即资金转账处理和资金结算同步、连续实时进行。提交支付指令后，几乎没有时延，实时到账。由于 RTGS 的"实时"和"全额"特征，RTGS 处理的所有支付业务均是不可撤销、不可变更的。

比如，前述例子中，杨过要从自己的工商银行账户转 1 万元给郭靖的建设银行账户。全额结算过程就是，工商银行先从杨过的账户减掉 1 万元，然后通知中央银行要进行一笔给建设银行郭靖的转账，中央银行收到通知后，将工商银行的清算账户减掉 1 万元，给建设银行的清算账户加上 1 万元，再通知建设银行，建设银行收到通知后，给郭靖的账户加上 1 万元，然后完成的转账信息按原路传回给中央银行、工商银行，最后通知杨过支付完成。

可见，全额结算是最原始、最直观的，但在集中处理的情况下，也是工作量最大的。在清算系统处理能力不强的情况下，是无法实现实时全额结算的。

RTGS 较净额结算对支付客户更有效率，也有利于规避支付风险，但由于要逐笔处理，对支付系统的要求更高。通常只有对安全性要求更高的、大额的支付系统使用该模式，但随着计算机和网络性能的提高，实时全额结算模式的应用范围也越来越广，很多小额支付系统也在使用，极大地提升了客户的支付体验，并有效地减少了现金支付的使用，加速货币的符号化发展趋势。

1972 年，美国联邦储备体系运行的大额支付系统 Fedwire 率先引入 RTGS 模式。至今除加拿大支付协会和墨西哥中央银行运行的支付系统采用净额结算模式以外，支付和市场基础设施委员会（CPMI）成员中央银行运行和管理的大额支付系统全部采用 RTGS 模式。

综上所述，支付体系就是如图 7-2 所示的一个以中央银行、各个商业银行的簿记系统为基础，加上连接这个簿记系统、提供客户访问银行账户的接口和工具、接收客户支付指令、处理支付指令完成各种支付的计算机网络系统。支付体系是现代市场的重要基础设施。

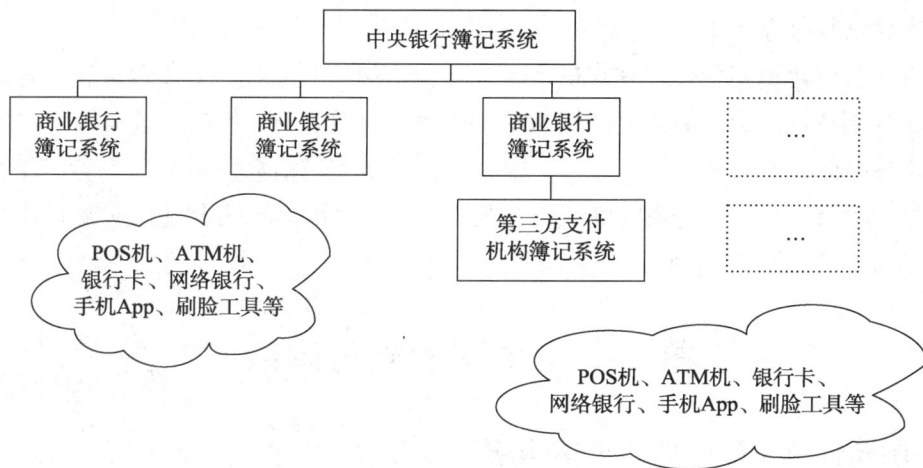

图 7-2　支付体系

三、支付体系的系统重要性

随着信息技术和支付体系的发展，货币、股票和债券等金融工具的契约性、符号性特征已日益凸显。支付体系通过账户记录、网络转账给各类交易活动提供了极大的便利，人们也已经普遍接受由金融机构提供的账户系统记录各自拥有的各类财富（货币、债券、股票、衍生工具等），从而实现便利的交易活动。当以这些方式记录和转移的价值量超过全社会总价值量一定水平之后，这些支付体系对维持社会经济的健康运转就至关重要，成为具有系统重要性的金融基础设施。

这些具有系统重要性的支付系统，又只能由少数机构经营管理，才能发挥高效特征，这就形成了重要性、安全性和效率性的矛盾。

当前，世界各国解决该矛盾的实践是：中央银行牵头管理、规范化标准化运作和开放共建。

1990 年十国集团成立的国际支付结算体系委员会（CPSS），于 1999 年 12 月发布了《系统重要性支付系统核心原则》，用于指导与协调各成员国的支付系统建设与管理。此后，由于股票等金融市场及其信息化的快速发展、金融危机的先后发生，人们进一步认识到股票、债券等金融工具的持有方式、交易、支付和结算方式变革形成的证券集中登记、支付结算体系与传统支付系统具有同样的系统重要性。因此，该委员会于 2012 年发布了《系统重要性金融基础设施核心原则》，更新并强化针对核心金融市场基础设施的国际标准，包括支付系统、证券结算系统和中央对手方清算机制的国际标准，以确保抗风险能力。该文件适用于所有的系统重要性支付清算体系、证券结算体系、中央证券托管体系、中央对手方和交易信息中心。该委员会也于 2014 年 9 月更名为支付和市场基础设施委员会（CPMI）。

这些核心原则特别强调了具有系统重要性的支付系统都要有法律基础，要保持中央银行在支付清算体系中的核心地位。

中央银行应协调支付体系建设的利益相关者，促使利益相关者（含央行）对支付体系的发展规划达成一致。中央银行作为支付体系的经营者，应不断改进清算账户的管理程序，改善中央银行的会计核算程序。中央银行也是支付清算体系的监管者，评价核心支付系统的设计、关注支付系统准入资格的设定、监控结算风险及其他对支付体系的安全和效率可能产生影响的因素。

第二节　中国的支付体系

一、中国支付体系的发展和总体构成

2000 年 10 月，人民银行做出加快中国现代化支付系统建设的重大决定。2002 年 10 月 8 日，CNAPS 的核心系统——大额支付系统在北京、武汉两地投产试运行；2003 年底推广到省会城市和深圳市。

2009 年底，人民银行清算总中心启动第二代 CNAPS 的建设工作。2010 年 8 月，网上支付跨行清算系统（IBPS）作为第二代 CNAPS 首先投产的业务系统上线运行，大额支付系统、小额支付系统于 2013 年 10 月升级为第二代。至此，中国建成了以中央银行 CNAPS 为核心、以商业银行行内清算系统为基础，金融市场清算机构和第三支付机构共同参与的支付体系（图 7-3），满足了不同时间、金额、币种的跨行清算和使用多类支付工具进行资金结算的需求。中国支付清算也步入世界领先行列。

扩展阅读 7-2

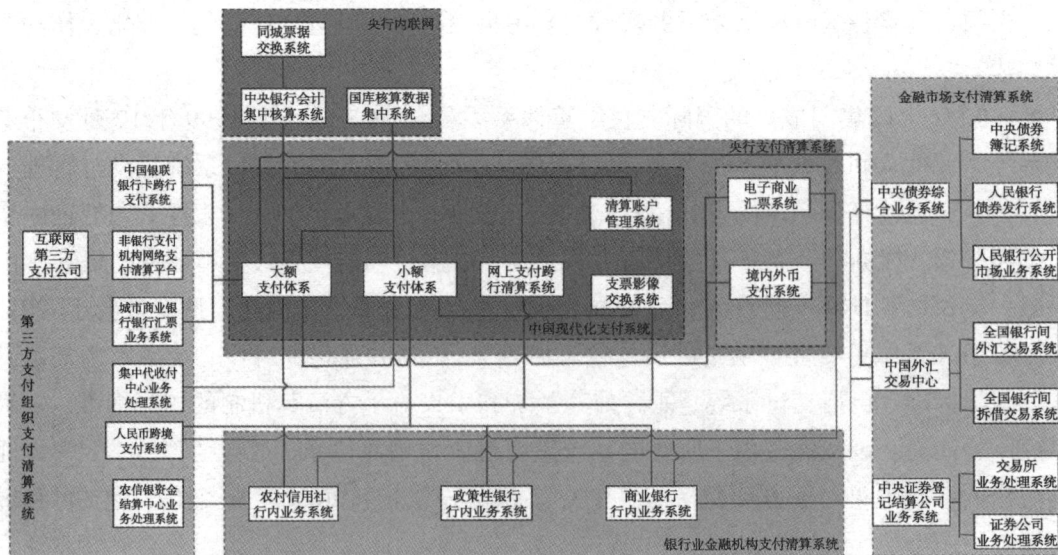

图 7-3　中国支付清算体系

二、支付机构和支付系统

由图 7-3 可见，中国的支付体系主要由四个部分组成，相应地也有四类支付机构。

（一）中国人民银行和中国现代化支付系统

《中华人民共和国中国人民银行法》规定，中国人民银行依法负责"维护支付、清算系统的正常运行"；负责"组织或者协助组织银行业金融机构相互之间的清算系统，协调银行业金融机构相互之间的清算事项，提供清算服务"，明确了中国人民银行在中国支付清算体系中的核心地位。

中国人民银行作为中央银行建设、运营和管理的支付清算系统，包括大额支付系统、小额批量支付系统、网上支付跨行清算系统、全国支票影像交换系统（CIS）、同城票据交换系统、境内外币支付系统（CFXPS）等。这些系统被统称为中国现代化支付系统。

（1）大额支付系统，2005 年底在全国建成，主要用于处理单笔金额在 5 万元以上跨行普通汇兑或 5 万元以下的跨行紧急汇兑业务，同时还负责处理国库资金汇划，资金拆借市场、证券买卖、外汇交易等业务的资金清算，现金存取、缴存款、再贷款等中央银行业务的资金清算以及同城票据交换净额清算等，是大额资金汇划清算的主渠道。该系统采用对支付指令逐笔发起、全额清算的方式，加快了大额资金汇划到账的速度及社会资金的周转。

（2）小额批量支付系统，2006 年 6 月底在全国建成，主要用于处理单笔 5 万元以下的普通贷记业务和定期扣划业务，如普通汇兑、委托收款（划回）、托收承付、代付工资、代付保险金、养老金、定期缴纳社保、信用卡还款、代收水、电、煤气、电话等公用事业收费和国库批量扣税等。该系统采用批量发送业务、定时清算轧差的净额处理方式。

（3）网上支付跨行清算系统，俗称"超级网银"，支持规定金额起点以下的网上支付、移动支付等新兴电子支付业务的跨行（同行）处理，业务逐笔发送、实时轧差、定时清算，采用实时应答机制，客户进行支付操作时，可实时获知业务最终处理结果。

（4）全国支票影像交换系统，2007 年 6 月底在全国范围内建成运行。该系统运用影像技术将实物支票转换为支票影像信息，通过计算机及网络将接收到的同城及异地支票影像传递至出票人开户银行提示付款的业务处理系统。该系统运行突破了支票只能同城使用的界限，实现了支票在全国范围内的通用。

（5）同城票据交换系统，主要处理以支票为主的支付工具的交换、清分和轧差清算，同城清算系统主要处理同城贷记支付业务和定期借记支付业务的清分与轧差。

（6）境内外币支付系统，2008 年 4 月 28 日建成运行，是支持多币种运行的全国性银行间外币实时全额结算系统，为我国境内的银行业金融机构和外币清算机构提供外币支付服务，可以支持美元、港币、日元、欧元、英镑和瑞士法郎等多币种的支付与结算，资金结算通过代理结算银行处理。

此外，中国人民银行还建成了中央银行会计核算数据集中系统（ACS），实现中央银行会计数据的高度集中，实现内部管理扁平化，信息数据的网络化传输和共享，全面提升了作为支付清算总中心的资金管理效率，支持金融机构提高资金管理水平，提供多元化的服务。

（二）银行业金融机构及其行内支付清算系统

银行业金融机构行内支付清算系统是各银行办理内部资金汇划的渠道，是直接面向广大企事业单位及个人提供服务、增强市场竞争力的重要设施，也是整个支付清算体系的最重要基础。这些系统完成支付体系中最终客户的资金结算功能，依托 CNAPS 的清算功能，实现个人和组织之间的支付结算。

按银行类别，其分为政策性银行行内业务系统、商业银行行内业务系统和农村信用社行内业务系统。

（三）第三方服务组织及其支付清算系统

第三方服务组织是由中国人民银行特许为特定行业、特定客户提供支付清算服务的支付机构或组织，主要为银行卡、中小机构银行汇票和电子汇兑、跨境支付、网络支付等特定业务提供支付结算服务，有利于促进支付服务差异化竞争和专业化提升，当前主要有中国银联股份有限公司、网联清算有限公司、城银清算服务有限责任公司、农信银资金清算中心、集中代收付中心、跨境银行间支付清算（上海）有限责任公司。

它们运营的支付清算系统如下。

（1）银行卡跨行支付系统，专门处理银行卡跨行交易信息转接和交易清算业务，为境内外人民币银联卡跨行业务的集中、高效处理提供了技术保障，实现了全国银行卡跨行交易的集中处理。资金结算通过大额支付系统处理。

（2）非银行支付机构网络支付清算平台，主要处理非银行支付机构发起的涉及银行账户的网络支付业务，实现非银行支付机构及商业银行一点接入，提供交易信息转接和资金清算服务。其实现了第三方支付机构和商业银行间直连，统一通过网联平台进行报文转发，提高清算效率，保证资金清算安全可靠。

（3）城市商业银行汇票业务处理系统，负责处理城市商业银行等中小金融机构的银行汇票资金清算业务，依托大额支付系统实现银行汇票业务的实时清算，面向城市商业银行和农村信用社提供专业化的支付清算服务。

（4）集中代收付中心业务处理系统，是集中办理代收水电煤气费、代发工资、代付养老金、保险等代收代付业务信息的收集、转发等信息处理的业务系统，集中代收付中心以特许参与者的身份接入小额支付系统，各收付款单位通过与代收付中心连接，将其发生的代收付业务经小额支付系统转发给商业银行办理跨行代收代付业务。

（5）农信银资金清算中心业务处理系统，面向全国农村金融机构，办理实时电子汇兑业务、银行汇票业务的异地资金清算，以及个人存款账户通存通兑业务的资金清算。

（6）人民币跨境支付系统（CIPS），负责人民币跨境支付清算业务，便利跨境人民币业务处理，支持跨境货物贸易和服务贸易结算、跨境直接投资、跨境融资和跨境个人汇款等业务。

（四）金融市场支付机构与支付清算系统

金融市场主要是指股票、债券、衍生工具以及金融机构之间的资金借贷市场。我国金融市场主要分为两个层次，一是直接面向个人或普通交易者的证券、期货市场，主要交易场所是上海证券交易所、深圳证券交易所、各类期货（期权）交易所，普通交易者通过证券公司或期货公司参与交易和支付结算；二是面向金融机构的银行间市场，即中国外汇交易中心暨全国银行间同业拆借中心、上海票据交易所，银行、非银行金融机构通过注册会员参与交易。

历史上，金融市场交易及其支付过程是与传统的支付体系相对独立的，随着信息化水平的提高，金融市场交易已经实现证券的集中登记、托管，交易、支付过程信息化；金融市场交易资金的转移已经与传统的支付系统相连通，金融市场的交易与支付系统也构成了具有系统重要性的金融基础设施。

证券登记结算系统包括中央证券存管和证券结算系统。中央证券存管提供证券账户集中保管服务，在确保证券发行完整性方面发挥着重要作用。证券结算系统支持证券通过簿记系统进行转让和结算，为金融市场各类产品和衍生品交易提供清算结算服务。

目前，我国证券登记结算系统主要包括中央债券综合业务系统、上海清算所综合业务系统、中国证券登记结算系统，分别由中央国债登记结算有限责任公司（简称中央结算）、银行间市场清算所股份有限公司（简称上海清算所）、中国证券登记结算有限责任公司（简称中国结算）管理。此外，还有分别由各期货交易所和上海票据交易所各自运营的票据登记结算系统、期货结算系统。

（1）中央债券综合业务系统（CBGS）为全国银行间债券市场提供国债、金融债券和部分企业债券、其他固定收益证券的登记、托管、交易结算等服务，通过与大额支付系统连接，实现债券交易的票款对付结算。

（2）上海清算所综合业务系统为全国银行间市场直接和间接的本外币交易及衍生产品交易提供登记、托管、清算、结算、交割等服务，主要承担信用债（非国家信用）的登记、托管和清结算，并承担场外交易的中央对手职责。人民币资金清算通过中国人民银行支付系统办理，外币资金清算通过境外清算系统办理。

（3）中国证券登记结算系统（CSDC）负责上海证券交易所和深圳证券交易所各类证券交易的证券登记与结算，证券交易对应的资金结算则通过银行业金融机构行内业务系统完成。

三、支付清算过程

支付清算过程包括：支付指令的交换和计算；支付参与者借助支付工具以纸质、磁介质或者电子形式发出资金转账命令；支付系统提供专用的支付指令传输路径，清算系统通过支付指令的接收、清分和发送，对支付指令进行汇总和轧差；对清分和轧差的结果执行资金划拨。因此，清算的执行过程主要分为清分和资金划拨两个阶段。

清分就是对交易日志中记录的成功交易，逐笔计算交易本金及交易费用（手续费、利润分成等），然后按清算对象汇总轧差形成应收或应付金额。

以银联为例，用刷卡消费涉及的发卡行、收单行、支付组织、用户和商户等主体，介绍一个清算执行过程。

刷卡交易的全部交易处理过程包括以下 8 个步骤。

（1）用户在收单机构或收单行的 POS 机上刷卡消费（信息流）。

（2）收单机构或收单行将消费报文发送给银联（信息流）。

（3）银联交易系统记录交易数据，将消费报文给发卡行（信息流）。

（4）发卡行从消费者卡中实时扣费，完成实时结算，并回复报文给银联（资金流）。

（5）银联更新交易数据，回复报文给收单机构或收单行（信息流）。

（6）银联在其清算系统完成清分（信息流）。

（7）银联通过大额支付系统，完成收单行与发卡行清算账户的资金划拨（跨行清算）（资金流）。

（8）银联通过小额支付系统或当地票据交换系统，完成第三方收单机构和商户结算账户的资金划拨（收单清算）（资金流）。

前面 5 个步骤是在交易现场等待过程就能完成的，是联机处理流程。后面 3 个步骤是交易的后处理部分，包括系统清分和资金划拨，具体过程如下。

清分过程是先从联机交易系统获取交易日志到清算系统，然后将交易成功的交易日志按照清分对象汇总轧差形成各个清分对象的债权债务关系。

完成了清分后，接下来需要对各清算账户进行资金划拨，实现资金从债务的清算账户向债权的清算账户进行划拨。通过资金管理平台形成转账命令文件上传到统一文件收发平台，由统一文件收发平台通过央行清算系统对清分对象的清算账户进行借贷记录操作，并获取操作后的回导结果。

最后，商业银行收到中央银行支付系统资金报文后，更新各自核算系统中"上存央行备付金账户"余额，并完成手续费及商户结算账户的核算和资金划拨。

四、支付制度

鉴于支付与市场基础设施的重要作用，涉及支付与市场基础设施的法制建设和法治管理得到高度重视，各国都制定了相关法律，明确监管主体、参与者和运营者的权利义务关系，保障支付与市场基础设施安全、高效运行。

支付与市场基础设施内生性地具有网状结构，具有天然的集中、统一性，因此不存在国家级和地方性基础设施的区分，需要统一性监管。同样地，跨国支付也需要国际协调。

中国人民银行是我国支付体系的管理部门，负责制定全国支付体系发展规划，统筹协调全国支付体系建设，会同有关部门制定支付结算规则，负责全国支付、清算系统的正常运行。

我国已经建成了以《中国人民银行法》《商业银行法》《票据法》《人民币银行结算账户管理办法》等为法律基础，非金融机构支付服务管理办法以及各支付系统业务规则构成的支付制度安排。

第三节　主要国际性支付系统

在全球化进程中，国际贸易和资本流动的规模越来越大，客观上产生了对国际支付服务的更广泛需求，以及对国际支付效率与安全性的更高要求，从而推动了国际性支付系统的建设与发展。当前国际支付系统的基本特征如下。

一、由主要国际货币主权国建设

国际货币是国际支付的主要工具，世界主要国际性支付系统是由国际货币主权国发起、建设和运营。国际美元支付系统 CHIPS 由美国纽约清算所协会所有并运营，国际英镑支付系统 CHAPS（Clearing House Automated Payment System，清算所自动支付系统）属于英国的支付服务组织，国际日元支付系统 FEYCS（Foreign Exchange Yen Clearing System，外汇日元清算系统）属于日本的支付服务组织，欧元支付系统 TARGET 则由欧洲中央银行所有（表 7-2）。

表 7-2　主要国际性大额支付系统

支付系统	所在地	管理者/运营者	启运年份	服务领域
CHIPS	纽约	美国纽约清算所协会	1970	美元跨国支付清算
CHAPS	伦敦	英国支付清算服务协会	1984	英镑跨国支付清算
FEYCS	东京	日本东京银行家协会/日本银行	1989	日元跨国支付清算
TARGET	法兰克福	欧洲中央银行	1999	欧元跨国支付清算
CIPS	上海	跨境银行间支付清算有限责任公司	2015	人民币跨境支付清算

随着我国人民币国际地位的提升，人民币跨境支付量不断提高。环球同业银行金融电讯协会公开的信息显示，2020 年 3 月，人民币在国际支付市场中的份额为 1.85%，仅次于美元、欧元、英镑、日元。我国也于 2012 年启动人民币跨境支付系统建设，2015

年 10 月 8 日 CIPS 上线运行。

二、构建于国际金融中心

在国际金融中心，金融机构林立，各种国际交易产生的资金调拨频繁，所以国际金融中心通常又是主要国际货币的汇兑、结算和支付中心，需要构建与之配套的支付系统。目前，国际性支付系统全部构建于国际金融中心，如 CHIPS 构建于美国纽约、CHAPS 构建于英国伦敦、FEYCS 构建于日本东京、TARGET 构建于德国法兰克福、CIPS 构建于中国上海。

三、各国中央银行发挥重要作用

国际性支付系统与所属国家（地区）在国际货币体系中的地位密切相关。如此，国际性支付系统所属国家（地区）的货币金融当局，如美国联邦储备体系、英格兰银行、日本银行、欧洲中央银行、中国人民银行等，均不遗余力地支持这些支付系统的建设与运营。国际支付系统已成为国际货币主权国家（地区）实施跨国金融战略、巩固其国际货币地位的核心工具之一。它们通过提供区域或全球范围内的支付服务，提升了金融扩张和金融竞争力。

美国纽约清算所银行同业支付系统是一个跨国大额美元支付系统，虽然是私营的，但美国联邦储备体系对其平稳运行发挥了极为关键的作用。美联储积极介入 CHIPS 的风险管理：1985 年发布了"支付系统风险控制计划"；1994 年对关于私营大额资金转账网络和离岸美元差额结算系统的政策进行重新修订，发布了"对私营大额多边差额结算系统的政策"，对支付系统的设计与操作进一步提出要求；2001 年"9·11"事件之后，美联储采取了更为严格、全面的支付系统风险控制措施。

TARGET 是欧洲中央银行和欧盟各国中央银行直接建设的大额欧元支付系统。TARGET 系统的成员为欧元区各国的中央银行，欧元区任何一家金融机构，只要在本国中央银行开立汇划账户，即可通过该中央银行运行的支付系统与 TARGET 相连接，进行欧元的跨国结算。欧洲中央银行及参与国中央银行共同监督 TARGET 的运营，并作为结算代理人直接参与 TARGET 交易。

外汇日元清算系统由东京银行家协会（Tokyo Bankers Association）管理与经营。1989 年初，东京银行家协会将国际金融业务中的日元支付专做安排，将 FEYCS 纳入日本中央银行——日本银行的金融网络系统 BOJ-NET，并委托日本银行一并运行。日本国内银行及在日本的外国银行均可参加 FEYCS，该系统负责办理外汇交易、日元债券交易、商品与服务贸易所产生的跨国日元业务，所有支付都能通过日本银行账户和 BOJ-NET 进行结算，从而确保了跨国金融交易中日元支付结算的最终性。

英格兰银行在在 CHAPS 运行中发挥着重要作用。第一，英格兰银行运行着 CHAPS 的中央处理器，并作为 CHAPS 的结算成员，直接参与 CHAPS 运营。第二，英格兰银行作为"银行的银行"，为 CHAPS 成员提供同业账户清算服务。第三，英格兰银行高度重视 CHAPS 以及英国支付体系的风险控制。1994 年 7 月，英格兰银行进行了重大机构改革，其金融稳定部门下设了支付、清算与结算处，负有对金融机构的支付活动及支付系统实行监督、审计及管理的责任。

同样，人民币跨境支付系统也是中国人民银行组织投产运行的，服务跨境贸易、跨境投融资和其他跨境人民币业务，便利人民币跨境支付活动，更好地支持实体经济发展和"走出去"战略实施。跨境银行间支付清算有限责任公司是人民币跨境支付系统的运营机构，原来是中国人民银行清算总中心的直属企业，后来吸收中外金融机构增资扩股，逐步市场化。

四、国际支付系统是各国内支付系统的延伸

国际货币的诞生无一例外是以主权国强大的经济实力为基础的，同时国际支付系统也是以该国国内支付系统为基础，是国内支付系统的延伸。

CHIPS 提供的服务包括国际贸易、外汇买卖、国际信贷、欧洲美元交易、欧洲证券交易、短期金融工具交易等引起的美元资金支付与结算，CHIPS 成员还可通过该系统进行美国国内贸易及证券交易资金结算、代理行间的资金划转、对美国其他支付系统的头寸调拨。每个营业日 CHIPS 运行所产生的收付差额必须通过美联储的 Fedwire 实现最终清算。

清算所自动支付系统是英国的大额英镑支付系统，由 CHAPS 清算公司运营，是英国支付体系的核心基础设施。但它的主要成员当中美国和欧洲的跨国银行超过一半，因此，该系统以本国的核心支付系统直接实现英镑的跨国支付清算。

FEYCS 被纳入日本银行的金融网络系统 BOJ-NET，FEYCS 的所有支付最终都通过日本银行账户和 BOJ-NET 进行结算。

欧元的 TARGET 首先就是为欧元区各成员国服务的，是欧元区的核心支付系统，然后才为欧元区外金融机构的欧元支付服务。

同样地，我国人民币跨境支付系统也是以 CNAPS 为基础建设发展起来的，也是国内支付系统的延伸。

五、国际支付系统间的合作

当前各主要国际支付系统之间的联系较弱，存在较强的竞争关系，但客观上又需要合作，支付工具的本质是需要统一、标准化的，才能实现国际支付的便捷。

支付的完成包括两项内容，一是支付信息的传输，二是资金的划拨。不同货币支付系统之间的资金划拨存在竞争，难以合作，但在信息传输上还是可以合作的。由此，国际银行同业间的国际合作组织——SWIFT，于 1973 年成立，总部设在比利时的布鲁塞尔，同时在荷兰阿姆斯特丹和美国纽约分别设立交换中心。

SWIFT 是全球行间报文交换网络，而非支付系统；SWIFT 的报文传送平台、产品和服务连接超过 200 个国家和地区的 11 000 多家银行和证券机构、市场基础设施和公司客户，让各金融机构可以安全地通信并可靠地交换标准金融报文。

第四节　支付结算体系的发展历史与趋势

一、支付体系的发展源于票据的集中交换

早在 18 世纪，随着资本主义经济的迅速发展，资本家之间经济结算业务快速增加，作为服务于经济的金融业随着市场的扩大、经济的繁荣，逐步由单个银行业主向多家银行并存的方向发展，同城银行票据往来日益增多。在没有组织银行票据交换清算之前，当时资本主义最发达的英国伦敦的各家银行，每日要派业务人员分头到付款银行收取代收本行的票据单证，据以收回现金，工作十分繁重。一次偶然的机会，两家银行的业务员在一家咖啡馆中相遇，他俩自行交换各自的银行票据，缩短了相互奔走的距离，以后便约时相会，感到非常方便。时间一长，其他银行的业务人员也竞相仿效。于是，这家咖啡馆便自然地成了银行票据交换中心，彼此交换各自付款的票据，差额以现金结算。[①]

扩展阅读 7-3

因此，票据交换所创立之动机发端于伦敦各银行解款者之偷懒政策……事为银行专家所闻，遂发明票据交换所之组织。[②]

二、伴随信息载体与传输技术的发展而发展

基于计算机和网络技术的支付系统以及电子货币的产生是支付技术发生的重大变革，尤其是 Internet 的出现，促使支付体系发生巨大变化。电子记账货币从根本上改变了纸币、支票和手工点钞等传统支付结算方式。

20 世纪 60 年代末，纽约地区资金调拨交易量迅速增加，纽约清算所于 1966 年研究建立 CHIPS，1970 年正式创立。其采用联机作业方式，应用当时最新的计算机系统，通过清算所的交换中心，同 9 家银行的 42 台终端相连。1982 年，该系统更是采用 Unisys Al5 多处理机（Unisys 及其前期企业是首个通用计算机生产者，1951 年），有 23 台 CP2000 高性能通信处理机及宝来（Burroughs Network Architecture，BNA）通信网，用以处理电子资金转账和清算业务。

同样地，我国的支付系统建设也都采用当时最先进的信息和通信技术。1991 年 4 月 1 日，中国人民银行清算总中心组织建成了基于金融卫星通信网的应用系统——全国电子联行系统；1991 年 10 月又开始建设中国国家金融通信网和中国现代化支付系统，这

---

① 罗鼎华. 银行结算改革与实务[M]. 北京：中国商业出版社，1995：158-159.

② 吴德培. 中英美日票据交换所之比较[J]. 银行周报，1933，17（48）.

些系统的建设都是基于卫星通信、现代计算机网络技术的。

正是这些信息技术的领先应用，使中国的境内支付体系在全球处于领先地位。2013年，第二代中国现代化支付系统投入运营。作为欧元体系中人民币 CNAPS 的对标物，TIPS 直到 2018 年 11 月才上线；作为美联储中 CNAPS 的对标物，FedNow 要到 2023年或 2024 年才能上线。

在支付的前端市场，中国市场从充分的市场竞争中诞生支付宝/蚂蚁金服和微信这样的科技巨头，给百姓的日常支付活动带来了极大便利，又为人类通向无现金社会展示了美好的前景。

三、集中产生垄断、控制和竞争

现代支付体系的支付便利来源于货币资金的集中账户记录与转账，但集中的控制权落入少数利益群体手中时，将产生垄断与控制，损害公共利益。

SWIFT 虽然只是一个金融支付报文网络，并非支付系统，但典型地发挥了信息传输的集中优势，为国际支付提供了极大的便利，虽然其在表面上是一个总部在比利时的民间合作机构，但是美国对 SWIFT 的控制已经居于主导地位，SWIFT 上传输的国际支付信息对美国几乎是透明的。SWIFT 已经成为美国"长臂管辖"的利器，不仅用来制裁与美国不友好的国家，如朝鲜、伊朗和俄罗斯等，也威胁要通过切断 SWIFT 连接来制裁违反美国国内法的欧洲公司等。因此，欧洲国家开始与伊朗建立一个独立的支付体系——欧洲—伊朗结算机制——以规避美国的非法制裁。

此外，全球大型科技企业具有强大的数据分析能力、网络外部性和紧密结合的社会经济活动。这三种元素互相增强，网络外部性为用户带来更多的交易对手、合作伙伴和更多价值，但反过来又允许大型科技公司生成更多数据，这有助于增强现有服务并吸引更多用户。这就是典型的市场集中逻辑。全球大型科技企业携庞大用户基数和多样化的经济活动的生态进入支付与更广泛的金融服务领域时，将给终端支付客户提供极大的便利；将逆转金融等级制度，银行有可能从传统金融系统的中心逐步降级为从属于大型科技公司提供的支付服务。

我国的蚂蚁金服（支付宝）和腾讯（微信支付）已经表现出这种特征。中国人民银行通过切断银行与所有第三方支付服务商的通道并建立网联平台来负责非银行支付机构网络支付清算，将这些支付服务纳入央行统一的支付体系，削弱了它们垄断数据的权力，并且为其他小的支付服务商创造了更公平的竞争环境。同时，央行也将它们的备付金账户从商业银行收归央行、取消备付金利息，并将备付金率要求从 20% 提升至 100%，完全取消了非银行支付机构的货币创造能力。

在国际上，欧盟国家的碎片化难以形成支付体系集中化、规模化力量。目前在欧洲占主导地位的终端支付基础设施都属于非欧洲公司——以 Apple、Google、Facebook 和 Amazon 等为代表的全球大型科技企业。这种情形可能损害欧洲支付系统自主性，使欧洲支付市场更容易受到外部干扰。拥有全球市场力量的支付服务提供商不一定会从欧洲利益相关者最佳利益出发。因此欧洲央行理事会已经决定积极推动零售支付的泛欧市场举措。

四、货币与支付方式发展的新趋势

网络支付体系的发展和完善以及无现金社会的逐步显现均在实践中表明，货币的本质是一种价值符号，是社会普通接受的价值符号，只要有合适的记账系统，人类社会就不需要现金和实物货币。

现代社会以计算机网络为基础的支付结算体系就是一个逐步完善的记账系统，现在这个系统也面临挑战。首先，这个双层记账体系，几乎完全受控于中央银行，货币供应水平的调控也直接通过该体系得以实现；其次，不断重复发生的金融危机，记账体系的透明性，记账货币资产的安全性疑问，对个体隐私保护不足，等等，都引起了社会公众对该体系的不满；最后，公众声称希望去中心化、匿名化的新货币体系。

在该思潮和新技术的推动下，2008 年出现了第一个挑战者——比特币，但比特币是纯技术极客的创造，是黄金的极致模拟，缺乏现代货币理论的支持，无法满足经济增长对货币需求的供给弹性和支付快捷性要求，完全不可能挑战现代央行货币体系，各国央行均未将其作为竞争对手看待，它本质上也只能作为一项数字资产，倒是便利了非法黑市交易。

推进中的 Diem 项目有潜力向 Facebook 既有的 24 亿用户群开放，促使他们在全球范围内采用 Diem 开展交易和支付活动。作为一个符合互联网时代特点的超越主权范围的加密货币，Diem 兼具可扩张性，将会给世界货币格局、金融安全甚至国际政治经济竞争格局都带来巨大影响。首先，Diem 将重塑支付行业；其次，降低部分主权政府的资本管制能力，影响新兴市场国家的货币主权地位；再次，可能会强化美元统治地位，挤压其他货币的国际地位。由此，法国和德国已经明确抵制 Libra（Diem）。

中国也已经于 2020 年 4 月快速推出数字货币 DCEP（Digital Currency Electronic Payments）试验。DCEP 是典型的现行纸币的电子化，用数字加密替代纸币防伪，用数字钱包替代实物钱包。它的所有发行只能来源于中央银行，但它具有超越账户货币的支付便利性，既能远程网络支付，也能面对面无网络支付，还能满足跨越商业银行的匿名性，但又在中央银行控制下，可以防止非法交易和洗钱。

一个国家需要有一个运转良好的支付系统。没有快速、廉价和安全的支付，现代社会就会陷入停滞。核心支付系统是公共基础设施，它使我们能够享受规模经济、运作良好的支付网络和公平竞争环境，是造福于每个人的公共产品。技术发展使得中央银行对零售支付进行直接和几乎实时的结算成为可能，这将为中央银行直接运营更有效的通用基础设施铺平道路。

可见，未来货币的竞争将在跨国科技巨头与主权国家的央行之间展开，竞争手段是提供支付便利。因此，未来的支付便利是确定的。

本 章 小 结

支付是指单位、个人在社会经济活动中使用现金、票据、银行卡和汇兑、委托收款、网络银行、手机 App、二维码等工具进行货币给付的行为。以账户资金转移为基础的现代支付活动需要支付机构建立一套完整的账户体系结构。客户首先要在这个账户体系中至少拥有一个账户，才能获得支付机构提供的支付服务。这个账户结构通常是双层的。

非现金支付中，围绕客户提交支付命令，到完成实际货币资金的划转各个环节，形成了一个由支付机构、账户系统、支付工具、处理支付命令完成资金划转的计算机网络系统等组成的分工协作体系。支付体系就是一个由中央银行、各个商业银行的簿记系统为基础，加上连接这个簿记系统、提供客户访问银行账户的接口和工具、接收客户支付指令、处理支付指令完成各种支付的计算机网络系统。

支付工具就是支付机构开发的提供给客户，方便用户提交支付指令的各类有形或无形的工具，包括纸质支付工具、卡式支付工具、网络支付工具、移动支付工具等。

不同的支付机构根据自己的账户特征、提供的支付工具以及支付要求的不同特点，建设相应的网络支付处理系统，通过这些系统的相互协调与合作形成一个完整的全社会支付网络。根据对支付的及时性和效率性要求的不同，一般有两种支付结算方法：实时全额结算、定时净额结算。

中国的支付体系主要由四个部分组成，相应地也有四类支付机构：中国人民银行和中国现代化支付系统、银行业金融机构及其行内支付清算系统、第三方服务组织及其支付清算系统和金融市场支付机构与支付清算系统。

国际性支付系统主要处理各种国际交易产生的支付结算和资金转移，一些著名的国际性支付系统也主要是由国际货币主权国发起、建设和运营。国际支付系统已成为国际货币主权国家（地区）实施跨国金融战略、巩固其国际货币地位的核心工具之一。它们通过提供区域或全球范围内的支付服务，提升了金融扩张和金融竞争力。

支付体系的发展源于票据的集中交换，伴随信息载体与传输技术的发展而发展；现代支付体系的支付便利来源于货币资金的集中账户记录与转账，但集中的控制权落入少数利益群体手中时，将产生垄断与控制，损害公共利益。

网络支付体系的发展和完善以及无现金社会的逐步显现均在实践中表明，货币的本质是一种价值符号，是社会普通接受的价值符号，只要有合适的记账系统，人类社会就不需要现金和实物货币。

现代社会以计算机网络为基础的支付结算体系就是一个逐步完善的记账系统。这个系统也在逐步接受挑战。比特币、稳定币和央行数字货币的先后出现将深刻影响未来的支付体系。

知识要点

支付、支付体系、双层账户结构、支付工具、支付网络系统、"结算—清算"二级支付网络系统、定时净额结算、实时全额结算、系统重要性、中国支付体系、中国现代化支付系统、行内支付清算系统、第三方服务组织、金融市场支付机构、支付制度、国际性支付系统

复习思考题

1. 简述双层账户结构与二级"清算—结算"体系的主要内容。
2. 什么是净额结算？
3. 什么是实时全额结算？
4. 简述我国支付体系的主要构成，谈谈你的日常使用体会。
5. 主要的国际支付系统有哪些？
6. 谈谈支付体系的发展历史与趋势。

第八章

投资银行——资本性工具的创造机构

【本章导读】

2020 年 12 月 22 日，美国证券交易委员会宣布，对纽约证券交易所允许企业在该交易所直接上市的计划予以批准。该新闻一经公布，立即传遍全球，有人评论说："这是纽交所的一小步，但却是世界证券市场的一大步。"

该决定意味着企业将可以在交易所直接发行股票获得融资，而无须经过传统的公开发行流程，为企业上市提供了一个新选择。纽约证券交易所主席斯泰茜·坎宁安在声明中称，此举将改变资本市场的游戏规则，为普通投资者创造公平的竞争环境，为企业提供另一条上市途径。

新闻舆论认为，纽约证券交易所的改革有可能在全球范围内引起效仿，未来上市公司的上市成本将大大降低，对于投资者和上市公司来说是重大利好，唯一可能受损的就是想赚取发行和承销费用的投资银行。

为什么该新闻会引起这么大的反响？传统的股票发行是怎样的过程？投资银行到底在证券发行中起什么作用？未来真的不需要投资银行了吗？

本章将从一家典型的投资银行的财务报表入手，学习投资银行的主要业务内容、投资银行业务在社会分工体系中的作用和地位，了解投资银行的发展演变历史和未来发展趋势。

第一节　投资银行的主要业务

世界各国对投资银行的称呼不太一样。美国和欧洲称之为投资银行，但在公司名称中不一定有"投资银行"字眼，如高盛集团（Goldman Sachs Group, Inc.）、摩根士丹利（Morgan Stanley Group, Inc.）；我国和日本称之为证券公司，如中信证券股份有限公司、野村证券等；而英国通常称之为商人银行。不管叫什么，这类金融机构的划分都是以它们的业务内容和特征为标准。

一、典型投资银行的财务报表

表 8-1 是一家典型的投资银行——中信证券股份有限公司（以下简称"中信证券"）

的资产负债表，该表反映了一家投资银行的典型特征。

表 8-1　中信证券股份有限公司（母公司）资产负债表

2020 年 12 月 31 日

资产	金额/亿元	占比/%	负债	金额/亿元	占比/%
货币资金	**1 513**	**19.4**	应付短期融资款	96	1.2
其中：客户存款	894	11.5	拆入资金	105	1.3
结算备付金	207	2.7	交易性金融负债	198	2.5
融出资金	**968**	**12.4**	衍生金融负债	373	4.8
衍生金融资产	264	3.4	**卖出回购金融资产款**	**1 631**	**21.0**
买入返售金融资产	348	4.5	**代理买卖证券款**	**1 050**	**13.5**
应收款项	238	3.1	应付款项	1 109	14.2
存出保证金	86	1.1	**应付债券**	**1 585**	**20.4**
金融投资：			其他负债	120	1.5
交易性金融资产	**2 590**	**33.3**	负债合计	6 266	80.5
其他债权投资	**565**	**7.3**	所有者权益合计	1 517	19.5
其他权益工具投资	164	2.1			
长期股权投资	500	6.4			
投资性房地产	1	0			
固定资产	4	0			
其他资产	336	4.3			
资产总计	7 783	100	负债和所有者权益总计	7 783	100

投资银行与其他金融机构（包括商业银行）相类似，持有的资产都以金融资产为主，且以短期金融资产为主，固定资产比例不足 0.05%。

其资金来源以负债为主，负债占总资产的比例达 80.5%；负债的形式主要是发行债券、客户的代理证券交易款等。虽然投资银行与商业银行不同，不是吸收存款获得负债，但仍然是以负债为基础开展经营活动。这是大部分金融机构的典型特征。

从公司规模来看，中信证券是我国规模最大的投资银行（证券公司），2020 年的资产总规模达 7 783 亿元，在全部上市公司中排名第 36 位，但与最大的商业银行——工商银行相比还有很大差距。工商银行资产总规模达 33.3 万亿元，排第一位，中信证券的规模不及工商银行的 1/42。

因此，投资银行与商业银行相比较，虽然都主要持有金融资产，但投资银行的金融资产以短期的为主，且规模远小于商业银行。这体现了投资银行的盈利特征不以资产运用为主要来源。这可以从投资银行的利润表中看得更清楚。

表 8-2 是中信证券 2020 年的利润表，该表更明确地阐释了投资银行的利润来源。

首先，手续费及佣金净收入是投资银行最大的收入来源，占营业收入的 50%。这些手续费及佣金主要包括三类。

表 8-2　中信证券股份有限公司（母公司）利润表

2020 年 1—12 月

项目	金额/亿元	收入占比/%
一、营业收入	315.94	100
手续费及佣金净收入	157.96	50
其中：　经纪业务手续费净收入	72.14	23
投资银行业务手续费净收入	56.63	18
资产管理业务手续费净收入	24.08	8
利息净收入	14.84	5
其中：　　　　　利息收入	128.12	
利息支出	−113.28	
投资收益	236.31	75
公允价值变动收益	−89.58	−28
其他业务收入和收益	−3.58	−1
二、营业支出	166.16	53
三、营业利润	149.78	47
四、利润总额	149.02	
减：所得税费用	25.60	
五、净利润	123.42	39

一是代理证券交易的经纪佣金。普通投资者要进行股票和债券等证券交易，首先要在证券公司开户，通过证券公司提交交易需求，进入交易所的交易平台完成交易，证券公司根据交易金额等收取一定比例的佣金。

二是投资银行业务佣金。这里所说的投资银行业务，是专指证券发行，包括：股票首次公开发行、增发、债券发行等标准化资本性工具的创造，公司收购、兼并和重组等非标准化的资本交易业务。这些业务的主体是相关公司本身，投资银行作为服务机构为发行证券或兼并收购的公司提供专业服务，并根据交易规模收取相应的服务佣金。这些业务是狭义的投资银行业务。

表 8-3 是 2010—2020 年中国证券发行、承销、经纪市场规模，假设股票交易经纪佣金按万分之三双边收取，债券交易经纪佣金按万分之一双边收取，则 2020 年的证券公司的交易经纪佣金总收入达 1 856 亿元。假设国债发行佣金按 1%计，企业债券发行佣金按 1.5%计，股票发行佣金按 5%计，则 2020 年证券公司在股票和债券发行业务上的总收入达 8 567 亿元。证券发行、承销和经纪市场佣金总规模达 10 423 亿元，是 2010年的 6.6 倍，年均增速达 18.9%。

三是资产管理业务佣金，该业务是投资银行代客理财、代理投资收取的佣金。

其次，利息净收入占中信证券营业总收入的 5%。利息收入主要来源于投资银行做证券经纪业务时，同时为客户提供信用交易服务，为要买入证券但资金不足的客户提供资金，为要出售某一证券但没有该证券的客户提供证券，同时收取利息。这也称为融资融券业务或信用交易业务。

表 8-3　2010—2020 年中国证券发行、承销、经纪市场规模　　　　亿元

指　标	2020 年	2019 年	2018 年	2017 年	2016 年	2014 年	2012 年	2010 年
股票成交金额	2 068 253	1 274 159	901 739	1 124 625	1 277 680	742 385	314 583	545 634
佣金（0.03%）	1 241	764	541	675	767	445	189	327
债券成交额	3 075 974	2 473 724	2 369 835	2 657 768	2 387 096	935 357	403 426	1 522 585
佣金（0.01%）	615	495	474	532	477	187	81	305
国债发行额	135 293	83 715	77 063	82 243	89 886	20 247	16 154	19 778
佣金（1%）	1 353	837	771	822	899	202	162	198
企业债券发行额	433 551	366 418	351 961	314 408	264 529	88 068	37 366	10 043
佣金（1.5%）	6 503	5 496	5 279	4 716	3 968	1 321	560	151
股票筹资额	14 222	12 539	11 378	15 536	20 297	8 498	4 134	11 972
佣金（5%）	711	627	569	777	1 015	425	207	599
佣金市场规模	10 423	8 220	7 634	7 522	7 126	2 581	1 198	1 579

最后是投资收益，这部分收益来自投资银行运用自有资金进行证券投资或其他投资而获取的收益，也称为自营业务。2020 年中信证券的投资收益占比很高，达 75%，如果扣除公允价值变动损益，则为 47%。

不论是自营业务还是资产管理的代客理财业务，对于投资银行而言，都是利用其在做投资银行业务、经纪业务等过程中掌握的信息优势和投资分析能力优势而开展的业务。因此，经纪业务、证券发行和承销、收购兼并等投资银行业务是投资银行的本源业务，自营业务和资产管理业务是本源业务的延伸。

综合对中信证券财务报表的分析，可见投资银行主要是为资本交易提供服务和便利，帮助创造资本性工具，组织、代理标准化工具的交易，为非标准化资本交易（收购、兼并和重组等）提供咨询、交易结构设计、谈判中介等服务。在以上本源业务的基础上，还会利用自身优势和客户需要，为客户资金或自有资金开展资产管理业务。

二、投资银行的主要业务

由以上投资银行的资产负债表和利润表可见，构成投资银行收入和利润来源的核心业务主要有四个方面。

（一）投资银行业务

投资银行业务的主要内容包括公司股票首次公开发行、股票增发、公司收购与兼并、债券发行。前三项被称为股权业务，债券发行也称为债券业务。

1. 股权业务

公司股票首次公开发行业务是指投资银行帮助一家企业或公司（股份有限公司）第一次将它的股份向公众出售的过程，也是标准化金融工具——股票被正式创设的过程，简称为 IPO。

由于向公众发行股票，存在公司、公司大股东（控股股东）、普通股东之间的信息不对称、参与决策的能力不同等问题。为了保证股东之间的公平和信任，使股票这一工具真实有效，成立能够发行股票的公司——有限责任公司，发行股票的过程等都要受各国的公司法、证券法等法律的规制。

公司在向公众首次发行股票之前，首先要将公司的治理结构、财务会计工作规范等进行改造，以符合公司法要求，这些过程称为改制。其次，将过往和当前的财务状况按法律要求进行公开。最后，对本次要募集的资金规模、用途等进行说明和公开。这些过程完成后，都要统一向一国的证券管理当局提交相应的文件资料。这个过程通常由公司聘请投资银行牵头（称为保荐人），吸纳符合资格的律师和会计师参与。

证券发行前，保荐机构要对发行人进行辅导，对发行人及其发起人、大股东、实际控制人进行尽职调查、审慎核查，根据发行人的委托，组织编制申请文件并出具推荐文件。

证券发行后，保荐机构应当针对发行人具体情况确定持续督导的内容和重点，持续督导期届满，如有尚未完结的保荐工作，保荐机构应当继续完成。保荐机构在尽职推荐期间、持续督导期间未勤勉尽责的，持续督导期届满，保荐机构仍应承担相应的责任。

公司上市之后想要融资，还可以运用股权融资，包括增发、定向增发、配股等，其中最便捷的手段是做定向增发。定向增发是对特定的机构增加发行公司股份，由于这些机构通常具有较强的专业投资分析能力，对上市公司的要求比较少。但是如果做配股和公开增发，那么对财务状况会有非常严格的指标和相应申报要求。

此外，股权业务还涉及并购重组业务。上市公司想通过并购把公司做大，投资银行券商可通过自己的资源帮助寻找合适的并购对象，并为公司提供一系列的服务。这时，投资银行通常被称为买方财务顾问。对于一些小公司，可能想把公司卖了，投资银行也可以通过自己的资源帮助这些公司去找有意向并购它们的公司，并为企业提供一系列的服务，这些业务被称为卖方财务顾问。

投资银行通常还会专门组织行业服务部门，一个行业一个部门地归口去对接客户，并提供相应的服务。公司上市成功之后，整个公司就会被移交到具体的行业部门，该部门在未来会持续不断给出一些金融上的建议，如在合适的时间并购一些有潜力的小品牌、再融资、私有化，收购兼并或私有化的杠杆融资服务等。一个公司在不同的发展阶段和不同的资本运营服务需求驱使下，会由投资银行的行业部门的不同小组来服务，以最后达成目标。

2. 债券业务

投资银行的债券业务是负责各类债券的发行事务并且销售出去，从中收取佣金的业务。债券的种类比较多，投资银行主要承销的债券种类一般为公司债、企业债及金融债等。根据债券的信用形式或偿债资金来源的不同，典型的债券业务主要有两类：公司信用债业务和资产证券化业务。

公司信用债业务是投资银行以债券发行公司的信用评级为基础，向证券监管部门申请发行并完成销售、售后还本付息等服务。

资产证券化业务，也称 ABS（资产抵押证券）融资，是以特定资产为支撑，以资产可以带来的预期收益为保证，通过在资本市场发行债券来募集资金的一种项目融资方式。比如，某银行的一批住房贷款、某汽车金融公司的一批汽车贷款，或者阿里小贷的一批花呗、借呗资产，在投资银行的帮助下，通过设立一个专门的机构，也称为特殊目的实体（SPV），将这一批资产出售给这一实体，该实体再以这批资产为将来的还本付息保证，向公众发行债券，并用债券发行收入支付购买资产的价款；债券发行之后，主要由 SPV 负责后续的相关资产和债券的还本付息工作，同时原来资产所有方、投资银行也承担部分相关职责。

资产证券化融资模式隔断了资产原始权益人自身的风险，使其清偿债券本息的资金仅与项目资产的未来现金收入有关。

在实践中，还可能对所发行债券的偿还次序进行优先等级划分，从而形成不同信用评级债券，该过程称为债券分层。

债券市场的规模远大于股票市场，但是因为操作难度较低，债券业务的佣金比率较低。

（二）经纪业务

经纪业务是指投资银行通过其设立的证券营业部或网络交易终端，接受客户委托，按照客户要求，代理客户买卖证券的业务，即代理股票、债券、期货期权等证券的交易，是投资银行最为传统的业务。

交易天然地需要聚集，交易信息才能有效传递，交易才能容易达成。因此，在传统上，证券交易要集中在证券交易所内进行，交易的证券种类繁多、数额巨大，而交易厅内席位有限，普通投资者在空间上分散，一般不能直接进入证券交易所进行交易，只能通过特许的证券经纪商做中介来促成交易的完成。券商就在这个过程中收取佣金、赚取收入。

随着竞争加剧、信息通信技术的普及，证券交易手续费逐年降低，目前已经低到只有万分之二左右。同时，现在经纪业务成本也已经越来越低，交易委托、执行和交割、结算等过程已经全部自动化，券商只要一套交易经纪系统，接入交易所的交易系统，与交易清算和证券登记公司的支付结算系统连接，然后再适时更新，基本上没有可变成本，只有少量的固定成本。

从显性的交易成本看，现在证券交易成本的下降已经无限接近经济理论上的交易无摩擦假设，使得资源的市场化配置效率极大地提高。

（三）自营业务

自营业务是投资银行以自有资金进行证券交易，实现投资收益的业务。它不仅是投资银行重要的利润来源，同时也占用着投资银行最大规模的资产，还是投资银行开展投资银行业务和经纪业务的资本保证。自营业务包括自营股权、自营债券和其他。

通常券商投行部门在完成 IPO 项目或者只是在考察项目的时候，也会把一些情况反馈给投资银行股权自营部，来决定是否进行自营投资。具备雄厚自营资本的投资银行，通常都会积极参与本公司管理的 IPO 项目，也有助于相关 IPO 项目的成功发行。

自营债券的投资对象以交易所交易的债券为主。此外，还有一些大宗商品期货、外汇等其他方面的投资。现代投资银行通常还会组建专门的固定收益、外汇和大宗商品（FICC）部门，专门为大型跨国公司提供跨国金融综合服务。

（四）资产管理业务

资产管理业务的内容与自营业务类似，不同的是，自营用公司自有资金投资，资产管理业务是以社会募集的资金来投资。

资产管理业务本质是信托业务，接受客户的资金或者资产委托，以某个计划的名义进行投资，投资收益归客户。投资银行是受托资产的管理人，收取管理费用。

三、投资银行的定义

投资银行起源于美国 1929 年的世界经济危机，当时认为商业银行进行证券发行和承销等资本市场业务的混业经营是导致 1929 年经济危机的重要原因。1933 年，《格拉斯-斯蒂格尔法案》获得通过，一大批综合性银行按照法案进行了分拆，其中最典型的是摩根财团，财团的投资银行业务被拆分，独立成立为摩根士丹利。此后，摩根士丹利这类主要从事证券发行和承销等资本市场业务的公司被称为投资银行。但随着美国经济、金融形势、信息技术的进步，1999 年的《Gramm-Leach-Bliley 法案》又撤销了《格拉斯-斯蒂格尔法案》中商业银行和投资银行分业经营的条款。同时，在欧洲和世界其他很多国家也没有完全一样的分业经营法规要求。因此，不论是从纵向时间比较，还是从横向国家之间比较，都缺乏一致的、独立的投资银行实体存在。

但是，在学理上，投资银行已经形成了一个独立的概念，并且也具备逻辑的一致性。从核心业务角度定义，投资银行是指在资本市场从事资本性工具的创造、流通转让服务的金融机构。由于这类业务主要面向一般社会公众，具有很强的社会公共性，通常也受法律规制。此外，投资银行作为一个市场主体也会根据盈利需要经营一些相关的、不受法律规制的资本市场等相关业务，主要有收购兼并、财务咨询等。

我国对券商牌照规定的主要业务是证券承销保荐、经纪、自营、直投、证券投资活动、证券资产管理及融资融券等。这些业务就是投资银行的核心业务。

第二节　资本性工具的创造和交易市场组织

一、资本性工具的创造——一级市场

股票和债券的发行过程就是它们的创造过程，发行本身也是一个交易过程，是发行人出售,投资者购买新发行的股票和债券的过程,该过程也就被称为一级市场交易。发行之后,市场上就有了可供交易的相应股票和债券,此后所进行的股票和债券等的交易被称为二级市场交易。一级市场创造股票和债券,使资本变得可交易,让大规模募集资本成为可能,让社会能够更好地实现分工,实现专业化和规模化生产。二级市场的有效和高效组织,让资本变得易交易,让所有短期闲置资金也能参与资本交易,通过交易接力转化成资本。因此,二级市场的有效运行是一级市场成功募集资本的重要保证。

投资银行的首要职能是帮助需要资本的公司、政府部门等机构发行股票和债券等资本性工具、募集资本。该过程需要解决三个核心问题:①资本性工具的公共性特征可能产生的欺诈和造假行为,这要求向公众募集资本的公司的行为规范、管理制度等接受公司法和证券法的制约;②由于信息不对称导致的资本性工具合理定价难题,这需要有效的信息披露和合理定价机制;③大规模资本募集所需要的高效营销能力和营销渠道。解决这三个问题的能力就是投资银行的专业核心能力。

证券发行过程一般包括以下几个步骤。

(一)证券发行保荐工作

投资银行通常作为股票和公司债券发行的保荐机构,推荐发行人证券发行上市,并在证券上市后持续督导发行人履行规范运作、信守承诺、信息披露等义务。

保荐机构推荐发行人证券发行上市,应对发行人进行全面调查,充分了解发行人的经营状况及其面临的风险和问题。

在推荐发行人首次公开发行股票并上市前,应当对发行人进行辅导。辅导内容包括对发行人的董事、监事和高级管理人员、主要股东和实际控制人(或者其法定代表人)进行系统的法规知识、证券市场知识培训,使其全面掌握发行上市、规范运作等方面的有关法律法规和规则,知悉信息披露和履行承诺等方面的责任与义务,树立进入证券市场的诚信意识、自律意识和法治意识,以及监管部门规定的其他事项。

(二)估值

在征集投资者认购需求之前,投资银行(主承销商)会在发行人的配合下,估算反映发行公司市场价值的参考价格,作为投资者认购决策的依据。常用的估值方式有收益贴现法与类比法。

(1)收益贴现法,就是通过一定的方式预测上市公司未来的经营状况,并选择恰当的贴现率与贴现模型,计算出上市公司价值,常用的有股利贴现模型、现金流贴现模型等。贴现法的关键在于如何确定公司未来的现金流和贴现率,这正是体现投资银行的专业价值所在。

(2)类比法,就是通过选择同类上市公司的一些比率,如市盈率、市净率等,再结合发行公司的财务指标,如每股收益、每股净资产,来确定上市公司价值,一般都采用预测的指标。市盈率法要求上市公司经营业绩稳定、不能出现亏损等,市净率法则过分依赖公司账面价值而不是最新的市场价值。除上述指标，还可以通过市值/销售收入、市值/现金流等指标来进行估值。

预测与估值很难做到准确，不同的估值方式得到的结论也不同，估值结果最终需要市场的认可。因此，估值之后需要发现市场需求，这就是路演（roadshow）与询价。

（三）路演与询价

路演指证券发行人通过投资银行的帮助，在正式发行证券前针对机构投资者进行的推介活动。其可促进投资者与股票发行人之间的沟通和交流，以保证股票的顺利发行，是促进证券成功发行的重要推介、宣传手段。

通常路演要实现以下目的。

（1）掌握投资者的需求情况，由此决定发行量、发行价和发行时机，保证重点销售。

（2）让投资者了解发行人的情况，做出价格判断。

（3）为发行人与投资者保持关系打下基础。

路演的主要形式就是举行推介会。在推介会上，公司向投资者就公司的业绩、产品、发展方向等做详细介绍，充分阐述上市公司的投资价值，让准投资者深入了解具体情况，并回答机构投资者关心的问题。路演一般会提供以下基本资料：企业推介画册；招股说明书；产品技术分析、市场分析、募集资金投向的可行性分析等研究报告。

（四）发行定价与销售

在完成公司估值和路演发掘投资者需求之后，需要将潜在的需求转换成实际的交易，实现证券成功发行。该过程包括正式收集各个投资者的需求（数量、价格）、确定发行价格、确定谁可以购买和购买数量。这些内容通常由一个完整的发行过程来实现，该过程的不同安排被称为发行定价方式。

1. 发行定价方式

不同发行定价方式的区别体现在两个方面：一是在定价之前是否已获取并充分利用投资者对新股的需求信息；二是在出现超额认购时，承销商是否拥有配发股份的灵活性。根据这两个标准，新股发行定价方式大体上可分为三种类型：固定价格发行、竞价发行和询价发行。

1）固定价格发行

固定价格方式下，主承销商根据估值结果及对投资者需求的预计，直接确定一个发行价格，并根据该价格进行公开募集发行。

在固定价格确定之后，由投资者公开、自由认购，通常会出现认购数量超过发行数量的情形。因此，需要确定谁可以购买的问题。在超额认购情形下的股份发行分配有两种模式：一是根据各投资者的申购数量按比例分配，该模式称为固定价格公开认购方式；二是承销商有分配股份的权利，该模式称为固定价格允许配售方式，该模式有利于选择股东结构。各国监管要求不同，有的允许配售，如澳大利亚等；有的不允许，如新加坡等。

固定价格发行方式是股票发行定价中比较简单的一种，比较适合于规模不大的证券发行，特别是在以个人投资者为主的市场，由于缺乏高素质的机构投资者，对投资者询价或由投资者自主报价的参考意义不大，因此许多新兴市场在发展初期均采用固定价格发行方式。

但在固定价格发行方式下，发行价格的确定取决于承销商对发行新股的估值，是否准确依靠承销商的业务能力和主观判断，存在较大的不确定性。由于缺乏市场需求信息，容易发行失败。承销商为了确保发行成功，倾向于压低发行价格，从而可能导致发行价与上市价出现较大的偏离。

2）竞价发行

竞价发行也称为公开招标发行，是一个最基本的发行方式，多用于国债、金融债或大型公司债的发行。

通常发行人先设定一个底价（价格或利率），然后由投资者或承销商独立报价，包括愿意购买的价位（利率）和数量；在报价结束后，按价格优先进行排序，然后根据特定规则确定发行价格、分配投资者购买数量。常用的竞价方式有三种：荷兰式、美国式和混合式。

（1）荷兰式中标，也称单一价格中标。根据投标价格从高到低累计投资者的投标数额，当累计额达到预定发行规模时，对应的报价就作为发行价格，也称中标价位，所有中标者都按该价位中标购买；高于该中标价位的投资者的申购数量全部得以满足，等于该价位的申报量按比例分配，如果有时间先后，也可以先按时间优先分配，再按比例分配。

例如，现有一批 10 期国债要发行，拟发行规模为 300 亿元、票面利率为 3.5%。现用荷兰式招标发行，以面值 100 元的购买价格方式报价，报价结果见表 8-4。

表 8-4 投标报价结果

投资者	报价/元	数量/亿元	累计数量/亿元
工商银行	101	100	100
建设银行	100	50	150
中信证券	99	50	200
七匹狼投资	98	30	230
兴业银行	97	50	280
宁波银行	97	120	400
广发证券	96	200	600

根据报价结果，累计数量达到 300 亿元时的价位为 97 元，则中标价位就是 97 元，所有中标者均按 97 元购买，工商银行、建设银行、中信证券和七匹狼投资按申报数量全部中标，如果有时间优先规则，且兴业银行时间优先于宁波银行，则兴业银行全部中标，宁波银行中标 20 亿元；如果没有时间优先规则，则兴业银行和宁波银行按比例分配剩余的 70 亿元，兴业银行得 5/17，宁波银行得 12/17。

（2）美国式中标，也称为多重价格中标。在按价格优先排序之后，所有投资者均按各自报价和申购数量中标，直到当期发行额度分配完成。如果最后的价位的申购量超过剩余可分配量，也可以按时间优先或申购比例分配。因此，其在数量分配上与荷兰式中标相同，但中标价格不同。

在表 8-4 的报价情形下，从工商银行到宁波银行都只能按各自的报价购买相应的分配数量。

（3）混合式中标。该方式在按价格排序之后，先按申购数量累计方式确定一个中标价格区间，然后计算该区间所有申报的加权平均价格，最后再以该平均价格为基准将中标区间划分为两部分，高于等于平均价格的部分按荷兰式单一价格发行，低于平均价格部分按美国式多重价格发行，数量分配方式不变。

在表 8-4 的情形下，中标价格区间为 101～97 元。该区间所有申购的加权平均价格为 98.7 元。则高于该价格的工商银行、建设银行和中信证券按 98.7 元的价格中标；低于该价格的七匹狼投资、兴业银行和宁波银行按各自的 98 元、97 元申购价格中标。

以上三种竞价方式各有优缺点。多重价格中标方式，对于发行者来说，最终获得的是加权平均价格，表面上要高于单一价格中标。但投资者为了能够中标，需要提高报价，这样的话报价容易高于市场真实的价格，中标人可能会因此蒙受损失，出现"赢者诅咒"现象。为了避免"赢者诅咒"现象，投资者往往会采取较保守的策略，如降低报价或减少申报数量。这样反而会加大发行的成本。单一价格中标方式能较好地避免"赢者诅咒"现象，鼓励提高报价，增加证券发行需求。但是如果市场需求弹性较小，那么单一价格方式带来的提高报价和需求的效应可能无法抵销为规避"赢者诅咒"现象产生的收入损失，也可能导致更低的发行收入。混合中标方式综合了前两种方式的优点，使得出价高的投资者不至于支付最高的价格，避免"赢者诅咒"现象，也使得发行者可以获得更合理的发行价格。

此外，为了降低竞价发行中的信息不对称程度，更好地发现市场需求，在正式竞价之前会进行证券预发行。预发行类似债券的远期交易。交易者对远期将要发行的国债价格进行判断，并以此为基准进行买卖交易。通过市场买卖双方的力量，预发行交易能形成一个对将要发行的国债相对公正的价格，让承销成员在国债招标前了解市场真实需求，从而指导承销商在投标日的竞标。预发行拥有类似期货的价格发现功能，也能使承销团在拍卖前就对国债进行分销，降低分销风险。

总体来说，影响竞价发行成功与否的因素始终是信息不对称或者证券价格的不确定性。因此竞价方式主要适用于政府债券、金融债券和少数高信用等级企业的大规模债券发行，这些发行主体的信息不对称问题较少，债券价格的确定性和流动性都较高。

世界上主要国家的国债发行，通常在起步时会采用美国式多重价格中标方式，在市场逐步成熟后会转向荷兰式单一价格中标方式，如美国和日本等。当前我国对 10 年期（不含）以上的记账式国债采用单一价格中标方式，对 1 年期（不含）以下的记账式国债采用多重价格招标方式，对关键期限（1、3、5、7、10 年）的国债采用混合式中标方式。

3）询价发行

询价发行基本方法还是累计投标。累计投标指发行人通过累计报价机制确定发行价格和股份配售的过程，主承销商根据估值先确定新股发行价格区间，举办路演推介，由投资者自主申报愿意购买的价格和数量，然后根据价格优先的原则，累计需求量；通常以累计需求量达到发行量时的价格作为最终发行价格；然后以价格优先原则确定购买资格，通常是超过发行价的报价都应得到配售，等于发行价的报价按比例配售。

单一价格累计投标发行有可能导致部分投资者为了中标而提高报价，导致发行价格虚高，当然这对发行者是有好处的，但对健康的市场是不利的。好的市场应该是能形成反映真实价值的有效价格。因此，监管部门会对以上基本的累计投标方式进行修订。典型方式有以下几种。

（1）将价格确定与购买资格确定过程分开。首先用一般累计投标过程确定发行价格，然后让投资者再次申报购买数量，并根据申报数量按比例配售。

（2）限定可以参加累计投标的投资者。将发行总量分为两部分，一部分只针对符合条件的投资者发行，通常是机构投资者和有估值能力的个人投资者；该部分发行采用累计投标发行，在发行过程同时确定发行价格和配售结果。另一部分按累计发行确定的价格以固定价格方式公开向所有投资者发行，根据申购数量按比例配售。此外，为了修正两部分投资者预期差别太大，当公开发行部分出现超额申购或者申购不足时，允许对两部分初始分配量进行调整，该办法称为"回拨机制"。

（3）直接剔除部分最高报价信息和投标者的配售资格，这将有效降低激进、非理性报价。

这种修改后的累计投标方式也被称为"询价机制"或"簿记建档方式"。

我国当前的《证券发行与承销管理办法（2018 年修订）》规定的主要发行方式就是"询价机制"。

该办法规定首次公开发行股票采用询价方式的，公开发行后总股本在 4 亿股（含）以下的，网下初始发行比例不低于本次公开发行股票数量的 60%；公开发行后总股本超过 4 亿股的，网下初始发行比例不低于本次公开发行股票数量的 70%。

只有基金等符合条件的机构投资者才能参与询价和配售，其他社会公众投资者不能参加。公开发行股票数量在 4 亿股（含）以下的，有效报价投资者的数量不少于 10 家；公开发行股票数量在 4 亿股以上的，有效报价投资者的数量不少于 20 家。剔除最高报价部分后有效报价投资者数量不足的，应当中止发行。

剔除部分不得低于所有网下投资者拟申购总量的 10%，剔除部分不得参与网下申购。

网上投资者有效申购倍数超过 50 倍、低于 100 倍（含）的，应当从网下向网上回拨，回拨比例为本次公开发行股票数量的 20%；网上投资者有效申购倍数超过 100 倍的，回拨比例为本次公开发行股票数量的 40%；网上投资者有效申购倍数超过 150 倍的，回拨后无锁定期网下发行比例不超过本次公开发行股票数量的 10%。网上投资者申购数量不足网上初始发行量的，可回拨给网下投资者。

2. 超额配售选择权

当出现超额认购时，主承销商还可以使用"超额配售选择权"，又称"绿鞋选择权"（greenshoe option）增加发行数量。"绿鞋选择权"因美国绿鞋公司在 1963 年 IPO 时使用而得名，是发行人根据承销协议赋予承销商的一项权利，获得此授利的承销商可按照同一价格超额发售不超过本次发行数量 15% 的股票（简称绿鞋规模），至于最终超额配售的结果则视市场情况在后市稳定期（一般为上市之日起 30 个自然日）结束后确定。

通常出现超额认购时，承销商就会行使该权利。然后在后市稳定期内，如果市场价格走低、低于发行价格，承销商会利用超额发行的资金回购部分股票（不超过"绿鞋规模"）；通常回购的部分会用于支付可以延期支付的战略投资者认购的股票，如果在稳定期内全部回购了超额发行的"绿鞋规模"，实际上是没有超额发行的。如果在稳定期内市场没有跌破发行价，承销商不用回购，那么，本次发行就实际超额发行了。

绿鞋选择权的运用不仅使发行人具有可基于需求热度等情形调整融资规模的灵活性和扩大融资规模的可能性，也有助于减少股票上市后初期的波动，有利于股价由一级市场向二级市场平稳过渡，降低投资者在短期内的市场风险。

在境外市场，"绿鞋选择权"得到了较为广泛的应用。根据数据统计，2018 年以来，美国纳斯达克和纽交所的全部 IPO 中采用这一机制的比例超过 80%；同时期，中国香港市场的 IPO 中，有近一半的公司采用了"绿鞋选择权"，其中 1 亿美元以上规模的发行中全部设置了绿鞋机制。

中国证监会在 2001 年颁布了《超额配售选择权试点意见》，2006 年 9 月 19 日施行、2018 年修订的《证券发行与承销管理办法》也规定，首次公开发行股票数量在 4 亿股以上的可以在发行方案中采用超额配售选择权。

二、资本性工具的交易组织——二级市场

资本市场的扩张首先来源于参与人员的扩大，让更多的人有机会参与资本性工具的交易；其次是扩大可参与交易的资源，特别是小额资源的参与。这些是对已有资源的挖掘，使原来已经存在，但难以参与资本交易、难以转化为资本的资源，通过新的机制或服务参与资本交易、转化成资本。

实现该目标需要解决两个问题：一是资本交易的可达性问题，让所有想参与资本交易的人都能够方便地参与，特别是让远离资本市场的人也可以参与；二是降低交易成本，让所有资源，特别是小额的、盈利能力不高的资源也可以参与交易实现盈利。

市场天然必须聚集，只有聚集了，交易信息才能有效交流，才容易找到交易对手。

解决市场扩张与市场聚集的矛盾就是投资银行承担证券交易经纪商的基本职能，通过交易分层组织实现集中交易与交易者分散之间的协调。

如图 8-1 所示，交易所、证券登记公司、证券交易结算中心和一系列的证券公司构成了现代证券交易二级市场的基础架构。在这个架构中，投资者首先在证券登记公司开户，由证券登记公司帮助记录其持有的各种证券；然后在任一证券公司开立资金账户，并托管证券账户；最后，所有投资者想交易时都通过开户的证券公司提交交易指令，由证券公司将交易指令送到证券交易所的交易系统中，在交易系统中根据交易处理规则完成交易、等待或到时取消等操作。完成交易之后，交易所将成交信息反馈给交易结算中心、证券登记公司和证券公司，由它们自动完成交易结算、支付、证券交割和登记。最后交易者通过证券公司查看交易结果以及自己的资金账户和证券账户情况。

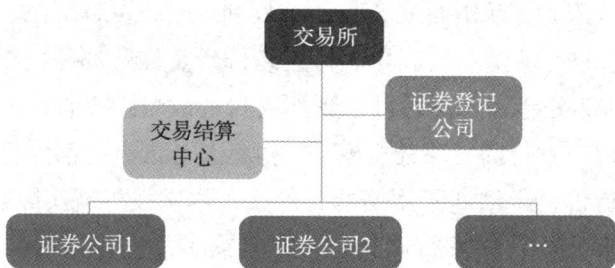

图 8-1 集中交易与交易者分散之间的协调

在这个架构下，所有交易都集中在交易所的交易系统中，所有交易者都只要通过证券公司提供的终端接口查看各种交易信息、提交交易指令。实现了交易集中与交易者分散的协调。随着信息技术的应用，证券公司的终端接口已经不断延伸。20 世纪 90 年代，我国交易者还需要到证券营业部当面填写并提交交易指导、由营业部工作人员通过电话将指令送入交易所，由证券公司的交易代表（红马甲）执行交易。后来证券公司又提供了电话交易服务，交易者只需通过拨打证券公司的专用电话，根据提示提交指令，由电话将指令直接送入交易所的交易系统。现在，所有交易者都可以方便地利用证券公司的电脑交易系统、手机应用程序随时随地访问系统，提交交易指令，极大地提高了资本交易的可达性。

现在，只要你有参与资本交易的意愿和认识，并且已经拥有一个银行账户，即使你在西藏的边远山村里，你也可以通过网络与某个证券公司联系，通过网络直接开立证券登记账户和资金账户，并随时参与资本市场交易。同时，一方面随着信息技术的运用，证券公司有效降低了人工服务成本，不需要红马甲了，营业部的工作人员也极大地减少了，甚至关闭了很多营业部；另一方面，由于可达性的提高，规模效应也显现了，由此形成了良性循环，经纪服务佣金不断下降。我国当前的经纪佣金率已经有低到万分之一的水平了，国外甚至已经出现零佣金的交易平台（如美国的 Robinhood、澳大利亚的 Stake）。

在资本市场可达性、交易成本极大下降的情形下，资本市场得到了极大的扩张。表 8-5 是我国证券投资者人数变化情况，自 1990 年我国恢复资本市场，设立了上海证券交易所和深圳证券交易所，1992 年资本市场投资者约 216 万人（当时统计数据为有效账户，实际人数应该比这小），到 2014 年达到 7 294.36 万人，增加了约 33 倍；到 2020 年更是达到了约 1.78 亿人，又增长了 1.4 倍。

表 8-5　我国证券投资者人数变化情况　　　　　　　　　万人

年份	2020 年	2018 年	2015 年	2014 年	1992 年
投资者人数	17 777.49	14 650.44	9 910.53	7 294.36	216.65
其中：自然人	17 735.77	14 615.11	9 882.15		
非自然人	41.72	35.33	28.38		

注：1992 年是有效账户数，2014 年起开始统计投资者人数。

在资本二级市场极大扩张的情况下，资本的流动性、资本的配置效率、社会活力都会提高；一级市场的资本募集、资本动员能力也相应地增强。

三、信用交易——掌握信息就能交易、增强市场有效性

信用交易又称垫头交易（margin trading）、保证金交易或融资融券交易，是指投资者通过交付一定数额的保证金，得到证券经纪人的信用而进行的证券买卖，借入资金买入证券（融资交易）或借入证券并卖出（融券交易）的行为。融资融券交易关键在于一个"融"字，有"融"的投资者就必须提供一定的担保和支付一定的费用。

市场不仅要有扩张能力，更重要的是要有效，有效也是市场具有扩张能力的基础。有效对于卖方而言就是能以更高的价格出售，对于买方而言就是能以更低的价格买到标的，有效的市场既不能只对卖方有效，也不能只对买方有效。真正有效的市场应该是一个能够以合理的价格实现交易的市场，即价格有效，价格能够客观反映真实的价值。

市场上真实的买者或卖者可能并不具备价格判断能力，或者持有证券的人对价格也不敏感。比如，只专注于自身公司经营管理的大股东，对短期的价格变化不在意，也可能对新的技术趋势在情感上抵制，而误判自身股票的价值；相反，市场上却存在一些专注于公司价值相关的信息收集、价格研判的人，这些人却可能因为缺乏资金或者不持有相应股票，而无法参加交易，那么他们所掌握的信息就无法融入价格变化过程，价格就难以及时反映价值，市场的有效性就会降低。引进信用交易，能够赋予这些人交易能力，从而增强市场的有效性。

2010 年 3 月 31 日，上海证券交易所、深圳证券交易所正式开通融资融券交易系统，我国融资融券业务正式启动。我国的融资融券业务，是特指在证券交易所或者国务院批准的其他证券交易场所进行的证券交易中，证券公司向客户出借资金供其买入证券或者出借证券供其卖出，并由客户交存相应担保物的经营活动。证券公司要获得证券监管

机构的批准才能经营该业务，能否开展信用交易的券种也有特别的规定。

（一）保证金购买

保证金购买是指对市场行情看涨的投资者交付一定比例的初始保证金，由经纪人垫付其余价款，为他买进指定证券。最低初始保证金比率通常由中央银行规定。如美联储目前规定的最低初始保证金比率是 50%。

保证金交易对于经纪人来说相当于在提供经纪服务的同时，又向客户提供了一笔证券抵押贷款。这种贷款的风险很小，因为保证金购买的客户必须把所购证券作为抵押品托管在经纪人处。而且如果未来该证券价格下跌，客户遭受损失而使保证金低于维持保证金的水平，经纪人就会向客户发出追缴保证金通知。客户接到追缴保证金通知后，得立即将保证金水平补足到初始保证金的水平。

对于客户来说，通过保证金购买可以减少自有资金不足的限制，提升投资效果。当投资者对行情判断正确时，其盈利可大增。当然，如果投资者对市场行情判断错误，则其亏损也是相当严重的。

例 8-1：假设宝钢股份股票每股市价为 10 元，黄蓉对该股票看涨，于是运用保证金购买。假设该股票不支付现金红利，初始保证金比率为 50%，维持保证金比率为 30%。保证金贷款的年利率为 6%，其自有资金为 10 000 元。这样，她就可以借入 10 000 元共购买 2 000 股股票。

假设一年后股价升到 14 元，如果没有进行保证金购买，则投资收益率为 40%。而保证金购买的投资收益率为

$$[14 \times 2\,000 - 10\,000 \times (1 + 6\%) - 10\,000] / 10\,000 = 74\%$$

假设一年后股价跌到 7.5 元，则投资者保证金比率（等于保证金账户的净值/股票总市值）变为

$$(7.5 \times 2\,000 - 10\,000) / (7.5 \times 2\,000) = 33.33\%$$

那么，股价下跌到什么价位（X），投资者会收到追缴保证金通知呢？这可以用下式来求解：

$$(2\,000X - 10\,000) / 2\,000X = 30\%$$

从上式可以解得：$X = 7.143$。因此当股价跌到 7.14 元时投资者将收到追缴保证金通知。

假设一年后该股票价格跌到 5 元，则保证金购买的投资收益率将是

$$[5 \times 2\,000 - 10\,000 \times (1 + 6\%) - 10\,000] / 10\,000 = -106\%$$

例 8-1 表明，信用交易具有杠杆效应，50%的保证金比例，就是两位的杠杆，即你实际使用的资金量是自有资金量的两倍，盈亏也会是自有资金情形下的两倍。

（二）卖空交易

卖空交易是指对市场行情看跌的投资者本身没有证券，向经纪人交纳一定比率的初始保证金（现金或证券）借入证券，在市场上卖出，并在未来买回该证券还给经纪人。

在卖空证券期间，该证券的所有权益均归原所有人所有。因此若出现现金分红的情形，虽然卖空者未得到现金红利，但他还得补偿原持有者该得而未得的现金红利。

为了防止过分投机，证券交易所通常规定只有在最新的股价出现上升时才能卖空。卖空所得也必须全额存入卖空者在经纪人处开设的保证金账户。当股价上升超过一定限度从而使卖空者的保证金比率低于维持保证金比率时，卖空者将收到追缴保证金通知。此时他要立即补足保证金，否则经纪人有权用卖空者账户上的现金或卖掉该账户上的其他证券来买回卖空的证券，损失由卖空者承担。

例 8-2：黄蓉现有 9 000 元现金，并对宝钢股份看跌。该股票不支付红利，目前市价为每股 18 元。初始保证金比率为 50%，维持保证金比率为 30%。则黄蓉可以向经纪人借入 1 000 股卖掉。

假设该股票跌到 12 元，黄蓉就可以按此价格买回股票还给经纪人，每股赚 6 元，共赚 6 000 元。投资收益率为 66.67%。

假设该股票不跌反升，那么黄蓉就有可能收到追缴保证金通知。到底股价升到什么价位（Y）才会收到追缴保证金通知呢？可由下式求解：

$$(18\,000 + 9\,000 - 1\,000Y) / 1\,000Y = 30\%$$

得：$Y = 20.77$ 元。

假设股价升到 26 元，则投资收益率为

$$(18 \times 1\,000 - 26 \times 1\,000) / 9\,000 = -88.89\%$$

（三）转融通

证券公司作为一个金融中介，仅靠自身资源开展融资融券业务，难免受资源所限，业务规模难以做大。为了满足市场需求，做大业务规模，证券公司在自身资源和证券资源不足时，通过向银行、基金、保险公司或专业的证券金融公司等机构借入资金和证券，开展融资融券业务，这个过程就称为转融通。证券公司利用回购、抵押贷款等方式从货币资金市场进行融资，以及向保险基金、共同基金等证券市场的长期投资者进行融券等，这将大大拓展证券公司的融资融券业务发展空间。

虽然融资融券业务在理论上会提高市场的有效性，但在实践中，参与融资融券交易者往往并非具有专业的市场价值研判能力，且常常过度自信。因此，实践中融资融券业务常常会放大市场的投机行为，增加市场波动风险。为了避免过度投机，各国都会对融资融券业务有所约束，典型的做法就是，转融通业务集中由一家指定机构经营，并随时监控市场业务规模，甚至可以根据市场状态适时控制业务规模。

我国于 2011 年 10 月 28 日成立了中国证券金融股份有限公司，集中统一由该公司开展转融通业务，并于 2012 年 8 月 30 日启动转融资业务，2013 年 2 月 28 日启动转融券业务。证券金融利用自有资金或者通过发行债券等方式筹集的资金开展转融资业务；而转融券业务的证券可以是其自有的，也可以是向上市公

案例 8-1

司股东、保险公司、养老基金等大型机构投资者等出借人借入的流通证券。

第三节　投资银行的历史演进与未来发展

早期的投资银行业起源于欧洲的商人银行，这些商人银行主要从事欧洲海外贸易的票据承兑业务，这些商人银行实力雄厚，多为少数家族控制，与政府、王公贵族联系密切，常常为政府、王公贵族融资，后来逐步承销经营政府债券。例如，英国自从英格兰银行成立开始就持续大量发行各类公债为战争融资，法国战争期间从事法国公债交易；美国南北战争的债券发行等。其中著名的投资银行有巴林（Baring）、罗斯柴尔德（Rothschild）、施罗德（Scbroder）、汉布罗（Hambros）等。

现代意义上的投资银行是在信用证券化下，随着证券市场的发展、产业分工而发展的。作为证券发行、承销和经纪的基本中介，投资银行是伴随着证券信用和证券市场的产生而产生的。作为一个独立产业，其是在银行业与证券业的"融合—分离—融合"的过程中产生和发展起来的。投资银行大约经历了以下几个发展阶段。

一、19 世纪至 20 世纪初投资银行的发展

19 世纪初开始，随着美洲大陆殖民扩张、基础设施建设、政府战争融资和基础工业的发展，典型的现代投资银行业作为一个相对独立的产业在美国兴起，在与证券业的互动发展中壮大起来。例如，人们公认美国投资银行创始人是撒尼尔·普莱姆，他于18 世纪 90 年代来到华尔街，成为一名主要的证券经纪人，而后成立了经营外汇的普莱姆-伍德-金投资银行，并进入证券交易领域。在政府信用扩张和工业大量筹资的情况下，美国投资银行迅速拓宽了业务领域，紧跟美国经济发展占领了大批证券承销业务领域。在这百年的历史中，大约经历了以下两个阶段的发展。

第一阶段：美国内战期间及其前后出现的大量政府债券和铁路债券塑造了美国特色的投资银行。

在美国内战期间，政府发行了大量的政府债券。在债券的发行过程中，投资银行作为中介机构起了重要作用。同时，通过经营批发业务、安排证券发行、进行证券承销等，投资银行也获利不菲。例如，美国著名投资商号塞利格曼家族（Selrgmans）利用内战带来的在欧洲市场上行销联邦政府债券的机会，到 19 世纪 70 年代已成为欧洲市场上五大投资商号之一。此时，投资银行家已奠定了作为证券承销商和证券经纪人在证券市场的突出地位。

18—19 世纪，资本主义国家为解决经济发展给基础设施带来的巨大压力，掀起了建设基础设施的高潮，投资银行在筹资和融资中扮演了重要角色，其自身也得到了突飞猛进的发展。例如，摩根公司 1879 年在伦敦承销 25 万股纽约中央铁路公司的股票，与此同时，它也获得了在中央铁路委员会中的代表权，取得了银行业对铁路的控制权。

投资银行家开始从初期的证券承销、经纪业务中进入更具战略高度的业务，为公司股票发行、收购兼并、产业布局等提供筹划服务，或为政府筹资出谋划策。

第二阶段：19世纪末20世纪初，企业兼并和工业集中挖掘出投资银行的巨大潜力。1898—1902年，发生了美国历史上第一次并购浪潮，其特征是横向并购。在企业兼并大量融资的过程中，投资银行家凭借其信誉和可行的融资工具为企业筹集了大量的资金。投资银行家是这一时期美国产业中几乎每一个重要部门托拉斯的"接生员"。这次浪潮之后，投资银行开拓了其在企业收购、兼并方面的业务，成为重整美国工业结构的策划者，改变了大部分美国的工业形式。例如，通用电气公司、美国钢铁公司和国际商船公司就是这一期间在摩根公司的领导下创建的。

在这百年历史中，投资银行业有了迅猛的发展，也使证券经纪业降到了次要地位。投资银行家势力日益增强，并且互相合作，左右美国金融业，牵制美国工业。同时，投资银行和商业银行相互渗透。到20世纪20年代，经济的持续繁荣带来了证券业的高涨。但好景不长，1929年股市泡沫破裂，没有参与股市投机，将钱存在银行和信托公司里的人也未能躲过这场灾难，大量商业银行倒闭，迎来了经济大萧条。因为任何大银行和信托公司都有投资附属公司，大银行往往动用存款人的钱承销新股票和从事直接的投机。这在当时符合惯例与传统，并被认为是能促进经济发展的合理方式。

二、1933年开始的金融管制下的投资银行

1929年的世界经济危机之前，证券发行、经纪等投资银行业是基本不受法制监管的。在自由环境中高速发展，必然导致一些银行家的投机、冒险行为。1929年10月28日股市的暴跌拉开了世界经济大萧条的序幕。经过这场危机的洗礼之后，美国社会开始对金融业进行立法监管，内容之一便是严格确立了美国投资银行业在今后几十年中所遵循的业务范围和经营规范。在一系列的金融立法中，最著名的是《格拉斯-斯蒂格尔法案》，其将商业银行和投资银行严格分离，禁止商业银行从事投资银行业务，不允许其进行包销证券和经纪活动；禁止投资银行从事吸收存款、发放贷款、开具信用证和外汇买卖业务；同时规定了存款保险制度。

《格拉斯-斯蒂格尔法案》及其后的《1933年证券法》《1934年证券交易法》《1938年玛隆尼法案》《1940年投资公司法》《1940年投资顾问法》等一系列法规为促进证券业的发展、规范金融机构的行为、保证金融市场的秩序发挥了重要作用。投资银行业也成为美国立法最健全的行业之一。第二次世界大战期间，欧洲的投资银行业深受打击，战后恢复缓慢；而美国的投资银行未受战火侵害，加之处于较规范的市场中而得以从容发展。从第二次世界大战结束直至20世纪70年代，美国经济相对平稳增长，美元坚挺，利率稳定，通货膨胀率降低。这一期间投资银行和商业银行基本遵循《格拉斯-斯蒂格尔法案》的规定，分别在证券领域和存贷领域巩固了各自的地位。这期间世界主要的投资银行业的重心基本都在美国。

扩展阅读 8-1

在第二次世界大战之后到 20 世纪 70 年代，一些后发国家或地区也都借鉴美国的分业经营模式发展自己的投资银行业业。如日本于 1948 年颁布了历史上第一部《证券交易法》，商业银行与证券公司的业务范围也受到了严格划分。在政府的积极筹划和政策刺激下，日本证券市场平稳成长，证券公司也相继出现，只是从诞生之日便受到政府的严格控制。

三、20 世纪 70 年代之后经济全球化及管制放松下的投资银行

1971 年 8 月 15 日，布雷顿森林体系解体，汇率、利率波动剧烈，金融业活动日益复杂化，1973 年的石油危机使世界经济形势发生动荡，通胀加剧。同时世界经济全球化、国际化分工深化；金融业的国际竞争加剧、金融环境的变化、金融业务不断创新、欧洲、日本投资银行业的重新崛起等，冲击了在金融管制下较为封闭的美国投资银行和商业银行。为了保住市场、寻求新的利润点，投资银行和商业银行在开始创新服务的同时，逐渐渗入对方的业务领域。

《格拉斯-斯蒂格尔法案》确立的分业经营为美国投资银行业的发展提供了稳定的法律基础，但随着资本市场的快速发展、金融市场的竞争加剧，该制度也制约了投资银行的经营范围、限制了盈利空间、影响了投资银行的进步。由此，发达国家先后以立法的方式确认混合经营模式。

1986 年，英国政府发动了一场规模宏大的金融改革。改革的核心内容是金融服务业自由化，促进了商人银行业务与股票经纪业务相融合，商业银行与投资银行的相互结合。英国商业银行纷纷收购和兼并证券经纪商，涌现出了一批超级金融机构，业务领域涵盖了银行、证券、保险、信托等各个方面，成为全能金融集团。这场改革被人们称为"金融大爆炸"，很快便引发了全球金融自由化浪潮。

1989 年，欧共体发布"第二号银行业务指令"，明确规定了欧共体内部实行全能银行制度；日本 1992 年颁布《金融制度修正法》，允许商业银行通过子公司从事证券业务。1999 年，美国国会通过了《金融服务现代化法案》，废止了《格拉斯-斯蒂格尔法案》，使得美国混合经营模式也从法律上确认。

随着世界经济全球化的发展，全球金融市场也逐步连成了一个不可简单分割的整体。与此同时，投资银行逐步跨越了地域限制和国界限制，经营着越来越广泛的国际业务。从 20 世纪 60 年代开始，世界各大投资银行纷纷向海外扩张，纽约、伦敦、巴黎、东京、日内瓦等国际金融中心成立了大批国外投资银行分支机构。到了 20 世纪 90 年代，投资银行的国际化进程明显加快，许多投资银行都成立了管理国际业务的专门机构。

四、2008 年金融危机之后的投资银行

2008 年由美国次贷危机引发的华尔街金融危机迅速蔓延到全球，导致全球实体经

济衰退。在危机中，历史最悠久的投行——具有 158 年历史的雷曼向美国破产法院申请破产保护。此外，美国五大投行的其他四家，贝尔斯登被摩根大通收购，美林被美国银行收购，而摩根士丹利和高盛则转为银行控股公司，美国五大投行格局就此结束。

危机产生的原因，除监管不力外，很大一部分在于当时这些投资银行过度使用资产抵押证券、担保债务凭证（CDO）以及信用违约互换（CDS）等高风险的金融衍生工具，过度扩张信用，反映了当时以美国五大投行为代表的独立投资银行存在流动性缺乏、监管力度不足等问题。相比于欧洲国家的全能型银行以及金融控股公司，美国独立投资银行应对金融危机的能力远远落后。

这场金融危机对美国乃至全球的投资银行业格局产生了巨大的影响。首先，混业经营模式难以逆转，此次国际金融危机表明，混业经营模式和综合化经营模式具有更强的生存力，投资银行也将同时接受央行的救助和监管。其次，投资银行将面临更加规范的监管。相比于商业银行，原来的投资银行业更注重创新，受到的监管较宽松。此次国际金融危机之后，为了适应混业经营的发展趋势，世界各国对金融监管机构进行了整合，向混合统一监管模式转变，以消除监管盲区或真空地带，增强监管能力，提高监管水平和效率。大多数欧洲国家已对金融业实行统一监管，国际投资银行业也面临更加严厉的监管。

扩展阅读 8-2

五、投资银行业的发展规律与未来趋势

（一）股票债券的公共性决定了投资银行本源业务专业化分工的必然性

公共性决定了维护股票债券真实、有效的法律复杂性，复杂性决定了分工的必然要求。大规模发行股票和债券需要面向大量普通公众，由大量普通公众出资共同组建公司形成了复杂的、多方的权责关系，并且无法一对一协调。为了保证股票、债券等资本性工具的真实有效，协调控股股东、普通公众股东、董事会、经理层等相关主体之间的复杂权责关系，各国都遵循各自的发展路径逐步建立了复杂的法律制度，包括公司法、会计法、证券法等法律法规，以规范股票、债券等资本性工具的发行、交易及公司运营，并对违规者进行严厉的惩处。证券发行、公司决策运营要有效遵循相关法律法规以及需要专业的指导，同时大规模的发行也需要有专业的营销能力，而这些工作内容通常都不是发行人的主业，由此，自然就产生了专业从事证券发行和交易服务的投资银行业。

（二）为资本交易服务决定了投资银行与商业银行的天然联系

在专业化分工逐步深入、对资本需求增加的初期，作为一个货币创造机构的商业银行自然就成了资本来源的首选渠道，商业银行通过吸收存款、发放贷款在创造货币的同时，以间接融资的方式为资本的形成和交易提供了服务，当大规模资本需求增加、降低资本成本、增强资本交易的流动性等要求提高，逐步转向资本证券化时，具有先天优势、资本优势和天然联系的商业银行成了投资银行业起步阶段的天然主体,包括我国从计划经济时代转型而来的也不例外。

(三)证券流动性要求产生的投机性与商业银行安全性要求存在天然矛盾

资本交易证券化的目的就是实现资本交易,提高资本的流动性,以流动性实现大范围的资本募集、化长为短的资本接力供给,最终实现大规模的资本募集,实现全社会专业化、规模化生产和效率的提高。但资本的交易也为交易投机创造了条件,再加上资本价值本身存在更强的不确定性,因此,证券市场天然具有高风险性。商业银行本身的存贷款业务、创造信用货币过程就已经形成了高杠杆、高风险特征,而货币又天然需要币值稳定、货币安全。

因此,证券业务的投机性与商业银行安全性的要求存在天然的矛盾,虽然商业银行在金融市场发展的历史演变中,自然而然地承担了早期的投资银行业务,当该矛盾难以调和时,各主要国家都实行了证券业与商业银行业的分业经营的管制措施,该措施的主要目的是保护商业银行、保护货币安全,而对投资银行监管相对宽松、鼓励创新,投资银行本身也不愿意接受严厉的监管。

虽然在 2008 年的金融危机之后,美国等国已经转向混业经营,但这种转型是在证券业已经高度发达、证券市场风险已经构成社会的重大风险、政府必须救助、投资银行主动寻求救助也愿意接受监管,同时也是满足参与国际竞争需要的情况下发生的。

(四)投资银行业的专业化分工将进一步细化

早期投资银行业的发展脱胎于资金融通的专业化分工,其进一步发展也将同样沿着专业分工细化的方向前进,同时服务对象将向企业初创期延伸,向初创企业提供资本供给服务。

早期的投资银行首先提供股票等证券发行、承销和交易经纪等投行本源业务服务,随着资本市场理念在全球范围的扩散、市场规模的扩大以及信息技术应用的普及、资本市场可及性的提高,投资银行业务逐步产生了新的分工。

首先,市场出现了专业的经纪服务业,甚至还出现了"零佣金"的专业经纪服务分工,如美国的 Robinhood、Redbridge Securities LLC 等。

其次,随着证券发行、承销服务水平的提高,网络化发行的普及,投行服务门槛的逐步下降,有些国家甚至已经允许公司直接在交易所挂牌上市发行,如 2020 年 12 月 22 日,美国证券交易委员会正式批准纽约证券交易所允许公司通过直接上市筹集资金,使得纽约证券交易所成为历史上首家获准可进行直接上市融资的交易所。这些发展趋势直接提高了证券发行、承销等传统投资银行业务的竞争程度,该市场也将会出现一些更专业的服务机构,提供更低成本的证券发行与承销服务。

最后,传统的投资银行将逐步转向资产管理、风险投资、收购兼并等非标准化的资本交易服务,特别是为初创企业提供更多的资本供给服务。

（五）监管细化、责任到人

证券市场已经逐步被认为是社会分工协作得以深化的第二支柱（首要支柱为货币），随着证券发行、承销、经纪服务水平的提高，投资银行业本源业务服务门槛的下降，维护股票、债务等标准化资本性工具的真实、有效的难度也在提高，未来投资银行业的监管将会聚焦于证券发行、承销和二级市场的交易行为，并将进一步细化监管目标、责任落实到人，不断加大违规、违法的惩处力度，像维护货币一样维护证券市场的安全、稳定。

本 章 小 结

投资银行的资产以短期金融资产为主且规模远小于商业银行，资金来源以发行债券、客户的代理证券交易款负债为主。构成投资银行收入和利润来源的核心业务主要有三方面。

（1）投资银行业务：公司股票首次公开发行、股票增发、公司收购与兼并、债券发行。前三项被称为股权业务，债券发行也称为债券业务。

（2）经纪业务，通过其设立的证券营业部或网络交易终端，接受客户委托，按照客户要求，代理客户买卖证券的业务。

（3）自营业务和资产管理业务。

股票和债券的发行过程就是它们的创造过程，发行本身也是一个交易过程，是发行人出售，投资者购买新发行的股票和债券的过程，该过程也就被称为一级市场交易。发行之后，市场上就有了可供交易的相应股票和债券，此后所进行的股票和债券等的交易被称为二级市场交易。

证券发行过程一般包括证券发行保荐工作、估值、路演与询价、发行定价与销售四个步骤。证券发行定价方式大体上可分为三种类型：固定价格发行、竞价发行和询价发行。

解决市场扩张与市场聚集的矛盾就是投资银行承担证券交易经纪商的基本职能，通过交易分层组织实现集中交易与交易者分散之间的协调。

信用交易是指投资者通过交付一定数额的保证金，得到证券经纪人的信用而进行的证券买卖，借入资金买入证券（融资交易）或借入证券并卖出（融券交易）的行为，证券经纪商通过提供信用交易服务让投资者只要掌握信息就能交易，增强证券市场的有效性。

证券公司为了满足市场需求、做大业务规模，在自身资源不足时，通过向由银行、基金、保险公司或专业的证券金融公司等机构借入资金和证券，开展融资融券业务，这个过程称为转融通。

　　早期的投资银行业起源于欧洲的商人银行，19世纪初开始，随着美洲大陆殖民扩张、基础设施建设、政府战争融资和基础工业的发展，典型的现代投资银行业作为一个相对独立的产业在美国兴起，在与证券业的互动发展中壮大起来。1929年的经济危机之后，美国开始了对金融业的立法监管，确立了美国投资银行业与商业银行的分业经营。2008年金融危机之后，投资银行的混业经营模式难以逆转，同时也面临更加规范的监管。投资银行业的发展历史表明股票债券的公共性决定了投资银行本源业务专业化分工的必然性，为资本交易服务决定了投资银行与商业银行的天然联系，而证券流动性要求产生的投机性与商业银行安全性要求存在天然矛盾，未来投资银行业的专业化分工将进一步细化。

知识要点

　　投资银行业务、股票首次公开发行、经纪业务、一级市场、证券发行保荐、路演、发行定价、固定价格发行、竞价发行、询价发行、超额配售选择权、二级市场、信用交易、保证金购买、卖空交易、转融通

复习思考题

1. 投资银行的资产负债表具有哪些显著特点？

2. 投资银行的主要盈利来源是什么？主要经营哪些业务？

3. 投资银行与商业银行的关系经历了怎样的发展演变？

4. 2008年金融危机爆发后，你怎样看待投资银行的发展前景和趋势？

5. 在现代经济运行中，投资银行具有怎样的功能？

6. 传统的证券发行过程包括哪些步骤？

7. 证券发行的定价有哪些方法？各自有何优缺点？

8. 证券交易的二级市场是如何组织的？二级市场的发展有何意义？

9. 什么是信用交易？

10. 什么是转融通？

11. X股票目前的市价为每股20元，你卖空1 000股该股票。请问：

（1）你的最大可能损失是多少？

（2）如果你同时向经纪人发出了停止损失买入委托，指定价格为22元，那么你的最大可能损失又是多少？

12. 假设A公司股票目前的市价为每股20元。你用15 000元自有资金加上从经纪人借入的5 000元保证金贷款买了1 000股A股票。贷款年利率为6%。

（1）如果A股票价格立即变为22元、20元、18元，你在经纪人账户上的净值分别会变动多少百分比？

（2）如果维持保证金比率为25%，A股票价格跌到多少你才会收到追缴保证金

通知？

（3）如果你在购买时只用了 10 000 元自有资金，那么第（2）题的答案会有何变化？

（4）假设该公司未支付现金红利。一年以后，若 A 股票价格变为 22 元、20 元、18 元，你的投资收益率分别是多少？你的投资收益率与该股票股价变动的百分比有何关系？

第九章

交易所——市场交易的集中与协调

【本章导读】

2019 年 10 月 15 日，伦敦证券交易所宣布正式推出环球板，并已进行首笔交易。环球板让投资者在伦敦时区可以交易 95 只国际股票，包括美国蓝筹股和中概股。伦敦证券交易所集团全球股票主管介绍说：“不同类型的投资者可以在世界上最方便的金融时区通过环球板交易国际证券，包括亚马逊、通用汽车和阿里巴巴、携程等主要美国存托凭证。”华泰证券是首批在环球板进行交易的中国上市公司。该新闻表明有些股票已经可以实现在全球同步交易。

交易所是现代金融发展的标志性机构，投资者交易股票、债券、期货、期权等金融产品都必须与之打交道。人们交易这些证券时，为什么不用像在一般的商品市场交易那样寻找交易对手、讨价还价？为什么在交易所这个平台上交易金融工具能够这么容易和便利？

本章将从市场交易存在的困难出发，学习交易所如何通过交易指令、交易规则的设计和安排组织交易，具体包括交易指令、报价驱动、指令驱动、限价指令簿、集合竞价等交易机制的工作原理和经济分析。

第一节　市场交易与交易所的起源

一、市场交易

通常的议价交易，只有一个买者和一个卖者，一笔交易，其核心问题是如何确定交易价格、分配交易剩余。当只有一个卖（买）者，但有多个买（卖）者，多数情形也只有一笔交易时，“一个”的一方必须在“多个”的一方中寻找合适的交易对手，以最大化潜在收益。该情形下的交易通常是拍卖交易。在拍卖中，“一个”的一方利用其垄断地位优势，通过选择拍卖规则，实施拍卖以选出合适的交易对手，同时将确定交易价格的问题也内含于选择过程。

市场交易却是一个更复杂的交易情形。在该情形中，存在多个买者和多个卖者，要实现的交易数量也不止一笔。在市场交易中，买者和卖者都希望找到合适的交易对手。

卖者希望找到愿意支付较高价格的买者，买者希望找到愿意以较低价格出售的卖者，以便以好的价格实现交易。此外，交易者还必须找到能够满足其交易数量要求的交易对手，有大量标的需要交易的交易者可能要找到多个交易对手以完成交易。

因此，市场交易本质就是一个搜寻问题。买者必须找到合适的卖者，卖者必须找到合适的买者。但能否成功实现搜寻，还存在许多障碍。在空间上，交易者难以确定在何处会有他的交易对手；在时间上，交易者难以确定其可能的交易对手会何时出现。为了解决空间和时间上的差异，人们约定俗成地在特定的时间到特定的地点寻找交易对手，这就出现了集市交易。但集市交易只是初步实现了交易在空间和时间上的协调，交易者之间还是存在信息分散、难以有效搜寻的问题。

二、交易所

（一）交易所的产生

为了更好地实现交易信息的集中，以更好地解决交易搜寻问题，出现了专门收集交易信息、提供交易服务的分工，出现了经纪商和做市商等职业。

经纪商和做市商帮助交易者实现交易。经纪商是个代理人，代理其客户安排交易。他们帮助客户寻找愿意与客户交易的对手。经纪商通过收取佣金获得服务收入，而做市商直接与客户交易。做市商愿意买入和愿意卖出的价格就是做市商的买卖报价，做市商通常坚持在市场上提供报价，以维护其做市声誉。每当做市商与其客户完成一笔交易之后，都试图去实现一笔反方向并获得盈利的交易，即卖掉他已经买入的资产或买入他已经卖出的资产。做市商通过低买高卖获取收益，成功的做市商必须是一个优秀的交易者。

为了更好地提供交易服务，以提高自己的服务收入，做市商和经纪商等提供交易服务的成员内部也需要相互协调，早期经纪商之间相互协调就出现了会员制的交易所制度。

交易所和经纪商会设计市场以最小化交易搜寻成本，提高交易效率。他们通常会将市场组织在同一场所，使每一个想要交易的人都聚集在相同的场所，以相互间寻找愿意提供最优价格的交易对手。在历史上，交易所和经纪公司将它们的市场组织成交易大厅；现在，他们可以在计算机通信网络上组织市场，并允许交易者在远程安排交易。由于电子通信技术的普及，使用成本下降，这类电子市场已经得到快速发展。

他们设计交易指令，让交易者更准确、更规范地表达其交易需求，以便更好地集中交易信息，提高搜寻效率。他们设计交易规则，包括如何使用指令、如何处理指令、如何执行交易、如何传递信息等。这些交易规则决定着不同类别交易者之间的力量均衡，包括知情交易者和未知情交易者之间、普通公众交易者和专业交易者之间以及机构交易者和散户之间的力量均衡。交易规则直接影响交易实现的顺利程度和交易成本等市场质量。一个市场所使用的交易规则和执行规则的交易系统被称为市场结构，也称为交易机制。

大多数的交易者都希望在有良好组织的市场上交易，因为其他交易者也在这里交易。当许多交易者都在相同的地方进行交易时，安排交易就变得非常容易，即交易者之间是相互吸引的。因此，要设立新的市场就变得很困难。

当市场上的交易对象（也称交易工具）是可替换的、标准化的资产时，市场能够发挥最有效的作用。某类交易工具是可替换的，是指一单位的该工具（比如，一张股票、一份债券或一份合约等）与所有其他单位的该工具在经济上完全没有区别。如果交易工具是标准化的，那么买者就不用关心他买入的是哪一份工具。由于全部卖者提供的都是相同的工具，那么买者就可以从提供最优价格者买入，而不用关心其他关于交易工具的信息；卖者也可以卖给任何买者。因此，标准化的交易工具要比那些不可替换的、具有异质性的工具更容易交易，相应的市场也更容易组织。由于股票、债券、期货合约和金融衍生品具有可替换、标准化的特征，因此这类工具最容易实现交易，相应的市场也是现实经济中协调程度最高的市场。

因此，交易所通常是指有组织的交易场所，它的核心内容是提供了规范的交易指令和完善的交易机制，这也是它与集市交易的最大区别。

根据交易内容的不同，交易所通常分为证券交易所、商品交易所和金融衍生品交易所。证券交易所主要交易股票和债券，商品交易所主要交易商品期货，金融衍生品交易所主要交易股票、债券、外汇、各类指数等的期货和期权。

（二）证券交易所的组织形式

1. 会员制证券交易所

会员制证券交易所是以会员协会形式成立的不以盈利为目的的组织，主要由证券商组成。只有会员及享有特许权的经纪人才有资格在交易所中进行证券交易。会员对交易所的责任仅以其交纳的会费为限。会员制交易所通常也都是法人，属于社团法人，但也有一些会员制交易所（如美国证券交易所）不是法人组织，其原因主要是为避免司法部门干预它的内部规定。我国 1997 年发布的《证券交易所管理办法》规定：交易所是不以盈利为目的，为证券的集中和有组织的交易提供场所、设施，并履行相关职责，实行自律性管理的会员制事业法人。

为了保证证券交易有序、顺利地进行，各国的交易所都对能进入交易所交易的会员做了资格限制。各国确定会员资格的标准各不相同，但主要包括会员申请者的背景、能力、财力，有否从事证券业务的学识及经验，信誉状况等。此外，有些国家和地区（如日本，澳大利亚，新加坡，巴西，我国的上海和深圳等）的交易所只吸收公司或合伙组织的会员，而大多数国家的交易所则同时允许公司、合伙组织和个人成为交易所会员。

按会员所经营业务的性质和作用，各国交易所的会员又可分为不同的种类。如纽约证券交易所的会员可分为佣金经纪人、交易所经纪人、交易所自营商、零股交易商、专家会员五种，伦敦交易所的会员可分为经纪商和自营商两种，日本的交易所会员则分为正式会员和经纪会员两种。

2. 公司制证券交易所

公司制证券交易所是由银行、证券公司、投资信托机构及各类公民营公司等共同投资入股建立起来的公司法人。

由于交易所的规模效应，在证券市场规模扩大之后，已经具备很强的盈利能力，并且不影响其会员的盈利，世界上越来越多的证券交易所实行公司制。2005 年 4 月，纽约证券交易所宣布实行公司化改革并且收购了群岛交易所（Archipelago）。2006 年 3 月，纽约证券交易所将股票在自己的交易所挂牌交易。2006 年 6 月 1 日，纽约证券交易所宣布与泛欧证券交易所合并组成纽约—泛欧证券交易所公司。1 股纽约证券交易所的股票换成 1 股新公司股票，泛欧证券交易所股东以 1 股泛欧证券交易所股票换取新公司的0.98 股股票和 21.32 欧元现金。新公司总部设在纽约。

表 9-1 为 2020 年香港联合交易所的综合损益表摘要，该表显示交易所的经营收入主要包括：交易费及交易系统使用费，上市费，结算及交收费，存管、托管及代理人服务费，市场数据费等，净资产利润率达 23.3%。

表 9-1　2020 年香港联合交易所的综合损益表摘要

项目	金额/百万港元	经营收入占比/%
经营收入	16 835	100.0
交易费及交易系统使用费	6 959	41.3
上市费	1 899	11.3
结算及交收费	4 355	25.9
存管、托管及代理人服务费	1 264	7.5
市场数据费	953	5.7
其他收入	1 405	8.3
收入及其他收益合计	19 190	
投资收益净额	2 228	
其他收入和收益	127	
经营利润	13 444	
本年度净利润	11 487	
净资产	49 236	
净资产利润率	23.3%	

三、证券交易所的发展过程

世界上最古老的证券交易所是由荷兰东印度公司于 1602 年创建的阿姆斯特丹证券交易所，它创建的目的是为荷兰东印度公司的股票提供交易场所。2000 年 3 月，阿姆斯特丹证券交易所与布鲁塞尔证券交易所和巴黎证券交易所合并成立了泛欧交易所。

1773 年，英国的第一家证券交易所在伦敦柴思胡同的乔纳森咖啡馆成立。1802 年，交易所获得英国政府正式批准。最初主要交易政府债券，之后公司债券和矿山、运河股票陆续上市交易。此后，在英国其他地方也出现了大量的证券交易所，高峰时期达 30 余家。1967 年，英国各地交易所组成了 7 个区域性的证券交易所。1973 年，伦敦证券交易所与设在英国格拉斯哥、利物浦、曼彻斯特、伯明翰和都柏林等地的交易所合并成大不列颠及爱尔兰证券交易所。1995 年 12 月，该交易所分为两个独立的部分，一部分归属爱尔兰共和国；另一部分归属英国，即伦敦证券交易所。

在美国证券发行之初，也无集中交易的证券交易所。当一些经纪人的金融业务开始增多时，他们需要一个场地进行交易。很多咖啡屋为这些经纪人提供了交易的场所，当这些经纪人通过交易股票来谋利时，这些咖啡屋靠卖食物和饮料赚钱。一些成功的经纪商为了适应新的业务要求，开始在他们的办公室里举行定期的证券拍卖。1792 年初，约翰·萨顿和他的合伙人本杰明·杰伊以及其他一些人决定在华尔街 22 号建立一个拍卖中心，并称之为股票交易所。欲出售股票者将想卖的股票存放在交易所，拍卖人根据成交量收取佣金。经纪人或为自己，或为自己的客户，参加拍卖购买股票。可是这个体系很快就崩溃了。许多外围的经纪人参加拍卖会只是为了获知最新的股票价格，他们随后在外面售出同样的股票，但收取更低的佣金。即使是场内经纪人也经常不得不在场外进行交易，来保证自己不吃亏。为了解决这一问题，场内经纪人的巨头们于 1792 年 3 月 21 日在克利斯酒店聚会，试图签订一个协议来制止场外交易。他们同意建立一个新的拍卖中心，于 4 月 21 日开业，并进一步达成协议："我们，在此签字者——作为股票买卖的经纪人庄严宣誓，并向彼此承诺：从今天起，我们将不为任何人以低于 0.25% 的佣金费率购买卖任何股票，同时在任何交易的磋商中我们将给予会员以彼此的优先权。"这就是众所周知的《梧桐树协议》。

扩展阅读 9-1

1817 年 3 月 8 日，这个组织起草了一项章程，并把名字更改为"纽约证券交易委员会"。1863 年改为现名——纽约证券交易所。从 1868 年起，只有从当时老成员中买得席位方可取得成员资格。1865 年，交易所才拥有自己的大楼。坐落在纽约市华尔街 11 号的大楼是 1903 年启用的。交易所内设有主厅、蓝厅、"车房" 3 个股票交易厅和 1 个债券交易厅，是证券经纪人聚集和互相交易的场所，共设有 16 个交易亭，每个交易亭有 16～20 个交易柜台，均装备有现代化办公设备和通信设施。交易所经营对象主要为股票，其次为各种国内外债券。

1934 年 10 月 1 日，交易所向美国证券交易委员会注册为一家全国性证券交易所，有 1 位主席和 33 位成员的董事会。1971 年 2 月 18 日，非营利法人团体正式成立，董事会成员的数量减少到 25 位。2005 年 4 月，纽约证券交易所公司化；2006 年 6 月 1 日，与泛欧证券交易所合并组成纽约-泛欧证券交易所公司；2008 年，纽约泛欧证券交易所收购美国证券交易所。

　　2000 年，洲际交易所创立，在英国石油公司及高盛、摩根士丹利等金融机构的投资下，开启了通过多元化并购实现跨越式发展的模式。从 2001 年起，洲际交易所几乎每年都有大量的收购活动，先后在英国、巴西、荷兰、新加坡收购多家交易所和清算公司。2013 年，洲际交易所以 82 亿美元的价格收购纽约泛欧证券交易所。这笔交易的宣布标志着几乎跨全球、跨全品种的全球最大的交易所集团诞生。截止到 2017 年年底，洲际交易所共有 12 家证券交易所、衍生品交易所、OTC（场外交易）市场和 6 家清算公司，均是洲际交易所的全资子公司，分布在美国、欧盟、英国、加拿大和新加坡等地。现在，只要各国监管协调能够实现，真正实现全球同步交易已经不是问题。这一波交易所合并所展示的全球交易所集中化的趋势非常清晰，但集中之后的控制权归谁，能否以服务全球交易为基本宗旨，是值得注意的。

　　我国最早的交易所是 1905 年设立的"上海众业公所"。中华人民共和国成立后，一度取消证券交易。改革开放之后，我国证券市场开始起步，当时最主要的市场活动是国债发行。1990 年 12 月 19 日，我国第一家证券交易所——上海证券交易所挂牌成立。1991 年 7 月 3 日，深圳证券交易所成立。

　　交易所的发展演变过程说明市场的集中和协调是市场交易有序进行内在规律决定的，市场并不是可以完全自由的。从市场的原始含义来看，市场就是交易在时间和空间上的聚集，通过聚集形成交易信息的汇合，交易双方都能够找到合适的交易对手，并且聚集还有其内在自我强化的逻辑，即如果已经存在一个聚集程度较高的交易场所，其他集中度较低的或分散的交易相对难以进行，会自然转向集中度较高的市场进行交易，从而原来集中度较高的市场会进一步提高集中度，而小市场却不断弱化，甚至消失。全球的交易所发展史就体现了市场发展的这一自然聚集的内在规律。

　　此外，高效的交易还必须在聚集的基础上，对交易过程进行有序的组织和协调，正如起源于约翰·萨顿的拍卖、现代交易所提供交易指令、组织交易过程所做的工作。

第二节　交 易 指 令

一、指令及其作用

　　当一个交易者亲自在交易现场并为自己做交易时，他就不必完全清晰地描述其交易需求或交易策略。但亲临现场交易存在多个方面的困难。首先，亲临交易现场，需要支付较高的成本，特别是异地的交易者，需支付较高的交通成本和时间成本。其次，所有的交易者都亲临现场也受到交易现场的制约，即使在现场，不通过适当的方式表达交易需求，也仍然难以集中交易信息，无法提高搜寻效率。因此，多数交易所都规定只有会员才能在现场进行交易，一般交易者根本不可能亲临现场。此外，观察交易变化也很花精力。如果交易进展较慢，需要一直观察交易变化，只有交易机会出现时，才提交买、卖报价，这种交易过程的效率也很低。

在股票市场，如果一个交易者不想亲自留在现场等待交易机会，或者根本无法亲临交易现场，该交易者可以将自己的交易要求——指令，留给他的经纪人。

例如："买 500 股宝钢股份，价格为 7.00 元。"

该指令可以理解为：7.00 元每股是我愿意买入的最高价格，如果经纪人没法得到这个价格，我的指令就不被执行。

这就是一个限价指令，它可以由一个不在现场的客户提交。

由于大多数的交易者无法亲自安排交易，因此，指令是必需的。能够自己安排交易的交易者，典型的有交易商或做市商，可以不使用指令，他们可以在现场做决策。而其他交易者要用指令来表达自己的交易意图。当他们无法密切关注市场状况和市场变化时，都必须事先谨慎地说明自己的交易意图。在当前由软件系统自动撮合交易的情形下，已经没有人可以现场交易，都只能通过提交指令实现交易。

一条指令，也称为一个委托，它就是一个交易指示，是交易者向经纪商或交易所提交的交易指示。指令说明了交易者希望自己的交易如何安排。指令通常要表明交易者想要交易的对象；交易的方向，是买还是卖；希望交易的数量。一个指令还应包括交易应该满足的条件，最普遍的条件是限定交易者可以接受的价格，其他的条件还可能包括：指令的有效期，指令何时可以被执行，指令是否可以被部分执行，指令要提交到何处，以及如何搜寻交易对手。有些指令甚至会指定交易对手。

在快速变化的市场上进行交易，要有清晰而有效的信息交流。经纪人必须准确地理解交易者的交易意图，否则就可能导致交易损失。为了避免错误，大多数交易者都选择使用标准指令以降低误解的可能性。标准指令的很多交易条件采用缺少值，如指令的有效期等，所有的交易者都知道并理解这些标准指令。

许多市场是利用一组规则以匹配交易者所提交的买卖指令来安排交易的。为了理解这些市场是如何工作的，必须先理解交易者是如何使用交易指令的。典型的指令类型有限价指令和市价指令。

二、限价指令

限价指令是最基本的指令类型。一个限价指令应该要说明的内容主要包括交易对象、交易方向（买或卖）、交易数量和有效时间（指令何时到期）。

例如："买 100 股中信证券，限价 44。"

该限价指令的意思是：买 100 股中信证券，价格要小于等于 44 元每股。如果该价格无法达到，保留该指令。如果直到这一天的交易时间结束，该指令还未被执行，该指令就自动被取消。该指令的有效期缺省为当日。

限价指令也要求以尽可能好的价格执行，其所设定的价格是强调执行价格不能比设定的价格更差。对于买入限价指令，交易价格必须小于或等于指令设定的价格；对于卖出限价指令，交易价格必须大于或等于指令设定的价格。

对于一个限价指令，它没有被执行的保证。其成交的可能性取决于它所设定的价格。如果一个买入限价指令的价格太低，可能永远无法执行；同样，如果一个卖出限价指令的价格太高，也可能永远无法执行。

限价指令有以下特征。

（1）限价指令为市场提供流动性。由于限价指令给其他交易者提供了想交易就能交易的能力，其他交易者可以选择是否与当前限价指令进行交易。因此，限价指令为市场提供了流动性。

（2）提供流动性能够得到补偿。提交限价指令，放弃交易选择权能够得到的补偿是获得更好的成交价格。买者提交限价买入指令将至少以买入报价成交，而如果提交市价指令将要支付更高的市场卖出报价。类似地，卖者提交限价卖出指令也将至少获得自己的卖出报价，而使用市价指令只能获得更低的市场买入报价。

但限价指令的提交者只有当他们的指令成交时，才能得到更优价格的补偿。如果市场背离他们的指令，他们的指令可能永远无法被执行；如果他们还希望交易，就必须提高他们的买入报价或降低卖出报价以追逐市场价格。这有可能导致他们的最终交易价格比使用市价指令得到的价格还差。

三、市价指令

市价指令是限价指令的一种替代，它要求立即执行，但没有指明价格。

例如："以市场价格买 100 股中信证券。"

这等于告诉交易所（或经纪人）："以尽可能低的价格买 100 股中信证券，但指令要立即执行。"

市价指令是指没有具体指明价格，但要求以当前市场上可获得的最优价格成交的指令。市价指令通常都能被快速执行，但有时要以次优的价格成交。没有耐心的交易者、想确切实现交易的交易者会使用市价指令，他们需要流动性。

市价指令的执行情况取决于指令的规模以及当前市场上可获得的流动性。小的市价指令通常都能立即被执行，并且对市场价格没有影响或影响较小。小的市价买入指令通常以最优的卖出报价成交，小的市价卖出指令通常以最优的买入报价成交。

市价指令的主要特征如下。

（1）市价指令要支付价差以获取交易的即时性。假设张先生使用一个市价买入指令，然后又用市价卖出指令以完成一个快速的双向债券交易。当前市场最优买入报价为 100 元，最优卖出报价为 102 元，并假设张先生的交易量很小不影响市场报价。则张先生的买入指令将以 102 元成交，而卖出指令将以 100 元成交。那么张先生的这两笔交易的总损失就是 2 元，即一个买卖价差。由于张先生支付的这个价差获得了两个即时交易的机会，因此，他单笔交易的交易成本就是半个价差。价差（准确地说是半个价差）就是交易者使用市价指令得到交易即时性所支付的成本。

（2）市价指令具有市场效应。大的市价指令比小的市价指令更难执行。大的市价指令到达市场时，可能会因为指令簿上最优对手指令的不足，导致市价指令在指令簿被移动执行，改变市场的最优买卖报价。当指令被执行导致市场的最优报价被改变时，该指令就具有了市场效应，也称为价格效应。由于市场效应随着指令规模的增大而增大，它通常是大规模指令最重要的交易成本。大规模市价指令提交者所支付的流动性成本一般都超过半个价差。

（3）市价指令的执行价格具有不确定性。市价指令的最终执行价格取决于指令提交时的市场状况。由于市场状况有可能快速变化，因此，使用市价指令的交易者要面临交易价格比预期差的风险。通常将该风险称为执行价格的不确定性风险。执行价格的不确定风险是源于在指令提交到指令被执行这段时间内市场报价发生变化。对于该风险很在意的交易者会倾向于使用限价指令，如专门从事交易活动、靠赚取价差收益的交易者一般很少使用市价指令。

四、其他指令

除了限价指令和市价指令以外，许多交易所还根据交易者的不同需求设计了其他具有特殊功能的指令，如止损指令、止损限价指令、一直有效指令、冰山指令等。

（一）止损指令

止损指令是指要求在市场价格高于某一个设定价格时买入或者在市场价格低于某一设定价格时按市价卖出的指令。止损指令有两种类型。

（1）买入止损指令。这种指令指示在一个比现有市场价格高的价格上买入证券。之所以会下达这样的指令，一般是由于交易者已经卖空该证券，认为一旦市场价格超过了某一个特定的价格，价格的上升将会继续，损失会进一步扩大，因此买入止损。

（2）卖出止损指令。这种指令指示在交易价格达到或者低于设定价格的时候执行。原因与前者类似，交易者通常已经持有该证券，判断市场将出现疲软，于是在价格达到一定的低点的时候将证券卖出，以防止更大的损失。

（二）止损限价指令

止损限价指令是将止损指令和限价指令综合运用的指令，设有止损价和交易限价，当市价触及止损价时指令开始生效，成为限价指令，最终达成的交易价格必须在交易限价之内。如果市价不能达到客户所要求的价格水平，则该指令将不予执行。

（三）一直有效指令

一直有效指令又叫"除非撤销一直有效指令""开放式指令"，其意义是除非客户自己取消这一指令，否则该指令一直有效。在这个指令被客户自己取消之前将一直保留在指令簿中。普通指令都是当日有效的指令，也就是说如果在客户下达的指令上没有特意规定时间，经纪公司将认为这份指令只在当日有效。当天收市的时候，凡是在交易所中没有达成交易的普通指令都被视为无效指令被清除。

（四）冰山指令

冰山指令是限价指令的扩展，下单时需要投资者设定委托价格、委托总量和可见委托量（暴露量），其中可见委托量必须小于委托总量。在指令下达后，系统会按设定的委托价格发出一个限价指令，委托量等于暴露量。待该笔限价委托成交，系统便会以同样的价格再发出一笔同等数量的限价委托，等待成交。以此类推，直至交易结束。这种交易模式好比一座巨大的冰山，只有很小部分为人所见，绝大部分都隐匿于冰面之下。冰山指令通过此种方法来隐藏投资者真实的交易量。

机构投资者在购买或出售他们投资组合中的大量证券时，常常会面临这样的问题：一方面想部分透露其交易意图，吸引更多的交易对手，从而减少完成交易的时间和成本；另一方面又不想完全暴露其真实的交易规模，改变市场供需结构，导致价格逆向变动，增加交易成本。冰山指令可以很好地帮助投资者解决这个问题，在流动性与价格逆向变动风险之间找到平衡。

第三节　交易所的交易机制

一个市场要能够有序、高效地组织交易，除了要有标准指令以高效传递和集中潜在的交易需求等信息外，也要有规则决定如何使用指令、如何处理指令、如何执行交易、如何传递信息等。一个市场所使用的这些交易规则和交易的执行系统就被称为市场交易机制。

交易机制的分类方法有两种。

（1）根据安排交易的过程和方法——交易执行系统的不同，其分为指令驱动市场、报价驱动市场和经纪商市场。在报价驱动市场中，做市商与其客户进行交易时，由做市商安排所有交易；在指令驱动市场中，通过指令处理规则来匹配买者和卖者，通过交易定价规则来确定交易的成交价格；而在经纪商市场中，经纪商帮助买者和卖者相互寻找以安排交易。

（2）根据交易发生的时间——交易期的不同，其分为连续交易市场和定期交易市场（也称为集合市场）。在连续交易市场中，只要市场是开放的，交易者都可以安排交易；而在集合市场中，所有交易只在市场集合时发生。

一、执行系统

执行系统是指一个市场用于匹配买者和卖者以形成交易的过程与方法。

（一）报价驱动市场

报价驱动市场也称为做市商市场，在该市场上提供交易服务的是做市商。交易者可以在指令提交之前，从做市商处获得确切的报价；然后提交市价指令实现交易。做市商参与每一笔交易，任何交易者只能与做市商交易，而不能进行相互交易。做市商内部之间也会进行交易。

例如，在纯粹的报价驱动市场上，如果张先生想买入一证券，他必须找到一个做市商，从做市商处购入；类似地，黄先生想要卖出一证券，他也必须找到愿意买他的证券的做市商。虽然他们之间愿意直接进行交易，但在该市场上，他们通常无法安排这样的交易，他们只能通过一个或多个做市商为中介，间接地完成交易。

在这类市场上，做市商总是持续地在市场上提供买入和卖出的报价。因此，这类市场被称为报价驱动市场；在这类市场上，做市商提供了全部的流动性，因此，这类市场也被称为做市商市场。

在大多数的做市商市场上，可能会有多家做市商在相同的交易工具上提供做市服务。交易者需要交易时通常会同时向不同的做市商询价，然后选择提供最优价格和最好服务的做市商。做市商也可能会选择客户，通常只与有信用、可信任的交易者交易。

那些与做市商没有信用关系的交易者，只能通过经纪商，由经纪商保证他们的交易结算，才能与做市商交易。也有些做市商专门为某类客户群体服务，如小的零售交易者或大的机构交易者，这类做市商有可能拒绝那些不是他们所偏好的客户对象。

做市商是通过低买高卖获取价差收益提供交易服务的，是典型的交易服务商，不是投资者，他们不会过多地关注交易工具的价值及其变化趋势，也不愿意持有过多的空头和多头。在每天交易结束之后，总是希望能平掉当天交易累积下来的头寸，以规避价格变动风险。因此，做市商之间有相互交易的需要，一般做市商之间的交易由做市商间经纪人安排。多数做市商不愿意其他做市商知道他们的交易，通过做市商间经纪人提供服务，能让做市商间匿名地进行交易，以保护做市商和他们的客户免于竞争对手的猎食行为。

在国际上，报价驱动市场非常普遍，几乎所有的美国债券和货币市场都是报价驱动的，多数的股票市场也都有报价驱动机制，如 Nasdaq 是典型的做市商市场，但允许交易者提交自己的限价指令，纽约证券交易所的专家（specialist）也提供做市服务。在中国，外汇零售市场也是典型的做市商市场。

（二）指令驱动市场

在指令驱动市场上，交易者先提交交易指令，然后市场组织者利用一定的交易规则安排交易。交易规则一般包括指令优先规则和交易定价规则。指令优先规则决定哪个买者与哪个卖者交易，交易定价规则决定交易的成交价格。

如果在指令驱动市场上，交易双方有一方只有一个交易者，而不是多个，那么，它的交易过程实际上就是一个拍卖过程，不过现在交易双边都有多个交易者。因此，大多数的指令驱动市场也被称为双向拍卖市场。在指令驱动市场上，交易规则让交易双方寻找最优交易价格的过程形式化了。该过程也被称为价格发现过程，因为它揭示了买者与卖者之间最优匹配的价格。

在指令驱动市场上，交易者可以提供流动性，也可以接受流动性。提供流动性的交易者向市场表明自己的交易条件，而接受流动性的交易者就是接受这些交易条件。有些规则会鼓励交易者提供流动性，而有些规则却会抑制提供流动性。

指令驱动市场的结构差异很大，有些实行批量交易机制。交易者在交易之前提交指令，在一次市场集合（market call）之后，用统一或不同的价格安排全部交易。有些市场执行连续双向拍卖机制，这类市场本质上都是基于限价指令簿的交易机制，交易者可能随时提交指令。每当新指令进入，执行系统或人员就在限价指令簿上寻找匹配指令，然后执行成交，如果无法匹配就将其加入限价指令簿。这类市场在指令提交和执行的方式上也有不同，有的通过手势或口头公开报价，而现在更多的是通过电子手段，使用基于规则的指令匹配系统，交易者直接或间接通过电子系统提交指令，然后由电子系统自动匹配买卖指令，交易规则被编成指令处理软件。

还有些市场执行交叉网络（crossing networks）机制。这类市场只有指令优先规则，而没有交易定价规则，交易者提交的指令也只需表明买卖的数量，而无须说明价格要求。这类市场的交易执行价格通常引用其他市场上的价格。因此，其没有价格发现过程，通常被归入另类交易市场（alternative market）。

指令驱动市场现在很普遍，执行电子拍卖和公开叫价拍卖的市场都属于指令驱动的，主要的期货市场、股票市场和期权市场都有指令驱动机制，政府也常用指令驱动的集合市场发行债券。

在连续交易指令驱动市场上，交易所（或经纪商）会为新进入的限价指令尽可能快地安排交易。如果没有愿意接受限价指令所设定条件的交易者或指令存在，该限价指令将无法成交，将被作为交易机会，被登记在案，直到它到期或由交易者自行撤销。

通常所有未被执行的限价指令被记录在一个文件，该文件就称为限价指令簿。指令簿可以是电子数据库、文件、放纸质指令单的盒子或公告板。很早以前，东京证券交易所就是使用记录于黑板的限价指令簿。芝加哥商品交易所对某些活跃程度较低的合约（如黄油、干酪等）也是通过一个记录在黑板上的限价指令簿交易。现在的指令簿普遍以电子数据库方式维护。

限价指令簿可以有买入指令和卖出指令，指令簿上的指令大多数都是开放的限价指令，也可能包括止损指令等其他指令。

限价指令簿的管理或维护在不同的市场可能有不同的方式，可以由经纪商、交易所甚至做市商来维护。在美国的期货现场交易中，每一个经纪人可以有其各自的指令簿。在多数市场，指令簿是统一的，所有未被执行的限价指令都被记录在一个相同的指令簿上。

限价指令簿具有很重要的有价值的信息，它们揭示了交易者愿意交易的条件。因此，能否访问指令簿是交易者获利能力的重要决定因素。开放指令簿市场向所有的交易者显示他们的指令簿，而封闭指令簿市场却不公开他们的指令簿。

交易者通常都希望看到限价指令簿，但又不想让别的交易者看到自己的指令。在开放指令簿市场，有些交易者就不愿意提交长期有效的指令。他们会持有指令直到合适的交易机会出现。如果交易者在系统指令簿上提交长期有效的限价指令，基于规则的指令簿系统能够最有效地工作。因此，交易所会采取措施保护提交限价指令的交易者，鼓励他们尽早提交限价指令。有些市场会限制对指令簿的访问，或者允许交易者对自己的指令设定条件，不在公开指令簿中揭示。例如，泛欧股票市场（Euronext）就允许交易者提交不公开的限价指令。

（三）经纪商市场

对于有些具有独特性质的标的物品的交易，既无法在做市商市场进行，也无法在指令驱动市场进行，那么它们的交易就需要经纪商提供服务。比如，大宗的股票或债券的交易，这些股票或债券的小规模交易可能都比较容易，也都存在流动性很好的市场。但对于大宗交易，做市商可能不愿接手，它会担心无法平掉头寸；交易者也不愿意使用公开的、长期有效的指令，他会担心遭遇逆向选择，从而支付过高的交易成本。此外，还有房地产市场也类似。这类市场的主要特征是交易物品的价值太大、交易很不频繁，从而做市商不愿持有头寸，交易者也不愿使用公开且长期有效的指令。

在经纪商市场上，经纪商会主动搜寻以匹配买者和卖者，但通常是在交易者向经纪商提出交易需求时，开始搜寻。交易者通常不做公开报价，经纪商为提供报价的交易者寻找交易对手。

经纪商与做市商的区别是：经纪商只帮助寻找流动性，通过收取交易佣金提供服务，而做市商直接作为交易对手参与交易，提供全部的流动性，通过赚取买卖价差获得服务收入。

二、交易期

交易期（trading session）是指交易发生的时间。根据交易期的不同，市场可分为连续交易市场和集合市场（或称为定期交易市场、批量交易市场）。

在连续交易市场上，只要市场开放，交易者可以在任何时间交易。连续交易市场很普遍，几乎所有的股票、债券、期货和外汇等都有连续交易市场。

在集合市场上，所有交易都只有在市场集合时发生。有的集合市场可以同时撮合所有证券，有的以轮流方式一次撮合一只证券。以轮流方式撮合的市场，可能在一个交易期内只进行一次撮合，也可能进行多轮的撮合。

许多连续指令驱动的市场，都以集合竞价开市，然后转向连续交易，很多市场也用集合方式重开暂停的交易。有些证券只有集合市场机制交易，大部分的政府债券都以集合竞价方式发行。泛欧交易所对交易不活跃的证券只采用集合竞价方式交易。

集合市场的主要优点是能够将对某一给定金融工具有兴趣的全部交易者的注意力集中到一个相同的时间和地点。当买方和卖方在相同的时间与地点寻找流动性时，相互之间就能够更容易地找到对方。

而连续交易市场的主要优点是允许交易者在任何他想交易的时候进行交易。该灵活性对于缺乏耐心的、不愿意等待下一次市场集合的交易者是非常重要的。

最近的股票市场的发展表明交易者更偏好有开市集合竞价的连续交易市场，而不是纯粹的集合市场。许多国家的股权交易市场已经从轮流的集合市场转向以集合竞价开市的连续交易市场，但是没有从连续交易市场转向纯粹集合市场的。

每个有组织的市场都会指定什么时间接收指令、安排交易。连续交易市场通常在正常的工作时间安排常规交易期。一般在工作日上班时间之后 1～2 个小时开市，并在下班时间之前 1～2 个小时收市。例如，上海证券交易所和深圳证券交易所在上午 9:30 开市，在下午 3:30 收市，便于交易者利用开市前的时间收集信息、提交指令；利用收市后的时间清算交易，向客户报告交易结果。

综上所述，不同市场的市场结构在如何安排交易方面差异很大，这些差异决定了市场如何运作、谁最了解市场状况、谁可以最先行动等。

在实践中，定期交易市场通常只用指令驱动的执行系统，称为集合竞价市场；做市商制度只在连续交易市场中使用；而连续的指令驱动市场本质上就是基于限价指令簿的交易市场，也称为连续竞价市场。因此，我们将市场结构直接分为三种基本类型：集合竞价市场、连续竞价市场和做市商市场。此外，多数市场是这三种基本市场结构的混合。比如，NYSE 和 Nasdaq 市场以集合竞价机制开市，然后转入做市商市场，同时也允许交易者提交自己的限价指令；多数的新兴市场都以集合竞价开市，然后转入限价指令簿市场。

交易机制的主要功能就是将交易者的潜在交易需求转变为现实的交易。该转变的关键就是价格发现，寻找市场出清价格的过程。

第四节　集合竞价交易机制

一、单一价格双向拍卖

单一价格双向拍卖是集合市场的一种主要机制，该机制下，在某一规定时间内，由交易者根据自己的交易需要，按照市场给定的指令类型自由地进行买卖指令申报，然后由特定的指令处理系统（现在一般都是计算机处理系统）对全部申报指令按照价格优先、时间优先等原则排序，并在此基础上，找出一个市场出清价格。该价格应满足一些特定的条件要求，这些条件一般包括以下三个方面。

（1）成交量最大。

（2）高于出清价格的买入指令和低于出清价格的卖出指令全部成交。

（3）与出清价格相同的买卖双方中有一方申报全部成交。

在集合竞价过程中，若产生一个以上满足条件的价格，不同的市场会有不同的定价规则。有的选择这几个价格的中间价格为成交价格，有的会选取离前一个收盘价最近的价格为成交价格。所有的交易都在同一时刻、同一价格上成交。

在实践中，不同的市场在具体规则上还会有一些差异。比如有的市场允许使用市价指令，而有的市场只能使用限价指令；在市场出清之前，交易者提交指令时，可以查看到完整的指令提交情况，有的可以看到汇总过的情况，有的完全不能查看，有的还可以看到指示性的出清价格。这些信息供给的差异会影响交易者的指令提交策略。此外，不同市场在是否允许、何时允许撤销指令方面也会不同。

单一价格双向拍卖机制包括三个基本的过程。首先，买者和卖者提交指定价格与数量的交易指令；其次，对指令排序构造供给曲线和需求曲线；最后，寻找市场出清价格并出清市场。

假设一个典型的单一价格双向拍卖过程。

它的开市过程可以使用两种指令：市价指令和限价指令。

在上午 9:00—9:25 期间交易者可以输入、修改或撤销指令；然后进入市场集合阶段，停止接收指令，对已提交的买卖指令分别按照价格累加排序，构造供给曲线和需求曲线。

假设有表 9-2 所示供给和需求曲线。

表 9-2　500 元出清价格下的指令撮合情形

卖　　方		价格（元/股）	买　　方	
合计（股）	数量（股）		数量（股）	合计（股）
		市价	4 000	4 000
44 000	8 000	502	1 000	5 000
36 000	20 000	501	7 000	12 000
16 000	4 000	500	10 000	22 000
12 000	2 000	499	8 000	30 000
10 000	4 000	498	30 000	60 000
6 000	6 000	市价		

然后在以上供给曲线和需求曲线上，寻找满足以下条件的市场出清价格，并安排所有满足以下条件的指令成交。

（1）所有市价指令被出清。

（2）所有指定价格高于市场出清价格的限价买入指令、所有指定价格低于市场出清价格的限价卖出指令均被执行。

（3）对于指定价格就等于出清价格的指令，至少一方可以全部成交，另一方至少成交一个交易单位。

我们先试一下 500 元作为出清价格。

首先，根据条件（1）4 000 股的市价买入指令和 6 000 股的市价卖出指令先匹配，剩下 2 000 股卖出指令。

其次，根据条件（2）2 000 股市价卖出指令和限价在 499 元及以下的 6 000 股卖出指令与限价大于等于 501 元的 8 000 股买入指令相匹配。这样，总的就有 12 000 股相匹配。

最后，限价 500 元的 4 000 股卖出指令与限价 500 元的 10 000 股买入指令相匹配（时间优先），虽然还剩下 6 000 股买入指令不能成交，但它满足条件（3）。

这样，市场出清价格确定为 500 元是可行的，总共有 16 000 股在 500 元处成交。

为谨慎起见，将出清价格定于 501 元，再重新检验一下。见表 9-3。

表 9-3　501 元出清价格假设下的指令撮合情形

卖　方		价格（元/股）	买　方	
合计（股）	数量（股）		数量（股）	合计（股）
		市价	4 000	4 000
44 000	8 000	502	1 000	5 000
36 000	20 000	501	7 000	12 000
16 000	4 000	500	10 000	22 000
12 000	2 000	499	8 000	30 000
10 000	4 000	498	30 000	60 000
6 000	6 000	市价		

按条件（1），市价指令先匹配，剩下 2 000 股卖出指令。假定出清价格为 501 元，剩下的 2 000 股市价卖出指令和 10 000 股限价小于等于 500 元的卖出指令与限价大于等于 501 元的 8 000 股买入指令相匹配。但是，只有 8 000 股买入指令不可能执行全部 12 000 股卖出指令。这意味着在 501 元，条件（2）的要求无法满足。

在实践中，还会对多个可能的出清价格进行测试，如果有其他满足条件的价格，就选择成交量最大的；如果有多个满足条件的价格成交量相同且最大，还会有其他具体的确定规则，如选择更靠近前收盘价的，以保证价格连续性等。

二、匹配机制

集合竞价的交易机制除了单一价格拍卖之外，从理论上讲还可以使用匹配机制，匹配机制也被称为优先匹配。在匹配市场上，买者和卖者被按照一定优先顺序配对撮合，优先排序规则一般是价格优先和时间优先规则。首先撮合具有最优价格的指令（价格最低的卖出指令和价格最高的买入指令），如果价格相同，提交时间最早的指令具有优先权。特定配对的交易价格由交易规则确定，通常由配对双方的报价决定，可以取双方报价的均值，也可以取买方或卖方的报价，但不同的定价规则对不同的交易者的利益却不一样。

匹配市场的交易一般在多个价格上成交。该机制的优点是不会有无效的交易出现，但指令价格会影响最终的成交价格，导致交易者难以选择指令提交策略。此外，交易者会在同一时间看到多个成交价格，容易对交易过程产生误解。

假设有表9-4所示指令需要撮合。

表 9-4　匹配机制下的指令撮合

买　方				卖　方			
价格（元/份）	需求量（份）	购买量（份）	姓　名	价格（元/份）	供给量（份）	出售量（份）	姓　名
20	17	2	张　军	20	2	2	铁　军
21	15	1	付　双	21	3	1	付　红
21	14	2	刘　伟	21	4	1	刘志伟
22	12	2	王建国	22	6	2	吴建国
23	10	1	吴子规	23	8	2	景　风
23	9	1	张　健	23	12	4	张宏伟
24	8	3	郑　红	24	15	3	郑丹青
25	5	2	张建军	25	17	2	张　泽
25	3	3	黄天明	25	20	3	吴　明

在匹配过程，买者和卖者配对交易，成交价格取配对双方报价的均值。则配对过程如下。

（1）黄天明（最积极的买者）与铁军（最积极的卖者）配对成交2份，交易价格是双方报价（25／20）的平均值22.50。该交易产生的剩余是10，双方各得5。

（2）黄天明与付红配对成交1份，交易价格是25与21的平均值23。该交易产生的剩余是4，双方各得2。

（3）张建军和刘志伟配对成交1份，交易价格是25与21的平均值23。该交易产生的剩余是4，双方各得2。

（4）张建军和吴建国配对成交1份，交易价格是25与22的平均值23.5。该交易产生的剩余是3，双方各得1.5。

（5）郑红和吴建国配对成交1份，交易价格是24与22的平均值23。该交易产生的剩余是2，双方各得1。

（6）郑红和景风配对成交2份，交易价格是24与23的平均值23.5。该交易产生的剩余是2，双方各得1。

（7）张健和张宏伟配对成交1份，交易价格是23。该交易没有剩余。

（8）吴子规和张宏伟配对成交1份，交易价格是23。该交易没有剩余。

该次集合交易产生的总剩余25，由买卖双方平分。

如果将匹配过程的定价规则改为取买方报价或卖方报价，那么匹配过程的对象和顺序以及产生的交易总剩余都不会改变，但所有剩余会全部归卖方或买方。

例如，如果成交价格取买方报价，那么第一组匹配仍然是黄天明与铁军配对成交2

份，但交易价格是买方报价（25）。该交易产生的剩余仍然是 10，但全部归卖方铁军。

三、单一价格双向拍卖的经济分析

（一）构造供给曲线和需求曲线

由于买入指令的指定价格是交易者愿意买入的最高价格，如果成交价格更低，肯定也应该满足他的买入需求。因此，在给定价格上的买入需求量应包括所有报价高于给定价格的买入指令数量。假设有以下买入指令，则可以通过从高价到低价累加需求量得到需求曲线。

由于卖出指令的指定价格是交易者愿意卖出的最低价格，报价更低的卖出指令应具有更高的卖出优先权。如果给定成交价格，则报价低于该成交价格的卖出指令都应得到满足。因此，在给定价格上的卖出供给量应包括所有报价低于给定价格的卖出指令数量。假设有以下卖出指令，从低价到高价累加供给量，可得到供给曲线。

根据图 9-1 和图 9-2 的供给曲线和需求曲线，可以绘制图 9-3 所示更直观的供给曲线与需求曲线图。

价格（元/份）	供给量（份）	出售量（份）	姓　名
20	2	2	铁　军
21	3	1	付　红
21	4	1	刘志伟
22	6	2	吴建国
23	8	2	景　风
23	12	4	张宏伟
24	15	3	郑丹青
25	17	2	张　泽
25	20	3	吴　明

指令

价格（元/份）	供给量（份）
20	2
21	4
22	6
23	12
24	15
25	20

供给曲线

图 9-1　构造供给曲线

价格（元/份）	需求量（份）	购买量（份）	姓　名
20	17	2	张　军
21	15	1	付　双
21	14	2	刘　伟
22	12	2	王建国
23	10	1	吴子规
23	9	1	张　健
24	8	3	郑　红
25	5	2	张建军
25	3	3	黄天明

指令

价格（元/份）	需求量（份）
20	17
21	15
22	12
23	10
24	8
25	5

需求曲线

图 9-2　构造需求曲线

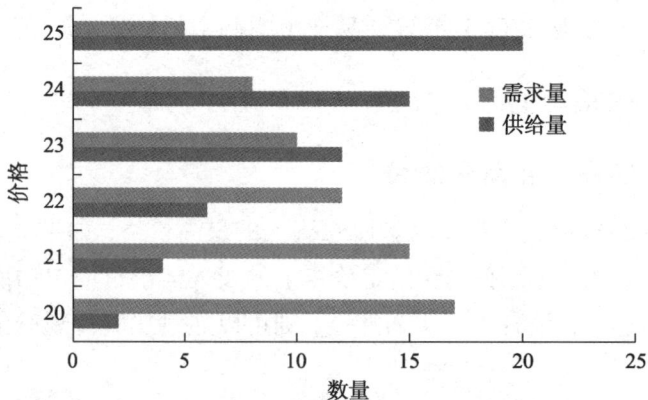

图 9-3　供给曲线和需求曲线

由供给曲线和需求曲线图可以看出，在任意给定价格安排交易，交易量是需求量与供给量中的小者。对于所有的使用单一价格双方拍卖的集合竞价市场，不论其具体的定价规则如何，一般都要满足成交量最大的要求。在本例中，成交量最大时的价格为 23，在该处，总需求为 10，总供给为 12，因此需求方满足价格条件的所有指令都能成交，而供给方，报价等于 23 的有些指令无法成交，此时一般使用时间优先规则，在本例中，假设景风的指令具有时间优先权，则张宏伟的报价只能成交 2 个单位。

（二）交易者剩余

在议价和拍卖中，交易成功的交易者获得的收益是其对标的物的估价与成交价格之差，买者的收益是他的估价减去他的支付价格，称为买者剩余；而卖者的收益是其获得的支付价格减去他的估价，称为卖者剩余。在市场交易中，也存在类似的概念，买卖双方的报价可以看成他们各自对标的物的估价。

从买方看，有买者剩余如下。

2 个买者（黄天明和张建军）愿意支付 25 买 5 份标的，他们实际支付了 23，则

$$剩余 = 5 \times (25 - 23) = 10$$

1 个买者（郑红）愿意支付 24 购买 3 份标的，实际支付了 23，则

$$剩余 = 3 \times (24 - 23) = 3$$

$$买者总剩余 = 10 + 3 = 13$$

从卖方看，有卖者剩余如下。

1 个卖者（铁军）愿意以 20 的价格卖 2 份标的，他实际获得的价格是 23，则

$$剩余 = 2 \times (23 - 20) = 6$$

2 个卖者（付红和刘志伟）愿意以 21 价格卖 2 份标的，实际获得的价格是 23，则

$$剩余 = 2 \times (23 - 21) = 4$$

1 个卖者（吴建国）愿意以 22 价格卖 2 份标的，实际获得的价格是 23，则

$$剩余 = 2 \times (23 - 22) = 2$$

$$卖者总剩余 = 6 + 4 + 2 = 12$$

一次集合竞价产生的总剩余等于买者剩余和卖者剩余之和，即

$$总剩余 = 25$$

可以验证，在本例中，没有其他的可行价格会产生更高的总剩余。但是，只要保持同样的卖者和买者，双边交易的任何价格也会产生同样的剩余。比如上文的匹配机制也产生同样的剩余。

实际上，能够产生最大交易量的单一价格双向拍卖机制刚好能够实现最大的交易剩余，在连续的供给曲线和需求曲线上能够更直观地看出，见图 9-4。

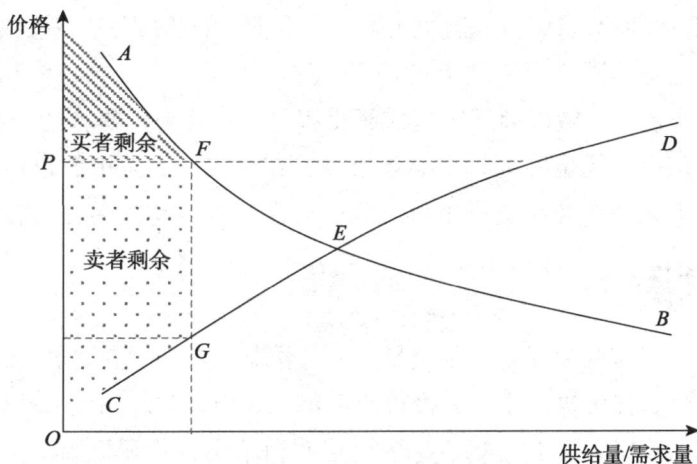

图 9-4　最大交易剩余与最大成交量的关系

在任意的成交价格 P 上，成交量是供给量与需求量中的小者，因此，可能的成交量是 AEC 构成的一条折线，最大的成交量就在 E 点，过 E 点的成交价格刚好能够实现全部可能的交易剩余，在任何其他价格 P 上成交，总会存在 EFG 区域上的剩余不能实现。

此外，这种有协调、有组织市场的作用还表现在，它能够通过指令优先规则保证实现最大交易剩余，避免无效交易的出现。

为什么单一价格批量交易会比无约束的双边交易更好？

对于无约束的双边交易，可能会出现"错误"的交易者执行交易。

假设张泽要在 25 的价格上卖出，刚好碰到张建军也同意在该价格上成交，这时张建军会获得一个"较差"的价格。这样愿意以小于等于 23 的价格卖出的交易者至少会增加 2 个单位的指令不能成交。这在经济上是低效率的，结果会有更低的总剩余。

本 章 小 结

市场交易需要解决的核心问题是搜寻问题。为了有效解决市场交易的搜寻问题，满足交易者的需求，在经济发展过程中，出现了提供交易服务的分工，出现了经纪商和做

市商等职业，进而又出现了交易所。它们设计交易指令、制定交易规则，以更好地实现交易信息的收集、交易者间的匹配，最终有效解决市场交易的搜寻问题。

一个交易所使用的交易规则和执行规则的交易系统被称为交易机制。交易机制根据执行系统和交易期的不同可分为三种基本类型：集合竞价市场、连续竞价市场和做市商市场。

集合竞价市场的交易机制一般是单一价格双向拍卖，也有使用匹配机制的。

单一价格双向拍卖机制的交易过程是：首先，由交易者提交交易指令；其次，对交易指令排序，构造供给曲线和需求曲线；最后，根据最大化成交量等原则寻找市场出清价格，并出清市场。这种有组织、有协调的市场能够最大化交易剩余，避免出现无效交易。

连续竞价市场是通过交易者提交市价指令或限价指令直接与限价指令簿上的已有指令撮合成交，如果不能撮合，就加入限价指令簿，如此反复，以实现连续交易。因此，连续竞价市场也称为限价指令簿市场。

在做市商市场上，做市商通过提供买卖报价，并接受交易者的交易需求，提供做市服务。因此，该类市场也称为报价驱动市场，在该市场上做市商提供了全部的流动性。在做市商市场上，做市商在提供报价之后，通常只能被动接受交易者的交易需求。

知识要点

市场交易、交易机制、会员制交易所、公司制交易所、交易指令、限价指令、市价指令、止损指令、交易执行系统、报价驱动市场、指令驱动市场、经纪商市场、限价指令簿、连续交易市场、集合市场、单一价格双向拍卖、匹配机制、交易者剩余

复习思考题

1. 什么是限价指令，它有什么特点？
2. 什么是市价指令，它有什么特点？
3. 什么是交易机制，它有哪些类型？
4. 简述报价驱动机制的交易过程。
5. 简述指令驱动机制的交易过程，它有哪几种类型？
6. 什么是限价指令簿，如何通过限价指令簿组织交易？
7. 表 9-5 为纽约证券交易所某专家的限价指令簿。

表 9-5 纽约证券交易所某专家的限价指令簿

限价买入委托		限价卖出委托	
价格/美元	股数	价格/美元	股数
39.75	1 000	40.25	200
39.50	1 200	41.50	300
39.25	800	44.75	400
39.00	300	48.25	200
38.50	700		

该股票最新的成交价为 40 美元。

（1）如果此时有一市价委托，要求买入 200 股，请问按什么价格成交？

（2）下一个市价买进委托将按什么价格成交？

（3）如果你是专家，你会增加还是减少该股票的存货？

8. 集合竞价的交易过程是怎样的？

9. 单一价格双向拍卖和匹配机制是如何确定交易价格的？它们有何不同？

10. 请上网了解上海证券交易所和深圳证券交易所，简述它们交易机制的主要特点。

第十章

其他金融机构——金融机构体系的核心与补充关系

【本章导读】

　　中国平安保险（集团）股份有限公司 1988 年诞生于深圳蛇口，现已成长为我国三大综合金融集团之一，也是国内金融牌照最齐全、业务范围最广泛的个人金融生活服务集团之一。截至 2021 年底，集团总资产突破 10 万亿元，当年保费业务收入达 7 608 亿元，是全球资产规模最大的保险集团。美国国际集团（AIG）曾经是全球最大的保险业巨头，在 2008 年的金融危机中，遭受重创。美国财政部表示"将帮助稳定该公司，并从而帮助稳定金融体系"，美国政府破纪录地在 2008 年 9 月—2009 年 3 月先后共向 AIG 投入 1 800 多亿美元，拯救了这家濒临破产的保险巨头。

　　可见，保险公司也是一类重要的金融机构。此外，我们可能还听说过典当行、信用社、基金公司等金融机构。那么，这些金融机构与前面几章学习的金融机构有什么关系？金融机构的构成有内在的逻辑联系吗？

　　本章将从全局的角度学习什么是金融机构体系；除了前面几章所学的金融机构，还有哪些金融机构；它们之间有什么关系？主要包括补充性的货币与资本供给机构、保险公司、投资中介机构和政策性金融机构。

第一节　金融机构体系概述

　　金融为交易服务，但具体为哪一类交易服务，正如金融工具篇中对金融工具的分类一样，可以分为三类服务对象：一是货币，为所有交易提供一般等价物；二是资本，为资本交易提供服务；三是风险，为风险交易（管理）提供服务。

　　货币是所有交易的一般等价物，也是资本能够便利交易和募集、风险能够实现便利管理的基础；资本是实现分工深化、效率提高的必要条件；风险管理是生活水平提高、管理进步的必然要求，个别风险的汇集能够实现风险对冲的天然特征，使得大规模风险管理既是风险管理的基本途径，同时也成为现代资本募集的一个重要手段。因此，围绕货币、资本和风险而展开的工具创造、市场构建和交易组织活动就是现代金融活动。

相应地，就有了货币性金融机构、资本性金融机构通过创造金融工具、组织交易过程为各类经济主体提供交易服务，以交易的方式实现资源的最优配置。前面各章所介绍的商业银行、中央银行、支付体系等货币性金融机构、投资银行和交易所等资本性金融机构就构成现代社会的核心金融机构。

但这些核心交易服务难以覆盖全部的金融服务需求，如图 10-1 所示，至少存在以下需要补充的金融服务。

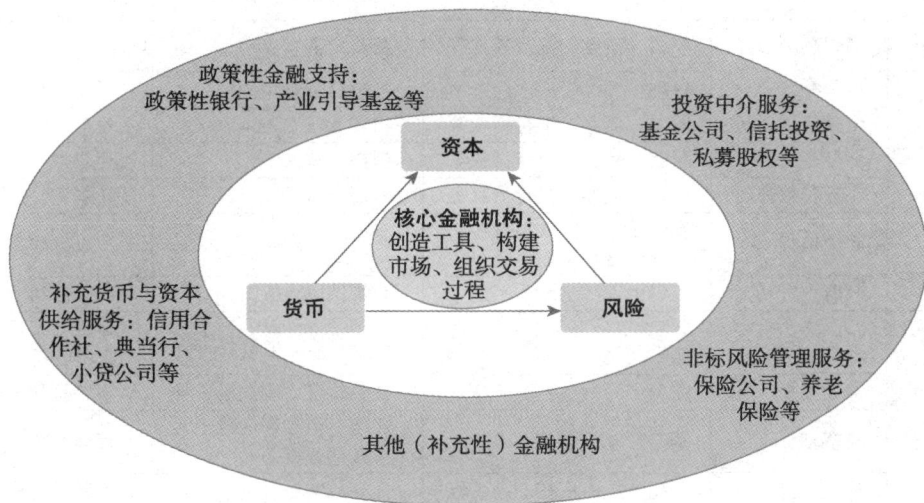

图 10-1　金融机构体系

（1）并非人人都可以从商业银行获得存贷款服务。由于成本效益、信息不对称、缺乏抵押物等原因，商业银行服务无法覆盖到个人或企业对货币或小额资本的需求，或者特殊架构的大额资本供给等，需要有补充性的货币和资本供给服务机构。

（2）根据市场原则，难以获得足够资本支持的公共或准公共服务、公共基础设施或特定领域，需要有政策性金融机构提供政策性金融服务，主要有政策性银行和政府投资基金等。

（3）资本性工具的购买者，也称为投资者，作为普通大众投资者，是最终资本供给的主力；但普通投资者缺乏对公司投资价值的分析、识别能力，以及投资时机的选择能力，需要有专业的、具有公信力的投资服务，让普通公众更有信心参与资本市场，提供资本供给。主要是投资中介机构提供这类服务。

（4）并非所有的风险都可以构造出标准化的合约，如财产损失险、火险、养老支出、失业、健康和海运等风险，通常由各类保险公司通过创设有限标准化的保险合约、养老金计划等方式实现。

金融机构体系就是在一定的历史时期和社会条件下围绕货币、资本和风险的交易服务而建立起来的各种不同的金融机构的构成及其相互关系，包括核心金融机构和补充性金融机构。核心金融机构主要提供创造标准化金融工具、构建交易市场、组织交易过程的金融服务，包括商业银行、中央银行、支付体系、投资银行和交易所等；补充性金融机构主要提供补充性的货币和资本供给服务、政策性金融服务、投资中介服务和保险服务。主要的其他（补充性）金融机构类别和特征见表 10-1。

表 10-1　主要的其他（补充性）金融机构类别和特征

类　　型		主要负债（资金来源）	主要资产（资金运用）	盈利来源
补充性货币供给机构	储蓄银行	存款	消费贷款、转存款等	利差
	消费金融公司	股票、债券、银行借款等	消费贷款	利差
补充性资本供给机构	信用社	存款	社员信贷	不以盈利为目的
	金融租赁公司	股票、债券、银行借款等	租赁设备	租金
	财务公司	股票、债券、银行借款等	抵押贷款	利差
	小额贷款公司	股票、债券、银行借款等	小额贷款	利差
政策性金融机构	政策银行	发行债券、中央银行再贷款、吸收长期存款	政策性贷款	不以盈利为目的
	政府投资基金	政府出资	政策性股权投资	不以盈利为目的
保险机构	保险公司	保费	证券投资、股权投资等	保费收支差额、投资收益
	养老基金	缴费	证券投资、股权投资等	不以盈利为目的
投资中介机构	投资基金	基金份额或股份	股票、债券等金融工具或其他股权等	管理费
	信托投资	委托财产、信托产品销售	证券或实业投资等	管理费

因此，如果从金融机构体系的构成和金融服务对象综合来看，现代金融就是以信用为手段，围绕货币、资本和风险而展开的，为价值交换提供基础性服务的一个社会分工，最终目标是实现深度分工与合作、流动的、有活力的人类命运共同体。

第二节　补充性货币与资本服务机构

一、补充性货币服务机构

（一）储蓄机构

储蓄机构，是指办理居民储蓄并以吸收居民储蓄存款为主要资金来源的金融机构。在西方国家，储蓄银行大多是专门建立的、独立的金融机构，并且为了保护小额储蓄者的利益和保证储蓄机构所集聚的大量资金的合理投向，各国对储蓄机构大多有专门的管理法令。各国对储蓄机构的称谓有所差异，如美国称之为互助储蓄银行、储贷协会等，英国称之为信托储蓄银行，日本称之为储蓄银行等。尽管称谓不同，但其功能基本相同，都是为居民直接提供金融服务的。储蓄银行既有私营的，也有公营的。储蓄机构的服务对象主要是居民，其资金来源主要是居民的储蓄存款，资金运用主要是为居民提供消费信贷和其他贷款；同时，也可以在可靠的债券市场投资（如购买国家债券等）。

我国的储蓄银行主要是指邮政储蓄银行。1986 年，国务院批准邮政部门恢复开设储蓄业务，依靠邮政的网络设施，为中国人民银行代办储蓄业务。后来经过多次改革之后，于 2012 年 1 月 21 日变更为中国邮政储蓄银行股份有限公司，现已成为全国网点规模最大、网点覆盖面最广、客户最多的金融服务机构。

（二）消费金融公司

消费金融公司是指一类通过出售商业票据、发行股票或债券以及向商业银行借款等方式来筹集资金，并用于向购买汽车、家具等大型耐用消费品的消费者或小型企业发放贷款的金融机构。其分为两种类型。

一是销售金融公司，是由一些大型零售商或制造商建立的，旨在以提供消费信贷的方式来促进企业产品销售的公司。比如，福特汽车公司组建的福特汽车信贷公司主要向购买福特汽车的消费者提供消费信贷。

2003 年 10 月 3 日，中国银行业监督管理委员会正式颁布了《汽车金融公司管理办法》。2004 年，中国第一家专业汽车金融公司——上汽通用汽车金融公司成立，由通用汽车金融、上汽通用、上汽财务三方合资组建。

二是专门发放小额消费者贷款的消费金融公司，它的作用是为那些在其他渠道难以获得贷款的消费者提供贷款资金。消费金融公司可以是一家独立的公司，也可以是银行的附属机构。其中，全国首家消费金融公司为 2010 年成立的北银消费金融有限公司，为北京银行全资子公司。近年来，随着金融大数据的应用，对个人客户的信用识别能力提高，移动支付的普及，使金融服务能够直达消费场景，经济增长动力转向消费，科技型消费金融也快速发展。如蚂蚁消费金融公司、京东金融、趣店等。

（三）典当行

典当行亦称典当公司或当铺，是主要以财物作为质押进行有偿有期借贷的非银行金融机构。以物换钱是典当的本质特征和运作模式。当户把自己具有一定价值的财产交付典当机构实际占有作为债权担保，从而换取一定数额的资金使用。当期届满，典当公司通常有两条盈利渠道：一是当户赎当，收取当金利息和其他费用盈利；二是当户死当，处分当物用于弥补损失并盈利。典当行的发展是在商业银行不发达条件下，为个人或小微企业提供便捷货币资金供给的重要渠道，是典型的传统流动性供给机构。

典当行在中国已经有了 1 600 多年的历史，初见于两汉，兴盛于明清；1949 年新中国成立前，单在北京就有 300 多家典当行。1949 年后，典当业完全停顿，改革开放之后有所恢复。

二、补充性资本服务机构

（一）信用合作社

信用合作社是一种互助合作性金融组织，主要或优先为合作者提供互助性金融服务。信用合作社一般规模不大，它们的资金来源于合作社成员缴纳的股金和吸收的存款，社员存款称为股份，支付给社员的收益一般不以利息而以股利的方式支付。信用社的成员通常是中产阶级，或者在一起工作，或者是邻居，成员之间存在一定的特殊关系。

早期信用合作社的资金运用主要是向其成员提供小额的消费贷款和短期生产贷款；现在，一些资金充裕的信用合作社已增加了家庭住房抵押贷款、信用卡贷款，有的信用合作社还为社员的生产设备更新改造提供中、长期贷款，并逐步采取以不动产或有价证券为担保的抵押贷款方式。

最早的信用合作社创建于德国的农村。目前各国信用合作社有农村信用合作社、农牧渔业生产信用合作社、土地信用合作社、城市信用合作社、小工商业者信用合作社、劳动者信用合作社、住宅信用合作社等。

我国的信用合作社是由个人集资联合组成、以互助为主要宗旨的合作金融组织。其基本经营目标是以简便的手续和较低的利率，向社员提供信贷服务，帮助经济力量薄弱的个人解决资金困难。按照地域的不同，我国的信用合作社可分为农村信用合作社和城市信用合作社。

1979 年，我国第一家城市信用社在河南成立。2012 年 4 月 6 日，全国最后一家城市信用社成功改制为商业银行——宁波东海银行，城市信用社这类金融组织正式退出了我国历史舞台。

思 政 阅 读

红色信用合作起源与实践

中国共产党从"二大"起，就提出要注意和发展合作社组织。1926 年，毛泽东在广州主持农民运动讲习所时，曾开设"合作运动实施法"课程。1927 年，毛泽东到湖南做了 32 天的考察并发表了《湖南农民运动考察报告》，他把农民行动归纳了 14 件大事，其中第 13 件就是合作社运动，指出"合作社，特别是消费、贩卖、信用三种合作社，确是农民所需要的。假如有适当的指导，合作社运动可以随农会的发展而发展到各地"。

1927 年 8 月 7 日，中共中央"八七"会议确立了土地革命和武装反抗国民党统治的总方针。1928 年 3 月至 6 月，闽西先后爆发了后田暴动、平和暴动、蛟洋暴动、永定暴动，揭开了闽西土地革命的序幕。1929 年 3 月，红四军首次入闽，解放长汀城，5 月二度入闽，三打龙岩城，以龙岩、永定、上杭为中心的闽西革命根据地初步形成。1930 年 3 月，闽西苏维埃政府正式建立，闽西苏区正式形成。

1929 年 6 月，毛泽东来到闽西指导工作，7 月 20 日至 29 日，毛泽东来到蛟洋文昌阁指导中共闽西一大的召开，并亲自修改了《中共闽西第一次代表大会决议案》等一系列决议案。其中《苏维埃政权决议案》中提出了举办"合作社""统一度量衡及币制"等主张，这也是将发展合作社最早写入党的决议案之中。

1929 年 9 月，中共闽西特委发布第七号通告，提出：应帮助奖励群众创造信用合作社，使农民卖米买货不为商人所剥削，而农村贮藏资本得以收集，使金融流通。这是红色信用合作社的创办依据，也是中国共产党民主执政后首次倡导创立信用合作社。1929 年 10 月，永定太平区信用合作社成立。由此，闽西成为毛泽东合作社理论的最早实践地。

1930 年 2 月 28 日，中共闽西特委编印《合作社讲授大纲》，明确包括信用合作社在内的合作社作用、原则、种类、系统、组织等 12 项内容，这也是向群众系统讲述创办红色信用合作社最早的培训教材，由此，信用合作社在闽西苏区如火如荼地创办，永定、上杭、长汀等地苏维埃政权相继组建信用合作社，打破国民党经济封锁，红色政权从此开启发展农村金融的新篇章。

1930 年 8 月，中共中央机关报《红旗日报》报道了《另一个世界的闽西》，指出闽西更进一步从事经济上的建设，"每个乡区均设立了信用合作社"。1933 年 8 月，临时中央政府吸收了闽西苏区的成功经验，在《红色中华》中，号召"必须以最大的力量和速度，使每一区有一个信用合作社"。1933 年 11 月，毛泽东第三次来到上杭才溪乡，在其调研成果《才溪乡调查》中盛赞"合作社，第一好！"

随着闽西工农银行、苏维埃国家银行的发展，闽西苏区的实践得到全中央苏区、抗日根据地、解放区的积极推广。1939 年先后成立冀南银行、陕甘宁边区信用合作社、晋冀鲁豫边区信用合作社。冀南银行在领导信用合作社发展的过程中，很好地支持了晋冀鲁豫解放区的经济建设，支援前线。

1949 年 9 月 29 日，中国人民政治协商会议共同纲领中提出，鼓励"在城镇中和乡村中组织信用合作社"，发展信用合作社首次被列入国家战略。1954 年 9 月，全国人大一届一次会议通过《中华人民共和国宪法》，将组织信用合作社写入宪法。在 1950 年至 1957 年之间，信用合作社由 103 个发展到 88 368 个，网点遍布城乡。

（二）小额贷款公司

小额贷款公司是由自然人、企业法人与其他社会组织投资设立，不吸收公众存款，经营小额贷款业务的有限责任公司或股份有限公司。与银行相比，小额贷款公司更为便捷、迅速，可满足中小企业、个体工商户的资金需求。与民间借贷相比，小额贷款更加规范，贷款利息可双方协商。

小额贷款公司的主要资金来源为股东缴纳的资本金、捐赠资金，以及不超过两个银行业金融机构的融入资金。目前我国金融监管规定，小额贷款公司从银行业金融机构获得融入资金的余额，不得超过资本净额的 50%。

小额贷款公司发放贷款坚持"小额、分散"的原则，主要面向农户和小企业提供信贷服务，着力扩大客户数量和服务覆盖面。

（三）金融租赁公司

租赁是一种通过让渡租赁物品的使用价值而实现资金融通的信用形式。租赁可以分为传统租赁和现代租赁。

传统租赁也可称为经营租赁,是一种出租人将自己经营的出租设备或用品反复出租的租赁。

现代租赁是 20 世纪 50 年代发展起来的,也被称为融资租赁或金融租赁。融资租赁是指:出租人根据承租人的请求及提供的规格,与第三方(供货商)订立一份供货合同,从供货商处购得承租人所需的工厂、资本货物或其他设备,同时,出租人与承租人订立一份租赁合同,以承租人支付租金为条件授予承租人使用设备的权利。可见,融资租赁具有融资与融物相结合的特点。

金融租赁公司以经营融资租赁业务为主,是租赁设备的物主,通过提供租赁设备而定期向承租人收取租金。金融租赁公司开展业务的过程是:租赁公司根据企业的要求,筹措资金,提供以"融物"代替"融资"的设备租赁。在租期内,作为承租人的企业只有使用租赁物件的权利,没有所有权,并要按租赁合同规定,定期向租赁公司交付租金。租期届满时,承租人向租赁公司交付少量的租赁物件的名义贷价(即象征性的租赁物件残值),双方即可办理租赁物件的产权转移手续。

1952 年,美国成立了世界上第一家具有现代意义的融资租赁公司。我国的租赁业务是在 20 世纪 60 年代起步的,1964 年,北京市机电设备租赁公司租赁供应站开始营业。

(四)财务公司

财务公司主要向企业发放以应收账款、存货和设备为担保的抵押贷款,或者以买断企业应收账款的方式为企业提供资金。

在我国,财务公司是"企业集团财务公司"的简称,是一类由大型企业集团内部成员单位出资组建,并为各成员单位提供金融服务的非银行金融机构,其宗旨和任务是为本企业集团内部各企业筹资和融通资金,促进其技术改造和技术进步。

第三节   保 险 机 构

保险机构也称契约性储蓄机构,包括各种保险公司和养老基金。它们的共同特征是以合约方式定期、定量地从持约人手中收取保费,然后,按合约规定向持约人提供保险服务或养老金。由于它们能通过概率计算出每年需要支付的赔偿额和退休金,所以,就可以把其余的资金投资于较长期的证券,如公司债券、股票以及长期国债等。

一、保险公司

保险公司是收取保费并承担风险补偿责任,拥有专业化风险管理技术的金融机构。企事业单位和个人为降低意外事件带来的损失,可以有意识地缴纳保险费为代价,将风险转移给保险公司。当保险范围内的事项发生时,保险公司给予投保人一定的经济补偿。

投保人对风险进行转移和管理的客观需求是保险公司开业的基本条件。

（一）保险公司的类型

保险标的一般可分为两种：一是经济生活的主体，即人的身体或者生命；二是经济生活客体，即财产。因此，保险业务通常分为两大类：人身保险和财产保险。随着社会经济关系的不断复杂化以及保险经营技术的发展，再保险也越来越受到重视。于是，现代商业性保险公司便主要由人寿保险公司、财产保险公司和再保险公司组成。

1. 人寿保险公司

人寿保险公司主要经营人身保险，其规模普遍最大。人身保险是以人的寿命和身体为保险标的的保险。当人们遭受不幸事故或因疾病、年老以致丧失工作能力、伤残、死亡或年老退休时，根据保险合同的约定，保险人对被保险人或受益人给付保险金或年金，以解决其因病、残、老、死所造成的经济困难。根据保障范围的不同，可以划分为人寿保险、人身意外伤害保险和健康保险。

2. 财产保险公司

财产保险公司主要经营财产保险业务。财产保险起源于意大利的海上保险，16 世纪以后，在其他西欧国家迅速发展。随着海上贸易中心的转移，到 17 世纪，英国伦敦成为世界最主要的海上保险市场。1666 年 9 月 2 日，伦敦发生历史上最严重的火灾，第二年，有人开始承保房屋的火灾风险。此后，依照海上保险的做法，对陆上财产的承保范围逐步扩大到几乎一切自然灾害和意外事故风险，保险标的从房屋扩大到任何有形财产，最后发展到许多无形财产，甚至因财产而产生的利益也可以承保。广义的财产保险包括各种财产损失保险、责任保险、信用保证保险等业务。

3. 再保险公司

再保险公司是指专门从事再保险业务、不直接向投保人签发保单的保险公司，即保险公司的保险公司。再保险也称分保或"保险的保险"，指保险人将自己所承担的保险责任，全部或部分地转嫁给其他保险人承保的业务。再保险业务中分出保险的一方为原保险人，接受再保险的一方为再保险人。再保险人与原来的被保险人无直接关系，只对原保险人负责。作为保险市场一种通行的业务，再保险可以使保险人不致因一次事故损失过大而形成对赔偿责任履行的影响。

（二）保险公司的社会与经济功能

保险公司对投保人在意外事故中遭受的经济损失和人身伤害，按照合同规定的责任范围给予一定数量的经济补偿和给付，达到少数人的损失由多数人共同分担的目的。

保险公司在集中投保人特定范围的风险、为投保人提供风险管理服务的同时，通过扩大保单销售数量，汇集起大量资金。对聚积的巨额资金，除了用于对约定范围的出险进行补偿外，还需要对其进行必要配置和管理，向外融通资金，获得增值，提高保费的

盈利水平和自身的赔付能力。

保险资金一般情况下比较稳定，可以进行多样化的投资运作。保险机构在金融市场上以机构投资者的身份对保险资金进行多样化的投资运作，向金融市场提供了大量资金，并促进了储蓄资金向资本的有效转化，充当了金融中介的角色。

扩展阅读 10-1

二、养老基金计划

养老基金是一种向参加养老金计划者以年金形式提供退休收入的金融机构。其资金主要来源于两方面：一是雇主的缴纳和雇员工资的扣除或自愿缴纳；二是基金收入的投资收益，即将筹集的资金用于长期投资的收益。

养老基金是第二次世界大战后才在西方各国发展起来的，关于养老基金的立法和税收优惠对它的发展起了极大的推动作用。美国的养老金计划起步较早，早在 1875 年，美国运通公司就开始为员工建立企业年金计划，这被认为是美国最早的雇主养老金计划。1935 年，美国政府颁布了第一个社会保障法案，初步建立了公共养老金计划体系的基础。

扩展阅读 10-2

第四节　投资中介机构

在资本市场上，资本需求方通常是公司和企业，而资本供给的最终来源是大量的普通个人。虽然资本市场已经有了便利的投资工具：股票和债券等，也有了便利的参与渠道，但作为个人投资者往往没有时间或能力专门研究投资决策问题，这也会限制普通公众对资本市场的参与。投资中介机构就是一个实行专家管理制度、由专业管理人员进行投资管理的一个专业化分工。投资中介机构通常有两个大类：投资基金和信托投资公司。

一、投资基金

证券投资基金是指通过公开发售基金份额募集资金，由基金托管人托管，由基金管理人管理和运作资金，为基金份额持有人的利益，以资产组合方式进行证券投资的一种利益共享、风险共担的集合投资方式。

在美国，它被称为共同基金、互惠基金或投资公司；在英国、日本等国它被称为投资信托基金；在我国它则被称为投资基金。基金的管理人通常是一些基金公司、资产管理公司或投资公司等，投资方向主要是一些股票、债券等标准化金融工具。

投资基金也可作为基金证券来理解，由投资基金组织发行的受益凭证或股票。它和一般的股票、债券都是金融投资工具，但又不同于一般的股票、债券。首先，一般的股票反映的是产权关系，债券反映的是债权关系，而投资基金反映的是信托关系。其次，股票和债券的集资主要是投向实业，而投资基金筹集的资金主要是投向其他有价证券及不动产。再次，股票的收益取决于发行公司的经营效益，有较大风险。债券的收益一般事先确定，风险较小。而投资基金主要投资于有价证券，投资选择可以灵活多样，从而使投资基金的收益和风险可能介于股票与债券之间，增大了投资者的选择空间。

英国和美国是世界上投资基金制度建立最早的国家。英国于 1968 年创立了世界上第一个基金，即"海外殖民地政府信托基金"，但现代意义上的第一个投资基金却是美国 1924 年建立的马萨诸塞州投资信托基金。

除了专业化投资分工的优势之外，投资基金将众多中小投资者的零散资金集中起来，还有三个方面的好处：一是具有降低交易成本的规模效应，因为单位证券买卖的佣金成本是随交易数量增大而递减的；二是投资基金拥有了分散化投资的有利条件，可以保证在一定的收益水平上将投资风险降到最低限度；三是投资基金流动性强，易变现。当投资者需要现金或者由于其他原因要抽回投资时，可以在证券市场上自由地将投资基金份额出售而收回现金，对开放式基金来说则可以随时办理赎回。此外，投资基金在投资运作上规范，投资目标与基本策略都是在契约中约定好的，不能随意改变，且基金的投资人大会有权对经理人员的经营方针提出意见，甚至有权更换经理人员，因此投资基金的操作透明度相对较高。

我国的投资基金是在 20 世纪 90 年代以后才兴起的。1997 年，《证券投资基金管理暂行办法》出台。2004 年 6 月 1 日，《中华人民共和国证券投资基金法》正式实施，标志着我国基金业进入一个规范化、法制化的发展阶段。

如表 10-2 所示，2021 年 6 月，我国基金业的资产总规模达到 57 万亿元人民币，如果扣除主要投资于银行间市场的 9.27 万亿货币市场基金，资产规模为 47.8 万亿元。同期，上海证券交易所、深圳证券交易所股票和债券的流通总市场为 85.4 万亿元，投资基金持有比例达 56%。但单只基金的平均规模还不大，平均约 3.83 亿元人民币。

表 10-2　我国证券投资基金市场数据（2021 年 6 月）

类　别	基金数量/只	净值/亿元
公募基金	8 320	230 328.33
封闭式基金	1 113	27 709.80
开放式基金	7 207	202 618.53
私募基金	108 848	178 873.27
私募资管	31 956	161 693.86
合计	149 124	570 895.46

资料来源：中国证券投资基金业协会（https://www.amac.org.cn/）。

除了投资者外，投资基金行业的主要参与者有基金管理人、托管人和销售人，他们分别通过收取管理费、托管费和销售费用（包括申购和赎回费用）盈利。这些费率因不同类型的基金而不同，通常管理费和销售费用差异较大，一般主动型的股票基金费率高，私募基金通常还有收益提成，货币市场基金、指数基金、债券基金的费率较低。目前，我国的基金费率范围为 0.7%~4%。如果按平均 1%计算，2021 年投资基金行业的管理费等收入将大约达到 5 708 亿元。该费用收入与最终投资者的盈亏联系不大。

二、信托投资公司

信托以信任为基础，委托人将其财产权委托给受托人，受托人按委托人的意愿，为受益人的利益或者特定目的对信托财产进行管理或者处分。因此，信托的实质是一种财产管理制度。

信托投资公司是一种以受托人的身份、代人理财的金融机构，其基本职能是接受客户委托，代客户管理、经营、处置财产。

"受人之托，代人理财"是信托与投资基金的共同基本特征。但信托投资范围更广，既可以投资证券等金融产品，也可以投资实业，而证券投资基金的投资范围目前主要限于股票和债券等金融工具。信托根据签订的协议，在一段时间以后可以收回，也可以协议转让他人。信托只能私募。

美国于 1822 年成立的纽约农业火险放款公司，后更名为农民放款信托投资公司，是世界上第一家信托投资公司。中国的信托业始于 20 世纪初的上海。1921 年 8 月，在上海成立了第一家专业信托投资机构——中国通商信托公司。1979 年 10 月，国内第一家信托机构——中国国际信托投资公司成立。根据中国信托业协会发布的数据，截至 2021 年一季度末，我国共有 68 家信托投资公司，信托资产规模为 20.38 万亿元。

第五节　政策性金融机构

政策性金融机构是指那些由政府创立、参股或保证的，不以盈利为目的，专门为贯彻、配合政府社会经济政策或意图，在特定的业务领域内，直接或间接地从事政策性融资活动，充当政府发展经济、促进社会进步、进行宏观经济管理工具的金融机构，主要有政策性银行、政府引导基金以及一些特殊时期设立的特定金融机构等。

一、政策性银行

政策性银行一般都由国家直接出资创立，目的是贯彻国家产业和社会发展政策，不以利润最大化为经营管理目标。在实际经营活动中也要实行独立核算，以最小成本去实现政策目标。

政策性银行的资金来源除国家拨款外，主要通过发行债券、中央银行再贷款、借款和吸收长期存款获得；资金运用的方向主要是国家产业政策、社会发展计划中重点扶持的项目，这些贷款期限长、利率低于同期商业贷款，一般不适合商业银行从事。

政策性银行一般不办理活期存款业务，通常不具有派生存款和增加货币供给的功能，也不实行存款准备金制度。

政策性银行的融资对象，一般是限制在那些社会发展需要而商业性金融机构又不愿意提供资金的领域或项目，弥补商业性资本供给的缺陷，完善金融体系的功能。

政策性银行通过自身的先行投资行为，带动商业性资本参与；提供低息或贴息贷款弥补项目投资利润低的不足，吸引商业性资金的参与；通过对基础行业或新兴行业的投入，可以打开经济发展的瓶颈或开辟新的市场，促使商业性资本的后续跟进。

世界上许多国家都建立有政策性银行，并构成较为完整的政策性银行体系，如日本的"二行九库"体系、韩国开发银行、韩国进出口银行、法国农业信贷银行、美国进出口银行、联邦住房信贷银行等。

1994 年以前，我国没有专门的政策性金融机构，国家的政策性金融业务分别由国有专业银行承担。从 1994 年开始，为了实现政策性金融与商业性金融的分离，相继建立了国家开发银行、中国进出口银行和中国农业发展银行 3 家政策性银行。

二、其他政策性金融机构

除了政策性银行之外，在不同时期或特定的领域，政府也会设立一些非银行政策性金融机构以实现特定的目标。我国比较典型的有金融资产管理公司和政府投资基金。

1. 金融资产管理公司

20 世纪末，为了改善 4 家国有商业银行的资产负债状况，提高其国内外资信，同时深化国有商业银行改革，把国有商业银行办成真正意义上的现代商业银行。我国设立了 4 家资产管理公司，专门处置银行剥离的不良资产。运用金融资产管理公司的特殊法律地位，建立资产回收责任制和专业化经营，实现不良贷款价值回收最大化；对不良贷款剥离后的银行实行严格的考核，不允许不良贷款率继续增加；也对符合条件的企业实施债权转股权，支持国有亏损企业摆脱困境。

1999 年 4 月到 1999 年 10 月先后成立了中国信达资产管理公司、中国华融资产管理公司、中国长城资产管理公司、中国东方资产管理公司。

2. 政府投资基金

政府投资基金，是指由各级政府通过预算安排，以单独出资或与社会资本共同出资设立，采用股权投资等市场化方式，引导社会各类资本投资经济社会发展的重点领域和薄弱环节，支持相关产业和领域发展的基金。

政府投资基金最重要的特征是采用股权投资的方式进行运作。过去，大量财政资金是采用无偿拨款、贷款贴息等方式支持企业发展，而政府投资基金是采用市场化方式进行运作，是一种有偿方式的运作。

在实际运作中，有的政府投资基金采用参股的方式扶持股权投资基金的发展，即采用母基金的方式进行运作，也被称为政府引导基金；而有的针对某个产业领域设立股权投资基金，进行直接股权投资，也叫作产业投资基金。

本 章 小 结

现代金融活动就是围绕货币、资本和风险而展开的工具创造、市场构建和交易组织的活动。

金融机构体系就是在一定的历史时期和社会条件下围绕货币、资本和风险的交易服务而建立起来的各种不同的金融机构的构成及其相互关系,包括核心金融机构和补充性金融机构。核心金融机构主要是创造标准化金融工具、构建交易市场、组织交易过程,包括商业银行、中央银行、支付体系、投资银行和交易所等。但这些核心交易服务难以覆盖全部的金融服务需求,需要由其他(补充性)金融机构提供服务。

首先,由于成本效益、信息不对称、缺乏抵押物等原因,商业银行服务无法覆盖的个人或企业对货币或小额资本的需求,或者特殊架构的大额资本供给等,需要有补充性货币服务机构和资本服务机构。补充性货币服务机构主要有储蓄机构、消费金融公司、典当行等;补充性资本服务机构主要有信用合作社、金融租赁公司、财务公司、小额贷款公司。

其次,根据市场原则,难以获得足够资本支持的公共或准公共服务、公共基础设施或特定领域,需要有政策性金融机构提供政策性金融服务,主要有政策性银行和政府投资基金等。

再次,普通投资者缺乏对公司投资价值的分析、识别能力,以及投资时机的选择能力,需要有专业的、具有公信力的投资中介服务。主要的投资中介机构有投资基金和信托投资机构。

最后,并非所有的风险都可以构造出标准化的合约,如财产损失险、火险、养老支出、失业、健康和海运等风险,通常由各类保险公司通过创设有限标准化的保险合约、养老金计划等方式实现。

知 识 要 点

金融机构体系、核心金融机构、补充性金融机构、补充性货币服务机构、补充性资本服务机构、政策性金融机构、投资中介机构、保险机构

复 习 思 考 题

1. 如何理解金融就是围绕货币、资本和风险开展交易服务的?
2. 储蓄机构与商业银行主要有哪些区别?
3. 查找资料,了解我国信用合作社的发展与改革。
4. 请分析典当行存在的意义。
5. 如何理解消费金融公司的快速发展?

6. 财务公司、融资租赁和小贷公司分别在哪些方面弥补了证券市场和银行贷款对资本供给的不足？

7. 保险公司主要有哪些类别？

8. 如何理解保险机构对资本供给的作用？

9. 我国的养老保险体系是怎样的？

10. 投资基金是如何运作、如何盈利的？

11. 投资基金为什么能在全球范围内迅速发展？

12. 你为什么会放心将资金交给基金公司管理？

13. 为什么需要政策性金融机构？与商业银行相比，它具有哪些特点？

第三篇　金融制度

制度是一个社会的游戏规则，是为协调人际关系而人为设定的一些制约，分为正式规则、非正式规则和这些规则的实施机制。正式规则又称正式制度，是指政府、国家或统治者等按照一定的目的和程序有意识创造的一系列的政治、经济规则及契约等法律法规，它们共同构成人们行为的激励和约束。非正式规则是在长期实践中无意识形成的，构成世代相传的文化的一部分，包括价值信念、伦理规范、道德观念、风俗习惯及意识形态等因素。有些非正式规则经过一定时期的实践，会被上升为正式规则。实施机制是为确保上述规则得以执行的相关制度安排。

人们在运用市场交易配置资源的过程中，为了克服交易中存在的种种困难，交易者之间相互协调形成了一些约定俗成的非正式规则。这些非正式规则普遍运用之后，有些人通过违反规则、"搭便车"等行为将会获得利益，这种行为将破坏非正式规则的存续。比如，人们在寻找交易的一般等价物的过程中，发现使用标准化的铸币，能省去交易过程中称量、鉴定成色等麻烦，提高交易的效率。但在人们普遍使用这种标准化的铸币之后，也习惯了不再称量和鉴定其成色，这就给铸造假币者以可乘之机，当市场上的假币盛行时，标准化的铸币就会被弃用，回到称量货币的使用上。为了巩固这种金融发展的成果，一种可行的手段就是将这种约定俗成的非正式规则上升为正式规则，以国家的强制手段保护金融标准化、规范化的成果，维护金融交易秩序。因此，制度化也是金融发展的一个重要手段和逻辑。

金融制度是以国家的强制手段保护金融标准化、规范化的成果，维护金融工具有效性、真实性，维护市场化金融交易秩序的正式制度安排，是维护金融发展成果的重要手段，主要包括货币制度、公司制度、财务会计制度、证券发行和交易制度、金融监管制度等。

货币制度是为了保证货币的标准、统一和币值稳定，主要体现在中央银行法和商业银行法等法律法规上。

公司制度和财务会计制度是股票与企业债券创造的基石。公司法人制度为企业的独立性和人格化、为股票和债券等证券的真实有效性提供了基础性的制度安排；财务会计制度则进一步为这些工具的真实有效性提供技术保证和制度保证。证券发行和交易制度是保证证券交易的公平公正、打击交易欺诈和操纵行为的制度安排。这些制度主要体现在公司法、会计法、会计准则和证券法等法律法规中。

保证金融实体制度得以执行的相关制度安排就是金融监管制度。

本篇主要学习金融核心制度——货币制度、股份公司制度和财务会计制度的目的、主要内容、产生与发展的内在规律。

第十一章

货币制度——货币有效性的基石

【本章导读】

2008 年华尔街金融危机之后，由于不满美联储的货币政策，2011 年 3 月 4 日，犹他州众议院以 47 票赞成、26 票反对最终通过一项法案，认可联邦政府发行的黄金白银成为法定货币并且进入流通领域，居民可以参照国际市场金银现货的价格，自由选择用金银币或者美元支付税收、偿还债务等，不必受其本身币值的限制。从而，犹他州成为美国第一个允许金银币自由流通的州。另据媒体报道，当时美国还有 12 个州也在讨论通过类似的议案。

2021 年 10 月 5 日，美国"商业内幕"报道，如果美国国会未能在 10 月 18 日财政部资金耗尽前提高债务上限，美国铸币局前局长菲利普·迪尔（Philip Diehl）提议，可以铸造一枚价值 1 万亿美元的铂金币。迪尔声称，铸造一枚 1 万亿美元硬币的想法是基于法则的，这枚 1 万亿美元的硬币可以在几分钟内被铸造出来，然后通过直升机空运到纽约联邦储备银行进行实物存款。随后美国财政部部长耶伦表示反对使用 1 万亿美元硬币的想法。她说："铂金币相当于要求美联储印钱来弥补国会不愿意通过发债来弥补的赤字。它损害了美联储的独立性，混淆了货币和财政政策。"耶伦认为，铸造铂金币将削弱对美国"可以被信任并支付国家账单"的信心。

我们这世界真能重回金银复本位？货币制度真的是少数人主观臆断的结果吗？本章将学习货币制度的起源、发展过程及其内在的演变规律，主要包括金属货币的统一、标准化过程、币材供应量和稳定性对货币制度选择的影响。是哪些因素导致从金属货币制度向信用货币制度发展？是哪些货币制度内容为币值的稳定提供了保障？

早期的人类社会，在商品交换、寻找一般等价物和货币兑换等金融活动过程会形成一定的社会习惯。比如约定俗成地以贝壳、烟草、贵金属或石头等为一般等价物，以一定的贵金属含量和成色为货币计量单位。但社会习惯和契约等非正式规则不具强制性与统一性，国家出现后，将有关习惯和契约合法化，成为货币制度。

在奴隶社会和封建社会的金融活动中，最具重大意义的是统一货币制度的建立。公元前 221 年，秦始皇统一中国后，制定《秦律·金布律》，在全国范围内统一货币制度，使货币制度法律化。此为最早的货币立法。

货币制度是国家对货币的有关要素、货币流通的组织与管理等加以规定所形成的制度，是货币流通的规则、结构和组织机构体系的总称。完善的货币制度能够保证货币和货币流通的稳定，保障货币各项职能的有效发挥。

根据货币的不同特性，货币制度分为金属货币制度和不兑现的信用货币制度。

扩展阅读 11-1

第一节　货币制度的主要内容

货币制度的主要内容一般包括：本位货币和辅币；货币的铸造与发行；货币的流通和支付能力；准备金制度等。

一、本位货币和辅币

本位币又称为主币，是一个国家的基本通货和法定的计价结算货币。本位货币的确定包括两个方面的内容：一是货币材料，二是货币单位。

确定货币材料是货币制度的基础条件之一。自有货币制度以来，世界各国主要以贵金属作为货币材料，主要是黄金和白银。具体选择什么金属做货币材料受到客观经济发展条件以及资源禀赋的制约。因此货币材料不是国家随心所欲指定的，而是对已经形成的客观现实在法律制度上加以肯定。确定不同的货币材料就形成不同的货币制度。目前各国都实行不兑现的信用货币制度，对货币材料不再做明确规定。从历史上看，本位币经历了从银本位、金银复本位，到金本位，再到信用本位货币的演变过程。

货币单位也是货币制度的构成要素之一，具体表现为国家规定的货币名称。在金属货币条件下，需要确定货币单位名称和每一货币单位所包含的货币金属含量。比如，英国在 1870 年规定 1 镑金币的标准重量是 123.274 47 格令。规定了货币单位及其币材含量，就有了统一的价值标准。在当代纸币本位制下，纸币已经成为独立的本位币，由该国国家法律所确定，是流通中的价值符号。货币单位值（币值）的确定，通常以一篮子商品的价格为基准，有些小国或经济体可能以维持本国货币与外国货币的比价关系来确定。

人民币是我国的法定本位货币。《中华人民共和国会计法》（以下简称《会计法》）以法律形式明确规定我国境内各单位的会计核算以人民币为记账本位币，单位的一切经济业务事项一律通过人民币进行会计核算反映。

辅币，即辅助货币，是本位币单位以下的小额货币，主要用来辅助大面额货币的流通，供日常零星交易或找零之用。如我国的角、分，美国 1 美分的铜币（Cent）、五分镍币（Nickel）、一角的银币（Dime）等。

二、货币的铸造与发行

在金属货币制度下，本位币是指用货币金属按照国家规定的货币单位铸成的货币，因而是足值货币，它的实际价值与名义价值是一致的。本位币可以在国家集中铸造的前提下自由铸造。这种自由铸造是指公民有权把货币金属送到国家造币厂铸成本位币，不受数量限制。造币厂代铸货币，不收或只收少量的铸造费。

为了保证本位币的名义价值和实际价值一致，防止磨损过大而实际价值减少的货币充斥流通领域，在允许本位币可以自由铸造和熔化的国家，对于流通中磨损超过重量公差的本位币，不准投入流通使用，但可以向政府指定的机构兑换新币，即超差兑换。例如，英国在 1870 年规定 1 镑金币的标准重量是 123.274 47 格令，磨损后的铸币重量不得低于 122.5 格令。

辅币限制铸造。辅币一般用贱金属铸造，其所包含的实际价值低于名义价值；辅币已经具有信用货币的性质，由国家强制规定其名义价值，公众接受该名义价值而流通。因此，辅币不能自由铸造，只准国家铸造，其铸币收入也曾经是国家财政收入的重要来源。

银行券和纸币是贵金属储量以及相应的金银货币不能满足商品经济发展对货币需求扩张或便利性要求而出现的产物。早期银行券流通的前提是持券人可随时向发行银行兑换金属货币，只是金融货币的替代物。它是由银行发行、以商业信用为基础的信用货币。经历 1929—1933 年世界范围的经济危机之后，西方各国中央银行发行的银行券停止兑现，其流通已不再依靠银行信用，而是依靠国家政权的强制力量，从而使银行券转化为纸币。因此，早期信用货币是分散发行，目前各国信用货币的发行权都由法律规定集中于中央银行或指定机构，由国家垄断发行。

三、货币的流通和支付能力

金属本位币的面值与实际金属价值是一致的，是足值货币，国家规定本位币具有无限法偿能力。各国法律规定，在商品交易和一切经济交往中，每次支付的金额无论大小，用本位币支付，收款人都不能拒绝接受，使本位币具有无限法偿能力。

非本位货币不具有这种能力。当被用于流通和支付时，超过一定数量的非本位货币，债权人可以拒绝接受，因而被称为"有限法偿"。各国一般规定辅币只具有有限法偿力，但可以与本位币自由兑换。

在信用货币制度下，国家对各种辅币支付能力的规定不是十分明确，如我国就规定辅币也具有无限法偿能力。

四、准备金制度

准备金制度，也称为货币发行准备制度，是在信用货币制度下，为约束货币发行规模、维护货币信用而制定的，要求货币发行者在发行货币时必须以某种金属或资产作为发行准备。

在金属货币制度下，金属货币与银行券同时流通时，为了避免银行券过度发行、保证银行券信誉，法律规定发行机构按照银行券的实际规模保持一定数量的黄金等贵金属作为发行准备。

在现代信用货币制度下，由于国内信用货币已不再兑换黄金，各国货币发行准备制度的内容比较复杂，一般包括两个层次：一是各国中央银行为了保证有充足的国际支付手段，持有一定的黄金和外国货币等国外资产；二是商业银行的存款准备金制度。由于商业银行的存贷循环也是货币创造的过程，为了避免货币创造的无限扩展，随时满足存款取现的要求，保证安全，要求商业银行满足存款准备金制度的要求，持有一定的现金准备和证券准备。

黄金储备是准备金制度的重要内容。在金属货币流通的条件下，黄金储备主要有三个用途：一是作为国际支付手段的准备金，也就是作为世界货币的准备金；二是作为时而扩大、时而收缩的国内金属流通的准备金；三是作为支付存款和兑换银行券的准备金。

在当代世界各国已无金属货币流通的情况下，黄金准备的后两项用途已经消失，但黄金作为国际支付的准备金这一作用仍继续存在，各国也都储备一定量的黄金作为准备。多数国家的黄金储备都集中由中央银行或财政部管理。

第二节　金属货币制度

在货币史上，银比金更早地充当本位货币，随着经济的发展，银本位制先是过渡到金银复本位制，19 世纪 20 年代后又为金本位制所取代。

一、银本位

银本位制是以白银为本位货币材料的货币制度，有银两本位和银币本位两种类型。

银两本位是以白银重量"两"为价格标准实行银块流通。

银币本位则是国家规定白银为货币金属，并要求铸成一定形状、重量和成色的银币；银币可以自由铸造和自由熔化；银行券可以自由兑换银币或白银；银币和白银可自由输出或输入，以保证本国货币与其他货币的稳定比价关系。

古代作家庞波尼乌斯曾经记载：罗马于公元前 289 年设立负责制币的三人委员会，委员由年轻贵族担任，监督公共货币的制造。大概这一时期罗马的货币制造情况比较混乱，需要国家进行规范和监督。公元前 212 年左右创立了第纳里乌斯（Denarius）银币标准。第纳里乌斯银币体系有第纳里乌斯、奎纳里乌斯（Quinarius）和塞斯特提乌斯（Sestertius）三种银币，罗马从此确立了银本位制度。

1545 年，在南美洲西班牙殖民地（今玻利维亚）发现波托西银矿，成为世界重要银产地，银产量将近世界半数，西班牙大量铸造银币，称为比索（Peso）。自此银币成为这 400 年间国际贸易通用的货币。

到了 19 世纪末，随着白银采铸业的劳动生产率的提高，世界白银产量猛增，白银价格发生剧烈波动，呈长期下跌趋势。白银价格的起伏不稳，加之体重价低不适合巨额支付，各国先后放弃了银本位制。

扩展阅读 11-2

二、金银复本位

金银复本位制是指一国同时规定金和银为本位币，黄金与白银同时作为本位货币的材料，金币与银币都具有无限法偿的能力，都可以自由铸造、流通、输出与输入。金币和银币可以自由兑换。

由于市场上金价与银价都在不断波动中，为了解决金币与银币之间的兑换问题，金银复本位制又可以分为三种：平行本位制、双本位制和跛行本位制。

（1）平行本位制。金币和银币按自己的价值流通互不干扰，国家不规定两种货币之间的比价。英国曾于 1663 年发行金币时实行这种制度，当时英国的基尼金币与先令银币同时在市场上流通。

（2）双本位制。在平行本位制之下，一件商品同时拥有金币价格和银币价格，而金币价格与银币价格之间又会发生波动，这给交易活动带来了很大不便。由此，便诞生了双本位制。双本位制下，金币与银币之间的比价由政府通过立法的形式确立。例如，1717 年英国立法规定 1 个基尼金币等价于 21 个先令银币，即金银间价格比为 15.2∶1。美国在 1792 年实行复本位制时，规定金银比价为 15∶1。这种"铸造比价"是双本位制不同于平行本位制的一个重要标志。

（3）跛行本位制。随着 19 世纪 70 年代世界银价暴跌发生劣币驱逐良币现象，西方各国开始实行跛行本位制。在该制度下，金币与银币在法律上拥有同样的地位，但是银币被禁止自由铸造。跛行本位制的出现表明金银复本位制在向金本位制过渡。

（一）复本位制的缺点：格雷欣法则

双本位制的最严重缺点就是会出现劣币驱逐良币现象。由于金币和银币间的比率是由政府通过法律所规定，而市场上金银之间的相对价格却经常波动，或铸造比价难以和市场比价长期保持一致。在这种情况下，具有同样清偿能力的两种货币，必有一种是实际价值（或在外国作为货币的价值）高于另一种货币。前者俗称良币，后者称为劣币。这将导致人们将"良币"窖藏、销熔或输出，而尽量在流通中使用"劣币"，并输入"劣币"材料而请求官方增铸该币，结果变成了事实上的单本位制。

例如当黄金实际价值增大时，人们就会将手中价值较大的金币（"良币"）熔化成黄金，再将这些黄金换成银币（"劣币"）来使用。这个规律是 16 世纪英国人 T. 格雷欣首先发现的，故称"格雷欣法则"。

（二）维持复本位制的两种做法

双本位制下金和银的交替占优情况，会使整个经济发生某种程度的动荡。为了避免这种情况的发生而在形式上维持复本位制的存在，西方国家曾采取两种做法。

（1）在"劣币"增加到一定程度时，限制其铸造和一次支付的数额。例如，18世纪90年代，世界市场上银价跌至英国的铸造比价15.2：1以下，以致银币充斥英国。为了阻止这个趋势的发展，英国于1798年停止银币的铸造，并规定银币的一次支付额不得超过25英镑。这样虽然银币在法律上仍和金币一样是本位币，但实际上已降到辅币地位，即跛行本位制。

（2）复本位制国际化，即多个国家同时实行这个制度并采用同一铸造比价，以避免因各国铸造比价不同而发生国际金银对流的情况。1865年，法国、意大利、比利时和瑞士组成拉丁货币同盟（1869年希腊加入），建立国际性复本位制，共同采用15.5：1的铸造比价，并且统一各国的货币单位，规定各国铸币在重量、成色和形式上保持一致。但这个同盟不久解体，原因是各国利益关系不同，难以协调一致。

（三）复本位制向单本位制过渡

跛行本位制的实行，意味着复本位制向单本位制过渡。但是在20世纪30年代，在美国依然有人游说恢复复本位制。复本位制有利于美国的银矿资本家和南方农场主。他们组成强大的政治集团，向美国政府施加压力，企图恢复16：1的金银比价，最终目的是阻止银价下跌和减轻农业债务。但世界银价下跌不是一个国家的币制改革所能制止的，1870—1902年，金银的市场价值由15.5：1跌到39.1：1，结果迫使美国政府先后于1878年、1890年、1934年以人为高价收购白银，导致在国内出现通货膨胀坑害人民，在国外损害银本位制国家的利益，而复本位制始终未能恢复。

三、金本位

金本位是以黄金为本位币的货币制度，于19世纪中期开始盛行。在历史上，曾有过三种形式的金本位制：金币本位制、金块本位制、金汇兑本位制。

（一）金币本位制

金币本位制是最典型、最早的金本位货币制度形式，亦称为古典的或纯粹的金本位制。其主要制度内容包括以下三个方面。

（1）以一定量的黄金为货币单位铸造金币，作为本位币，作为基本的流通手段，是无限法偿的货币；其他金属货币都居于辅币的地位；各种货币符号（如银行券）可以参与流通，并可随时自由地兑换为金币。

（2）金币可以自由铸造。任何人都可按本位币的含金量将金块交给国家造币厂铸成金币。黄金也可以自由买卖和贮藏；黄金作为贮藏手段的职能自发调节流通中金币的数量，使金币的面值与金币本身包含的黄金价值能够保持一致和相对稳定。

（3）黄金可以自由输出入。国家之间的汇率由它们各自货币的含金量之比——铸币平价来决定，黄金在各国之间的自由转移，使汇率受外汇供求关系而引起的波动被局限在很小的输送成本范围内，因此能保证货币比价的相对稳定。

最早实行金币本位制的国家是英国。英国政府在 1816 年颁布了铸币条例，发行金币，银币为辅币。1819 年又颁布条例，要求英格兰银行的银行券在 1821 年能兑换金条，在 1823 年能兑换金币，并取消对金币熔化及金条输出的限制。从此英国实行了真正的金币本位制。实行了金币本位制度以后，英国的物价明显地维持着低幅度的波动，金本位制度稳定物价和经济的功能得到了显现。

自从英国采用金币本位制之后，美国和欧洲的国家也都争相仿效。第一次世界大战前，以英国、美国、德国、荷兰、一些北欧国家和拉丁货币联盟（由法国、意大利、比利时和瑞士组成）等实行的国内金币本位制为基础形成典型的国际金本位货币体系。黄金自由发挥世界货币的职能，促进了各国商品生产的发展和国际贸易的扩展，也促进了资本输出。金本位制自动调节国际收支，促进了世界经济的繁荣和发展。

随着主要资本主义国家之间矛盾的加剧，以金币本位为基础的国际货币体系稳定性逐渐遭到破坏。在经济危机时，商品输出减少，黄金大量外流；各国纷纷限制黄金流动，黄金不能在各国间自由转移。各国经济发展的不平衡，导致了黄金国际流动的不平衡。到 1913 年底，英、法、美、德、俄五国占有世界黄金存量的 2/3，削弱了其他国家的货币制度基础。到 1913 年，全世界约有 60% 的货币用黄金集中于各国中央银行，各国多用纸币在流通，从而影响货币的信用。一些国家战争支出急剧增加，大量发行银行券；银行券兑换黄金越来越困难，英国在拿破仑战争期间，美国在南北战争期间都曾经停止黄金与纸币的兑换，破坏了自由兑换的原则。这些因素使国际货币体系的稳定性失去了保证。

1914 年第一次世界大战爆发后，各国纷纷发行不兑现的纸币，禁止黄金自由输出，金币本位制随之告终。第一次世界大战之后，在 1924—1928 年，世界经济曾出现一个相对稳定期，主要资本主义国家的生产都先后恢复到"一战"前的水平，并有所发展。各国企图恢复金币本位制，但是金币流通的基础已遭到削弱，不可能恢复典型的金本位制。当时除美国以外，其他大多数国家只能实行没有金币流通的金本位制，即金块本位制和金汇兑本位制。

（二）金块本位制

金块本位制是指由中央银行发行、以金块为准备的纸币流通的货币制度。它是一种以金块办理国际结算的变相金本位制，亦称金条本位制。在该制度下，由国家储存金块，作为储备；流通中的各种货币与黄金的兑换关系受到限制，不再实行自由兑换；但在需要时，可按规定的限制数量以纸币向本国中央银行无限制兑换金块。可见，这种货币制度实际上是一种附有限制条件的金本位制。

金块本位制与金币本位制的区别如下。

（1）金块本位制以纸币或银行券作为流通货币，不再铸造、流通金币，但规定纸币或银行券的含金量，纸币或银行券可以兑换为黄金。

（2）规定政府集中黄金储备，允许当居民持有本位币的含金量达到一定数额后兑换金块。

例如，英国在 1925 年规定，在用银行券兑换黄金时，每次最低限度为 400 盎司的金块，约值 1 700 英镑。法国 1928 年规定的最低兑现额则为 215 000 法郎。

（三）金汇兑本位制

金汇兑本位制是指以银行券为流通货币，通过外汇间接兑换黄金的货币制度。金汇兑本位制与金块本位制的相同处在于规定货币单位的含金量，国内流通银行券，没有铸币流通。银行券不能直接兑换黄金，只能兑换实行金块或金币本位制国家的货币。本国中央银行将黄金与外汇存于另一个实行金本位制的国家，允许以外汇间接兑换黄金，并规定本国货币与该国货币的法定比率，从而稳定本币币值。

金块本位制和金汇兑本位制虽然都规定以黄金为货币本位，但只规定货币单位的含金量，而不铸造金币，实行银行券流通。这种蜕化了的金本位制已不具有金本位制原来的相对稳定性。由于不再实行金币流通，通过黄金贮藏手段职能自发调节货币流通量的作用已不存在。银行券与黄金的自由兑换已受到很大的限制，当银行券过多时，其退出流通的过程便受到阻碍。

由于实行金汇兑本位制国家的货币都与实行金块本位制国家的货币有固定的比价，银行券在换取外汇后能到国外去兑现金块。金汇兑本位制使许多国家的货币制度紧密结合在一起，只要一国的经济和货币流通发生问题，就必然会影响到其他国家。

扩展阅读 11-3

在第一次世界大战中失败的德国和许多殖民地、附属国实行的就是这种货币制度。第二次世界大战后，建立了以美元为中心的国际货币体系——布雷顿森林体系，也是一种金汇兑本位制，美国国内不流通金币，但允许其他国家政府以美元向其兑换黄金，美元是其他国家的主要储备资产。1971 年 8 月 15 日，尼克松政府宣布实行"新经济政策"，停止履行承担美元兑换黄金的义务。至此，金本位货币制度彻底终结。

扩展阅读 11-4

金本位制通行了 100 多年，其崩溃的主要原因有：第一，黄金生产量的增长幅度远远低于商品生产增长的幅度，黄金不能满足日益扩大的商品流通的需要，削弱了金铸币流通的基础；第二，黄金存量在各国的分配不平衡，黄金存量大部分为少数强国所掌握，导致金币的自由铸造和自由流通受到破坏，削弱其他国家金币流通的基础；第三，各国经济发展的不平衡，导致黄金流入流出的不平衡。

第三节 信用货币制度

一、纸币本位制

纸币本位制是以中央银行或国家指定机构发行的纸币作为本位货币的货币制度。中央银行发行纸币的方式通过信贷程序进行，且纸币的发行无须以贵金属作为发行准备。因此，纸币本位制又称作信用本位制。流通中的货币主要由现金和银行存款构成，并通过金融机构的存贷款业务投入流通中去。

纸币本身并无价值，它之所以能成为本位币，首先是由于历史上磨损了的铸币还可以在相当时期内继续充当本位币，商业银行发行的银行券也可以代表金银货币在市场上流通；其次，商业票据、债务凭证等也可以通过背书转让而发挥货币的职能。当这类现象逐步普及时，"接受或持有货币的真实目的不是货币本身的商品价值，而是货币具备能够在未来换取其他商品的功能"这一观念逐步深入人心。因而政府首先实行货币财政政策，承诺可以用纸币支付税收，使人们相信纸币代表着价值，以强化这一观念，然后通过法律强制纸币流通。

信用货币制度的主要内容如下。

（1）中央银行发行的纸币为本位币，政府发行的铸币为辅币。

（2）实行不可兑换制度，即本位币不与任何金属保持等值关系，纸币不能兑换金银，不兑现的银行券由国家法律规定强制流通；发行权集中于中央银行或发钞银行，成为无限法偿货币和最后支付手段。

（3）纸币的发行量可以自由变动，不受一国所拥有的黄金数量的限制。

（4）纸币由银行通过信用渠道投入流通，存款货币通过银行转账结算；银行的存贷款循环过程也是存款货币的创造过程。随着金融发展程度的提高，现金流通的数量和范围越来越小，而非现金流通成为货币流通的主体。

（5）实行管理纸币本位制度。发行者为了稳定纸币对内对外的价值，要对纸币的发行与流通进行周密的计划和有效的管理。因此，经济学家又把信用货币制度称为管理纸币本位制度。

二、货币发行准备制度

货币发行准备制度是为约束货币发行规模、维护货币信用而制定的，要求货币发行者在发行货币时必须以某种金属或资产作为发行准备。它是在金属货币制度下银行券的发行准备制度发展而来的。在现代信用货币制度下，流通中的货币包括中央银行发行的基础货币（现金）和商业银行创造的存款货币。因此，发行准备包含两个层次：一是中央银行的发行准备制度，二是商业银行的存款准备金制度。

（一）中央银行的发行准备制度

中央银行的货币发行准备有两大类，一是现金准备，主要包括黄金、外汇等极具流动性的资产。二是证券准备，主要包括短期商业票据、政府债券等在金融市场上流通的证券。

现金准备有利于货币稳定，但缺乏弹性，不利于央行根据经济发展需要做弹性发行。证券准备较为灵活，但控制上难度较大，对央行的货币发行管理和控制技术要求较高。因而世界各国往往二者兼用。目前，世界上大多数国家的货币发行现金准备率都较低，主要以证券准备作为发行的基础。根据现金准备和证券准备的使用情况，通常将各国的发行准备制度分为以下几类。

1. 现金准备发行制

货币的发行100%以黄金和外汇等现金做准备。它能防止货币滥发，但极度缺乏弹性，难以适应经济发展。通常小型经济体使用该制度。我国香港就实行该制度。采用联系汇率制度，以外汇（主要是美元）做100%的发行准备；发行银行为汇丰银行、渣打银行和中国银行三家。

港元发行须由发钞行按照规定的汇价，以美元向外汇基金管理局换取发钞"负债证明书"，其他银行向发钞行取得现钞也要以百分之百的美元进行兑换；回笼货币时，同样要分别以负债证明书和港元换回美元，这便形成了一个固定汇率的银行同业港元买卖市场。而在外汇公开市场上，港元却是自由浮动的。

2. 证券保证准备制

货币发行以短期商业票据、短期国库券和政府公债做准备。

3. 现金准备弹性比例制

货币发行数量超过规定的现金准备比例时，国家对超过部分的发行征收超额发行税。

4. 证券保证准备限额发行制

在规定的发行限额内，可全部用规定证券做发行准备，超过限额的发行必须以十足的现金作为发行准备。

5. 比例准备制

规定货币发行准备中现金与其他有价证券所占的比例，但各种准备资产的比例难以确定。

6. 无准备制度

中央银行发行货币并不要求持有一定的准备资产，即国家以行政法规形式规定中央银行货币发行的最高限额。

人民币的发行是由人民银行集中掌握黄金和外汇储备，用于人民币币值的稳定和国际货币清算。中国人民银行为人民币的唯一货币发行机关，发行数额须报经国务院批准，任何部门和单位都无权对市场增加货币发行；中国人民银行坚持经济发行原则，根据国民经济发展和商品流通的实际需要，通过银行信贷渠道来发行货币；国家授权中国人民银行专库管理，无出库命令，任何人无权将发行基金的现钞转为银行业务库的待支付现金，保证国家对纸币生产和供应的绝对控制权。

央行的货币发行准备制度是金属货币制度下银行券发行准备制度演变而来的，在不同国家、不同时期会有所变化。但都遵循一个基本演化轨迹：金银准备阶段、保证准备阶段到管理通货阶段。在信用货币发展的初期都规定有发行准备金，且要求有十足的资产作保证，或者规定最高发行限额，以确保币值稳定。随着信用货币制度的发展，现金准备基本被弃用，证券准备也只具备象征意义；现代信用货币制度已不再重点关注央行的发行准备，重点是全社会的货币总量（M1 或 M2），这其中有相当部分是来自商业银行的货币创造。因此，商业银行的发行准备——存款准备金制度也成了现代货币发行准备的重要内容。

（二）商业银行的存款准备金制度

存款准备金是指金融机构为保证客户提取存款和资金清算需要而准备的，在中央银行的存款，中央银行要求的存款准备金占其存款总额的比例就是存款准备金率。存款准备金制度的初始意义在于保证商业银行的支付和清算能力，之后逐渐演变成中央银行调控货币供应量的政策工具。

存款准备金制度的基本内容主要有以下四个方面。

（1）规定法定存款准备率。

（2）规定可充当法定存款准备金的标的。一般只限存入中央银行的存款，英国的传统做法允许商业银行的库存现金抵充存款准备金。

（3）规定存款准备金的计算、提存方法。一是确定存款类别及存款余额基础，二是确定缴存准备金的持有期。

（4）规定存款准备金的类别，一般分为三种：活期存款准备金、储蓄和定期存款准备金、超额准备金，有的国家还规定某些特殊的准备金。

存款准备金制度起源于 18 世纪的英国，英国 1928 年通过的《通货与银行券法》，美国 1913 年的《联邦储备法案》和 1935 年的《银行法》，都以法律形式规定商业银行必须向中央银行缴存存款准备金。由于 1929—1933 年世界经济危机，各国普遍认识到限制商业银行信用扩张的重要性，凡实行中央银行制度的国家都仿效英美等国的做法，以法律形式规定存款准备金的比例，并授权中央银行按照货币政策的需要随时加以调整。

中国清政府从 1905 年 8 月开始建立户部银行、商业银行和银钱票庄，中华民国时期的银行都没有建立起存款准备金制度。1948 年 12 月 1 日由人民政权创办的国家银行——中国人民银行，既是发行银行又是具体全面办理商业银行业务的银行，实行全国集中统一的存贷款管理，存款由总行统一运用，贷款由总行统一分配，因而不需要建立存款准备金制度。中国 1979 年开始进行经济体制改革，1983 年 9 月 17 日国务院决定中国人民银行专门行使中央银行职能，中国人民银行依法建立了存款准备金制度。

扩展阅读 11-5

三、商业银行准入制度

在信用货币制度下，商业银行的业务活动会创造存款货币，那么谁可以创造货币，自然就是信用货币制度的一项重要内容。

在金属货币本位下，商业银行虽然可以发行银行券，但银行券仅是代用货币，商业银行的货币发行受限于其金属货币的持有量，具有内在的约束功能。商业银行的准入对货币影响不大，即使有市场准入制度也是行业自律或行业垄断行为，不是货币制度的内在要求。

在信用货币制度下，商业银行与货币创造密切相关，现代各国对商业银行的准入普遍采用了核准制，即事先的行政许可，是商业银行登记及成立的前提条件。具体来说，设立商业银行除具备法律所规定的条件之外，还须报请金融监管机关审核批准，才能申请登记注册，公告成立。

关于商业银行市场准入的条件，世界各国大多从资本、人员和其他条件三方面进行要求。

（一）充足的资本

由于商业银行独特的存贷款经营方式及其货币创造功能，在国民经济中具有特殊地位，决定了它自身必须具有巨额的资本作为对存款人的利益担保和货币稳健保证，必须具有巨额的资本与其运营的资产规模相适应。

《中华人民共和国商业银行法》第 13 条规定：设立全国性商业银行、城市商业银行、农村商业银行的注册资本最低限额分别为 10 亿元、1 亿元和 5 000 万元人民币，并且国务院银行业监督管理机构还可根据审慎监管的要求调整注册资本最低限额，但不得少于前款规定的限额。

（二）合格的人员

一个值得信赖的、健全的、有声望的、富于实践经验和竞争能力的职业管理层对金融机构的经营成功至关重要，所以合格的经理人员也是成立商业银行的重要条件。各国银行法一般都要求经营管理人员必须具有良好的品行、充分的专业能力和相应的工作经验等。

（三）其他的条件

其他的条件如健全的组织机构和管理制度、合法的章程、符合要求的营业场所、安全防范措施及与业务有关的其他设施等。

在信用货币制度下，商业银行市场准入的核准权有其内在合理性，它能够有效地确保商业银行开业后可以稳健经营，为社会提供有效服务。但是，核准权的滥用又很容易令本来极有可能符合条件、有利于促进金融业竞争的申请人无法获准进入市场。为了保护申请人的合法利益，有必要对核准权加以限制。

思 政 阅 读

闽西苏区的货币制度初心

土地革命初期，闽西苏区首创信用合作社，发行自己的股票、纸币，进而发展为闽西工农银行，实行统一的货币制度。

1930 年 3 月 25 日，闽西第一次工农兵代表大会通过的《取缔纸币条例》规定"各地不得自由发行纸币，发行纸币机关，要信用合作社才有资格"；发行纸币标准必须"有五千元以上现金，请得闽西政府批准者，才准发行纸币，但不得超过现金之半数"。9 月间，《关于金融流通问题》十六号布告明确指出：禁止国民党统治区纸币在苏区流通，但允许有实际价值的国统区铸币流通。通过的《商人条例》规定，"商人不得操纵金融，银价涨跌须经苏维埃批准。商人贩运或私造铜银币、假造纸币者，严重处分"。由此，闽西各区信用合作社成为闽西苏区建立初期印制纸币的唯一官方指定机构。

图 11-1 是闽西苏区永定第三区信用合作社发行的纸币，有"苏维埃政府特许发行"字样，标志着政府保障其发行的合法性。

1930 年 11 月，闽西工农银行成立，信用合作社发行的纸币由各社收回。闽西工农银行发行银圆券和辅币券后，明确规定"缴纳土地税以及一切政府税收和市面交易都当银圆（光洋）使用"，逐步统一了革命根据地的货币。闽西工农银行恪守"发行纸币至少必须有十分之三之现金或贵重金属或外国货币作为物质准备，其余应以易于变售之货物或短期汇票或他种证券作为保证准备"。

图 11-1　闽西苏区信用社纸币

1933 年初，中央苏区各地也发生了纸币挤兑现金的现象，造成苏区财政困难、外贸逆差、币值不稳的严重局面。上杭旧县、白砂镇等地还发生不信任苏维埃银行纸币行为，或用压价（如 1 元银圆可买豆 1 斗，纸币 1 元只能买 4 升）的方法贬低国家银行的纸币，有的甚至拒用工农银行的纸币。

中央政府财政委员会制定了《现金出口登记制度》，对现金出口进行严格管理。"凡苏区群众往白区办货或白区商人运货来苏区贩卖，须带大洋及毫子出口，在 20 元以上者须向区政府登记，1000 元以上者须向省、县政府登记，取得出口证明才准出口"；"对向银行兑换大洋者须持现金出口证为凭，如在苏区使用则一律兑换国币及毫洋，不兑大洋"。"如发现无出口证或现金与出口证不符者，须将携款人扣留送交当地政权机关讯办。"政府还明令禁止私人交易金银首饰，凡私人收买金银首饰，一经查出，处十倍以上罚款。

我国货币制度从最初的信用合作社起源就守住了货币初心——公共性、人民性，将货币发行权赋予人民、赋予国家，发行收益也属于人民和国家。

本 章 小 结

货币制度是人们在寻求交易的一般等价物过程中，对货币标准化、规范化、统一化的结果。对币材选择的变化形成了货币制度的演变，先后出现了银本位、金银复本位、金本位和信用本位制度。对币材的选择既取决于币材的供求关系，也取决于币材供应的稳定性。

货币制度的主要内容一般包括：本位币和辅币；货币的铸造、发行与流通；货币发行的准备制度等。金属本位币是无限法偿货币，其币值等于其贵金属含量，可以自由铸造和流通；辅币通常是有限法偿，由政府垄断铸造和发行。

历史上磨损了的铸币还可以在相当时期内继续充当本位币，商业银行发行的银行券也可以代表金银货币在市场上流通。当这类现象逐步普及时，"接受或持有货币的真实目的不是货币本身的商品价值，而是货币具备能够在未来换取其他商品的功能"这一观念就会深入人心。又由于金属币材的供应无法满足经济发展对货币的需求，政府首先实行货币财政政策，承诺可以用纸币支付税收，使人们相信纸币代表着价值，以强化这一观念；然后通过法律强制纸币流通，由此形成了信用货币制度。

信用货币制度主要包括货币发行准备和商业银行准入制度。货币发行准备制度是为约束货币发行规模、维护货币信用而制定的，要求货币发行者在发行货币时必须以某种金属或资产作为发行准备。信用货币制度下，流通中的货币包括中央银行发行的基础货币（现金）和商业银行创造的存款货币。因此，发行准备也包含两个层次：一是中央银行的发行准备制度，二是商业银行的存款准备金制度。

知识要点

本位币、辅币、法偿货币、银本位、金银复本位、平行本位制、双本位制、跛行本位制、格雷欣法则、金本位、金币本位、金块本位、金汇兑本位、纸币本位制、货币发行准备制度、现金准备、证券准备、存款准备金制度、商业银行准入制度

复习思考题

1. 货币制度的主要内容是什么？
2. 建立货币制度的主要目的是什么？
3. 什么是格雷欣法则？
4. 如何理解货币制度对货币标准化、规范化和统一化的作用？
5. 简述银行本位制度的主要内容。
6. 金银复本位制度的主要内容是什么？为什么该制度是不稳定的？
7. 信用货币制度是如何产生的？信用货币制度的主要内容是什么？
8. 请查找资料，结合货币制度的发展规律，分析在我国历史上为什么一直未能建立真正意义上的金属本位货币制度，对我国的经济发展有何影响。
9. 请根据信用货币制度的内容分析我国历史上的交子制度和元朝的信用货币制度为什么不能持久。

第十二章

股份公司制度——资本工具有效性的基石

【本章导读】

　　1863 年，纽约州法院审理了一个范德·比尔特诉丹尼尔·德鲁的股票交易诉讼案。美国航运大亨范德·比尔特的计划是把美国铁路连成网，而伊利铁路是完成这一计划的关键，于是他决定不惜一切代价获得伊利铁路的控制权。当时丹尼尔·德鲁已经是公司最大股东，但他从来不过问公司的经营，几乎每天都在炒作伊利铁路的股票。

　　范德·比尔特事先收买了一位法官，颁布了一条法令禁止伊利铁路公司再发行新股，然后他以平均每股 80 美元的价格买入 20 万股伊利铁路股票，他认为胜券在握，因为市场上的伊利铁路股票总计才有 25 万股，但是他在不断买入的时候才发现，市场上的伊利铁路股票远不止 25 万股。原来德鲁在得知范德·比尔特要收购伊利铁路公司的消息之后，和范德·比尔特一样，他也收买了一位法官宣布只要有董事会的批准，伊利铁路公司随时可以发行新股；此外，他将手中持有的可转换债券不断转换成股票，到印刷厂大量印刷新股，不假思索地抛向市场，据说他口中念念有词："买吧，你买多少我印多少。"消息传开，伊利铁路的股票价格一落到底。于是范德·比尔特将德鲁告上法庭。由于没有相关法律，法庭难以裁决，只能建议他们庭外和解。于是两人面对面谈判，最后达成协议，范德·比尔特吞下 40% 的"注水股票"，成为第一大股东，而德鲁净赚 700 万美元离开伊利铁路公司。

　　以股票为主体的证券市场已经是现代金融体系的两大核心之一，它以市场交易方式解决了巨额资本的筹措和资本资源的优化配置问题，促进了现代公司经济的发展。但作为普通的投资者，还要担心这种"注水股票"问题吗？为什么能放心将自己的资本交给公司经营和管理？公司作为一个整体是很难进行交易的，如何使之易于交易？

第一节　公司法人制度

一、企业和企业制度

　　企业既是生产力的集合体，又是相应生产关系的物质载体。作为生产力的集合体，企业是集合各种生产要素，如土地、劳动力、资本和技术等，在盈利动机和风险压力下，为社会创造和提供产品与服务的一种综合性经济组织，是社会分工深化的基础和保证；作为相应生产关系的物质载体，企业承载着资本所有者之间、资本所有者与劳动者之间、劳动者与劳动者之间的合作关系。

企业存在的核心目标是通过计划性分工与合作创造利润，然后在合作者之间分配利润。为此，企业就必须有效率，其效率主要来自它的制度效率和经营效率。制度效率是由土地、资本、劳动力和技术等生产要素投入生产活动中的组织方式所决定，合理的制度安排是企业得以产生与发展的基础。经营效率则是由企业内部计划、组织、指挥和控制等管理方式决定，科学的经营管理，有助于企业有效降低或规避来自外部环境的各种未知风险，提高产出水平。

从产权角度看，企业可以分为业主制企业、合伙制企业、两合公司、股份公司等。企业形态的变迁史也就是一部资本集中史，股份公司的形成史则是这种资本集中史的一个阶段，它以市场交易的方式实现资本集中。

企业要素所有者之所以愿意将自己拥有的生产要素投向非个人拥有的企业，是因为有制度保证，向企业投入要素能够给他们带来收益。尤其在早期，企业在公众眼中是一种冒险组织，企业的经营会面临很大风险，如产品滞销、出资人承担无限责任、海盗袭击、海上风浪等。所以，企业的建立和发展，必须对投资者权益、风险、责任等做出安排，减少企业经营风险和收益的外部性，保证要素所有者个人的合理、应得收益。这些保护投资意愿的契约构成了企业的制度形态，即企业的各项制度安排，如企业的法律地位、产权、责任、治理、内部组织结构等。企业制度的根本目标是防范风险、降低企业生产要素的交易成本、提高效率。在生产技术条件不变或相似的情况下，企业制度形态决定了不同的交易成本和运行效率。

企业制度形态的演变表现为企业自身探索和国家法律制度创新两种途径。一般先由企业在利益导向下进行自主的需求诱导型创新，经过一定时期的积累后，再由国家以法律或制度等形式对企业自主形成的制度加以确认。

现代企业制度的主体就是公司制度。公司制度就是指适应社会化大生产和现代市场经济要求的公司法人制度与有限责任制度，其表现形式主要是股份有限公司和有限责任公司。

公司制度是现代经济社会中最重要的企业组织形式，也是现代企业制度产权组织形式的发展趋势。虽然业主制和合伙制企业从数量上来说，仍然是主要的，但公司制企业在资本额和营业额的占比上都已经处于主导地位。以我国 2018 年规模以上工业企业（主营业务收入 2 000 万元以上）为例，公司制企业在数量上约占 24.3%，但资产总额却占 55.2%，主要业务收入占 40.5%。

公司制度是商品经济和社会化大生产高度发展的产物，也是适合企业集中巨额资本、扩大经济生产规模的现代企业制度。随着商品经济的发展和生产日趋社会化，企业生产规模日益扩大，资本有机构成不断提高，开办和经营企业所需的资金急剧增多。公司制企业为聚集众多分散的个人资本成为一个集中的股份资本提供了一种有效的组织形式。

二、公司法人制度

通常使用的"公司"一词，其含义较为广泛，很多时候个人独资企业、合伙企业也被称为公司。但在法律意义上，公司是指依法设立，以盈利为目的，独立承担民事责任的从事生产或服务性业务的经济组织。根据我国公司法规定，公司是指有限责任公司和股份有限责任公司。

"公司法人制度"是指通过国家法律，将企业这个群体性的经济组织，塑造成一个"人格"实体，并相应地赋予它作为"人"所应享有的权利和应尽的义务。由于公司法人是作为企业发展到一定阶段的制度安排，因而通称为"公司法人制度"。

在公司法人制度下，原始企业所有权退化为股权，公司法人则获得了公司财产的法人所有权。公司法人制度下的产权明晰化，使企业具备了真正市场主体身份，并按照等价交换原则参与各类市场交易活动；使公司本身成为一个清晰的市场交易对象，奠定了股票市场和资本市场的制度基础。

公司法人独立人格确立的实质在于，公司人格与组成公司的成员人格相互独立，进而表现为公司财产与公司成员财产相分离，由此就形成了归公司独立拥有和支配的财产；公司成员（股东）放弃对其出资的直接支配权，换取仅以其出资额或所持股份对公司负责的有限责任特权和间接控制公司的制度基石——股权。股权（而非所有权）是股东控制或"干预"公司的唯一合法手段

《公司法》第 3 条规定："公司是企业法人，有独立的法人财产，享有法人财产权。"此项规定明确了我国公司的法人地位。《中华人民共和国民法典》第 57 条又进一步规定："法人是具有民事权利能力和民事行为能力，依法独立享有民事权利和承担民事义务的组织。"

公司法人制度的目标是实现三个独立，即财产独立、责任独立和意志独立，相应地，其制度内容也包括如下三方面。

（一）法人财产制度

法人财产制度是指企业法人对其全部法人财产依法拥有独立支配的权利，该权利主体不是自然人，而是由许多自然人所构成的一个整体法人人格。法人财产所有权的形成是以出资人向法人让渡其所拥有的财产权利，并保留股东权作为前提，同时又是企业法人维护出资者权益、实现资产保值增值的必备条件。公司法人作为经营者享有股东投资形成的全部财产的法人所有权，承担对公司债务的无限责任。股东只能作为一个整体抽象地、间接地支配公司财产。

公司法人财产制度实现了出资者所有权和企业法人所有权的分离。出资者所有权是指投资者对公司投入资本所形成的企业法人财产和法人主体而拥有的财产权利，即股

权。从财产归属的意义上讲，是出资者向企业投资而产生的一种财产权利，公司内各个出资者都不能对自己出资的财产直接行使所有权，而是要委托他人经营。同时，公司股东作为出资者按投入公司的资本份额享有所有者权益，承担对公司的有限责任。

法人财产制度的目的是实现法人"财产独立"，是公司法人制度的核心，它从形式上确定了以市场交易方式实现资本集中的可能性。

（二）法人责任制度

公司法人责任制度包括两层含义：对公司法人而言，其可以在经营不好发生债务危机时，以其法人财产抵债；当法人资不抵债时，只能申请破产，这时法人作为一个"团体人格"实体，将不复存在。因此，公司法人对法人债务负担的其实是无限责任。对股东而言，其是以其出资于公司的财产数额对公司债务负有限责任。

法人财产制度和法人责任制度两者相互依存、互为前提。

（三）公司内部治理结构

为保证公司法人制度和公司责任制度的有效实施，需要相应的内部治理结构，即公司法人应该像自然人一样具有独立自主的判断和决策能力。

公司内部治理结构是以股东大会、董事会和监事会等"三会"为主形成的具有"独立"意志和决策能力的组织体系与制衡关系。

股东大会是体现出资者利益的最高权力机关，它需要科学的议事制度以保证所有股东的公平权利。股东以信托方式把财产委托给董事会。董事会作为最高决策机关，又通过委托—代理方式聘任高层经理，由经理人员行使公司的日常经营管理权。监事会由股东大会选举产生，负责监督董事和经理的用权行为。这样，公司内部就形成了出资者、受托者、经营者三方在各自利益偏好不尽相同基础上的互相制衡关系，从而实现了企业内部所有权与经营权的两权分离。

在公司法人制度下，所有权和经营权经过了两次分离：第一次是公司股东与公司法人的两权分离，第二次是公司法人与公司的经营者即经理人的两权分离。这种两权分离在组织形式上具体地表现为公司的股东与董事会和董事会与总经理的两权分离。

公司法人制度的这种两次两权分离，使公司形成了两个主体、两个客体和两个相对独立的运行过程：一个是由股东这个主体利用股票这个客体来从事股票经营活动的运行过程，即股票的买卖和转让过程，该过程由股东完成；另一个是由公司法人这个主体利用法人财产这个客体来从事生产经营活动的运行过程，即生产、交换、分配和消费过程，这个过程由公司法人来完成。这两个相互独立而又相互联系的主、客体运行过程，通过公司业务经营的好坏和股票行市的涨落来相互影响、相互作用。

三、法人制公司的基本特征

公司法人制度首先在形式上对公司的组建和运作提出要求，目的是实现拟制中的功能性目标。因此，对法人制公司的理解可以从公司的功能特征和形式特征两个方面进行。

（一）功能特征

自 19 世纪末，公司法已经在全球范围内实现高度趋同，各国公司的主要功能特征有以下五个方面。

（1）完全法律人格。

（2）所有者与经营者有限责任。

（3）出资人股权。

（4）董事会结构下的授权经营。

（5）可转让股份。

从金融的角度看，前四个特征是为第五个特征服务的，即公司制度安排的核心目的是以市场交易手段实现资本集中。前四个特征中，最基础的是前两个，即公司法人制度和有限责任制度。

虽然如今人们普遍认为公司具备上述功能特征是理所当然的，但在 19 世纪以前，仅仅存在为数不多的全部具备五个特征的特许设立公司，直到 1844 年，进行商业交易的拥有流通股的股份公司才在英国流行开来，而到 1855 年有限责任才在股份公司中得以运用。

（二）形式特征

1. 组织特征

公司必须依法成立，是一个法定组织，并作为一个整体从事经济活动，要有自己的名称和场所，有固定组织和必要职能部门。为了适应日常活动的需要，其还必须有自己的法定代表人或称法人代表，法人代表是人格化了的公司法人。在日常经济生活中，他代表公司法人按照公司章程以及国家的各种法规法令行使各种职权，进行形式多样的民事活动。

2. 财产特征

公司法人必须拥有法定的"注册资本"，即"资本金"。公司法人地位一旦确立，这些"资本金"自然转为法人独立财产，并且自然与投资者的财产相分离，这是公司作为法人存在和进行经济活动的必要条件。

公司法人财产具有不可分割的完整性，股东（投资者）出资的财产一旦投入公司，就不能抽回，只能依法转让，从而有力地保证了公司法人财产不受干扰地正常运转；公司法人财产不因股东变动而出现不必要的变动；同时，股东的个人生命也不再影响到公司法人生命，这又使公司法人财产具有了一定连续性。只要公司存在，公司法人就不会丧失其法人财产权，股东的变动也不影响公司法人财产权的行使，使得公司日常经营活动有了可靠的物质基础，也提高了公司法人财产权的信誉，为股票成为一个可交易的客体创造了条件，为集中零散的、短期的资本形成大规模的长期资本提供了便利。

3. 人格特征

人格特征是指公司法塑造并赋予的、公司法确认法人制公司具有法律所认可的独立人格，是一种"人格化"的经济组织，是经济法律关系以及各项权利与义务的直接承担者。公司作为法人能像自然人一样参与社会经济活动。法律赋予法人制公司如下权利：公司有自己独享的名称、字号和"经济户口"即营业执照；对自己的名称拥有专用权，享有专利权、发明权、商标权和荣誉权等；能以自己的名义参与经济法律关系，既享受一定的经济权利，又承担相应的经济义务；能以自己的名义在法院应诉，具有完整的权利能力和行为能力。

4. 法人治理结构

公司法人必须建立完备的法人治理结构，主要包括股东会、董事会、监事会和总经理。根据"三会一理"的机构职责和公司章程来规范股东、董事、监事和经理层的经营管理行为。

建立完善的权利机构——股东大会和董事会。董事会通常是由股东大会或股东代表大会按法定程序选举的定额董事所组成，董事长由董事会选举产生。董事会是股东会闭会期间的常设最高权力机构，代表公司法人行使有关公司运作中的对内和对外各种权力，并对股东会负责。

法人治理结构的形式要求是进一步落实法人制公司的组织特征和人格的内涵，实现公司的"意志独立"。通过公司权力机构、决策机构、监督机构和管理机构来形成一个既各自独立、权责分明，又相互制约、相互依存的制衡关系，做到投资者放心、经营者精心、生产者用心，从而调动各方面的积极性和创造性，形成一个有效的激励与约束相结合的经营管理机制，保证公司法人制度的顺利运行。

5. 营利性特征

公司法人的一切经营活动以盈利为根本目的。公司以其全部法人财产，依法自主经营，自负盈亏，照章纳税，对出资者承担保值增值的责任。股东按投入公司的资本份额享有所有者权益，即资产受益、重大决策和选择管理者三项权利。公司法人对债务负无限责任，一旦经营不善，造成资不抵债，其最终结果就只能是依法破产。公司法人通过盈利来延续和发展自身的"人格"生命。

6. 规范科学的核算制度

公司法人应当具有一套严格规范的会计核算制度。公司法人要严格按公司法规定的注册资本金登记注册，并以法律规定和财政部门的有关规定，建立公司的会计核算制度。每一年度终了时制作财务会计报告，经审查验证后，按公司章程规定交送各股东或置备于公司以便股东查询。

案例 12-1

规范的会计核算制度，一方面约束经营者诚信经营、有效履行信托责任，防范欺诈和掠夺行为，让投资者放心；另一方面，它是投资者评估股票投资价值的基础，有了该基础，股票的交易、股东从事股票经营活动的运行过程才能顺利进行，股票的流动性才能提高。

第二节　股份公司制度

一、股份公司

股份公司是指公司的全部资本由若干等额股份构成，股份以股票的形式向社会公开发行，股票可以自由转让或买卖；股东以其所认购股份享受相应的权利并负担相应的义务，每股有一表决权，权利平等；股份有限公司的经营、账务要公开，每个财政年度要公布公司年度报告，以供股东和债权人查询。

股份有限公司是公司的最高级形态，它具备公司法人制度和有限责任制度的所有特征。除此之外，它还具备如下一些自身独有的特征。

（一）股份等额性和平等性

公司的资本总额划分为金额相等的股份；且同股同权、同股同利；同次发行的股份，每股的发行条件、发行价格应当相同。每一股有一表决权，股东以其所认购持有的股份，享受权利，承担义务。

这种等额性和平等性是金融标准化的重要手段，以标准化实现了资本的证券化、公司产权的股票化、股票交易的大众化，最后实现资本交易的市场化；这种标准化手段实现了巨大的社会资本的动员功能。

这个功能主要集中在证券市场上，其主要动力是利益导向。马克思是这样分析的："交易所正在把所有完全闲置或半闲置的资本动员起来，把它们吸引过去，迅速集中到少数人手中；通过这种办法提供给工业支配的这些资本，导致了工业的振兴（绝不应把这种振兴和商业繁荣混为一谈），既然事情动起来了，就会愈走愈快。"因此，股份公司制度是以公司法人制度和有限责任制度为基础，以资本等额划分的标准化手段，实现资本的可交易和易交易，以市场交易实现社会资本的动员功能。

（二）公开性和自由性

股份的公开性、自由性体现在股份的发行和转让上。股份有限公司通常都以发行股票的方式公开募集资本，任何人在缴纳了股款之后，都可以成为公司股东，基本没有资格限制。这种募集方式使得股东人数众多、分散广泛。为提高股份的融资能力和吸引投资者，股份必须有较高程度的流通性，股票必须能够自由转让和交易。

股份公司招股要在政府指定媒体上公开信息。公司章程要向社会公布，公司创立要向社会公告，公司经营情况、财务状况要定期向社会公布，而且要经过会计师事务所、律师事务所审核、公证，股票从发行到上市交易的全过程，都要体现公开、公平、公正原则。

公开性原则要求不仅初始公开，还要持续公开。公开的文书和资料、信息要及时、完整、真实、准确，不得有误导和重大遗漏，达到政策公开、信息公开、行为公开、财务公开。

公平性原则要求重要信息按第一时间的原则公开，让所有投资者都能公平、平等地获得信息，保护投资者利益，保证市场的公正性、统一性。公平性原则包括地位公平、权利公平、利益公平、机会均等、平等竞争。

公正性原则要求立法公正、执法公正、仲裁公正。这一切有利于提高股份公司的社会信誉和知名度，有利于社会监督，有利于保护投资者利益，增强投资者信心，是股份能够公开发行和自由交易的保证。

二、股份公司与有限责任公司的异同

股份有限公司只是一种特殊的有限责任公司。法律规定，有限责任公司的股东数量只能在 50 人以下，限制了公司筹集资金的能力。而股份有限公司则克服了这种弊端，将整个公司的注册资本分解为小面值的股票，可以吸引数目众多的投资者，特别是小型投资者。由于股份有限公司的特点，它在组织管理上有很多不同于有限责任公司的地方，两者的区别主要表现在以下几方面。

（一）人合与资合

有限责任公司的股东也以出资为限，享受权利，承担责任，具有资本合作的性质；但因其不公开招股，股东之间关系较密切，同时也具有一定的人际合作的性质。

股份有限公司是彻底的资合公司。公司的信用完全建立在公司资本的基础上，与股东的个人人身特征（信誉、地位、声望）基本没有联系；股东个人也不得以个人信用和劳务作为投资。

（二）股份是否等额

有限责任公司的全部资产不必分为等额股份，股东只需按协议确定的出资比例出资，并以此比例享受权利，承担义务。

股份有限公司必须将资本划分为等额股份。这一特性虽然从表面上看只是形式上的差别，但它以标准化手段保证了股份有限公司的广泛性、公开性和平等性，极大地提高了股份的可交易性和流动性。因此，几乎所有的大型公司都是股份公司。

（三）股东数额

有限责任公司因具有一定的人合性，以股东之间一定的信任为基础，所以其股东数额不宜过多。《公司法》规定为 1～50 人。

有限责任公司股东数额上下限均有规定，股份有限公司则只有下限规定，即只规定最低限额发起人，实际只规定股东最低法定人数，而对股东的上限则不做规定。这就使得股份有限公司的股东具有最大的广泛性和相当的不确定性。

（四）募股集资方式

有限责任公司只能在特定范围内募股集资，不得向社会公开招股集资。募股集资的封闭性决定了有限责任公司的财务信息无须向社会公开。

股份有限公司募股集资的方式是开放的，无论是发起设立或是募集设立，都须向社会公开或在一定范围内公开募集资本，招股公开，财务经营状况也必须公开。一个人能否成为公司股东取决于他是否缴纳了股款、购买了股票，而不取决于他与其他股东的人身关系。因此，股份有限公司能够迅速、广泛、大量地集中资本。

（五）股份转让的自由度

有限责任公司的出资证明不能转让流通。股东的出资可以在股东之间相互转让，也可向股东以外的人转让。但由于人合性质，决定了其转让要受到严格限制。按照《公司法》的规定，转让必须经全体股东过半数同意；在同等条件下，其他股东有优先购买权。

股份有限公司的股份表现形式为股票。这种在经济上代表一定价值，在法律上体现一定资格和权利义务的有价证券，与持有者人身并无特定联系，法律允许其自由转让。自由转让加强了股份有限公司的活跃性和竞争性，同时也招致股票交易的盲目性和投机性。

（六）公司设立的宽严不同

为保证股份公司制度的有序运行，发挥其强大的经济功能，各国通常以更严格的法律手段对其进行管理和监督，对其设立规定了一系列必须具备的法定条件，履行严格的法定程序。在我国，股份有限公司的设立必须经有关部门批准。

有限责任公司多为中小型企业，还因其封闭性、人合性，所以法律要求不如股份有限公司严格，有的可以简化，并有一定的任意性选择。

三、股份公司制度的意义

股份公司制度以股份平等，运作公开，贯彻公平、公正原则为制度基础，保证投资者和资本交易者的信心；以资本等额划分的标准化、证券化为手段，实现资本交易的市场化，达到资本集中和资本有效配置的目的。

（一）股份公司制实现了经济民主制

在股份公司制度中实行股权平等和对等原则，一切经济活动以投资入股的资本金额为准；以同股同资为股权平等的前提和基础；按一股一权一利和同股同权同利同风险的原则办事，实行股权平等，不承认任何特权。股权平等，一股一权一票，少数服从多数，股份制意味着经济民主制。

（二）公开原则使股份公司置于股东和社会的监督下，增强投资者信心

股份公司制度从公司筹资到运作，到破产倒闭，证券交易买卖，都必须贯彻公开、公平、公正原则。《公司法》规定，股份公司发行股票，必须公开向社会发布招股集资

公告，股份公司的经营情况必须公开，股份公司要定期（季、半年、一年）公布资产负债表、利润表、现金流量表等财务报表，而且要真实、准确，并经过会计师事务所、律师事务所审核、公证才有效。重要信息按第一时间的原则公开，让所有投资者都能公平、平等地获得信息，保护投资者利益，保证市场的公正性、统一性。股票上市要经过证券交易所审查批准，并公布其经营状况，证券交易的全过程要严格执行公开、公平、公正原则。所有这些都把股份公司置于股东和社会的监督之下，公开原则和严格监督有助于防伪防假和欺诈，"太阳是最佳的防腐剂，电灯是最有效的警察"，以此保护投资者利益，保证股票等资本性工具的真实性和有效性，增强投资者参与资本交易的信心。

（三）资本等额划分的标准化手段形成了巨大的社会资本动员能力

股份公司制度在保证投资者信心的基础上，以资本等额划分的标准化手段，实现资本的证券化、市场化。在股份公司制度中，无论是法人财产权还是股东的股权都是商品，可以通过证券市场进行自由转让或买卖。这有利于社会资本的迅速集中。

资本的证券化和市场化，有效地扩大了资本交易的市场范围和市场规模，形成了巨大的动员社会资本的能力。它加速了资本的集中，使社会化大生产空前发展。

现代化大生产的发展不仅需要设备、技术、管理人才，还需要巨额资金。单个资本、合伙资本有局限性，一方面难以提供巨额资金，另一方面巨额投资对一个投资者、一个企业来说风险太大。银行贷款也会遇到银行财力的限制，银行一般不愿发放长期巨额贷款。通过发行股票，能够在短期内把分散在社会上的货币资源集中起来，达到社会化大生产、大规模经营所需的巨额资本量。股份公司制、证券市场作为一种灵活有效的集资手段，适应社会化大生产的需要，极大地推动了社会化大生产的迅速发展。这是股份公司制度最大的制度资源优势。

对此，马克思做了深刻的评论："假如必须等待积累去使某些单个资本增长到能够修建铁路的程度，那么恐怕直到今天世界上还没有铁路。但是，通过股份公司转瞬之间就把这件事完成了。"

此外，资本证券化，利于发展横向联系、形成企业集团，利于资本的社会化、国际化；促使资本向经济效益好的与有发展前途的产业流动，打破实物资本的凝固和封闭状态，实现优化组合，有利于企业及时适应社会需要转移阵地、开辟新领域。

第三节　公司法人责任制度和投资者有限责任制度

一、公司法人责任制度和有限责任制度的内涵

法人责任是指法人组织对其行为所承担的一切法律责任。一是公司法人要以其全部法人财产独立清偿对其他民事主体的债务，二是公司法人对其法定代表人及工作人员以

公司法人名义从事的各种活动承担法律责任。有限责任则是指出资人承担财产责任的形式。两种责任的承担者分别是公司法人和出资人。

首先，公司法人独立责任表现为公司法人组织之间财产责任的独立，即一个法人对另一个法人的债务不承担责任，作为母公司的法人对作为子公司的法人不承担额外责任；其次，公司法人独立责任表现为法人责任与其自然人成员责任的独立，即股东对公司的债务不承担出资额以外的责任；再次，公司法人独立责任还包括法人责任与其管理人员和工作人员责任的独立，即法人的董事、经理、职工或雇员等对法人的债务除在特殊的情况下，也不承担责任；最后，公司法人独立责任的范围应以其实际拥有的法人财产为限。

公司法人独立责任是由其独立的民事主体地位所决定的。独立的民事主体地位和相应的独立财产制度正是公司法人区别于个人企业、合伙企业以及其他非法人社会组织的根本特征。

有限责任是指法人股东成员以其出资于法人的财产为限对法人债务负责，又称为股东的有限责任。有限责任制度是保证股东获取投资利益、限制投资风险的有效形式，是募集社会资金、兴办大规模企业的有效手段。较之所有权与经营权密不可分的无限责任制度，有限责任制度更能有效地提高社会经济管理水平和充分发挥社会财富的效用。

公司法人责任制度中"有限责任"和"无限责任"是特指公司股东成员承担财产责任范围的有限与无限，而非公司法人本身。任何法律主体包括公司法人都必须对自身债务承担全部责任，而不存在有限与无限问题。限定股东责任的理由主要是债务并非股东个人债务，而是公司债务。因此，投资者有限责任内含于公司法人独立责任，是其核心内容之一。

二、刺穿公司的面纱

股东有限责任的适用，以股东和公司人格的彼此独立和相互分离为前提。

首先，公司法人人格须独立于股东而存在。公司要享有独立的财产所有权，具有完全的民事权利能力和民事行为能力，能够以自己的名义从事民事活动，才能够独立地承担民事责任。

其次，股东有限责任的适用必须遵循公司和股东分离的原则。这种分离首先表现在公司财产和股东财产的彻底分离，其次表现为股东财产权和公司经营权的分离。

假若股东不尊重公司的人格独立，违背分离原则，就随时可能导致滥用有限责任和背离公司法人制度的初衷，从而损害公司债权人的利益和社会公益。其具体表现形式主要有以下几种。

（1）个别或少数股东滥用公司人格，违反所有权和经营权的分离原则，非法操纵公司，从事不正当的活动，将公司的资产和利润转移到股东个人账户上，致使公司无法存续，将公司经营不善的责任推给无辜的债权人和普通股东，让债权人和普通股东承受本不应该承担的风险。

（2）在集团公司中，公司利用其控股地位，把子公司当作其推销商业政策的工具，故意混淆母子公司的法人人格，肆意侵吞子公司的经营成果，又利用子公司作为逃债的掩护。

（3）股东有可能故意利用公司人格和有限责任从事违法或者规避法律义务的行为，从而损害社会和大众利益。

此外，有限责任虽然减少了股东的投资风险，但所减少的投资风险并没有消失，而是转移到外部债权人身上。而且，与无限责任相比，这种投资风险的有限性无疑会使股东热衷于投机冒险，容易导致其投资行为的不够谨慎。

有限责任制度的上述缺陷是其本身所固有的。在商品经济发展的初期，对资本的集聚以及鼓励风险投资方面的需求远胜于对公平和正义的要求，所以其缺陷并不十分明显。但到了现代市场经济阶段，对社会秩序、交易安全、市场公平等必然提出了更高的要求，完善投资环境、创建公平竞争的市场、维护社会秩序的稳定有序成了现代金融制度追求的重要目标。但又不能因为对公平、正义价值目标的呼唤而去否定有限责任制度。毕竟，有限责任制度是公司法人制度和现代资本市场的核心与基石，是促使公司蓬勃发展的驱动器，是现代世界各国经济繁荣和物质昌盛的缔造者。

为了完善有限责任制度和公司法人制度，国外公司法实践中通过"刺穿公司面纱""否认公司法人人格"等措施，追索滥用了公司法人人格和有限责任制度的股东责任。

"公司的面纱"是英美法系中公司法人团体人格的同义词，在通常情况下，公司的独立人格和股东的有限责任就像一层面纱，把股东与公司分开，保护了股东免受公司债权人的追索。在特定情况下，法院深入公司法律性质背后的经济实情，责令特定的公司成员直接承担公司义务和责任。这就是"刺穿公司面纱"，也称为否定公司法人人格，将责任直接追索至责任股东。

"刺穿公司面纱"的适用条件主要是公司成员（股东）做出了违背分离原则的行为。分离原则，包括所有权层面上的分离和经营权层面上的分离，是公司人格独立的前提。如果背离分离原则，就意味着滥用了公司法人人格，而且超越了有限责任制度适用的前提条件，其后果必然导致追索公司成员（股东）的责任，让其向公司债权人清偿债务。《公司法》第 20 条规定："公司股东滥用公司法人独立地位和股东有限责任，逃避债务，严重损害公司债权人利益的，应当对公司债务承担连带责任。"

"刺穿公司面纱"的司法实践可以总结为三个必要条件和两类案情，也被叫作"刺穿公司面纱的'3＋1'标准"①。三个必要条件是：债权人是不自愿的，股东是积极的，公司是封闭的。两类案情是资本不足和主体混同。如果符合了三个必要条件，又具备了两类案情中的一类，面纱就应当刺穿。

"刺穿公司面纱"的三个必要条件具体内容如下。

---

① 朱锦清. 公司法学（上）[M]. 北京：清华大学出版社，2017：171–191.

（1）债权人是自愿还是不自愿——合同与侵权。如果债权人是自愿与公司交易的，说明他主动承担了风险，一般不刺穿；如果债权人是不自愿的，是被迫充当的，则容易刺穿。

（2）股东是积极的还是非积极的。刺穿面纱只针对积极投资者，不针对非积极投资者。这里的积极，是指参与公司的经营和管理，有管理权；非积极则指没有管理权，不参与公司经营，以参与分红或者股份升值为目的。利用公司形式损害债权人利益的必定是积极股东，他们对公司债务在主观上负有责任，刺穿面纱比较合理；而非积极的股东无法利用公司去损害债权人利益，对公司债务没有主观过错，也不承担责任。

（3）公司是封闭的还是公众的。既然刺穿只针对积极股东，不针对非积极股东，那就意味着主要是封闭公司的面纱会被刺穿，公众公司的面纱不易被刺穿，因为公众公司的投资者一般不参加经营管理，主要是封闭公司的投资者才直接参加经营管理。

"刺穿公司面纱"的两类案情具体如下。

1. 资本不足

现在法院一般认为资本不足是"刺穿公司面纱"的充分理由。因为不管是在公司设立时还是在它的持续经营中，如果股东投入的资本不足以应付生意中固有的一般性风险，那么，当公司资产不够清偿由此产生的债务时，他们就应当承担个人责任。

资本不足有法律上的不足与经济上的不足。法律上的不足是指低于法律规定的某个限额，如最低资本限额、最低保险金限额等。刺穿案中的不足不是指这个法定的限额，而是指经济上的不足，即从公司所从事的行业性质和该行业容易发生的风险事件的性质来看资本额是否足以支付风险损失。但资本充足应以公司开始营业时为准，而不是以事件发生时为准。

2. 主体混同

主体混同是指公司与股东混为同一个主体，违背了公司作为一个独立主体的法律期望，于是公司的债务当然应该由股东承担连带责任。其具体表现在股东不遵守公司程式或者母公司对子公司的控制过分。公司程式是指表明公司是一个独立于其股东的单独主体的种种形式和手续，大致包含两个方面：一是组织形式方面，如按时召开股东会、董事会并保留会议纪要，按照法定程序选举董事、经理，这些人员各自在其权限范围内做决定，越权行为事后应及时经有权机构追认；二是交易手续方面，如与第三方订立合同必须以公司名义签署，与股东或者姐妹公司的关联交易也必须办理正规的交易手续如会计记录、合同文本等。控制过分是指母公司对子公司的控制已经达到了使子公司失去独立意志和人格的地步，子公司沦为母公司的分支机构（分公司）。常见的情形有以下几种。

（1）股东虚假出资、抽逃出资，致使公司没有独立的适当财产。

（2）公司资产与股东个人资产混同等。

（3）一套人马、两块牌子，名为公司实为个人等人格混同。

（4）为损害公司债权人利益，转移公司财产或将责任集中于该公司。

（5）利用公司名义签订合同欺诈债权人等。

三、有限责任制度的经济意义

美国著名法学家、原哥伦比亚大学校长巴特勒（Butler）在 1911 年曾指出："有限责任公司是现代社会最伟大的独一无二的发现。就连蒸汽机和电都无法与之媲美，而且假若没有有限责任公司，蒸汽机和电的重要性更会相应地萎缩。"有的学者甚至认为，有限责任改变了整个经济史。有限责任制度被如此重视，主要是因为它具有重要的社会经济意义。

（1）有限责任制度能够减少和转移风险，鼓励投资，克服了无限责任对企业形式发展的束缚。

相比于无限责任制，在有限责任制度下，股东的投资风险具有有限性和事先确定性，减少了投资者的风险，客观上鼓励了股东的投资，使公司能有效地募集社会资本，组建大规模的公司集团，促进了社会化大生产的发展和社会分工的深化。

（2）有限责任制度促进了所有权与经营权的分离，形成了经营管理的专业化分工。

在无限责任制度下，投资者为避免承担不可预测的巨大风险，必然要求实际参与公司的管理，从而难以促成所有权与经营权的分离，难以形成经营管理专家阶层和经营管理专业化，也很难促使股份的自由转让。

在有限责任制度下，由于风险的事先确定性和有限性，股东没有必要实际参与管理从而控制公司，为所有权与经营权的分离奠定了基础，促进了劳动的合理分工。

（3）有限责任制度是现代证券的基础，促使公司有效率地经营和发展壮大。

在无限责任制度下，所有权与经营权难以分离，所有权（股份）的转让和交易就难以进行。虽然有限责任制度下股东不直接参与管理，但股东可自由转让股份、分散投资、转移投资风险，从而促使现代证券市场的形成。公司经营管理不善会使公司股东以较低的价格抛售股票，行使"用脚投票"的权利，新投资者也将行使投票权来替换原来无能的管理者。这种被替换的危机，刺激现任的公司管理人员有效率地经营公司，以保持股票的高价位。

案例 12-2

第四节　公司制度的发展历史

一、公司法人制度的形成

公司法人制度是企业制度发展到一定阶段的产物。在公司法人制度产生之前，企业大都采取独资经营形式，后来又发展到合资经营，不管独资经营或合资经营，企业的财产总是同自然人的私有财产密切联系在一起。经营企业的自然人，将承担企业经营亏损的全部责任，企业破产即意味着经营者倾家荡产。

英国最早的以"公司"命名的组织是商业冒险家在海外贸易中组建的。他们通过受领皇家特许状或经国会法令特准成为法人社团。到 16 世纪，这类管制公司才变得普遍起来，著名的荷兰及英国东印度公司是其典型代表。在这类公司中，每个成员的债务与公司、公司其他成员完全分离，公司并不是一个经济实体，也没有自身的经济利益，团体化程度并不充分。该类公司的主要职能在于为公司成员取得贸易独占权，使公司自己取得对特定地域的管理权。17世纪初，英国正式通过法律程序，将一些特许公司确认为法人公司，"公司法人"才正式确立。不过，这时的公司法人制度作为一种企业制度安排还很不完善。

现代公司法人制度较为典型的形式是在 19 世纪中后期，于英国等欧洲国家的法典中实现的。1844年，英国《股份公司法》明确规定了公司登记注册制度，开始明确公司应具有稳定的财产；1862年的英国《公司法》规定，公司既可以是有限公司也可以是无限公司，1897年的"所罗门有限公司案"实际上确立了这一原则，即公司与作为公司成员的股东各自具有自己独立的法律人格和财产所有权。至此，公司法人和有限责任制度最终得以确定下来。到了 19 世纪末，英国法典中明确规定了现代公司的"三原则"，即有限责任原则、合股原则和法人资格原则。对公司法人资格原则又做了以下具体规定。

（1）公司法人是一个独立于成员（股东）而存在的经济实体，它不因其设立人或成员或经理的死亡而终止，它的生命具有相对的稳定性和持久性。

（2）它可以法人资格起诉其中的任何一个成员，也可被其中任何一个成员作为法人起诉。

（3）它可以自己的名义对出资者提供的包括动产和不动产在内的所有财产享有所有权，内含占有、使用、处置、收益分配等权利。

美国公司制度源于英国，初期英国公司的建立必须获得英国王室的特许状；公司的人格化，也可追溯到英国普通法。但由于以法院判决为基础而发展起来的英国公司法所涉及的多是非营利性的社团，在解决美国商业企业面临的问题时，价值有限。因而，美国法院改造普通法，使公司法在美国本土获得了独创性发展。19世纪，美国的商业公司迅速发展，公司数量激增。到 19 世纪 70 年代，在美国，公司体制在经济生活中取得了主导地位。美国公司法的主要渊源是联邦及各州的成文立法和法院判例，但主要属于州法范畴，各州都有自己的成文法和判例，一些州的重要判例和成文法往往被其他州所采纳。1950年，美国律师协会制定了《标准公司法》，作为公司制度范本，向各州推荐，旨在促进各州公司立法的统一。1991年，美国在前几次修订的基础上，对《标准公司法》做了全面修改。该法虽没有强制执行的效力，但有很强的示范作用，目前该法的一些条款被大多数州采用。因此，美国各州公司立法虽不完全一致，但关于公司制度的基本原则和主要规范大致相同，公司制度的运作也呈现出基本一致的特征和发展趋势。

19世纪，美国把公司作为一种实现经济目标的合法工具。公司法呼应经济发展的要求，倾向于主张公司管理自由，公司可以做它高兴和希望做的事，法律对公司持明显的宽松、放任和保护、扶植态度。美国联邦最高法院甚至认为，《美利坚合众国宪法》第

14 条修正案所要保护的"人"，已经包括公司在内，从而试图将对公司权利和利益的保护提升到宪法保护层面。1890 年，最高法院在芝加哥、密尔沃基和圣保罗铁路公司诉明尼苏达州案中首次判定一个州的铁路法规违反了第 14 条修正案的正当法律程序条款。此后，最高法院又做出了一系列类似的判决。这些判决把公司包括在受宪法第 14 条修正案保护的"人"这个概念范围之中，确立了公司的生命、自由和财产未经正当法律程序不受政府侵犯的法人地位。19 世纪后期，美国的法律环境为美国现代大企业的公司化发展提供了有利的条件。

随着人类社会步入 20 世纪，公司法的实践也面临着一系列新问题，尤其是 20 世纪 30 年代以后，大型公司控制了美国的大部分经济，无论是市场规则还是现存公司法律规制，都不足以约束这些经济巨人。这些大公司拥有市场优势，拥有运用政治权利和社会权利的能力，它们支配着美国的经济和政治，在美国社会中扮演着重要角色。与此同时，法律对公司所采取的自由放任态度也产生了某些负面影响，如公司法人人格和有限责任的滥用、公司将股东利益最大化作为唯一目的而导致的与社会全面发展目标之间的不协调等问题。由此，也迎来了"刺穿公司面纱"等公司法人制度的新发展。

二、公司法人责任制度和有限责任制的历史变迁

公司法人责任制度的发展经历了从纯粹的个人责任到团体成员责任、从法人成员的无限责任到有限责任、从法人的非独立责任到独立责任以及有限责任与无限责任、独立责任与非独立责任并存的历史演进过程。

人类最早的法律责任是纯粹的个人责任，如奴隶制早期的债务奴隶制；后来伴随着提供劳务、抵押、担保等债务履行方法的出现，财产责任制度也由毫无限制的人身责任追究让位于有限制的财产补偿；进而随着各种团体，包括合伙团体和家族经营团体等的产生，又出现了与个人责任完全不同的团体成员责任；近代法人制度的形成则最终确立了各种社会团体的独立法人主体地位，从而使法人与其自然人成员的权利和义务得到明确划分，有限责任从此作为一种新的责任制度正式确立了。

股东的有限责任是伴随着公司法人独立人格制度的形成发展而确立起来的。没有公司法人制度，就谈不上股东的有限责任问题。中世纪的康孟达（Commenda）契约确立了有限责任制度的早期形式，是股东有限责任的雏形。康孟达契约是适应了当时规避海上运输贸易风险的需要而出现的。一方面是资本所有者以商品或资本形式委托航海者代为买卖，为自己闲置资本寻求获利机会而又避免不懂航海可能产生的风险；另一方面有航海经验又缺乏资金的受托人以其自己的名义从事海上贸易，获利后依据契约进行分配。不参与直接经营的委托方仅就委托投入的资本或货物负有限责任，从事航海经营的受托方对营业负无限责任。

16—17 世纪，英国与欧亚大陆间进出口贸易的迅速发展，使得许多从事海外商业活动的殖民公司获得了独立法人地位，团体成员责任也开始逐步进入有限责任的阶段。在

英国，通过 1657 年克伦威尔的改组，东印度公司的总会转化成完全的"民主总会"。但成为股份公司基本特征的"全体出资人有限责任制"在克伦威尔改组中尚未出现。在王政复辟的 1662 年，全体出资人的有限责任制确立，由此东印度公司发展成为名副其实的近代民主型股份公司。

从 17 世纪中期开始，西方资本主义国家开始了产业革命，并进入自由竞争的空前发展时期，商品生产迅速占据了统治地位。社会化大生产和激烈的市场竞争要求资本集中，并且激烈竞争本身又要求尽量减少资本所有者风险。所有这一切使得赋予商业组织以独立法人地位成为历史的必然选择。正是在这一时期之后，公司法人责任制度逐渐在英国和欧洲大陆国家成为占统治地位的团体责任形式。

伴随资本主义商品经济发展所出现的所有权与经营权分离，是公司法人责任制度产生和发展的重要促进因素。资本主义是社会化商品生产，不仅需要大量资本的积累，而且需要管理人员的高度专门化。在股份公司中，生产和经营的具体管理活动由以董事和经理为中心的专门管理机制执行，而股东只是作为资本的单纯所有者，主要根据其出资份额，领取相应的股息和红利，而很少或根本不参与公司具体经营管理，由此就形成了股权与法人财产所有权、法人财产所有权和经营权相分离的公司法人治理形式。这种权利分离的直接结果，就是产生了公司股东的有限责任与公司法人的独立责任制度。

在这种背景下，英国于 1855 年颁布了《有限责任法》，该法明确规定具备法定条件的公司一经注册完毕，股东即只负有限责任，责任的限度为股东所持股份的名义价值，并要求"有限"字样须在公司名称中反映出来。德国、法国的商法典中也都有股份有限公司的规定。特别是 1892 年德国通过的《有限责任公司法》以及随后法国、日本等国家颁行的《有限公司法》，标志着公司法人制度的发展完善。公司作为独立的法人，能够独立地承担责任，股东除缴纳股款之外无须负担任何责任，完整意义上的股东有限责任制度最终确立。

三、现代公司制度的新发展

现代公司制度的新发展主要体现在从"股东至上"原则向"利益共同体"观念的转变。

传统公司产权理论为一元论，即"公司是股东的"或者"股东是公司的所有者"。但现代公司产权理论将财产权进行二元划分，认为：公司中存在着两种财产权，一是股东私人的财产所有权，二是公司的企业所有权。企业所有权，是指企业剩余索取权和剩余控制权。剩余索取权是指对企业收入在扣除所有固定的合同支付（如原材料成本、固定工资、利息等）后的余额（利润）的请求权；剩余控制权是指对企业中没有特别规定的业务活动的决策权。

同时，现代公司产权理论认为企业是一个合约，是不同的财产所有者交易形成的合约。财产所有权是交易的前提，企业所有权是交易的结果。没有交易，没有运动与过程，就没有企业。在参与企业交易的主体中，有股东、债权人、工人和经理，绝非仅仅股东一方。美国宾夕法尼亚公司法改革之后，美国布鲁金斯研究所布莱尔教授通过对新公司法和公司制度的研究，提出了状态依存所有权理论。

该理论认为，企业是股东、债权人、工人、经理四方不同利益相关者的共同体，不同的利益主体在公司中的状态是不同的。但无论处于何种状态，其关联性、协同性、相互依存性是毋庸置疑的。股东、债权人、工人、经理各方中，失去任何一方，他方就失去依存性，企业这个合约就会被打乱，企业就会解体。因此，企业所有权是一种状态依存所有权。从状态依存所有权模式来看，股东不过是正常状态下的企业所有者，尽管这个"正常状态"通常发生的概率最大。

状态依存所有权分析如下。

令 x 为企业的总收入，w 为应该支付给工人的合同工资，r 为对债权人的合同支付（本金加利息）。假定 Π 为股东满意利润，且工人的索取权优先于债权人。那么，状态依存所有权是指：

（1）如果企业处于 $x \geqslant w + r$ 状态，则股东是所有者。

（2）如果企业处于 $w \leqslant x < r + w$ 状态，则债权人是所有者。

（3）如果企业处于 $x < w$ 状态，则工人是所有者。

进一步，由于监督经理是需要成本的，股东只要求一个"满意利润"，只要企业利润大于这个满意利润，股东就不必去干涉经理，苛求不顾代理成本的"最大利润"。于是，经理就能获得大于满意利润部分的超额利润。即

（4）如果企业处于 $x \geqslant w + r + \Pi$ 状态，则经理是实际上的所有者。

对现代公司所有权状况的分析，揭示了现代公司运作中财产所有权的动态形式。它表明，公司的所有者不仅仅是股东。股东、债权人、工人和经理在公司这个利益共同体中，根据公司的经营状况，都可能是所有者。在相互依存关系中，利益相关者任何一方的利益得不到有效保护，都会导致公司经济目标的难以实现，导致相关社会问题的出现。因此，仅将股东视为公司的所有者是一个错误，公司经理应对公司的长远发展和全部"利益相关者"负责。

"公司不单纯是股东的公司""公司是股东、债权人、工人、经理多方利益共同体"是现代公司理论的一个重大进步。该理念的出现必然导出经理职能不再仅仅是为股东利益负责，还要为共同体其他"依存"者，如债权人、工人及经理自己负责。公司不再仅仅是股东的公司，而是"利益依存者"的公司。股东的投资固然重要，但它只是企业交易的前提条件，只是一个必要条件，并不是充分条件。完成整个企业交易，除了股东外，还须有广大工人的卓有成效的劳动，否则一切无从谈起；还须有经理人、整个管理层的知识与智慧，没有他们的人力资本与股东投入的物力资本的有效结合，交易往往是无法进行的。

案例 12-3

状态依存所有权理论也将是现代公司内部治理理论和公司社会责任理论的基石。

第五节　公司证券发行和上市交易制度

证券发行审核制度是证券进入市场的第一个也是最重要的门槛，是国家证券监督管理部门对发行人利用证券向社会公开募集资金的有关申报资料进行审查的制度。

保护投资者是证券发行审核的首要目标，是证券市场存在和发展的基础。证券市场投资者是证券市场得以建立和维持的资金来源。通过发行审核防止证券投资者受到欺骗，同时给予被欺骗的投资者适当的救济途径。树立投资者对市场的信心，证券市场才有源源不断的资金进入，证券市场的融资和资源配置功能才能有效发挥。

保护投资者利益在于给予投资者以公平、公正地进行证券投资、证券交易的机会，使投资者尤其是中小投资者免受欺诈，从而使其合法利益得到保护。证券发行审核制度通过提供公开、透明的证券发行信息实现公平、公正的证券交易。

证券发行审核制度通过立法和发行审核保证证券市场的公开、透明，防止欺诈，提高发行证券的质量，保持一个健康的市场运行机制，把体制性系统风险降到最低程度，维护整个社会经济秩序的稳定。

证券发行审核制度通常分为两类：注册制和核准制。

一、证券发行注册制

证券发行注册制又叫申报制或形式审查制，是指政府监管部门对发行人发行证券，事先不做实质性审查，仅对申请文件进行形式审查，发行者在申报申请文件以后的一定时期以内，若没有被政府否定，即可以发行证券。

证券发行注册制是证券发行管理制度中的重要形态，也是很多国家普遍采取的证券发行监管方式。在标准的注册制下，一个公司发行股票，无须证券交易委员会或任何其他管理机构的批准。任何公司均可发行股票，只要全面披露证券交易委员会要求的资料。是市场而不是管理者决定什么样的公司可发行股票。

证券发行注册制的主要内容如下。

（一）证券的发行是由法律赋予的，而不是政府的授权

只要发行人履行了法定的信息披露义务，其发行申请在法定期限内就应当得到监管机构的同意，因为这是法律所赋予的，法律保障履行法定义务的发行人都有接受市场选择的机会。

证券法未规定证券发行者的财务与素质，能够发行证券的公司既可以是业绩优良的公司，也可以是业绩较差的公司。

（二）公开原则是注册制的精髓和根基

注册制强调公开原则，公开原则的目的在于达成"充分与公正的公开"。通过强制

性信息披露要求发行人完全公开公司财务信息以及与证券发行相关的一切信息，并对这些信息的全面性、准确性、真实性和及时性负责。

证券发行人募集股份时，必须制作并公布招股说明书，以公开发行人的业务情况、财产情况、财务状况、筹资用途、发行人董事和公司高级管理人员及主要股东情况、主要法律诉讼等。

发行人要借助各种中介机构，实现信息披露的真实、准确和完整；证券发行文件通常由律师或会计师协助准备，通过专业人员的专业性审慎调查，最大限度地保证所披露信息的真实性和准确性。

（三）监管机构只进行形式审查，不做实质判断

监管机构只负责审查发行人提交的文件所提供的信息是否充分、准确和完整；要求发行人提供真实的信息，但不保证信息的真实性。至于发行人及证券的价值等实质性问题不属于证券监管机构的审查范围，证券监管机构也无权对证券发行及其本身做出实质性判断。

法律保障投资者依法获得充分信息，自行做出投资决策。投资者能否得到投资回报，完全取决于所投资公司的实际营业状况，投资者的投资风险自负。

（四）强调事后审查和处罚

注册制下的注册程序并不保证注册文件（一般包括注册申请书和招股说明书）中陈述的事实的准确性。如果投资者在投资注册证券时蒙受损失，且足以证明公开文件中有虚假或欠缺情形，有损害赔偿请求权。

在缺乏证券监管机构实质性监控的条件下，保证公开原则的贯彻和实现的重要手段是要求证券发行人及中介机构承担较高程度的法律责任，以督促其保证公开信息的准确性和全面性。当登记文件对重大事实有错误陈述或遗漏的时候，证券购买者有权起诉。

需要对登记文件中的错误陈述和遗漏承担责任的人和机构有：发行人；所有签署登记文件的人；在上报登记文件时担任董事或与此类似地位的人或合伙人；所有在登记文件上签名同意，并且很快成为董事或合伙的人；任何会计师、工程师、评估师或其他任何人，由于他们的职业性质而使得登记文件中的有关内容必须征得他们的签字认证或评估后方可上报备案；证券承销商。其中发行人承担的是严格责任。

二、证券发行核准制

证券发行核准制又称为准则制或实质审查制，是指证券监管机构在审查发行申请时，不仅要求其充分公开披露企业的真实情况，而且必须符合有关法律和证券监管机构规定的必备条件；经过证券监管机构或其授权单位的审查并获批准后，发行人方可发行

证券的证券监管制度。简而言之，核准制系指主管机关就发行人及发行证券之实质内容加以审查，符合既定的条件才准予发行。

在理论上，实行核准制的国家认为，虽然法律要求发行人必须公开全部资料，但是，不是任何人都可以读懂专业文件的，如招股说明书、资产负债表。即使可以读懂文件，也不一定可以对其细节做出合理的理解与判断。为了保护作为个人投资者的利益不受团体行为的侵害，政府应该履行职责，对证券发行适当地监督。

核准制有利于新兴市场的健康发展，适合证券市场不完善，投资服务机构的道德水准、业务水平不高，投资人缺乏经验与业务水平，缺乏对信息判断能力的地区。

证券发行核准制的主要内容如下。

（一）证券的发行必须经过证券监管机构的批准

核准制下，证券的发行必须获得证券监管机构的批准。如果没有证券监管机构或其授权单位的批准，一切证券发行活动皆为非法，不仅发行的证券无效，非法发行人和参与的中介方都可能受到严厉的处罚。

证券法规定证券发行人的发行资格及证券发行的实质条件。通过确定证券发行人资格及发行条件，尽力排斥劣质证券的发行。因此，符合法定条件、获得主管部门批准、具备法定资格的发行人才可以发行证券。

（二）同样强调信息的公开

核准制同样重视发行人的信息披露义务，发行人必须提供真实、准确、完整的相关信息。披露的内容通常包括股票发行申请书和招股说明书，详细披露公司的名称、历史沿革、经营情况、财务报表、股票发行种类、数量和金额等内容。

（三）强调实质管理原则

证券监管机构除对信息公开要求进行形式审查外，还对证券发行条件进行实质审查，并据此做出发行人是否符合发行条件的价值判断和是否核准申请的决定。

核准制的理论逻辑是以制度上的硬约束，寻求法律功能上的公共利益和社会安全，以法律的形式，将质量差的公司排除在股票公开发行之外。只有符合了信息公开要求和实质性条件，并经证券监管机构批准后方可取得发行资格，在证券市场上发行证券。

实质条件通常包括：①所属行业是否符合国家产业政策；②经济效益如何，有无发展潜力；③资本结构是否健全合理；④高级管理人员是否具备了必要的资格；⑤发起股东出资是否公开等。

（四）强调事前与事后并举的审查制度

核准制依法律规定的实质条件作为证券发行的事前审查。同时，核准制的审核机关也享有事后审查和撤销权。在发行人获得核准之后，如果证券监管机构发现所核准的事项存在虚假、舞弊等违法行为，有权对已做出的核准予以撤销，并追究发行人及相关责任者的法律责任。

核准制对定价、交易干预过多，不利于价格发现功能的实现；发行节奏由行政手段控制，不利于融资功能的实现；有时上市门槛过高，审核过严，则不利于资源配置功能的实现。将过多权力授予核准部门，也容易形成腐败、抑制经济功能。注册制与核准制相比，发行人成本更低、上市效率更高、对社会资源耗费更少，资本市场可以快速实现资源配置功能，但在法律不够健全、执法能力不强、投资者素质不高的环境下，也容易被资本操纵而陷入混乱。不同发行制度的选择取决于不同制度的优劣比较与现实经济社会环境的权衡。

扩展阅读 12-1

三、上市交易制度

证券上市是指公开发行的有价证券，依据法定条件和程序，在证券交易所或其他依法设立的交易市场公开挂牌交易的行为。证券上市制度包括证券上市的条件与程序、证券上市的暂停与终止等规范。这些规范构成了证券市场的准入与退出机制。

证券上市交易制度也是起源于市场交易的自律规则。在早期的证券市场上，各种证券质量的差异较大，证券经纪人为了提高自己经济收入通常会有选择地代理一些质量较高的证券，当经纪人之间形成合作，成立交易所之后，这些经纪人的选择条件就形成了交易所的证券选择条件，即上市条件。随着证券市场的发展，这些上市条件最终发展成为国家的法律制度，即各国证券法规定的上市条件，同时各交易所也都有自己的上市条件。根据各个交易所上市条件严格程度的不同，各国的证券市场又形成了不同层次的市场，如主板市场、创业板市场、场外市场等。

证券上市是联结证券发行市场和证券交易市场的桥梁，是对公开发行证券的再次遴选。因此，对于上市公司来说，证券上市有利于其提高知名度和信誉；为其今后进一步筹措资金、开拓新的市场领域提供有利条件；并能促使其改善经营管理，提高经济效益。对于投资者来说，则有利于其减少投资风险；证券上市有利于形成公正的证券价格，促进证券流通，可以保护投资者的利益。

证券上市的暂停与终止，是证券上市制度的重要组成部分，它构成了证券上市的退出机制，使得证券市场上的证券有进有出，形成优胜劣汰的机制，促使上市公司依法经营，并努力提高经营业绩，否则将面临退市风险。同时，证券上市的退出机制，有助于增强投资者的证券投资风险意识，促进投资者的理性投资，从而更好地保护投资者的利益。

扩展阅读 12-2

本 章 小 结

公司制度是指适应社会化大生产和现代市场经济要求的公司法人制度与有限责任

制度，其表现形式主要是股份有限公司和有限责任公司。公司法人制度是指通过国家法律，将公司塑造成一个"人格"实体，并相应地赋予它作为"人"所应享有的权利和应尽义务。公司法人制度的内容主要有三方面：法人财产制度、法人责任制度、公司内部治理结构。

法人财产制度是公司法人制度的核心，它从形式上确定了以市场交易方式实现资本集中的可能性。有限责任制度是公司法人责任制度的高级形态，指公司法人成员以其出资于法人的财产为限对法人债务负责。有限责任制度是保证股东获取投资利益、限制投资风险的有效形式，是募集社会资金、兴办大规模企业的有效手段。

公司的独立人格和股东的有限责任就像一层面纱，它把股东与公司分开，保护了股东免受公司债权人的追索。当股东不尊重公司的人格，违背分离原则，滥用有限责任和背离公司法人制度的初衷时，法院深入公司法律性质背后的经济实情，责令特定的公司股东成员直接承担公司义务和责任，这就是"刺穿公司面纱"。

股份有限公司是公司的最高级形态，它具备公司法人制度和有限责任制度的所有特征。除此之外，它还具备股份等额性和平等性、公开性和自由性等特征。股份公司制度以股份平等，运作公开，贯彻公平、公正原则为制度基础，保证投资者和资本交易者的信心；以资本等额划分的标准化、证券化为手段，实现资本交易的市场化，达到资本集中和资本有效配置的目的。

证券发行审核制度是证券进入市场的第一个也是最重要的门槛，是国家证券监督管理部门对发行人利用证券向社会公开募集资金的有关申报资料进行审查的制度，包括注册制和核准制两种形式。证券发行注册制是指政府监管部门对发行人发行证券，事先不做实质性审查，仅对申请文件进行形式审查，发行者在申报申请文件以后的一定时期以内，若没有被政府否定，即可以发行证券。而核准制下，主管机关就发行人及发行证券之实质内容加以审查，符合既定的条件才准予发行。

公司法人制度和有限责任制度通过实现公司产权独立和责任独立，降低投资者风险，保证投资资产安全，在宏观上实现了公司产权的可交易；股份公司制度通过对公司股份的标准化技术安排和平等化制度安排，实现了公司股份的易交易，以扩大资本市场的范围和规模；证券发行审核制度和上市交易制度通过制度门槛，筛选出符合公司规范和质量优良的企业进入市场，降低市场的系统性风险，建立投资者信心。这些制度安排共同保证了资本性工具的有效性，促进了证券市场的发展。

知识要点

企业、企业制度、公司法人制度、法人财产制度、法人责任制度、公司内部治理结构、股份公司、有限责任公司、有限责任制度、刺穿公司面纱、状态依存所有权理论、证券发行审核制度、注册制、核准制、上市交易制度

复习思考题

1. 公司法人制度的主要内容是什么？基本特征是什么？
2. 简述公司法人制度的形成历史。
3. 分析公司法人责任制度与股东有限责任制度的关系。
4. 分析公司法人制度和有限责任制度对资本集中与优化配置的意义。
5. 股份公司制度的主要内容是什么？它是如何实现资本可交易和易交易的？
6. 简述股份公司和有限责任公司的异同。
7. 简述证券发行审核制度的作用和意义。
8. 比较注册制与核准制的异同点。

作业

请下载一份具体上市公司的公司章程，结合《公司法》分析这些制度安排是如何保证"股票"这一金融工具的真实性和有效性的，并讨论你对"股票"的真实性、有效性内涵的理解。

第十三章

财务会计制度
——公司独立性的技术和制度保证

【本章导读】

从 2014 年到 2020 年，獐子岛扇贝跑了，扇贝死了……6 年，扇贝"跑路"4 次！2014 年 10 月，因"受到海洋牧场灾害，100 多万亩虾夷扇贝绝收"，獐子岛前三季业绩由预报盈利转为亏损 8 亿元。2017 年，因"部分海域的底播虾夷扇贝存货异常"，獐子岛全年业绩由预计盈利变为巨亏 7.23 亿元。2019 年 4 月，獐子岛一季度亏损 4314 万元，理由是"底播虾夷扇贝受灾"。2020 年 5 月再次由于"海水温度变化"等原因，獐子岛底播虾夷扇贝大量损失。獐子岛也因此在市场上被称为"造假钉子户"。獐子岛的董事长还曾公开声称证监会稽查总队派了 30 多人、历时 17 个月也没有发现财务造假。

2016 年，獐子岛已连续两年亏损，当年能否盈利直接关系到公司是否会"暂停上市"。为达到盈利目的，獐子岛利用了底播养殖产品的成本与捕捞面积直接挂钩的特点，在捕捞记录中刻意少报采捕面积，通过虚减成本的方式来虚增 2016 年利润。这一次其被证监会用新高科技手段锁定证券，北斗卫星立大功！

原来獐子岛捕捞面积的多少由公司负责捕捞的人员按月提供给财务人员，整个过程无逐日客观记录可参考，财务人员也没有有效手段核验。实际上公司采捕船去过哪些海域、停留了多长时间，早已被数十颗北斗卫星组成的"天网"记录了下来。证监会借助北斗卫星导航系统，对公司 27 条采捕船只、数百余万条海上航行定位数据进行分析，委托两家第三方专业机构运用计算机技术还原了采捕船只的真实航行轨迹，复原了公司最近两年真实的采捕海域，进而确定实际采捕面积，并据此认定獐子岛公司成本、营业外支出、利润等存在虚假。

2020 年 6 月 24 日，证监会在原证券法下对公司及相关人员顶格处罚，对 4 名主要责任人采取 5 年至终身市场禁入处罚。同日，公司董事长、海外贸易业务群执行总裁、证券事务代表辞职。

公司财产独立是公司和股票得以存在的基石，如果所有公司都像獐子岛这种情形，公司财产独立就几乎不可能实现，那有什么技术或制度能够让公司财产独立得以实现？这就是本章将要学习的财务会计制度。财务会计制度通过复式记账方法和财务报告技术，从微观上实现了经营业务可记录、可核查，在技术上防止欺诈；实现经营成果可评价、公司价值可评估。

第一节　复式簿记：逻辑、技术和制度

复式记账法（double-entry bookkeeping），是指以资产与权益平衡关系作为记账基础，对于每一项经济业务，都要在相互联系的两个或两个以上的账户中以相等金额进行登记，系统地反映价值运动变化结果的一种记账方法。

一、复式簿记逻辑

（一）独立的簿记主体

复式簿记首先强调必须有明确的簿记主体、清晰的主体边界。公司作为一个独立的法人，必须拥有独立的财产。独立簿记主体的簿记技术要求与公司财产独立性要求正好相适应。

如图 13-1 所示，公司作为独立的簿记主体，其独立性具体就表现为公司的独立财产，即公司所拥有的、可控制的资产。但公司作为一个拟制的法人主体，其资产首先来源于股东和债权人的投入，形成公司的股东权益和债务。然后在公司的生产经营过程中，与供应商和消费者发生商品交换，形成公司的资产类别转换或短期的债权债务关系；与劳动者（工人、管理人员等）形成劳动投入和工资支付关系；与政府形成公共服务提供与纳税义务关系。

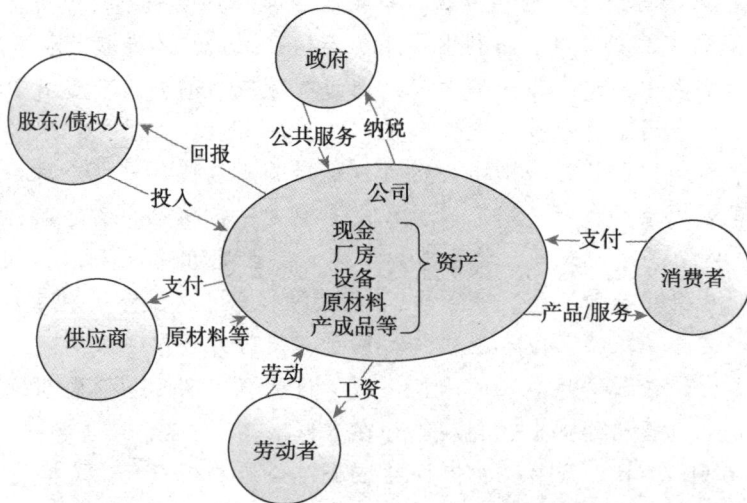

图 13-1　独立的簿记主体

复式簿记就是以公司所拥有的资产为核心，围绕这些资产的形成与转换过程中，与公司之外的股东/债权人、供应商、劳动者、消费者和政府等经济主体形成的股权或债权债务关系进行记录。因此，从簿记主体与外界主体之间的逻辑关系看，簿记的基本逻辑就是：

$$资产 = 债务 + 所有者权益$$

资产方反映的就是簿记主体的财产，债务和所有者权益方反映的是独立簿记主体与外界主体间形成的股权或债权债务关系。

（二）簿记主体的价值运动过程

公司的经营活动通常是组织特定的价值运动过程，为公司创造价值。典型的价值运动过程如图 13-2 所示。这些价值运动一般可分为两类。

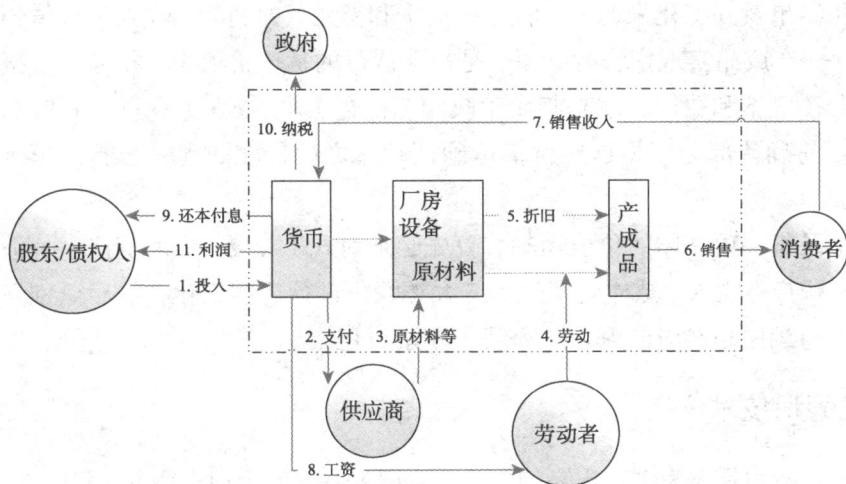

图 13-2　簿记主体经营活动的价值运动过程

一是有外部主体参与的价值运动，通过市场交易、议价实现。如股东投入股本获得股权；债权人投入资本获得债权；供应商提供厂房、设备、原材料等获得相应价款；劳动者付出劳动获得工资；消费者获得产成品，支付相应价款。这类通过市场议价实现的价值运动，可直接以交易价款记录。

二是内部的价值运动，一般是价值形态的转变或内部计划调配。例如，在管理人员的组织下，工人利用厂房和设备，将原材料进行物理加工或化学反应转变成产成品，这些产成品的价值至少包含了原材料、劳动价值、厂房和设备的折旧价值转移，这部分价值运动是直接的价值转移，被称为产成品的成本。此外，还应该包括股权和债权资本的使用价值、政府的公共服务价值。这些总价值最终都通过产成品在市场出售给消费者而回收的价款体现。这类价值运动通常需要通过价值贡献来源进行倒推核算，并按事先约定的规则（如利率、税率、股东剩余收益权等）进行分配确认。

复式簿记的目标就是根据这些价值运动逻辑，客观地反映这些价值运动过程。

（三）会计恒等式——价值运动的来源与运用应相等

"物质不灭，也不能凭空产生"决定了价值运动的来源与运用的货币价值量应相等，为客观记录独立簿记主权的价值运动过程，必须同时记录价值运动的来源和运用去向，这就形成了簿记活动的逻辑基础——会计恒等式：

$$资产 = 负债 + 所有者权益 \tag{13-1}$$

或

$$资产 = 负债 + 所有者权益 + （收入 - 成本和费用） \tag{13-2}$$

式（13-1）反映的是在某一具体时刻，相关权益已经确认之后，簿记主体所拥有的全部资产状况和这些资产的来源或外部所有者（债权人和股东）的权益。

式（13-2）反映的是经过簿记主体的经营活动达成价值创造之后，簿记主体所拥有的资产变化结果及其变化来源——收入 - 成本和费用，即利润。收入是价值创造的使用价值形态——产成品实现销售的结果，是社会认可的货币价值量，扣除可直接确认的价值转移部分（成本和费用）就是归属于政府（税金）、债权人（利息）和股东（剩余收益）等的不易确认部分，将这些价值量确认归属之后，就回到一个新的恒等状态——式（13-1）。

为了记录每一项具体的价值运动，首先必须对式（13-2）中的资产、负债和所有者权益、中间账户（收入、成本、费用）三大类账户进行适度细化，然后分别在该项价值运动的来源与运用相对应的账户（科目）中进行记录。

二、复式簿记技术

复式簿记技术是人为创造出来的，符合簿记主体价值运动规律的、科学的记账方法。

（一）记账符号

复式借贷记账法以"借""贷"二字作为记账符号。所有经济业务相关资源的运用去向用"借"表示，来源用"贷"表示，资源的分类名称就是账户名称。

（二）价值运动与簿记过程的自然形成——一个例子①

生产音箱的华山音响设备有限公司的组建和一个生产周期的复式簿记过程如下。

1. 资本投入

首先，股东郭靖和黄蓉分别投入现金 50 万元。根据资源的运用去向用"借"表示，来源用"贷"表示，可做如下记录。

借：银行存款	1 000 000
贷：股本——郭靖	500 000
——黄蓉	500 000

其次，因股东投入的资本不足，再向工商银行借款 100 万元，可记录如下。

借：银行存款	1 000 000
贷：负债——工行贷款	1000 000

---

① 本例假设企业只缴纳 20% 所得税。为了直观、通俗地理解价值运动的记录方法，所用科目名称与标准会计准则有所不同。

2. 准备生产

公司利用筹集的资本，购买厂房、生产设备和原材料分别支出银行存款 100 万元、50 万元和 10 万元，可做如下记录。

借：厂房　　　　　　　　　　　　　　　　　　　　　　　　　1 000 000
　　贷：银行存款　　　　　　　　　　　　　　　　　　　　　　　1 000 000
借：生产设备　　　　　　　　　　　　　　　　　　　　　　　　500 000
　　贷：银行存款　　　　　　　　　　　　　　　　　　　　　　　500 000
借：原材料　　　　　　　　　　　　　　　　　　　　　　　　　100 000
　　贷：银行存款　　　　　　　　　　　　　　　　　　　　　　　100 000

汇总以上记录，生产实施前的公司资产负债表（资产余额在借方，负债和所有者权益余额在贷方）如表 13-1 所示。

表 13-1　生产实施前的公司资产负债表　　　　　　　　　　万元

资产		负债和所有者权益	
银行存款	40	负债	100
厂房	100		
设备	50		
原材料	10	股本	100
合计	200	合计	200

3. 生产过程

公司雇用 5 个生产工人、2 个管理人员、1 个销售人员，用 10 万元原材料，经过一个生产周期，产出了 5 套音箱。该生产周期工人、管理人员、销售人员的工资分别为 2 000 元、6 000 元、6 000 元。5 套音箱的直接价值来源于 10 万元的原材料、5 个工人工资、厂房折旧和设备折旧各 1 万元（假设厂房和设备可分别使用 100 个和 50 个生产周期，并用平均折旧法）。单套音箱的直接价值为 2.6 万元。通常生产过程是连续的，在一个经营周期会有持续的投入、持续的产出成品入库，在生产车间还有各种半成品，为了准确核算每一件产成品直接转移了多少价值，需设置一个中间账户——生产成本，在生产过程逐步投入时，用于归集直接投入的价值；在期间结束时，将全部归集的生产成本在产成品和在产品之间分配。

可做如下记录。

（1）生产过程归集成本。

借：生产成本——直接材料　　　　　　　　　　　　　　　　　100 000
　　　　　　　——直接人工　　　　　　　　　　　　　　　　　10 000
　　　　　　　——制造费用　　　　　　　　　　　　　　　　　20 000
　　贷：原材料　　　　　　　　　　　　　　　　　　　　　　　100 000
　　　　应付工资——工人工资　　　　　　　　　　　　　　　　10 000

　　累计折旧——厂房折旧　　　　　　　　　　　　　　　　　　　　　　10 000

　　　　　　——设备折旧　　　　　　　　　　　　　　　　　　　　　10 000

（2）期末将全部生产成本在产成品和在产品间分配①。

借：产成品——5 套音箱　　　　　　　　　　　　　　　　　　　　130 000

　　贷：生产成本　　　　　　　　　　　　　　　　　　　　　　　130 000

那么，销售前的公司资产负债表如表 13-2 所示。

表 13-2　销售前的公司资产负债表　　　　　　　　　　　　　　　万元

资产		负债和所有者权益	
银行存款	40	负债	100
厂房	100	应付工资	1
设备	50		
累计折旧	−2		
原材料			
产成品	13	股本	100
合计	201	合计	201

4. 销售过程

销售 1：按每套 5 万元售出 3 套音箱。这是一手交钱一手交货的交易，但显然收的钱与付的直接货值不等，不能直接使用借贷相等记账法，而这个差额正是整个公司经营的目的，必须引进两个中间账户（损益类账户，收入、成本和费用账户，期末结清）。一次销售活动分成两部分同时记录，在记账过程中保持借贷相等。

（1）收到现金。

借：银行存款　　　　　　　　　　　　　　　　　　　　　　　　150 000

　　贷：销售收入　　　　　　　　　　　　　　　　　　　　　　150 000

（2）交付商品。

借：销售成本　　　　　　　　　　　　　　　　　　　　　　　　　78 000

　　贷：产成品——3 套音箱　　　　　　　　　　　　　　　　　　78 000

销售 2：按每套 4.5 万元售出 2 套音箱，记录如下。

（1）收到现金。

借：银行存款　　　　　　　　　　　　　　　　　　　　　　　　　90 000

　　贷：销售收入　　　　　　　　　　　　　　　　　　　　　　90 000

（2）交付商品。

借：销售成本　　　　　　　　　　　　　　　　　　　　　　　　　52 000

　　贷：产成品——2 套音箱　　　　　　　　　　　　　　　　　　52 000

---

① 本例假设生产过程是简化的，期末没有在产品。

记录销售过程发生的费用——销售人员工资：费用是资源的去向，该费用是通过向销售人员支付工资获得其提供的服务，因此来源是应付工资。

借：销售费用　　　　　　　　　　　　　　　　　　　　　　　　6 000

　　贷：应付工资——销售人员　　　　　　　　　　　　　　　　　6 000

5. 记录期间费用

管理人员的工作涵盖整个公司的运作过程，与销售人员的工作性质类似，不直接记入产成品的成本，记为管理费用。

借：管理费用　　　　　　　　　　　　　　　　　　　　　　　12 000

　　贷：应付工资——管理人员　　　　　　　　　　　　　　　　12 000

6. 核算和分配利润

至此，公司的一个经营周期结束，可以核算经营成果。经营成果就是销售收入与成本、费用等中间账户的差额，通过结转中间账户到期间利润账户来核算，然后将经营利润在政府（税收）、债权人（利息）和股东（净利润）之间进行分配。本例的具体过程如表 13-3 所示。

表 13-3　利润核算与分配过程　　　　　　　　　　　　　　　万元

		损益类（中间账户）		期间利润	
		借	贷	借	贷
利润核算	销售收入		24		
		①结转 24			24
	销售成本	13			
			②结转 13	13	
	销售费用	0.6			
			③结转 0.6	0.6	
	销售利润				10.4
	管理费用	1.2			
			④结转 1.2	1.2	
	息税前利润				9.2
利润分配	应付利息		⑤1	1	
	应付税金		⑥1.64	1.64	
	净利润				6.56
	未分配利润		⑦6.56	6.56	

（1）结转销售收入。

借：销售收入　　　　　　　　　　　　　　　　　　　　　　240 000

　　贷：期间利润　　　　　　　　　　　　　　　　　　　　240 000

（2）结转销售成本。

借：期间利润　　　　　　　　　　　　　　　　　　　　　　130 000

　　贷：销售成本　　　　　　　　　　　　　　　　　　　　130 000

（3）结转销售费用。

借：期间利润 6 000

　　贷：销售费用 6 000

（4）结转管理费用。

借：期间利润 12 000

　　贷：管理费用 12 000

（5）利润分配——支付期间利息（假设该经营周期应付利息为 10 000 元）。

借：期间利润 10 000

　　贷：应付利息 10 000

（6）利润分配——应付税金（假设公司所得税税率为 20%，则税前利润 82 000 万元应缴 16 400 万元所得税）。

借：期间利润 16 400

　　贷：应付税金 16 400

（7）借贷相抵后，期间利润余额为 65 600 万元，在贷方，就是股东应分配得到的股东权益，转入资产负债表的未分配利润。

借：期间利润 65 600

　　贷：未分配利润 65 600

经过利润分配后的公司资产负债表如表 13-4 所示。

表 13-4　利润分配后的公司资产负债表　　　　　万元

资产		负债和所有者权益	
银行存款	64	负债	100
厂房	100	应付工资	2.8
设备	50	应付利息	1
累计折旧	−2	应付税金	1.64
原材料			
产成品		股本	100
		未分配利润	6.56
合计	212	合计	212

表 13-1～表 13-4 的变动过程清晰地以公司作为簿记主体，表明了图 13-2 所示的公司的价值运动过程，所有经营成果都通过销售收入实现，通过成本、费用科目进行利润核算，通过应付利息、应付税金和未分配利润在债权人、政府和股东间分配利润。具体在本例中，销售收入 24 万元，其中 10 万元是原材料的转移，2 万元是厂房和设备折旧的转移，通过销售收入直接由银行存款形式回收，其余 12 万元分别是工作人员工资、债权人的利息、政府的税金和股东的利润，通过销售收入实现，以银行存款方式暂存，以应付工资、应付利息、应付税金和未分配利润科目记录。如果实际发生工资支付，资

源的来源是公司的银行存款、去向是应付工资，记录为

　　借：应付工资　　　　　　　　　　　　　　　　　　　　　28 000

　　　　贷：银行存款　　　　　　　　　　　　　　　　　　　　28 000

利息和税金的支付也一样，记录为

　　借：应付利息　　　　　　　　　　　　　　　　　　　　　10 000

　　　　贷：银行存款　　　　　　　　　　　　　　　　　　　　10 000

　　借：应付税金　　　　　　　　　　　　　　　　　　　　　16 400

　　　　贷：银行存款　　　　　　　　　　　　　　　　　　　　16 400

完成这些短期债务的支付之后，公司的资产负债表如表 13-5 所示。

表 13-5　短期债务支付后的公司资产负债表　　　　　　　　　　万元

资产		负债和所有者权益	
银行存款	58.56	负债	100
厂房	100	应付工资	
设备	50	应付利息	
累计折旧	−2	应付税金	
原材料			
产成品		股本	100
		未分配利润	6.56
合计	206.56	合计	206.56

（三）账户结构——自然复式簿记的结果

以上例子表明，复式簿记的账户结构是以公司作为簿记主体，以公司经营活动的价值运动逻辑为基础，以"借""贷"符号分别表示价值资源的去向和来源，而自然形成的。以账户结构表示的价值运动过程如图 13-3 所示。

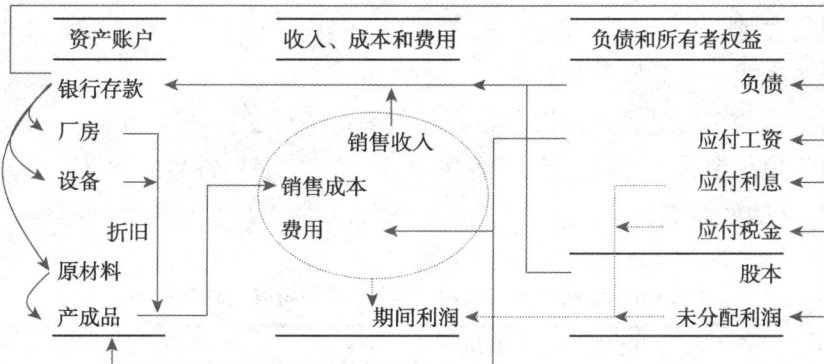

图 13-3　以账户结构表示的价值运动过程

上述例子的簿记过程可以结合图 13-3 的账户间价值运动方向来理解。资产是公司

实际可控制的资源，公司作为一个拟制的独立法人实体，其控制的资源不可能是天赋的，一定有外部实体来源，负债和所有者权益就用于反映公司资产的来源；在任意时刻，所有者权益都确认清楚的情况下，资产账户与负债和所有者权益账户必定相等，即

$$资产 = 负债 + 所有者权益$$

为了核算和分配经营成果（利润），设置了收入、成本和费用三类中间账户，这些中间账户在期末都必须全部结清，没有余额，实现所有权益的确认和归属。其核算和分配过程通过简单的整理就是反映公司在一定期间经营成果的利润表，如表 13-3 所示的期间利润一栏。

值得注意的是，核算和分配过程只是逻辑上的确认，并不是实际的价值运动，在图 13-3 中用虚线表示。实际上，利润在销售完成时就已经实现了，并流向银行存款科目，但我们并不知道真实的利润是多少，通过

$$期间利润 = 收入 - 成本 - 费用$$

计算得到（会计语言上是通过"借""贷"符号结转期间利润实现，如表 13-3 所示，余额在贷方）；计算出期间利润之后，要确认出是谁对这些利润做出贡献，即利润的来源。因此，利润分配是借"期间利润"，贷相应的负债或权益，而不是相反。"期间利润"是中间账户，期末要结清，未分配利润是股东权益。

可见，公司资产负债表从期初状态向期末状态变化是由于"期间利润"这一经营成果导致，"期间利润"在销售完成时已经以"银行存款"方式形成公司的资产，实现了公司资产的增加，"期间利润"的核算与分配完成其归属确认，再次实现期末资产负债表左右平衡。因此，账户结构关系也可以写成

$$资产 = 负债 + 所有者权益 + （收入 - 成本 - 费用）$$

最后，会计语言的"借""贷"符号反映的是价值资源的来源与运用去向，而在自然语言中，却习惯用"增加"和"减少"来表示资源的变化，二者之间存在差异。比如，向工商银行借款 100 万元，会计记录如下。

借：银行存款　　　　　　　　　　　　　　　　　　　　　　　　　1 000 000

　　贷：负债——工行贷款　　　　　　　　　　　　　　　　　　　　1 000 000

但自然语言的理解是公司的银行存款和负债都增加了。

为了更好地理解，表 13-6 总结了各账户的"借""贷"符号的含义与自然语言"增加""减少"之间的对应关系。

表 13-6　自然语言与账户"借""贷"符号的对应关系

自然语言	资产	成本	费用	=	负债	所有者权益	收入
增加	借	借	借		贷	贷	贷
减少	贷	贷	贷		借	借	借
期末余额	√	0	0		√	√	0

三、复式簿记制度

对于公司法人而言，复式簿记还是一项制度。公司的经济业务活动纷繁复杂，公司的独立性很容易遭到有意或无意的损害或破坏，如财产被转移、权益被夸大等，复式簿记首先作为一项技术，具备保护公司独立性的能力；其次，公司法强制公司必须使用该技术，会计法、会计准则和公司的内部制度规定等强制规范使用该技术。

簿记使用的账户结构、科目名称要符合法律法规的规定，保证对会计信息的理解具有一致性。对于簿记过程可灵活调整的规则或方法，会有不同层次上的法规给予规范，不得任意调整，如不同折旧方法的选择等。

这些都表明，复式簿记不仅是一项技术，而且是一项制度。作为一项技术表明，复式簿记有其内在的逻辑和规律，是一项制度强调了对于具有法人资格的公众公司在法律上被要求必须且规范使用复式簿记，以保证公司的独立性，保护公司相关各方的公平利益和公共秩序。

第二节　复式簿记方法的发展历史和意义

一、复式簿记方法的发展历史

复式簿记方法起源于 13—14 世纪的意大利，14 世纪前后，威尼斯等意大利的地中海沿岸城市已经发展成为最繁忙的港口城市，是地中海地区的贸易中心，威尼斯还被誉为整个地中海最著名的集商业、贸易、旅游于一身的水上都市，成为意大利最强大和最富有的海上"共和国"之一。早期意大利商人的记账并不难，出港前集资，回来之后分红，一次航行就是一单生意。后来贸易变得相当频繁而复杂，一艘航船携带的财富可能来自十几个人，然后被卖给几百个人，这几百个人当中的几十个人可能又进行二道贩卖，所得的金钱又投到另一艘船的货物上，被另外几百个人买走……那最初的十几笔钱后来流向了哪里？最初的投资，几经货物—金钱的转换之后要怎样折算成财富？如何衡量每一投资的盈亏？记账问题随着交易的扩大变得关键起来，于是一种新式账本在懂得变通的威尼斯人手中开始流行。

15 世纪的意大利修士兼数学家，达·芬奇的好朋友卢卡·帕乔利在自己的著作中详细介绍了这种新方法：把账目分成资产、负债和所有者权益三大类，每一笔交易的货物或者款项都归入相应的类别。每一类都包括两栏，"借"和"贷"，标记货物或者款项是流入还是流出。这就是沿用至今的复式记账法。

扩展阅读 13-1

卢卡·帕乔利不仅通俗而详尽地描述了威尼斯复式簿记中

的账簿体系、记账方法和主要业务的记录，而且加以必要的总结与提炼，他把复式簿记原理和方法的精华，再现于他的著作之中。

二、复式簿记方法的作用和意义

复式记账能够把所有的经济业务相互联系地、全面地记入有关账户中，从而使账户能够全面地、系统地核算和监督经济活动的过程与结果，能够提供经营管理所需要的数据和信息。

复式记账中每笔会计分录都是相互对应地记录每项经济业务所引起的价值运动的来源去向，因此可以通过账户之间的对应关系了解经济业务的内容，检查经济业务是否合理、合法。复式记账在追踪价值运动方面的优势很快显现了出来，所有账簿的资产都恒等于负债和所有者权益的总和，每一笔财物从哪里来到哪里去，在借贷记录中变得清晰。

美籍日本著名会计学家井尻雄士曾指出："人们说到复式簿记的长处往往只从小节着眼，说它因为一笔数目登记两次可以通过计数核对而减少差错。其实远非如此。在单式簿记下，一家企业的现状，只能用现在财富的一套账户来表示，而复式簿记却迫使人们以一套适当的资本账户来'算得'现状。资本账户记录了导致现状的各种过去业务。所以，经管责任乃是复式簿记制的核心。""更重要的是，在复式记账制之下，从过去算得现在的会计，不是碰巧地、随意地完成的，而是完全地、有系统地完成的，因为不然的话，两方就失去平衡了。复式簿记制最基本的贡献就是它让经理和会计人员经受这种压力，一定要交代财富的变化。"

复式记账法使企业家有可能系统地了解他的业务情况，也可以更好地理解其业务中发生的问题。这是复式簿记第一次让企业家可以精确地计算出企业的盈利有多大，可以制定一份别人也能看得懂的数字图表。这样，就可以和别人一同分享知识，数名伙伴可以共同经营。这就是现代资本市场发展的基础。

实际上，正是通过复式簿记中的资本和其他账户，才有可能从量上把握资本并具体证实作为经营实体的企业的存在。正如马克思指出的那样：资本价值"在它循环时都要经过不同的存在形式。这个资本价值自身的同一性，是在资本家的账簿上或在计算货币的形式上得到证实的"。

复式簿记虽然在资本主义时代到来之前就已经出现，但它却为资本主义时代的到来准备了一个完美的经济信息系统。难怪有人说，如果没有复式记账，资本主义恐怕是建立不起来的。

复式簿记是一个巧妙的科学核算系统，自从它被推广应用以后，备受各界著名人士的交口赞扬。

德国诗人、文学家、哲学家歌德形容复式簿记是"人类智慧的绝妙创造之一，每一个精明的商人从事经营活动都必须利用它"。

数学家凯利（Cayley）认为，复式簿记原理"像欧几里得的比率理论一样，是绝对完善的"。

经济史学家松巴特（Sombart）说："创造复式簿记的精神，也就是创造伽利略和牛顿系统的精神。"

肯尼斯·约瑟夫·阿罗也曾称：有限责任制和复式计账是两项重要意义不亚于半导体发明的社会科学创造。

在原始公司制形成的同时，复式簿记便在欧洲产生了。复式簿记理论的发展促进了产权计量方法的完善，以及剩余索取权思想的产生和企业主体概念的形成，资本市场得以形成。

思政阅读

中国央行簿记技术和制度的起源

曹菊如1901年5月生于福建省龙岩县，店员家庭出身，8岁上小学，10岁考入龙岩县商业学校，15岁起当学徒、店员；1923年冬到南洋当店员谋生；1930年8月回龙岩参加了革命，任闽西总工会秘书，同年加入中国共产党，9月和邓子恢等一道筹建闽西工农银行。

1930年11月7日，闽西工农银行正式成立，曹菊如任会计科科长。当时没有办银行的经验，也没有银行的规章制度，他们采用的是中式账簿和旧的记账方法。后来部队从豪绅家得到一本银行簿记讲义，曹菊如就把一张复杂的记账表画下来，进行研究。后来，毛泽民托人从广东买来一本《银行簿记实践》，他们才初步懂得了现代银行的一些制度和记账方法。

1932年初，曹菊如任中华苏维埃共和国国家银行业务处长，就是用的闽西工农银行的这套制度。曹菊如凭借一本银行簿记讲义和一本《银行簿记实践》及其在闽西工农银行的具体实践，在中央苏区建立了一整套金库制度、会计制度、预算制度、决算制度、审计制度等，从中华苏维埃共和国国家银行的会计科科长，一直到中国人民银行行长，曹菊如是红色金融事业的奠基者。

曹菊如在回顾、总结红色金融历史时，非常肯定地说："闽西工农银行是国家银行技术上和制度上的准备。"

第三节　财务会计制度的目的与内容

公司财务会计制度是公司财务制度和会计制度的统称，具体指法律、法规及公司章程中所确立的一系列公司财务会计规程和方法。其通常由公司法、会计法、会计准则和财务通则等专门法律和法规、规章规定构成。

一、财务会计制度的目的

财务会计制度的核心目的是保证公司法人独立制度得以贯彻和实现。公司法人制度和有限责任制度在宏观上奠定了公司、资本交易市场发展的理念和制度基础，但在微观上，公司经营过程的业务关系、产权关系复杂、多变、烦琐，为了解决公司控股股东与非控股股东、公司与债权人、股东与公司经理层、公司与潜在投资者之间的信任关系问题，需要有相应的金融技术手段以保证公司的每一项业务都是可核查、可追踪的，这就是会计核算技术和制度。

其次，任何的交易都需要价值评估和判断，资本交易也不例外。对于复杂的交易客体——公司的价值评估需要有客观、真实、有效的关于公司的资产、权益、负债和经营成果等相关信息，这就是财务报告技术和信息披露制度。其作为一项技术就是客观、真实地记录公司经济业务、报告公司财务状况和经营成果的方法和手段；作为一项制度就是在法律上要求公司按照特定的方法、规则和准则记录经济业务、报告财务状况和经营成果。

所有权与经营权高度分离造成了经济实体掌控者与投资者之间存在信息不对称。投资者希望得到更多的财务会计信息，希望采取有效的监管手段，保护投资者利益。财务会计制度有以下三个方面的作用。

（1）会计核算保证了公司各相关方的公平利益，在资本市场形成中发挥着重要的作用。在资本市场演化过程中，投资者产权的维护依赖于可靠的会计信息的提供，没有会计关于资产、成本、收入核算的准确结果，产权人的利益就会受到损害。

（2）财务会计信息为投资人的投资决策提供了基础性的信息。没有可靠的会计信息，投资者和债权人就缺乏对投资客体进行价值判断的基础，就只能凭着各自的主观臆断来决策。随着公司制的出现和资本市场的发展，出现了日益复杂的产权关系和日益频繁的产权交易，这必然要求有更为先进的会计核算手段。

（3）会计信息为受托责任认定与企业内部管理评价奠定基础。逻辑一致、客观的会计信息为受托责任履行结果的评价创造了条件，为所有权与经营权分离奠定了互信基础。客观、详细的会计信息能让管理层及时掌握公司经营管理绩效状况，保证大规模的公司营运能够达到预期效果。

二、财务会计制度的主要内容

财务会计制度的主要内容包括以下三个方面。

（1）财务会计核算制度，主要规范会计核算方法、原则和准则，规范会计确认、计量，公允地处理会计事项，保证会计信息质量。

（2）财务会计报告制度，依法编制财务会计报表和制作财务会计报告，以客观准确地报告公司财务状况和经营成果。

股份公司的财务会计报告制度也称信息披露制度，是指在证券市场上，股份公司和有关当事人在证券的发行、上市和交易等一系列环节中，依照法律法规、证券主管机关及证券交易所的有关规定，以一定的方式向社会公众公开与证券有关的财务和相关信息而形成的一整套行为规范和活动准则的总称。信息披露制度主要涉及初次披露、持续披露和内幕人员交易披露等方面的内容。

（3）财务会计内部控制和管理制度，主要规范财务会计工作人员的资格、岗位设置、业务流程，以防止差错和舞弊；以及会计档案等财务会计信息安全的管理制度和安排。

在实践中，一国的财务会计制度通常是分层次的。我国的财务会计制度包括四个层次：国家法律、行政法规、国家统一的财务会计制度和地方性财务会计法规。

（1）国家法律，是指由全国人民代表大会及其常委会经过一定立法程序制定的有关财务会计工作的法律，是财务会计制度中层次最高的法律规范，主要有《会计法》《中华人民共和国注册会计师法》《中华人民共和国审计法》《公司法》《证券法》等。

（2）行政法规，是指国务院制定发布或者国务院有关部门拟订，经国务院批准发布的法律规范，如《总会计师条例》《企业财务会计报告条例》等。

（3）国家统一的财务会计制度，是指国务院财政部门根据《会计法》等国家法律制定的关于会计核算、会计监督、会计机构和会计人员以及会计工作管理的制度，包括会计规章和规范性文件，如《企业会计准则》《会计从业资格管理办法》《小企业会计准则》《会计档案管理办法》《会计基础工作规范》等。

（4）地方性财务会计法规，是指省、自治区、直辖市的人民代表大会及其常务委员会在与宪法、法律和行政法规不相抵触的前提下，根据本地区情况制定、发布的会计规范性文件。

此外，具体的公司或企业，特别是公开上市的股份公司，还要根据以上法律法规的要求，结合公司章程和其他具体情况制定公司具体的财务会计制度，以便在实践中更好地执行财务会计制度的法律法规。

三、资本市场与财务会计制度的关系

（一）财务会计制度是资本市场发展的基础和保证

财务会计制度为股份公司和证券市场的平等、公开、公平原则提供了基础性技术和制度保证。首先它从技术上提供了客观真实地记录公司经营业务、报告公司经营成果和财务状况的方法和手段，其次它从制度上保证了公司必须根据法律要求真实地记录公司的经济业务、财务状况和经营成果。

历史事实表明，没有财务会计制度，资本市场可能至今仍与博彩业为伍。有了财务会计制度的内部控制和外部监督，资本市场便能充分地发挥筹资、投资、定价和资源配置功能，并在复杂的产权关系下不断拓展新的功能，扩大规模，最终成为市场经济体系中最重要和最核心的市场。

早期的欧洲已拥有逐渐趋于成熟的簿记理论和相对健全的法律制度,以英国伦敦为中心的欧洲资本市场发展较为迅速。到了 18 世纪初期,出现了虚假繁荣下的市场预期狂热与财务信息不对称的矛盾。一方面是资本市场过度发展;另一方面由于缺乏财务会计制度做保障,资本市场的投资、资产定价和资源配置等功能无法有效地发挥,筹资功能因受投机心理影响而变异。此外,国民财富迅速增长而投资机会严重不足、资本市场发展迅速而金融监管很难到位、产权交易公平性差等多种矛盾导致了早期欧洲金融市场的崩溃,1720 年发生的"南海泡沫"就是这次金融危机的导火索。

19 世纪中后期,美国渐渐成为新世界的经济中心,资本市场也成为世界主要的市场之一。但美国在统一公司法、统一会计标准、财务会计信息披露制度建设等问题上严重落后于资本市场发展的要求,导致了作为基础控制体系的财务会计信息和会计控制体系的运行失常,最终与其他因素共同作用引发了 1929—1933 年的经济危机。这些历史均表明财务会计制度建设是资本市场发展的基础和保证。当财务会计制度建设适应资本市场发展要求时,能促进资本市场的发展,反之,资本市场的运行就会失常,甚至危及金融市场乃至整个市场经济体系的安全。

我国资本市场发展初期与西方国家资本市场不成熟时期的特征相似,即财务会计制度不能满足资本市场发展的要求。我国早期资本市场为国有企业改革服务的这一定位,导致了资本市场会计信息失真和会计监控失常。上市公司股东构成的特殊性,导致政府缺乏监管的动机或能力,财务会计信息是否与实际情况相符,只能依靠投资人自己的判断。虽然有中介机构如会计师事务所对其进行审计并出具审计报告,但其可信度一直较低。我国资本市场发展的十几年历程中,不乏会计信息造假的例子,像琼民源、郑百文、银广夏、蓝田股份、万福生科等,其造假的形式五花八门,造假遍布股份发行到配股、增发等环节。

由于会计信息造假的理论可能和现实存在,我国资本市场发展的初期曾一度放弃对会计信息的基础性作用的认识,判断股票的价值倾向于看是否有庄、是否有题材、是否会资产重组等,股票价格与会计信息缺乏关联或发生背离,股票的价格信号传导功能失效,经济资源并不是由效率低的企业流向效率高的企业,最终打击了中小投资者的投资信心,威胁到资本市场的发展和稳定。

(二)资本市场的发展促进了财务会计制度的完善

资本市场复杂的产权结构为财务会计完善自身的理论体系提供了基础。资本市场日益复杂的产权结构促使企业披露更多有用的信息,以满足产权所有者了解财产安全状况和决策的需要。随着产权结构和产权关系的变化,作为对产权进行确认、计量、记录、报告的会计信息系统不断成熟;投资者了解企业财务状况变动情况和变动原因的需要促成了财务状况变动表的出现;更加详细地了解资金运动情况及派现能力的需要又促使财务状况变动表改为现金流量表；企业之间相互控股和子公司的出现促成了合并报表编制技术的出现和完善。

资本市场的不断发展，促进了会计核算标准（会计准则）地位的提高和体系的完善，财务会计信息披露理论也逐渐成熟。近代会计审计史表明，证券市场发生的重大危机事件都极大地影响甚至改变了财务会计制度的发展进程、发展模式和方向。

英国在南海泡沫事件后推出的 1720 年《泡沫法案》几乎中断了公司融资达一个世纪之久，工业革命之后面对重开股份公司和证券市场的压力，1844 年，英国出台《合股公司注册、组建及监管法案》开启了法定审计制度，建立了"公司披露年报+股东代表审计年报"的安排。随着公司经营业务的复杂化以及二级市场发展后股东的流动性增大，19 世纪 60—70 年代英国发生了三次金融危机，促使政府在银行、保险公司中逐步恢复强制审计制度，并在 1900 年《公司法》中确立了全面强制审计制度。20 世纪上半叶，随着资本市场发展、公司规模扩大、经营活动复杂化，审计工作的难度增加和工作量扩大；同时，财务信息对投资决策的作用也凸显，这些都需要更专业化的审计工作以保证会计信息质量。由此，英国 1948 年的《公司法》规定公司审计师必须是公司以外的专业会计人士，开启了注册会计专任审计制度。

20 世纪 30 年代，无序的市场、欺诈的商业行为、虚假炒作的泡沫，共同摧毁了投资者的信心。美国资本市场在 1929—1933 年经济危机中付出惨重代价之后，认识到财务会计信息在资本市场中的深刻影响。为了重振市场信心、繁荣金融市场，美国进行了一场反欺诈的斗争，启动最高规格的立法以加强监管，建立最有权威的监管机构，加大对会计信息披露与监管的力度。1933 年证券法和 1934 年证券交易法的颁布与证券交易管理委员会的成立，最终促使美国公认会计准则和审计准则诞生。至此，美国建立了世界公认的较为严密完善的法律制度、严谨详尽的披露规则及严厉明确的法律约束，形成了世界公认的高标准的公共会计师职业水平。

欺诈为证券市场带来一次次的危机，反欺诈则推动财务会计制度的不断完善和证券市场不断向更高层次发展。在新千年伊始，美国又出现了新一轮的财务造假和证券市场欺诈行为。2001 年的美国"安然事件"又引发了财务会计理论的另一场争论：会计准则应当是以具体规则为基础，还是以基本原则为基础。这种由危机导致的理论争论不断推进财务会计制度的完善。

1990 年，我国资本市场开始形成，为了配合资本市场的发展，财政部积极推进财务会计制度改革，1993 年 7 月颁布会计基本准则。1997 年，琼民源事件逼出了我国第一个具体会计准则《关联方关系及其交易的披露》。到 1999 年 9 月，财政部颁布了 9 项具体会计准则，其中除 3 个准则（现金流量表、债务重组和非货币性交易准则）在全部的企业实施以外，其余准则

案例 13-1

都在上市公司中施行。为了推进资本市场的国际化进程，2006 年初开始了会计准则系统改革，从 2007 年开始上市公司按新会计准则编制财务报表。

本 章 小 结

复式簿记是人为创造出来的，符合簿记主体价值运动规律的、科学的记账方法。以独立簿记主体、主体的价值运动、价值运动的来源与运用相等为基本逻辑，以"借""贷"为记账符号分别记录相关资源的运动去向和来源，资源的分类名称就是账户名称，账户结构是自然复式簿记的结果。复式簿记从技术上提供了客观、真实地记录公司经营业务、报告公司经营成果和财务状况的方法和手段，是一项基础性的金融技术。

公司经营过程的业务关系、产权关系复杂、多变、烦琐，为了解决公司控股股东与非控股股东、公司与债权人、股东与公司经理层、公司与潜在投资者之间的信任关系问题，需要有相应的金融技术手段以保证公司的每一项业务都是可核查、可追踪的，这就是会计核算技术和制度的目的。

任何交易都需要价值评估和判断，资本交易也不例外，对于复杂的交易客体——公司的价值评估，需要有客观、真实、有效的关于公司的资产、权益、负债和经营成果等相关信息，这就是财务报告技术和信息披露制度的目的。

复式簿记作为一项技术就是客观、真实地记录公司经济业务、报告公司财务状况和经营成果的方法和手段；作为一项制度就是在法律上要求公司按照特定的方法、规则和准则记录经济业务、报告财务状况和经营成果。

当财务会计制度适应资本市场发展的要求时，资本市场就能健康发展；反之，资本市场的发展就会出现问题。同时，资本市场的发展，也促进了财务会计技术和制度的不断完善。资本市场复杂的产权结构为财务会计完善自身的理论体系提供了基础，没有资本市场提供的广阔空间和提出的关于财务会计信息方面的需求，财务会计信息的作用和效果就难以被广泛认知。

知 识 要 点

复式记账法、簿记主体、价值运动过程、会计恒等式、复式簿记技术、记账符号、账户结构、复式簿记制度、公司财务制度、会计制度

复 习 思 考 题

1. 简述复式簿记的逻辑基础。

2. 为什么说账户结构是自然复式簿记的结果？

3. 简述复式记账法的主要内容。

4. 为什么要设置成本科目？

5. 为什么要设置销售收入、销售成本科目？

6. 什么是利润核算？

7. 什么是利润分配？

8. 为什么说复式簿记能够在技术上保证公司的财产独立？

9. 请分析财务会计制度对资本市场发展的意义和相互关系。

第四篇　金融理论

金融现象是金融世界中发生或存在的客观事实，金融理论是对金融核心现象的解释。

传统的金融理论主要关注对利息（率）、货币数量和通货膨胀等金融现象的解释。利息理论是关于货币时间价值的解释与应用，探究利息的产生、性质、影响和决定利率变动的因素等问题，研究货币的时间价值、风险与收益的关系。货币供求理论则是关于币值现象的解释与应用，在宏观上研究整个社会对货币需要量的决定因素、货币的供给过程、如何实现货币供给与需求的均衡、导致货币供求失衡（通货膨胀或紧缩）的原因是什么；核心的研究目标是币值及其稳定性。

现代金融理论重点关注除货币之外的金融工具的定价问题和市场交易的组织问题，主要包括证券组合选择、资本资产定价、期权定价、金融市场微观结构理论等内容。资产定价理论的发展，使交易者对金融工具的价值判断不再盲目；微观结构理论探究如何高效组织交易过程，研究信息如何融入价格过程等内容。

理论在解释现象的同时，影响并指导金融活动。对利息的认识决定了是否可以有偿放贷、利率可以多高。早期的欧洲和伊斯兰世界认为放贷取息是不劳而获，是不可接受的。因此，禁止放贷取息，伊斯兰世界至今还禁止放贷取息。对货币供求理论的认识，指导着各国中央银行对货币数量的调控。而资产定价理论的发展，使交易者对金融工具的价值判断不再盲目，从而更放心地参与交易，更好地利用金融市场进行资源配置，提高社会效率。

本篇主要学习利息理论、货币供求理论（包括通货膨胀），了解资产定价理论的发展和一般方法等内容。

第十四章

利息理论
——关于货币时间价值的解释与应用

【本章导读】

"2015 年 12 月 16 日，美国联邦储备委员会终于在结束当年最后一次货币政策例会后发表声明，宣布将联邦基金利率上调 25 个基点，达到 0.25% 至 0.5% 的水平，这也是美联储近 10 年来的首次加息，上一次加息还是在 2006 年 6 月。"这一则号称"结束零利率时代"的新闻在当天几乎被所有的全球主要新闻媒体作为重要新闻播报。

为什么一则关于利率调整的新闻会如此重要？事实上，利息和利率是一个古老的问题，在很长的历史中，人类社会是反对利息的。我国古代有很多诸如"放贷取息、不劳而获""利滚利"等关于利息的负面词汇。为什么利息这一概念和相关行为在古今得到的待遇是如此不同？

本章将从利息的本质、利率的基本概念和应用问题、利率决定理论等角度学习利息与利率的相关问题。

第一节　利息的本质

一、利息的含义

利息就其表现形式而言，就是货币或其他价值形式的使用权价格，反映的是一种借贷关系。

从债权人的角度看，利息是储蓄人或贷款者放弃当期使用货币或消费特定价值形式的权利，并在信用基础上将货币资金的使用权暂时让渡给他人，而从债务人那里获得的多出本金的部分，是债权人因贷出货币资金而获得的报酬。从债务人的角度看，利息是债务人向债权人支付的多出本金的部分，是债务人为取得货币资金的使用权所花费的代价。

利息的存在表明货币（资金）是有时间价值的，等量的货币在不同的时点上具有不同的价值量。今天的 100 元与 1 年后的 100 元是不等值的，对于理性人来说，会选择今天的 100 元而不是 1 年后的 100 元。货币的时间价值对于借贷行为来说，就是贷出（或借入）本金之后所得到（或付出）的利息；对于投资行为来说，就是将货币资本转化成生产经营活动所必需的各类资产，并对这些资产加以有效利用而创造出来的利润（包括股息和红利等利润的转化形式）。

二、对利息本质的认识过程

利息的本质是什么，在历史上有过长期的争论。争论的问题主要有两个，一是利息的存在是否合理；二是过高的利息是否合理，即高利贷的合理性。人类对利息的认识过程大致经历了两个阶段。

（一）利息的存在是否合理

1. 早期朴素劳动价值论下的利息罪恶论和贪婪论

传统思想认为，任何成果必须出于劳作，不劳而获是罪恶的。有钱人通过贷款收取利息是基于贪婪、欺骗和操控，是不道德的。这也是朴素劳动价值论的起源。

古希腊思想家亚里士多德从货币原始职能出发反对放贷取息。他认为人们是因为交换的方便才使用货币，而放贷业者却强使货币做父亲以进行生殖，像父亲生子一样由货币产生利息，是对货币职能的歪曲。货币是"不会生育的金属"，因为金属不能培育和饲养，任何超过贷出资本的货币报酬，均与其本金毫无关系。

柏拉图也强烈谴责放贷取息的行为，认为利息现象的存在构成了对整个社会安定的重大威胁。在《理想国》中，柏拉图把高利贷者比喻为蜜蜂，谴责他们将蜂针（货币）刺入借款人的身上为取得增值利息而损害他们，从而使因借债而沦为奴隶的人和放贷取息而变得懒惰的人遍布全国，他建议禁止放贷取息。

这种传统的慈善之心只有慈善的愿望，却没有实现慈善的手段。没有认识到禁止放贷取息，就没有人愿意放贷的事实，需要借贷者也同样得不到救助。而原始的劳动价值论也没有认识到，交易也能创造价值。交易不仅直接创造交易剩余，还通过促进分工，提高劳动效率，间接创造价值；并且在劳动效率提高的条件下，才会有更多的积累，才有更多的价值可供借贷，进而降低借贷利息，才能更多地帮助需要借贷者，更好地实现慈善的愿望。

2. 在借贷需求和利息客观存在下的资本生产力说和利息补偿说

在中世纪之后，随着社会分工和生产力发展，对借贷资本的需求日益扩张。在宗教势力比较强势的欧洲各国形成了社会借贷需求与宗教利息罪恶论之间的激烈矛盾，在该背景下，许多经济学家、社会学家，甚至开明的宗教人士都从不同的角度论述了利息的本质，为利息正名。主要的学说有两类，一是从借入方能获得的利益方面论述的资本生产力说，二是从资金供给方需要付出的损失方面论述的利息补偿说。

1）资本生产力说

威廉·配第（1623—1687）和达德利·诺思（1641—1691）先后提出了"资本租金论"，从人们出租土地收取地租的合理性来说明人们贷出货币收取利息的合理性。

　　萨伊认为资本具有生产力，利息是资本生产力的产物，借贷资本的利息由两部分组成，一是风险性利息，二是纯利息。风险性利息是贷款者借出货币后要承担一定风险的报酬，不能说明利息的本质，只能说明收取利息的原因。利息本身是指纯利息，资本像自然力一样，和劳动共同对生产做出贡献，因此，借款人用借入资本从事生产，其生产出的价值的一部分必须用来支付资本生产力的报酬。

　　约瑟夫·马西提出了"利息源于利润说"，他认为贷款人贷出的是货币或资本的使用价值，即生产利润的能力，因此，得到的利息直接来源于利润，并且是利润的一部分。

　　亚当·斯密（1723—1790）提出了"利息剩余价值说"。他认为利息具有双重来源，当借贷资本用于生产时，利息来源于利润；当借贷资本用于消费时，利息来源于别的收入，如地租等；并明确地说明利息代表剩余价值。

　　马克思在总结前人的利息理论的基础上，提出利息不是产生于货币的自行增殖，而是产生于它作为资本的使用。利息以货币转化为货币资本为前提，货币如果不是参加资本的运动，而是被贮藏或用于消费，就不可能有货币的增殖。利息和利润一样，都是剩余价值的转化形式。马克思对利息本质的论述是为了揭露私有制下的剥削关系。

　　约翰·贝茨·克拉克（1847—1938）进一步提出了"边际生产力说"，他不仅认为利息来源于资本的生产力，还指出利息的高低取决于资本边际生产力的大小。他认为当劳动量不变而资本相继增加时，每增加一个单位资本所带来的产量增加依次递减，最后增加一单位资本所增加的产量就是决定利息高低的"资本边际产生力"。

　　2）利息补偿说

　　利息补偿说主要有节欲论、"人性不耐说"和流动性偏好理论。

　　马歇尔认为利息是"等待的报酬"，利息是对人们延期消费的一种报酬，之所以需要这种报酬，是因为绝大多数人都喜欢现在的满足而不喜欢延期的满足。英国经济学家西尼尔在《政治经济学大纲》中提出了"节欲论"。西尼尔认为，价值的生产有劳动、资本和自然（土地）三种要素，其中劳动者的劳动是对于安乐和自由的牺牲，资本家的资本是对眼前消费的牺牲。产品的价值就是由这两种牺牲生产出来的。劳动牺牲的报酬是工资，资本牺牲的报酬是利润，二者也构成生产的成本。把利息看成是货币所有者为积累资本放弃当前消费而"节欲"的报酬。

　　而欧文·费雪也从纯心理因素来解释利息，提出了"人性不耐说"。他认为人具有目光短浅、意志薄弱、随便花钱的习惯，强调自己生命的短促和不确定，自私和不愿为后生的孤独打算，盲目追随时尚等，都倾向于增大不耐。相反，高度的远见、高度的自制、节约的习惯、强调长寿的预期、有家属并深切关怀家属在他死后的幸福、保持收支适当平衡的独立自由等，则倾向于减少不耐。在任何一个人身上，这种种倾向的总结果将会决定他在一定时间、一定情形与特定收入条件下的不耐程度。这一结果因人而异，即使对于同一个人来讲，也因时而异。不耐程度低的人具有较低的时间偏好，不耐程度高的人具有较高的时间偏好。不耐程度低的人倾向于借债，不耐程度高的人倾向于放款。这些活动如果进行得充分的话,将降低高度的时间偏好并提高低度的时间偏好,一直到大家在共同的目标下达到某一中间地带为止。因此,"利息是不耐的指标"。

威廉·配第在提出"资本租金说"的同时,也认为人们出借货币给自己造成了不方便,因此可以索取补偿,利息正是人们在一定时期内因放弃货币的支配权而获得的报酬。利息是人们因出借货币给自己带来了"不方便"而索取的补偿。

凯恩斯认为货币最富有流动性,它在任何时候都能转化为任何资产。利息就是在一定时期内放弃流动性的报酬。因为人们存在流动性偏好,即人们普遍具有的喜欢持有可灵活周转的货币的倾向。人们持有货币虽然没有收益,但持有货币有着高度的安全性和流动性,因此,在借贷活动中,借者应该向贷者支付一定的利息,作为对其丧失流动性的补偿。

(二)高利贷的合理性

当利息的存在已经成为普通接受的客观现实时,继续抽象地讨论利息的本质,其现实意义不大。但现在还有不少国家存在对过高利息(高利贷)的限制。因此,探讨对"高利贷"的限制是否合理的问题,还是具有重要的现实意义的。

扩展阅读 14-1

对高利贷合理性的解释有以下几种。

(1)利息应包括对风险的补偿。利息包含风险性利息,它是贷款者借出货币后要承担一定风险的报酬。虽然风险性利息不能说明利息的本质,但能说明收取利息的原因。利息作为资金的使用价格,与一般商品交换价格的最大不同就是货币的借贷存在违约问题。当出现违约时,资金的贷出方连本金都无法收回。因此,当违约的可能性较高时,如果利息太低,货币借贷就无法实现。

比如,有一家公司出现了临时性的资金周转困难,需要 100 万元的资金使用半年以渡过难关。如果能借到 100 万元,公司能起死回生,并如期偿还这 100 万元的本息和,但这种概率只有 50%;还有一种可能是,即使借到这 100 万元,该公司还是破产,这100 万元本息将全部违约,无法偿还。在这种情况下,要求 100%的利率,到期还本付息 200 万元,是否合理?

显然,在这种情况下,贷款就跟买彩票类似,要求更高的利息有其合理性。同样地,如果 50%的破产概率真实发生了,资金的供给方也应接受现实,而不能通过违法手段强行要求还贷。强行要求还贷也是违背契约精神的,因为高利率本身就隐含有无法还贷的概率,即"欠债还钱、天经地义"的说法本身就是不正确的。

(2)交易在理论上应该是公平交易、等价交易(劳动价值论认为应以劳动价值为基础的等价)。但在实践中,任何一笔交易都有其特殊性,这种特殊性只有交易双方自身才能理解,实际的交易从来都是讨价还价的结果。任何没有欺诈、自愿的交易都应被认为是公平的,也应该是经济个体的权利。

比如，现在社会上普遍的利率水平是 10%。现有 A 公司急需借入 1 年期 100 万元的借款，以接下一笔额外的订单。现有 B 银行通过公开的、A 公司提供的资料判断，A 公司在贷款期内有 20%的破产违约概率，因此，B 银行通过分析认为，如果要放这笔款，到期应还本付息 137.5 万元，即要求利率为 37.5%。而 A 公司对自己公司的情况非常清楚，根本不存在破产违约可能，若能借入这 100 万元，就能额外完成一笔订单，实现额外的利润 60 万元。因此，对 B 银行的要价，A 公司很愿意接受。显然这种交易对全社会都是有益的，会增加社会福利。但这种借贷活动，在我国的现行法律下，却是违法的、被限制的，它超过了央行基准利率的 4 倍。

（3）人们经常混淆了是反对高利贷还是反对非法催收。假如有人放高利贷，但承诺绝不非法催收，如果真的出现了借款人无法偿还的情形，也会"愿赌服输"、坦然接受，在这种情形下，你还会反对他放高利贷吗？有一种反对高利贷的理由是放贷会加重借款人的负担，使困难的借款人更易违约，并形成对借款人的迫害，进而影响社会稳定。这种观点首先在逻辑上就不成立，如果限制高利贷，困难的贷款人连借钱的机会都被封死了，连重生的机会都没有，不是更加困难？如果不希望增加借款人的负担，又能对其提供帮助，那是社会保障和慈善的范畴，应该通过纳税和慈善倡议来解决。如果担心对无法还款的借款人进行迫害，应该通过完善个人生存权和生命权的法律保障，包括个人破产制度等，给予解决。完善的法律保障还有利于放款人将其纳入风险考虑范畴，增强其通过价格机制化解风险的意识，反而有利于社会稳定。且允许自由借贷，更能促进企业的冒险和创业，有利于社会财富的积累，从而有更多的资金可用于借贷，反而能降低全社会的总体利息水平。

总之，利息的本质是货币资金使用权的对价。资金使用权的转让，对于受让方，该使用权能为其带来生产能力或使得性收益，而转让方将付出机会成本、便利性成本和风险成本等。因此，利息从不同角度分析就有不同的含义。在实践中，正如其他的价格形式一样，不同人对该使用权的价值判断也不同，真实存在的利息通常是市场议价的结果。因此，反对高利贷，在一定意义上也是对货币资金市场交易的限制，而货币资金的交易是资本形成和生产力发展的重要渠道。

最后，如果不考虑违法问题，关于高利贷的合理性问题本质就是收益与风险的关系，这是现代金融理论的核心内容，这里只是初步的讨论。

第二节 利率及其表现形式

一、利率和计息方式

利率是为使用单位时间、单位资金而进行的支付，或者说是单位时间内付出利息的数量与本金的比率，即

$$利率 = \frac{单位时间内的利息}{本金}$$

因为利率的定义与时间相关，如果时间单位为年，就称为年利率，简称年率，是一年内的利息与本金之比，以此类推，还有月率和日率等。通常实践中所用的利率都是年率（后文所有标明的利率，除非特殊说明，均指年利率），计算利息时，时间单位也相应地用"年"。

（一）计息方式

通常借贷时，除了要指明借贷的本金、利率和时间外，还应约定好计算利息或支付利息的方式。

计息方式有单利和复利两种。

单利是指总利息为各期利息的简单加总，前面各期的利息不能计入本金作为以后各期利息的计息基础。

例 14-1：假设你将 1 000 元存入银行，定期 5 年，银行承诺利率为 5%，单利计息，到期一次还本付息。

则到期时，你从银行取回的本息和将是

$$1\,000 + 1\,000 \times 5\% \times 5 = 1\,250（元）$$

即每年的利息是 50 元，5 年的总利息就是 250 元。

复利计息方式与单利不同，它是将每期的利息都计入本金，作为下一期的计算基础，即利息生成之后还应作为本金继续计息。

复利计息方式还必须明确计算周期，不同的计算周期会有不同的结果。

例 14-2：假设你将 1 000 元存入银行，定期 5 年，银行承诺利率为 5%，复利计息，计息周期为 1 年，到期一次还本付息。则 5 年内各年的利息和本息和的变化过程如表 14-1 所示。

表 14-1　复利计息的利息和本息和变化过程

时间	计息公式	利息/元	本息和/元
第 1 年末	1 000×5%	50.00	1 050.00
第 2 年末	1 050×5%	52.50	1 102.50
第 3 年末	1 102.5×5%	55.13	1 157.63
第 4 年末	1 157.63×5%	57.88	1 215.51
第 5 年末	1 215.51×5%	60.78	1 276.28

比较例 14-1、例 14-2 可见，复利计息比单利计息多了 26.28 元的利息，这部分利息是利息产生的，不是本金产生的。

一般地，设 PV 表示本金，或称为现值；FV 表示未来的本息和，也称为终值；i 表示利率，是计息周期内的利率；N 表示时间长度，单位与计息周期相同。则有

$$FV = PV \bullet (1+i)^N \qquad\qquad （14\text{-}1）$$

式（14-1）是金融的基本公式。它在复利计息的环境下，将一个时点的价值与另一个时点的价值联系了起来。式中 $(1+i)^N$ 项称为复利系数，它是资金 N 期之后的终值与当前现值之间的转换比率。

（二）计息周期

在理论上，计息周期可以是任意时间长度。在实践中，通常按年、半年、季度、月度、周或日计息。例 14-2 就是以年为计息周期。由于在实践中，所标明的利率均为年率，当计息周期小于 1 年时，该年率就是名义利率，实际计息周期的利率要用每年的计息次数去除名义利率。

例如，若利率为 4%，计息周期为季度，则一个计息周期的利率就是 $4\% \div 4 = 1\%$。

在相同的名义利率下，不同的计息周期会有不同的本息和。

例 14-3：假设你将 1 000 元存入银行，定期 5 年，银行承诺利率为 5%，复利计息，请计算计息周期分别为年、季度、月、周和日时的到期本息和。

如表 14-2 所示，在给定的名义利率下，不同的计息周期会有不同的本息和。在本例中，计息周期为 1 年时，本息和为 1 276.28 元；1 季度时，为 1 282.04 元；1 个月时，为 1 283.36 元；1 周时，为 1 283.87 元；1 天时，为 1 284.00 元。可见，计息周期的缩短会增大借贷的终值，但计息周期减小到一定程度之后，最终本息和变化不大。

表 14-2　不同计息周期下的本息和

计息周期	周期利率/%	周期数	本息和/元
年	5	5	1 276.28
季度	1.250 0	20	1 282.04
月	0.416 7	60	1 283.36
周	0.096 2	260	1 283.87
日	0.013 7	1 825	1 284.00
连续计息	$\to 0$	$\to +\infty$	1 284.03

复利频率是指单位时间的计息次数，计息周期等于单位时间与复利频率之比。例如，单位时间为 1 年，复利频率为 4 次时，就是 1 年计息 4 次，则计息周期就是 1/4 年，即 1 个季度。

（三）连续复利

连续复利也是复利计息方式，是指无限缩短计息周期，即复利每时每刻都在进行，复利频率趋于无穷大。

设每年支付 m 次利息，年利率为 r，时间长度为 T 年；则计息周期为 $1/m$ 年，总期数为 mT 期，每个计算周期的实际利率为 r/m。根据一般的复利公式（14-1）有

$$FV = PV \cdot \left(1 + \frac{r}{m}\right)^{mT} \tag{14-2}$$

令

$$g = \frac{m}{r}$$

则

$$mT = \frac{m}{r}rT = grT$$

$$FV = PV \cdot \left(1 + \frac{1}{g}\right)^{grT} \tag{14-3}$$

当 $m \to \infty$ 时，$g \to \infty$，根据极限理论有

$$e = \lim_{g \to \infty}\left(1 + \frac{1}{g}\right)^{g} = 2.718\ 28 \quad （e\ 为自然对数的底，是一个常数）$$

$$FV = PV \cdot e^{rT} \tag{14-4}$$

在例 14-3 中，按连续复利计息时：

$$FV = PV \cdot e^{5\% \times 5} = 1\ 284.03 \quad （元）$$

这表明，即使不断缩短计息周期，最多的本息和也只能达到 1 284.03 元，与按日计息基本相同。

由于连续复利公式简单方便，在理论分析中通常都用连续复利。在实践中也可以将不同计息方式下的利率转换成等价的连续复利，然后用连续复利分析。

（四）利息支付方式

前述例子都假设是到期还本付息，但在实践中，多数利息都是分期支付，最后再返本。例如，长期国债通常是按约定的票面利率每半年支付一次利息。这种情况是属于单利还是属于复利？

表面上看，如果不考虑时间差异，最终获得的总利息确实与单利计息时相同。但最重要的差异就是利息的支付时间。提前支付了利息，就意味着，这部分利息的使用权已经回到了投资者手中，该投资者至少可以将该部分利息再投资。比如，全部再投入购买该债券，那么这部分已支付的利息就相当于可以计入本金。因此，提前支付利息的利息支付方式都可以看成是复利计息。利息的支付周期就是计息周期。

二、贴现率

通常情况下，资金借贷的利息支付都是在约定的借贷期末进行，并且是已知本金再计算利息的。但在有些情况下，是已知期末的本息和再计算利息。比如，在票据贴现中，企业将自己持有的票据转让给银行，就是到期时银行会收到票面注明的金额，即期末收

回的本息和，而现在银行给企业的款项就是银行给企业贷款的本金。在该情形下，就是已知期末的本息和，要计算利息。显然以期末的本息和（终值）直接计算利息更为方便。在这种情况下银行给出的利息率就是利息与期末本息和之比，即贴现率。

$$贴现率 = \frac{单位时间内的利息}{期末本息和（终值）}$$

因此，贴现率只是利率的另一种表示方式。在给定借贷资金流的情况下，贴现率与利率的关系如下。

$$d = \frac{r}{1+r}$$

其中，d 为贴现率；r 为利率。

三、到期收益率

在借贷活动或金融投资活动中，最简单的形式是：贷方即时将本金交付给借方并约定好利率，每年支付一次利息，到期返本。但在实践中，借贷或投资活动产生的现金流形式复杂多样，我们如何去比较两种不同投资活动的收益大小？

例 14-4：某个投资者 A，面临两个投资机会，一是购买某一新发行的债券 B1，该债券票面利率 5%，每年支付一次利息，3 年后到期，按面值出售。二是购买某一以前发行的债券 B2，票面利率为 8%，也是每年支付一次利息，3 年后到期。本次利息刚刚支付过，市场价格为 105 元。请问该投资者该如何选择？（假设这两个债券的其他条件都相同。）

对于债券 B1，我们可以很直观地说，投资债券 B1 的年收益率为 5%；但对于债券 B2，我们却无法如此简单地判断，因为对于债券 B2，虽然每期利息也相等，但期初投入的本金是 105 元，而期末收回的本金却是 100 元。

我们知道对于债券 B1，如果对于未来的现金流用 5% 的利率贴现回期初，它会刚好等于期初的本金 100[①]元，即

$$\frac{5}{1+5\%} + \frac{5}{(1+5\%)^2} + \frac{105}{(1+5\%)^3} = 100$$

这正好给我们一个启示，能否找到一个比率 r，用该比率将债券 B2 的未来现金流贴现，使之刚好等于现在的市场价格，即

$$\frac{8}{1+r} + \frac{8}{(1+r)^2} + \frac{108}{(1+r)^3} = 105 \tag{14-5}$$

求解式（14-5），可得 $r = 6.12\%$。

这样就容易比较这两个投资项目。显然投资债券 B2 的收益要高于投资债券 B1。

---

① 实际上 $100i\left(\dfrac{1}{1+i} + \cdots + \dfrac{1}{(1+i)^n}\right) + \dfrac{100}{(1+i)^n} = 100$ 就是一个恒等式，请使用等比数列求和公式自行证明。

这个 r 就被称为到期收益率。它是以复利形式表示的货币资金使用权价格，是一种通用的价格形式。对于例 14-4，计算该收益率时，假设投资者将持有该债券到期，因此称为到期收益率。

在实践中，有的投资者不会将债券一直持有到期，而是在中间某个时间出售转让了。如果是根据从买入到出售期间所产生的现金流计算得到的收益率，就称为持有期收益率，这是已实现的过去的收益。对于一般的投资项目，未来的现金流是无法确知的，只能做事前预测。如果是根据某个投资项目预测的现金流计算得到的收益率，我们称之为内部收益率。

此外，收益率也和利率一样，对于相同的现金流，不同计息周期的收益率是不同的。例 14-4 中，债券 B2 计算得到的到期收益率是假设按年复利的，如果要计算连续复利，应改用式（14-6）

$$8\mathrm{e}^{-r_c} + 8\mathrm{e}^{-2r_c} + 108\mathrm{e}^{-3r_c} = 105 \tag{14-6}$$

可解得：$r_c = 5.94\%$

它与前面计算的 r 不同。

某些现金流的时间不是很规则，不是每隔相同时间产生一个现金流。在这种情况下，直接计算年收益率是比较困难的，但计算连续收益率就会相对简单。

例如，对于任意的现金流 CF_t，可以直接列出式（14-7）

$$\sum CF_t \cdot \mathrm{e}^{-t \cdot r_c} = 0 \tag{14-7}$$

求得 r_c，再用连续复利转换成等价的按年计息的收益率，等价公式如式（14-8）

$$r_1 = \mathrm{e}^{r_c} - 1 \tag{14-8}$$

例如，对于债券 B2 的上述两个结果有

$$r_1 = \mathrm{e}^{5.94\%} - 1 = 6.12\%$$

由于需求解的式（14-5）、式（14-6）、式（14-7）等收益率方程都是高阶的，通常没有解析解，在传统上，很多教科书都提供了各种近似方程。但在计算机和各种计算器如此便利的条件下，这类方程可以很容易地求得其数值解，也有现成的计算器可用。因此，本书不再罗列各种近似公式。

第三节   利率的应用问题

一、利息问题的四要素

利息问题是微观经济个体的经济、金融决策实践中的基本问题，也是货币时间价值的实践应用。分析利息问题首先必须明确问题的主体，任何利息问题都是关于某个微观主体的投资活动或其他经济活动，不可将不同主体的信息相混淆。其次，一个完整的利息问题包括四个方面的基本要素。

1. 现金流出

现金流出一般是投资本金，通常在期初流出；有些情况下，也可能是一系列的现金流出。

2. 现金流入

现金流入一般是投资回报，可能是在投资期末一次性的返本付息，也可能是一系列的现金回流。

3. 现金流的时间特征

所有现金流都有流出或流入的具体时间，这就是现金流变动的时间特征。

4. 利率及计息方式

利率及计息方式通常要明确是期初计息还是期末计息，是单利计息或复利计息，除非特别说明，通常都指复利计息。在复利计息情况下，还要明确计息周期或者说明是否连续复利。

此外，根据具体问题的不同，所使用的利率类型也可能不同。它可能是投资者的要求收益率，也可能是市场利率，或者是到期收益率等。

二、分析利息问题的一般方法

所有有关利息问题都是对利息四要素知三求一的问题。利息问题的分析首先要借助现金流图等工具将现金流入、流出及其时间特征描述清楚；其次，利用合适的利率对所有现金流进行时间贴现或利息累计列出现金流分析方程，再根据已知的三要素求解第四个要素。

（一）现金流图

现金流图是描述现金流量作为时间函数的图形，表示资金在不同时间点流入与流出的情况。

现金流图包括三大要素：现金大小、流向、时间点。其中，现金大小表示资金的数额；流向指现金流入或流出；时间点指现金流入或现金流出所发生的时间。

现金流图的画法如下。

（1）横轴表示时间轴，将横轴分为 n 等份，注意第 $n-1$ 期终点和第 n 期的始点是重合的。每一等份代表一个时间单位，可以是年、半年、季、月或天。

（2）与横轴垂直向下的箭头代表现金流出，与横轴垂直向上的箭头代表现金流入，箭头的长短与金额的大小成比例。

（3）代表现金流量的箭头与时间轴的交点即表示该现金流量发生的时间。

正确绘制现金流图，必须把握好现金流的三要素，即现金流量的大小、流向、时间点。在现金流图上，现金流出就是投资本金，现金流入就是投资回报，发生的时间点就是投资本金与投资回报现金流的时间特征（图 14-1）。

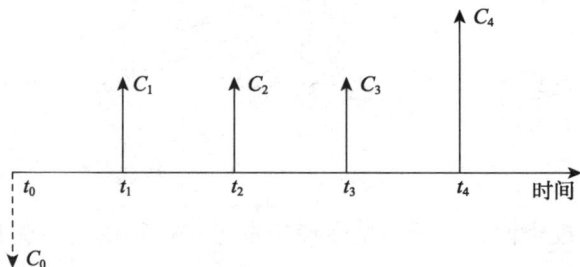

图 14-1　现金流图

从借款人角度出发和从贷款人角度出发所绘现金流图的方向是相反的。

（二）现金流分析方程

资金借贷的基本原则是：在任意时间参照点上，所有现金流出与流入量通过投资者的要求收益率或市场收益率的利息积累或贴现应该相等。根据该原则可以建立现金流分析方程。该方程综合体现了利息问题四个要素间的关系。通常已知利息问题的三个要素，利用该方程可求解第四个要素。

三、应用实例

（一）求本金

例 14-5：某人为了能在第 7 年末得到 1 万元款项，他愿意在第 1 年末付出 1 000 元，第 3 年末付出 4 000 元，第 8 年末付出 x 元，如果以 6% 的年利率复利计息，问 $x = ?$

以第 7 年末为时间参照点，有

$$1.06^6 + 4 \times 1.06^4 + x1.06^{-1} = 10$$

解得：$x = 3\,743.5$

以第 8 年末为时间参照点，有

$$1.06^7 + 4 \times 1.06^5 + x = 10 \times 1.06$$

解得：$x = 3\,743.5$

也可以其他时刻为参照点，结果也相同。

例 14-6：假设你计划以每月等额还款的方式融资 20 万元购买住房。你面临以下贷款期限和相应的利率。

（1）30 年期（360 个月等额支付）　　5.625%。

（2）20 年期（240 个月等额支付）　　5.500%。

（3）10 年期（120 个月等额支付）　　4.625%。

请问以上三种贷款方式相应的每月还款金额 X 分别是多少？

（1）30 年期，以期初为参照点，则有以下现金流分析方程：

$$200\,000 = \sum_{n=1}^{360} \frac{X}{(1 + 5.625\% / 12)^n}$$

利用等比公式解得

$$X = \frac{200\,000 \times (5.625\% / 12)(1 + 5.625\% / 12)^{360}}{(1 + 5.625\% / 12)^{360} - 1} = 1\,151.31$$

（建议用 Excel 的单变量求解功能求解。）

（2）20 年期，以期初为参照点，则有以下现金流分析方程：

$$200\,000 = \sum_{n=1}^{240} \frac{X}{(1 + 5.5\% / 12)^n}$$

利用等比公式解得

$$X = \frac{200\,000 \times (5.5\% / 12)(1 + 5.5\% / 12)^{240}}{(1 + 5.5\% / 12)^{240} - 1} = 1\,375.77$$

（3）10 年期，以期初为参照点，则有以下现金流分析方程：

$$200\,000 = \sum_{n=1}^{120} \frac{X}{(1 + 4.625\% / 12)^n}$$

利用等比公式解得

$$X = \frac{200\,000 \times (4.625\% / 12)(1 + 4.625\% / 12)^{120}}{(1 + 4.625\% / 12)^{120} - 1} = 2\,413.92$$

（二）求利率

例 14-7：某人现在投资 4 000 元，3 年后积累到 5 700 元，问按季度计息的名义利率等于多少？

以第 3 年末为时间参照点，有

$$4\,000(1 + j)^{3 \times 4} = 5\,700$$

解得季度利率：$j = 3\%$

因此名义利率为：$i^{(4)} = 4j = 12\%$

例 14-8：假设你计划以融资方式购买一辆 200 000 元的汽车，有以下两种融资方式可选。

（1）租赁 + 购买方式，首先每月支付 2 466.5 元的租赁费，可以使用该车；在第 4 年末，你如果想拥有该车，再一次性支付 120 000 元。

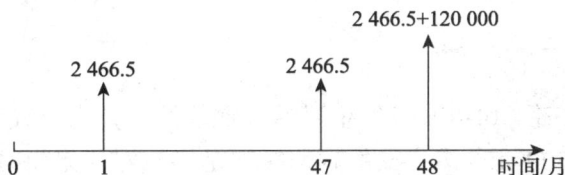

（2）分期支付购买方式，分期 4 年每月支付 4 560.70 元购买该车。

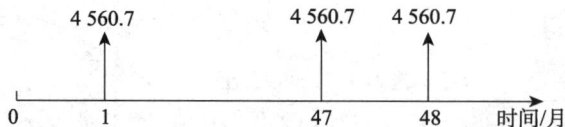

请问从资金成本角度看，哪种方式更好？

为了比较两种购买方式，需要计算每种购买方式的资金成本（从金融机构看是贷款的到期收益率），设你实际支付的资金成本率（年利率）为 r，则：

（1）方式一的现金流方程为

$$200\,000 = \sum_{n=1}^{48} \frac{2\,466.5}{(1+r/12)^n} + \frac{120\,000}{(1+r/12)^{48}}$$

解得：$r = 5.91\%$

（2）方式二的现金流方程为

$$200\,000 = \sum_{n=1}^{48} \frac{4\,560.7}{(1+r/12)^n}$$

解得：$r = 4.50\%$

因此，如果只从资金成本看，方式二更好。

（三）求时间

例 14-9：假定名义利率分别为 12%、6%、2%，问在这三种不同的利率情况下，按月复利计息，本金翻倍分别需要几年？

均以本金翻倍的时间点为参照。

$i^{(12)} = 12\%$ 时，有

$$(1+1\%)^{12n} = 2$$

解得：$n = \dfrac{\ln 2}{12\ln 1.01} = 5.8$

$i^{(12)} = 6\%$ 时，有

$$(1+0.5\%)^{12n} = 2$$

解得：$n = \dfrac{\ln 2}{12\ln 1.005} = 11.6$

$i^{(12)} = 2\%$ 时，有

$$(1+0.17\%)^{12n} = 2$$

解得：$n = \dfrac{\ln 2}{12\ln 1.001\,7} = 34.7$

例 14-10：假设在例 14-6 中 30 年期的贷款条件下，银行允许你将每月的支付由 1\,151.31 元提高到 1\,200 元，该贷款的到期时间是多少？如果每月支付额提高到 1\,500 元呢？

（1）设到期时间为 n 个月，则有

$$1\,200 = \frac{200\,000 \times (5.625\% / 12)(1 + 5.625\% / 12)^n}{(1 + 5.625\% / 12)^n - 1}$$

解得：$n = \dfrac{\ln(1\,200 / (1\,200 - 200\,000 \times (5.625\% / 12)))}{\ln(1 + 5.625\% / 12)} = 324.99$（月）$= 27.08$（年）

（2）如果每月支付额提高到 1 500 元，则：

$$n = \frac{\ln(1\,500 / (1\,500 - 200\,000 \times (5.625\% / 12)))}{\ln(1 + 5.625\% / 12)} = 209.73 \text{（月）} = 17.48 \text{（年）}$$

（四）求终值

例 14-11：某人现在投资 1 000 元，第 3 年末再投资 2 000 元，第 5 年末再投资 2 000 元。其中，前 4 年以名义利率 5% 每半年复利计息一次，后 3 年以连续复利 3% 计息，问到第 7 年末，此人可获得的本息和是多少？

以第 7 年末为时间参照点：

$$
\begin{aligned}
A(7) &= 1\,000 \times (1 + j)^8 \times e^{3 \times 0.03} + 2\,000(1 + j)^2 \times e^{3 \times 0.03} + 2\,000 e^{2 \times 0.03} \\
&= 1\,000 \times 1.025^8 \times e^{0.09} + 2\,000 \times 1.025^2 \times e^{0.09} + 2\,000 e^{0.06} \\
&= 5\,756 \text{（元）}
\end{aligned}
$$

第四节 利率决定理论

利率作为货币资金使用权的价格，在某笔交易或某项投资中，通常由交易双方通过议价决定。但在一般意义上的利率水平，是指一个国家或一个地区在某个时期内的平均利率水平，这种平均利率水平，在不同国家和不同时期之间都存在很大差异。

图 14-2 和图 14-3 显示了 2017 年 4 月世界各主要国家货币政策相关利率的差异，

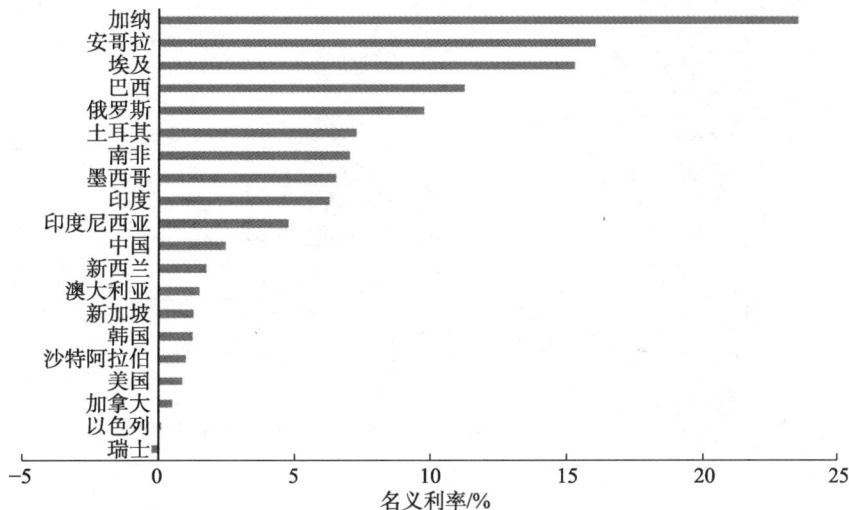

图 14-2 2017 年 4 月各主要国家货币政策相关的名义利率

资料来源：IMF IFS 数据库。

图 14-2 显示的是名义利率，最高的是加纳，达 23.5%，最低的是瑞士，为 − 0.25%。即使扣除各国的通货膨胀，比较其实际利率，各国之间仍然存在很大差异，如图 14-3 所示，最高的也是加纳，达 12.38%，最低的是安哥拉，为–11.59%。

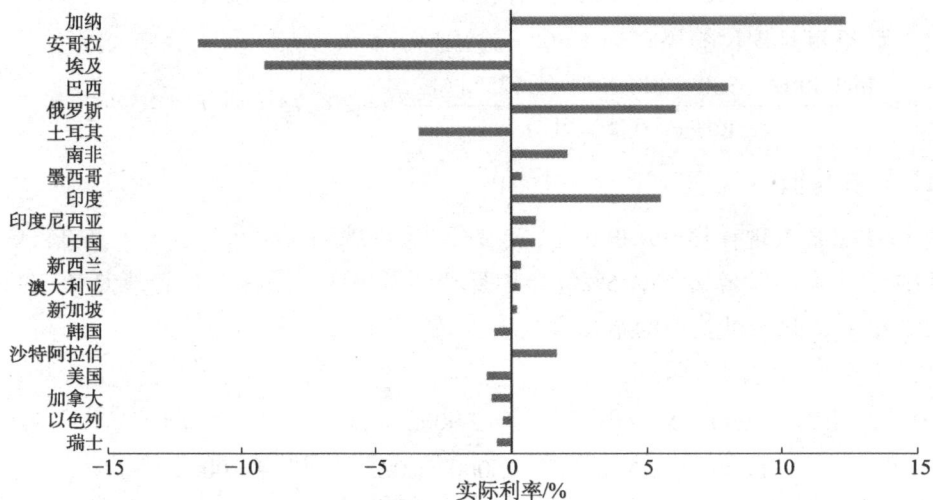

图 14-3　2017 年 4 月各主要国家货币政策相关的实际利率（扣除通胀率）
资料来源：IMF IFS 数据库。

从纵向比较看，各国在不同时期的利率水平也差别很大。图 14-4 显示了 1990—2018 年中国和美国贴现率的变化情况，在这期间，中国的贴现率最高达 10.44%（1995 年），最低为 2.7%（2002 年和 2003 年），最高和最低之间相差 7.74%。而美国的贴现率最高为 6.79%（1990 年），最低的是在 2008—2009 年期间，只有 0.5%，最高、最低之间相差 6.29%。

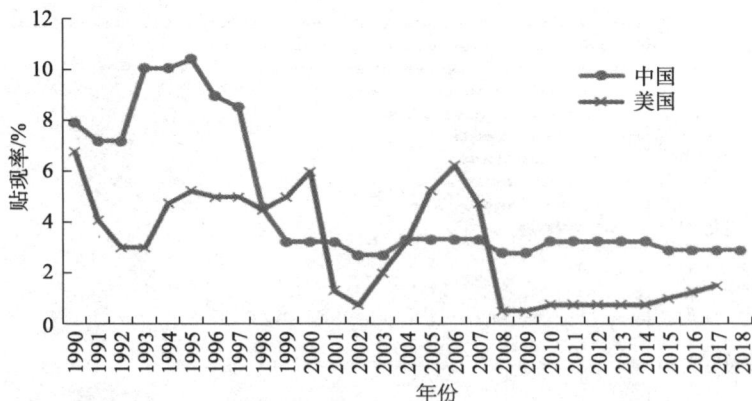

图 14-4　1990—2018 年中国、美国贴现率变化趋势图
资料来源：IMF IFS 数据库。

这种差异是由哪些因素决定的？是如何决定的？对于这一问题，经济学家有过长期的研究，但意见并不一致，本节将对这些主要观点做简要介绍。

一、古典利率决定论

古典经济学家通常强调"实物"的作用。所谓"实物"是相对于"货币"而言的。在古典经济学家看来，货币仍是附着在"实物"经济之上的一层面纱而已，不会对实体经济产生实质影响。他们主张，人们借贷货币只是一种现象，现象背后的本质是借贷实物资本。借贷货币的目的是购买所需要的实物资本。利率并不决定于货币的供求，而决定于实物资本的供求关系。因此，古典利率决定论也称为储蓄和投资供求决定论。

借贷资本的需求来自投资需求，是实物投资，而非证券投资。利率是使用资本需要付出的代价，借贷者能够接受的利率上限应该是资本的边际生产力，即新增1单位投资能够带来的收益，而后者通常是边际递减的，所以投资需求（I）与利率（r）具有反向变动的关系，是利率的减函数，用公式可以表示为

$$I = I(r), I'(r) < 0 \qquad (14\text{-}9)$$

从储蓄供给来看，利率是出借资本可获得的报酬，它不能低于人们的时间偏好。如果利率水平高于人们的时间偏好，则会诱使人们减少当前消费而增加储蓄，即储蓄供给（S）是利率的增函数，可用公式表示为

$$S = S(r), S'(r) > 0 \qquad (14\text{-}10)$$

利率如同其他商品价格一样起着调节资本供求的作用。$S > I$，利率下调使投资增加。相反，$S < I$，利率上升，投资减少。当投资需求与储蓄供给相等时，调整过程才会停止。储蓄与投资的均衡决定了均衡的利率水平 r^*，如图14-5所示。

在储蓄和投资供求决定论下，分析利率的变动就要从储蓄与投资的变动入手。例如，如果技术进步导致资本的边际生产力提高，可能导致投资需求增加，即 I 右移，利率上升；如果收入增加，在边际消费倾向不变的情况下，储蓄会增加，即 S 右移，利率会下降等。

图 14-5　古典利率决定论

虽然该理论从局部来看是有道理的，但凯恩斯还是敏锐地指出了该理论的内在矛盾，即它是无法确定均衡利率的。

考虑实际收入水平对储蓄供给的影响。设收入增加，则储蓄增加，S 右移，利率下降。但在利率下降时，投资会增加，投资增加又带来收入的增加，它又进一步导致储蓄增加，从而难以形成确定的均衡利率。同样，对于投资的变动，也会有类似的结论。

凯恩斯进一步指出，该理论的根本错误在于：未能正确判断经济体系中的因果关系。储蓄和投资是经济体系中被决定的因素，而不是决定因素。消费倾向、资本边际效率和利率才是经济体系中的决定因素。

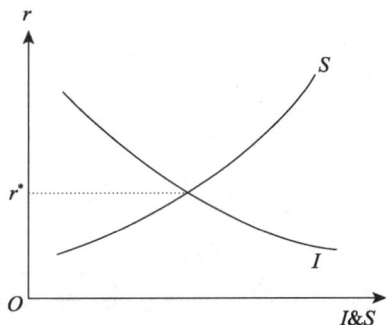

二、流动性偏好理论

凯恩斯的利率理论以强调人们的流动性偏好为特点，因此称为流动性偏好理论，货币是流动性最强的资产，因此该理论也称为货币供求决定论。

人们之所以喜欢流动性，是因为人们都希望在需要用钱时，可立刻自行支配自己的钱。而把钱借给别人，意味着要承受未来可能出现的不方便，利率是使货币持有者放弃货币灵活控制权而获得报酬的价格。

凯恩斯假设只有两种持有财富的形式：货币和债券。前者没有利息只有流动性便利。后者没有流动性便利，但有利息收入，且有不确定风险。利率 r 是债券的预期回报率，利率上升相当于持有货币的机会成本上升，货币需求下降。因此，货币需求 M_d 是利率的减函数。

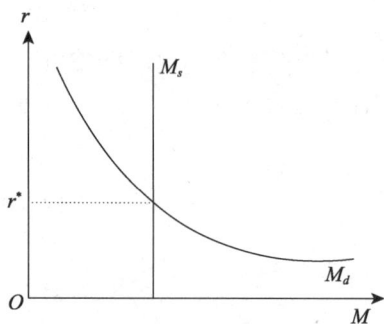

图 14-6　流动性偏好利率决定论

关于货币供给，凯恩斯认为，货币供给是取决于货币当局的一个外生变量。因此，在 M-r 坐标系中，M_s 是一条垂直于横轴的直线（图 14-6）。

当 $M_d = M_s$ 时，即公众愿意持有的货币量刚好等于现有货币存量时，可以得到均衡的利率水平 r^*。因此，利率完全是一个货币现象，取决于货币的供给和需求。

在流动性偏好理论下，分析利率的变动要从货币需求和货币供给的变动入手。

从货币需求来看，它主要受收入水平和价格水平的影响。若收入增加，通常人们的支出计划也会增加，货币需求也上升。若价格水平上升，为维持原来的购买力，人们也倾向于增加货币持有量。在 M_s 不变的情况，都会导致 M_d 右移，使利率 r 上升。

货币当局增加货币供给时，在货币需求 M_d 不变的情况下，会降低利率。

但问题并不会这么简单，实际上，货币供给增加时，也会内生地导致 M_d 发生变化，从而导致均衡利率无法确定。这是由于货币供给增加通常还有其他三种效应：收入水平效应、价格水平效应和通胀预期效应。

收入水平效应是指货币量的增加意味着名义收入增加，在价格水平不变时，首先得到这部分增加货币的人们，相当于实际收入增加，会倾向于持有更多的货币，导致货币需求曲线右移。

价格水平效应是指，在产出不变时，增加货币供给，会形成过多的货币追逐不变的商品，从而价格上升；价格上升时，为维持消费水平，人们会持有更多的货币，即货币需求曲线右移。在价格水平上升的影响下，人们还会形成通胀预期，为维持购买力，也会增加货币需求。

货币供给增加的收入水平效应、价格水平效应和通胀预期效应都会导致货币需求曲线向右移动，从而导致均衡利率无法确定。如果再考虑货币当局是否真的能有效控制货币供给的问题，该理论的有效性就更加受到质疑。

三、可贷资金理论

古典利率决定论只强调实物因素，凯恩斯的流动性偏好理论又只强调货币因素，二者都存在片面性问题。俄林和罗伯逊等人在批判凯恩斯理论的过程中，逐步提出了可贷资金理论。

该理论认为利率既不是由投资与储蓄的均衡决定，也不是由货币供给与货币需求的均衡决定，而是由综合实物因素和货币因素的可贷资金供求决定的。

可贷资金的供给（LF_s）决定于储蓄和银行新创造的货币（ΔM_s）

$$LF_s(r) = S(r) + \Delta M_s(r) \tag{14-11}$$

ΔM_s是指银行通过贷款满足投资需求时，导致货币供给增加。它也可能是由于货币供给增加使价格水平上升，迫使消费者增加储蓄或改变流动性偏好，减少货币持有，形成的"强迫储蓄"，进一步导致货币供给增加。

可贷资金的需求包括进行实际投资而产生的需求$I(r)$，也包括因超前消费或流动性偏好提升而增加的对窖藏货币的需求$\Delta M_d(r)$

$$LF_d(r) = I(r) + \Delta M_d(r) \tag{14-12}$$

可见，可贷资金供求分析，不仅包括实物因素，也包含货币因素，因此，也被称为准一般均衡分析。均衡利率决定于可贷资金供求相等之时。如图 14-7 所示，均衡利率既不在储蓄与投资均衡点 E_1，也不在纯货币均衡决定的 E_2 点，而是在综合两个因素的可贷资金供求均衡点 E_3。

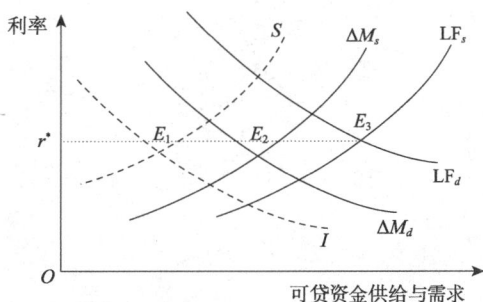

图 14-7　可贷资金理论

可贷资金理论也同样面临很多批评。正如汉森所指出的，前面对于古典利率理论和凯恩斯理论的批评也同样适用于可贷资金理论。按照可贷资金理论的分析，利率决定于可贷资金供求的均衡点。可贷资金供给的增加来自储蓄和新增货币和闲置余额的非窖藏的增加，既然供给曲线中"储蓄"会随着"可支配收入"水平的变化而变化，那么可贷资金总供给曲线也会随收入而变化，同样也会导致均衡利率"无法确定"的结果。

至此，前述三种利率决定理论都有结果"不确定"的局限。

四、一般均衡的利率决定理论

希克斯和汉森在新古典理论与凯恩斯理论的基础上，提出了关于利率决定的一般均衡分析方法（IS-LM 理论）。

在新古典理论中，他们认为，储蓄不仅与利率相关，也与收入（Y）相关，是利率和收入的增函数，即

$$S = S(Y, r)，\quad S_Y > 0，\quad S_r > 0 \tag{14-13}$$

投资是利率的减函数：

$$I = I(r)，\quad I'(r) < 0 \tag{14-14}$$

当储蓄等于投资（$S = I$）时，将得到一条关于收入（Y）和利率（r）的曲线 IS(Y, r)，称为 IS 曲线，而不是古典利率理论的一个均衡点。如图 14-8 的左侧两图所示。它表明，在商品市场均衡时，不同的利率水平会有不同的收入水平与之对应。

在凯恩斯的货币均衡中，也有类似的情形。货币需求同样不仅与利率相关，也是收入的函数。货币需求是利率的减函数，是收入的增函数，即

$$M^d = M^d(Y, r)，\quad M_Y^d > 0，\quad M_r^d < 0 \tag{14-15}$$

货币 M^s 由货币当局外生决定。当货币供给等于货币需求（$M^s = M^d$）时，同样会得到一条关于收入（Y）和利率（r）的曲线 LM(Y, r)，称为 LM 曲线（L 代表流动性，M 代表货币数量）。它也不是一个均衡点，即只有货币市场均衡也无法确定利率，如图 14-8 的右侧两图所示。

可见，仅仅是商品市场均衡（投资等于储蓄，IS 曲线）无法决定利率，只有货币市场均衡（货币供给等于货币需求，LM 曲线）也无法决定利率。只有当 IS 和 LM 两条曲线相交之时，才同时决定了均衡的利率水平 r^* 和收入水平 Y^*，如图 14-9 所示。

IS-LM 理论再次证明了，古典利率决定论和凯恩斯的货币供求决定论都是片面的或特殊的。只有同时考虑商品市场和货币市场，同时考虑储蓄的实物供给、投资的实物需求、流动性偏好的货币需求、货币供给数量才能在一般均衡意义上分析利率决定问题。

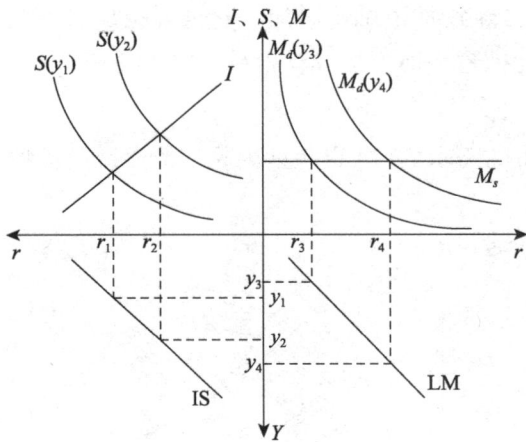

图 14-8　IS-LM 分析框架

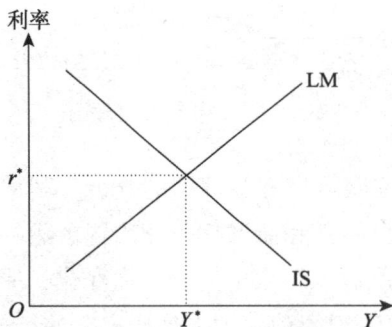

图 14-9　IS-LM 框架下的利率决定

第五节　利率期限结构

在同一个国度、同一时点上，具体的利率水平还受到很多因素影响。例如，不同的

发行者（借款人）利率水平不同；同一个发行者，其借款期限不同，利率水平也不同。这些差异中，市场参与者和理论研究者最关注的是利率水平与借款期限的关系，即利率期限结构。

利率期限结构是指在风险等条件都相同的情况下，期限不同的债务工具的利率区别和联系。通常可以用收益率曲线反映利率期限结构。收益率曲线反映的是一种市场状况，随着观察时点的变化，利率期限结构是随时变化的。如图 14-10 所示，2021 年 9 月 1 日中国国债的收益率曲线表明，期限越长的国债，收益率越高。

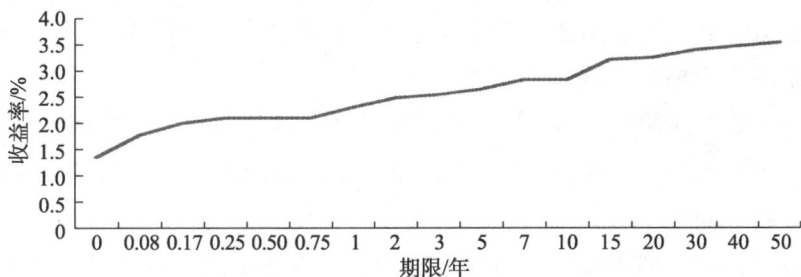

图 14-10　2021 年 9 月 1 日中债国债收益率期限结构
资料来源：中国债券信息网。

历史数据表明，利率期限结构既有可能向右上倾斜，也有可能向右下倾斜，还有可能是水平的。同时，历史数据还表现出以下三种事实特征。

（1）不同期限的利率随着时间的推移会呈现出相同变动特征，即同步上升或同步下降。

（2）如果短期利率较低，利率期限结构通常向上倾斜；如果短期利率较高，那么利率期限结构更多的是向下倾斜。

（3）利率期限结构通常向上倾斜。

究竟是什么因素决定了利率的期限结构呢？为什么利率期限结构会呈现出以上三种特征？经济学家为此提出了多种假说，这里简单介绍三种：预期理论、市场分割理论和流动性溢价理论。

一、预期理论

该理论假设投资者仅关心债务工具的预期收益，而对期限没有任何偏好。只要某种债券的收益率更高，投资者会立即转向持有该债券，而不论其期限长短。

例如，假设某投资者有一笔闲置资金（A）要投资两年，现在市场上有 1 年期的债券和两年期债券可供选择，1 年期债券的利率为 $r_{0,1}=6\%$，两年期的利率为 $r_{0,2}=8\%$，该投资者会如何选择投资策略？

直接投资两年期债券的收益率是确定的，如果选择投资 1 年期债券，该债券到期后，还要再投资，继续购买一年期的债券；但在 1 年之后的 1 年期债券的利率现在无法得知，投资者只能通过预期判断，假设该投资者预期该利率为 $r_{1,2}$，那么 $r_{1,2}$ 应等于多少会使得这两种投资策略无差异？即

$$A \cdot e^{2 \times 8\%} = A \cdot e^{6\%} e^{r_{1,2}}$$

得：$r_{1,2} = 10\%$

这表明，如果投资者预期 $r_{1,2} = 10\%$，那么 $r_{0,1} = 6\%$，$r_{0,2} = 8\%$ 是合理的、无差异的。投资者现在购买 1 年期或两年期债券都行，现在的利率结构是能保持的。

相反，如果投资者预期 $r_{1,2} < 10\%$，投资者会直接购买两年期债券，而不购买 1 年期债券。这说明市场上的长期债券需求会上升，价格会上涨，长期利率将下降；短期债券的需求会下降，价格会下跌，短期利率将上升。

更进一步，如果预期 $r_{1,2} < 6\%$，长期利率下降、短期利率上升的调整过程将持续到长期利率低于现在的短期利率时，才可能停止。即利率期限结构的形状将不是现在的向右上方倾斜，将会向右下方倾斜。

该例子表明，利率期限结构将直接取决于投资者对未来利率水平的预期。

一般地，假设 $r_{1,2}, r_{2,3}, r_{3,4}, \cdots, r_{n-1,n}$ 表示现在对未来各年 1 年期利率的预期值，$r_{0,n}$ 表示现在 n 年期债券的即期利率。则在预期均衡时有

$$A \cdot e^{r_{0,n} \times n} = A \cdot e^{r_{0,1}} e^{r_{1,2}} \cdots e^{r_{n-1,n}}$$

$$r_{0,n} = \frac{r_{0,1} + r_{1,2} + r_{2,3} + \cdots + r_{n-1,n}}{n} \tag{14-16}$$

或

$$A \cdot e^{r_{0,n} \times n} = A \cdot e^{r_{0,n-1} \times (n-1)} e^{r_{n-1,n}}$$

$$r_{0,n} = \frac{r_{0,n-1} \times (n-1) + r_{n-1,n}}{n} \tag{14-17}$$

利率期限结构的形状取决于 $r_{0,n}$ 与 $r_{0,n-1}$ 的大小关系，即

当 $r_{0,n} > r_{0,n-1}$ 时，利率期限结构向右上方倾斜；

当 $r_{0,n} = r_{0,n-1}$ 时，利率期限结构是水平的；

当 $r_{0,n} < r_{0,n-1}$ 时，利率期限结构向右下方倾斜。

因此，利率期限结构完全取决于投资者对未来各期即期利率的预期，即对 $r_{1,2}, r_{2,3}, r_{3,4}, \cdots, r_{n-1,n}$ 等的预期。如果预期未来利率高于现在利率或短期利率，即未来利率将走高，那么利率期限结构将向右上倾斜。或者说如果利率期限结构是向上倾斜的，表示投资者预期未来的利率将走高。

如果预期未来的利率等于现在利率，即利率水平不变，利率期限结构将是水平的。

相反，如果预期未来的利率将下降，利率期限结构将向右下倾斜。

预期理论是一个精妙的理论，它揭示了在不同时间点上利率期限结构发生变动的原因，它能够很好地解释事实特征（1）和（2）。从历史上看，如果短期利率上升，未来的短期利率将会更高，因此，短期利率上升，会提高人们对未来短期利率的预期值，根

据预期理论，长期利率也会提高，即长短期利率同向变动。相反，短期利率下降时也类似。预期理论解释了利率期限结构呈现相同的变动特征，即事实特征（1）。此外，当短期利率较低时，人们通常预期未来短期利率会上升至一个正常的水平，从而利率期限结构向右上倾斜；相反，当短期利率较高时，通常预期未来短期利率会下降，从而利率期限结构会向右下倾斜。因此，预期理论也解释了事实特征（2）。但由于短期利率既可能上升，也可能下降，因此预期理论无法解释事实特征（3）。

二、市场分割理论

市场分割理论认为，在通常的情况下，投资者不愿冒太大的风险，而是希望确保收益。投资者要做到确保收益，就要使自己的资产和负债的期限相一致。例如，退休基金的债务大部分是定期定量支付的退休金。如果退休基金投资短期债券，在短期利率下降的情况下，它支付的退休金不变，但得到的短期债券的利息却不断减少，从而会遭受损失。所以，退休基金将选择投资与自己的债务期限相一致的长期债券。由于投资者总是努力使自己的资产和负债的期限相一致，不同期限的债券是不能相互替代的，债券市场将分割为期限不同的多个市场。

为简便，假定债券市场分割为短期债券市场和长期债券市场两个市场。在这两个债券市场上，债券的发行者是资金的需求者，他们需要资金的数量是随着债券收益率的上升而下降的。债券收益率越高，他们所需要的资金越少。债券的购买者是资金的供给者，他们提供资金的数量是随着债券收益率的上升而增加的。债券收益率越高，他们所提供的资金越多。因此，在横轴表示资金数量、纵轴表示债券收益率的坐标系里，资金需求曲线（D）是一条向右下方倾斜的曲线，资金供给曲线（S）是一条向右上方倾斜的曲线。当资金需求量和资金供给量相等时，即资金需求曲线和资金供给曲线相交时，形成了均衡的市场利率，如图14-11（a）、（b）所示。

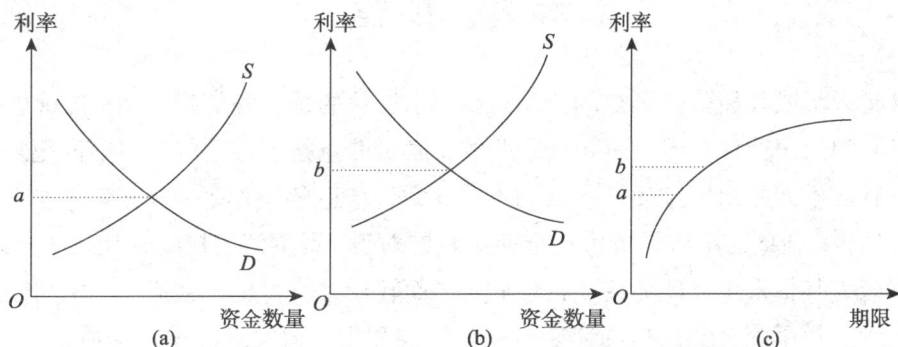

图 14-11　市场分割理论
（a）短期债券市场；（b）长期债券市场；（c）利率期限结构

因为债券市场分割为多个期限不同的市场，而每个市场的收益率是由该市场上资金的供给和需求决定的，所以就形成了水平的、上升的或下降的利率期限结构。例如，在图 14-11 中，短期债券市场的收益率较低，长期债券市场的收益率较高，形成了上升的利率期限结构，如 14-11（c）所示。

在通常情况下，资金供给者中能够提供短期资金的较多，提供长期资金的较少，而资金需求者通常更偏好于长期资金，形成短期资金市场供多需少，长期资金市场供少需多的局面，从而长期利率通常高于短期利率，即利率期限结构通常向上倾斜。但市场分割理论却无法解释前两个事实特征。

三、流动性溢价理论

流动性溢价理论实际上是对预期理论的修正，使之也能解释事实特征（3）。该理论假设，不同期限的债券之间可以相互替代（与预期理论相同），但允许投资者对不同期限的债券存在偏好（类似市场分割，但不是完全分割）。偏好的来源是流动性差异，因此称为流动性溢价理论。

流动性偏好认为短期债券的流动性较强，由于人们偏好于流动性，购买长期债券会要求得到流动性补偿，即对失去流动性的补偿。债券的期限越长，投资者要求得到的流动性补偿就越高。因此，按照流动性溢价理论，长期债券的收益率等于短期债券预期收益率的算术平均数与流动性补偿之和。具体地，流动性溢价理论可以写为

$$r_{0,n} = \frac{r_{0,1} + r_{1,2} + r_{2,3} + \cdots + r_{n-1,n}}{n} + l_{0,n} \qquad （14-18）$$

式中，第一项与预期理论完全相同，第二项 $l_{0,n}$ 就是流动性偏好的修正项，它是指在 0 时刻的 n 期债券的流动性溢价，它总是取正值，并随着期限 n 的延长而上升。

从而，流动性溢价理论既可以用式（14-18）的第一项解释事实特征（1）和（2），又可以用第二项解释事实特征（3）。

本 章 小 结

利息是货币或其他价值形式的使用权价格，反映的是一种借贷关系。传统思想认为任何成果必须出于劳作，不劳而获是罪恶的，放贷取息是不道德的。在中世纪之后，许多经济学者从不同的角度论述了利息的本质，为利息正名，主要的学说有资本生产力说和利息补偿说。利息的本质是货币资金使用权的对价。资金使用权的转让，对于受让方，该使用权能为其带来生产能力或使得性收益，而转让方将付出机会成本、便利性成本和风险成本等。货币资金使用权的交易是资本形成和生产力发展的重要渠道。

利率是单位时间内付出利息的数量与本金的比率。利率与时间相关，相应有年率、月率和日率等。计息方式有单利和复利两种。单利是指总利息为各期利息的简单加总，前面各期的利息不计入本金作为以后各期利息的计息基础。复利是将每期的利息都计入本金，作为下一期利息的计算基础。复利计息还必须明确计算周期，不同的计息周期

会有不同的本息和。计息周期或付息周期可以是任意时间长度。连续复利是指无限缩短计息周期，即复利每时每刻都在进行，复利频率趋于无穷大的一种复利计息方式。

贴现率是利率的另一种表现形式，是利息与期末本息和之比。到期收益率是使债券等投资项目的投资支出和回报收入现金流折现值相等的一个折现比率，被认为是衡量利率最精确的指标。

利息问题包括四个方面的基本要素：现金流出、现金流入、现金流的时间特征和利率及其计息方式。利息问题的分析首先要借助现金流图等工具将现金流入、流出及其时间特征描述清楚；其次，利用合适的利率对所有现金流进行时间贴现或利息累计列出现金流分析方程，根据已知的三要素求解第四个要素。现金流图是描述现金流量作为时间函数的图形，表示资金在不同时间点流入与流出的情况。

平均利率水平，在不同国家和不同时期之间都存在很大差异。解释这种差异的理论发展主要经历了古典利率决定论、流动性偏好理论、可贷资金理论和一般均衡的利率决定理论。

在同一时点上，在风险等条件都相同的情况下，期限不同的债务工具的利率之间的区别和联系称为利率期限结构。它反映的是一种市场状况，随着观察时点的变化，利率期限结构是随时变化的。对利率期限结构现象的理论解释主要经历了预期理论、市场分割理论和流动性溢价理论。

知识要点

利息本质、资本生产力说、利息补偿说、利率、单利、复利、计息周期、连续复利、复利频率、贴现率、收益率、现金流图、现金流分析方程、古典利率决定论、流动性偏好理论、可贷资金理论、一般均衡的利率决定理论、利率期限结构、预期理论、市场分割理论、流动性溢价理论。

复习思考题

1. 简述历史上对利息的认识过程。

2. 利息的本质是什么？

3. 高利贷的存在有其合理性吗？

4. 单利和复利有何区别？

5. 计息周期对本息和有何影响？

6. 什么是连续复利，有何意义？

7. 分期付息方式是复利吗？

8. 你认为应该限制利率水平吗？为什么？

9. 利息、利率、计息周期和计息方式存在什么样的关系？

10. 银行向企业发放一笔贷款，贷款额为 100 万元，期限为 4 年，年利率为 6%，试用单利和复利两种方式计算银行应得的本息和。

11. 如何理解利率的风险结构？

12. 在现实经济中，哪些因素限制了利率作用的发挥？

13. 简述利率的决定与影响因素。

14. 结合利率的功能和作用，论述我国为什么要进行利率市场化改革。

15. 试解释利率水平决定的"可贷资金理论"和"流动性偏好理论"。

16. 如何评价三种利率决定理论？

17. 什么是利率期限结构？它有哪些事实特征？

18. 简述三种利率期限结构理论的主要内容。

作业

1. 请查阅近 30 年来的中国人民银行的短期存款、贷款基准利率的变化情况，据此分析你对利率决定的理解，以及利率与经济发展的关系。

2. 请上网查找 5 条与"高利贷"相关的新闻、案例或法律条文，并据此分析你对"高利贷"的理解。

3. 如果预期理论是正确的，请根据以下未来 5 年的 1 年期利率（第 1 年为实际利率，其余 4 年为预期利率），计算出期限分别为 1 年到 5 年的利率，并绘制相应的利率期限结构图。

（1）6%，7%，8%，8%，8%。

（2）6%，5%，4%，4%，4%。

如果人们偏好短期债券，那么上述期限结构会如何变化？

4. 你现在需要一笔 30 万元的 5 年期的贷款，以购买车位。现有某银行信贷业务员向你介绍一款"非常便宜的"专用的"车位信用卡分期"产品，你可以申请 30 万元信用借款，按 5 年共 60 期分期还款，分期费率为 3.15‰，即每期还 5 945 元。当时市场上 5 年期的贷款利率为 5.6%。请问，该车位专用产品真的便宜吗？实际贷款利率是多少？

第十五章

货币需求与供给理论
——关于币值现象的解释与应用

【本章导读】

　　"津巴布韦最小面额的纸币是 500 津元，而现在一卷厕纸的价格已经达到 15 万津元；最大面额则为 5 万津元。然而，如果在津巴布韦乘坐出租汽车，即使全用 5 万面额的纸币付费，数钞票付给司机所要花费的时间也差不多与路途全程所用时间相当。

　　"然而比起到餐馆吃饭来说，这还算不了什么。当用完餐准备结账时，一沓沓的钞票堆在餐桌中央，给用餐者的感觉就像是坐在拉斯维加斯的赌桌旁一样。一名印度商人介绍说：'每次用完餐，你还得再等半小时结账。前些天我到当地税务部门交税，上交 4 100 万元税款，他们清点了一个多小时。这简直是疯了。'" [1]

　　津巴布韦这么多的货币从何而来？对于个人而言，货币是一种财富，显然越多越好，但对于整个经济体，货币还是财富吗？到底需要多少货币是合适的？

　　本章将首先学习货币的需求理论、货币需求的决定因素、合适的货币需求量的决定理论。其次，学习货币供给过程以及货币供给理论。最后，学习货币供给与需求失衡时的经济现象——通货膨胀和通货紧缩，包括通货膨胀和紧缩的度量、产生原因和治理措施等内容。

　　一个社会到底需要多少货币？这是货币供给与需求理论的核心问题。对于初学者这也许是个新奇的问题，因为经济学家一般不研究某个具体商品（如汽车、服装等）的需求是多少的问题，这些问题通常由具体商品的厂商研究，由市场供求关系决定。为什么不把货币需求问题交由市场决定呢？这也许是个不错的选择，在商品经济发展的早期也确实如此。但事实上，货币与普通的商品是不一样的，货币是人类文明史上的奇葩，它并非像一般的商品那样越多越好。消费品或生产资源的增加会增进社会福利，消费品、资本品或自然资源自然越多越好。但货币例外，从个人角度看，自然越多越好，因此，这不是经济学要研究的问题，是经济个体的决策。从整个社会来看，尽管货币是生产和

---

　　① 资料来源：王靓. 津巴布韦通货膨胀近 10 倍 学生学费涨至上亿元[N]. 东方早报，2006-05-09.

交换中不可或缺的,但却不会在消费或生产中耗尽,只是简单地从一个人转移到另一个人手里。因此,流通中的货币并非越多越好。

如果只从货币的交易媒介功能分析,李嘉图和米塞斯等人甚至主张:"任何数量的货币都是最优的;它都能同样地执行好交换功能。"如果仅从交换媒介的角度看,在一定程度上,这是正确的。当所有人的货币都翻倍时,物价也翻倍;当所有人的货币都减半时,物价也减半,交换秩序不会有什么变化。但重要的是货币完成交易服务,不仅起媒介作用,更重要的是还起到价值尺度的作用,即货币单位的价值大小。一货币单位衡量的价值量具体是多少(如 1 元人民币等价于 1 千克优质米或 2 千克优质米)也问题不大,重要的是一货币单位衡量的价值量不能天天变。正如长度单位米具体所代表的长度大小是多少关系不大,但是 1 米所代表的长度一旦确定就不能变,如果今天 1 米代表的长度与明天代表的长度是不同的,人类的文明就到不了今天的高度,我们既盖不成楼也造不成车。类似地,作为价值尺度,货币单位的价值量如果不能保持稳定,所有的经济个体都很难做决策,经济大厦也就无从搭建。因此,从静态来看,货币量无论是多少都可以实现商品交换功能,但是一旦确定之后,也就确定了单位货币的价值量,即价值尺度,以后就应保持这一价值尺度不变。该价值尺度也表现为一般物价水平或货币购买力。

由于经济发展,社会所创造的价值量不断增长和变化,而货币的价值尺度在交换过程中才能得以体现,在交换时,货币不仅是价值尺度,还是价值的载体,因此,要维持这一价值尺度就面临困难。在金属货币时代,金、银等货币本位制度下,货币可以自由铸造,流通中的货币既有承担交换媒介和价值尺度的货币属性,也有商品属性(金银可做饰品等其他用途)。当经济发展需求更多货币时,币值会上升,可能超过这些贵金属作为其他用途的价值,或者超过开采和铸造成本,这时就会有更多的资源投入贵金属的开采,或将其他用途的金银改铸成货币。因此,在金属货币时代,货币具有一定的内在稳定机制。但进入以纸币为代表的信用货币时代,货币已经不再具有商品属性,货币的生产成本相对于其所代表的价值已经可以忽略不计,政府对货币的供给拥有很强的控制力。因此,为了实现价值尺度的稳定,必须能够正确地把握在不同经济状况下,对货币的需要量,政府才能根据货币需求调整合适的货币供给量。

货币需求和供给理论就是探讨货币需求动机和货币需求量的决定及其稳定性或可测性、货币的供应过程和控制等问题的理论。它是整个货币经济理论的核心,是宏观经济理论的重要组成部分,也是中央银行实行宏观调控的决策依据。

第一节　货币需求概述

一、货币需求的含义

从货币需求主体来看,货币需求可以分为微观货币需求和宏观货币需求。

(1)微观货币需求。微观货币需求是指单个经济个体在一定时点上对货币有能力的意愿持有量；是指经济主体在某一时点上为满足正常的生产、经营和各种经济活动需要，通过对各种资产的安全性、流动性和营利性的综合衡量后所确定的最优资产组合中所愿意持有的货币量。与一般商品不同，人们对货币的需求源于货币具有交易媒介、价值储存等职能，能够满足商品生产和交换的需求，以及以货币形式持有财富的需求等。货币需求是一种派生需求，派生于人们对商品和商品交换的需求。经济学意义的货币需求是持有意愿和持有能力的统一，也称有支付能力的需求或有效需求。

（2）宏观货币需求。宏观货币需求是指一个社会或一个国家在一定时期内，由于经济发展和商品流通所产生的对货币的需要量。通常理论研究关注的是宏观货币需求，但宏观货币需求的确定又建立在微观货币需求之上。

此外，货币需求都只能在特定物价水平下考察获得，并且只有在物价水平不变下的货币需求才具有可比性，才有价值。从而，货币需求分为名义货币需求和实际货币需求。名义货币需求是指不考虑商品价格变动、在当前现实物价水平下的货币需要量，即 M_d。实际货币需求是扣除物价因素的影响后所需要的货币量，即 M_d/P。实际货币需求是基于某个基期的物价水平下，货币购买力不变的货币需要量，该需求与基期货币需求才是可比的。

二、货币需求的影响因素

（一）商品和服务的供给

商品和服务的供给是决定货币需求的主要因素之一。体现在经济个体资产负债表中的货币，是通过交换获取的，也就是说，他们必须通过出售商品或提供服务来"购买"货币。经济领域中的商品和服务的供给增加时，货币作为交换的对象，对货币的需求也会增加。

从微观上看，个人的收入状况是决定货币需求的重要因素。这一因素又可以分为收入水平和收入时间间隔两个方面。一般情况下，货币需求与收入水平的高低成正比，当居民等经济主体收入增加时，他们对货币的需求也会增加；反之，则减少。取得收入的时间间隔与货币需求成正比，如果人们取得收入的时间间隔长，货币需求量就会增加；反之，则减少。

例如，发薪频率对货币需求的影响。假设张华和李福每个月都赚 10 000 元，但张华的公司每个月发一次工资，而李福的公司每周发一次工资；再假设他们的收支都刚好相等，并且支出是均匀的。则张华在月初收到 10 000 元，每天花费 350 元左右，到月末花完，他每天的平均现金余额约为 5 000 元。李福则在周初收到 2 500 元，每天花费 350 元左右，到周末花完，他每天的平均现金余额约为 1 250 元。可见，在收入水平相同的情况下，发薪频率低的张华对货币的需要量是发薪频率高的李福的 4 倍。实际上，发薪频率等收入取得的时间间隔并不经常变化，因此在分析货币需求时，通常不用考虑该因素。但对该因素的分析，对理解货币和货币需求具有重要帮助。

从宏观上看，个人收入的加总就是一国的国民收入，或者是国内的总产出。随着技术的进步、生产率的提高、人口的增长，国内总产出一般逐年递增，因此，货币需求也会逐年递增。

此外，商品和服务的供给既来源于劳动产出，也来源于社会分工的深化。比如，在我国改革开放之前，社会分工不彻底，个人搬家这种事情，通常请亲戚朋友帮忙；出门旅游也经常借宿亲戚家，就不需要货币。现在，搬家通常请搬家公司，出门旅游就住酒店，这就增加了对货币的需求。

（二）货币流通速度和一般物价水平

对商品和劳务的货币支付总是在一定价格水平下进行的，价格水平越高，需求的货币越多；反之，则越少。货币流通速度越快，单位货币所实现的交易量就越多，完成一定交易量所需的货币就越少；相反，流通速度越慢，需要的货币就越多。

这两个因素对货币需求的影响可用货币流通规律说明。若以 M 代表货币需求量、P 代表物价水平、Q 代表社会商品流通量、V 代表货币流通速度，则根据货币流通规律有公式

$$M = P \cdot Q / V$$

可见，物价水平和社会商品流通量同货币需求成正比，货币流通速度同货币需求成反比。

（三）市场利率

从经济个体的资产负债表看，货币只是其一种资产，如果不持有货币，人们就会选择持有其他资产，如债券、股票或其他实物资产。持有货币不会带来收益，其他资产会带来收益，如债券有利息，股票有分红，其他实物资产会有租金、产出或利润等收入。市场利率是持有货币的机会成本。

市场利率上升，说明其他资产的收益增加，持币的机会成本增加，人们会调整其资产组合，减少货币持有量，增加其他资产，从而货币需求量下降。相反，市场利率下降时，货币需求则上升。

货币需求与市场利率的关系通常是双向的。当其他因素导致货币需求变化时，也会影响市场利率的变化。比如，当出现新的技术、新的投资机会，新的投资收益率高于现有利率水平，对货币需求就会增加，在货币供给不变时，作为资金的使用价格，市场利率就会上升。相反，货币需求减少时，市场利率就会下降。

（四）汇率

在开放经济中，经济个体的资产配置选择范围扩大了，除了本国货币和资产之外，还可以选择外国货币和外国资产。权衡国内外货币或资产时的主要依据就是汇率的变化，通常本国货币贬值时，货币需求减少；本国货币升值时，货币需求增加。这种由于汇率变动原因导致对国外货币或非货币资产选择的变动，进而导致货币需求变动的现象通常称为"货币替代"。

货币替代就是指在开放经济与货币可兑换条件下，本币的货币职能部分或全部被外国货币所替代的一种经济现象。货币替代可分为直接货币替代和间接货币替代。直接货币替代是指两种或多种货币在同一经济区域作为支付手段相互竞争，也就是一个国家同时存在两种或多种不同的货币，都可作为支付手段用于商品交易，经济主体持有不同货币的交易余额，而且各种货币之间可以无成本地自由兑换。直接货币替代是货币作为支付手段职能的替代。实证研究发现，直接货币替代现象主要发生在金融开放程度较高的发展中国家。间接货币替代是指经济主体持有以不同币种表示的非货币金融资产并在这些资产之间进行转换，从而间接影响对该国和外国货币的需求。

货币替代现象是在布雷顿森林体系崩溃后出现的。在金本位制和布雷顿森林体系（金汇兑制）时代，各国货币按固定比例兑换，不存在汇率风险，因此也就没有货币替代现象。在金本位制下，各国货币按照铸币中含有的贵金属含量进行兑换，汇率只在由黄金输送点确定的狭窄范围内波动。布雷顿森林体系下，各国货币则是通过美元与黄金挂钩，不同货币之间存在固定的平价。但是在铸币时期却存在另一种意义上的"货币替代"现象，即同一币种中贵金属含量多的货币被贵金属含量少的货币所替代。这一劣币驱逐良币的规律被称为格雷欣法则。布雷顿森林体系崩溃后出现的货币替代呈现出与此相反的特点，即良币替代劣币，经济学家将这种规律称为格雷欣法则Ⅱ。之所以出现这种现象是因为纸币本身没有价值，当发生通货膨胀或者货币贬值时，货币的购买力会降低，所以人们更愿意将劣币兑换成良币以避免购买力的损失。

（五）金融业的发达程度

金融业的发达程度也与货币需求密切相关，它与货币需求的关系主要表现在两个方面，一是通过货币获得的便利性和支付清算体系的多方清算功能，影响货币的预防性需求和支付需求；二是通过扩大交易的内容和范围，影响货币的交易需求。

首先，人们持有货币的一个重要动机是在需要货币进行支付时手头就有货币可使用，能满足不时之需，这种货币需求称为货币的预防性需求。在金融业发达的经济体中，非货币资产，如债券、股票等，可以迅速变现；也可以方便地通过临时的借贷，如使用信用卡等，实现支付，因此没有必要持有太多的现金。

其次，高效的金融清算体系能降低债权债务清算过程的货币需求。例如，如图 15-1 所示，有 5 个人之间的交叉债权债务关系在下个月的 1 日到期。在没有自动清算体系的条件下，由于债务同时到期，每个人在到期日之前都必须备足应付债务金额，以供偿债，即 A、B、C、D、E 每人应持有的现金余额分别为 200 元、200 元、200 元、300 元和 200 元，货币总需求为 1 100 元。如果他们在同一个自动清算体系中，每人只需持有各自债权债务的净额，就可以自动完成清算，即只要 B 和 D 分别在各自的账户中保存 100 元的现金余额就可以完成全部的债权债务清算，货币总需求为 200 元，比原来减少了 900 元。

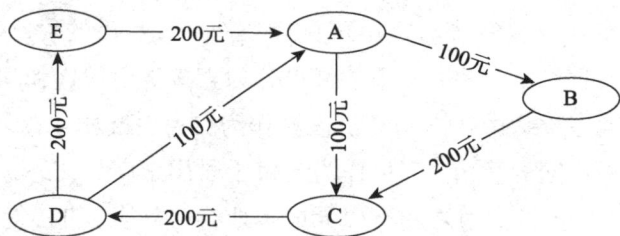

图 15-1   交叉债权债务关系

最后，金融业发达也意味着可供交易的金融资产更多，金融资产的交易量也更大，这些更多的金融资产交易也需要更多的货币支持。

（六）预期和信心

前述五点是决定货币需求的客观因素。货币需求在相当程度上还受到人们的主观意志和心理活动的影响。人们的心理活动与货币需求主要表现在对未来利率、物价水平的预期，以及对政府的信心。

公众往往根据之前的经济形势形成自己对未来的预期。当利率上升幅度较大时，人们往往预期利率下降，而有价证券等金融资产的价格上升，于是人们将减少手持现金，增加有价证券的持有量，以期日后取得资本溢价收益；反之亦然。

如果预期物价水平上升，人们会马上去消费——买汽车、房子和电视机等，而不是等价格更高了再去买。因此，会减少现金余额，则货币需求减少。相反，如果预期物价水平下降，人们会延迟消费，等价格更低了再买，会增加现金余额，货币需求上升。

在信用货币制度下，对物价水平的预期，实际上就是对货币的信心，本质上就是对发行货币的政府的信心，对政府控制货币币值的能力和意图的信心。对物价水平的小幅变动的预期只是在量上对政府信心的变动。在有些情况下，也可能在质上对政府和货币的信心发生变化。比如，一国与他国交战，且败局在即，公众对该国货币的认可就会急剧下降并导致货币需求骤减。通常来说，货币信心对货币需求的影响只有在政府发生严重危机时才会起作用。

第二节   货币需求理论

一、传统货币数量说

随着经济理论的发展，近代西方货币数量论除了注重对货币流通量与商品价格及货币价值关系的质的认定外，还注重对它们关系的量的分析。这一时期的主要成就是费雪方程式和剑桥方程式。

扩展阅读 15-1

（一）费雪方程式

1911 年，欧文·费雪在《货币的购买力》一书中提出了货币的唯一功能是充当交换媒介。货币并不直接满足人们的欲望，人们需要货币仅仅是因为货币具有购买力，可以用来交换商品和劳务。因此，一定时期内社会所需要的货币总额必定等于同期内参加交易的各种商品价值的总和。据此，他提出了著名的"现金交易方程式"，即

$$M \cdot V = P \cdot T \text{ 或 } P = M \cdot V / T$$

其中，M 为一定时期内流通中的货币数量，是一个由模型之外的因素所决定的外生变量；V 为货币的流通速度，即每单位货币在 1 年内与商品交易的平均次数，由人们的支付习惯、社会信用制度、人口密度等制度因素决定，这些因素在短期内不变，因而可视为常数；P 为一般物价水平，即各类商品价格的加权平均数；T 为该时期内商品和劳务的总交易量。费雪认为，因为工商业的发展取决于自然资源和技术情况，不决定于货币的数量，所以 T 也是相对稳定的。M、P 是不稳定的，是变量，因为 M 是由货币管理当局控制的，而在 T、V 相对稳定的情况下，P 不能不受 M 的影响。他指出，在货币的流通速度与商品交易量不变的条件下，物价水平随流通货币量的变动成正比例变动。货币数量决定着物价水平，而不是物价水平决定着货币数量。他还分析了货币数量与物价水平这一因果关系的传导机制，指出：从货币量的增大到物价水平的上升有一个过渡时期，有许多短变动。

在货币市场均衡的情况下，货币存量就等于人们所愿意持有的货币量，即货币需求量 M_d。

$$M_d = P \cdot T / V$$

仅从交易媒介功能考察，全社会在一定价格水平下的总交易量决定了人们的名义货币需求量 M_d，而名义货币需求量又取决于名义收入水平引起的交易水平、经济中影响人们的交易方式、决定货币流通速度 V 的制约因素。

由于所有商品或劳务的总交易量不容易获得，而且人们关注的重点往往在于国民收入而不是总交易量，所以 $M_d = P \cdot T / V$ 常常被改写成

$$M \cdot V = P \cdot Y \text{ 或 } P = M \cdot V / Y$$

Y 表示一定时期的国民收入，该式也被称为"国民收入方程式"。

"现金交易方程式"中货币的主要作用是交换，"国民收入方程式"中货币的关键在于持有。理论界把"国民收入方程式"看成是费雪的"现金交易方程式"与以马歇尔和庇古为代表的剑桥学派的"现金余额方程式"之间的过渡形式。

现金交易方程式将影响物价水平的主要因素概括为三个，并用数学公式予以模型化，为深入分析货币与物价的关系提供了有用的分析工具，同时揭示了"货币量的变化相应引起价格的变化"这一原理，基本结论适合于个人的货币需求分析。但认为货币只有交易媒介功能，没有考虑微观主体动机对货币需求的影响，不涉及市场利率的影响，假定货币流通速度和商品交易量不受货币变动的影响，均与现实不符。

（二）剑桥方程式

以马歇尔和庇古为代表的剑桥学派，在研究货币需求问题时，重视微观主体的行为。他们认为，货币有用于消费以获得享受、出于安全和便利考虑而持有货币、投资以获得利息三种用途。处于经济体系中的个人对货币的需求，实质是选择以怎样的方式持有自己资产的问题，并断定货币需求同人们的财富或名义收入保持一定的比例，这一比例取决于持有货币的机会成本和人们对未来的预期等。

对整个经济体系来说，也是如此，因此有

$$M = k \cdot P \cdot Y$$

假定货币供给和货币需求会很快自动趋于平衡，则

$$M_d = M = k \cdot P \cdot Y$$

其中，M 为货币供给量；M_d 为名义货币需求量，是人们持有以备购买商品和劳务的货币数量；k 为以货币形态持有的名义国民收入的比例，由人们的资产选择行为决定，受到利率、通货膨胀等因素的影响，被假定是一个常数；P 为一般物价水平；Y 为一定时期内按不变价格计算的商品和劳务的总价值；$P \cdot Y$ 表示名义国民收入。

剑桥方程式（也称现金余额方程式）的思路是：社会每个成员在一定时期内可以运用的资财，是他们在这个时期的全部收入，在其收入中一部分以现金形式保存时，引起对现金的需求。但对现金的需求与全社会成员的收入之间有稳定的比例关系。

所以现金余额方程式与现金交易方程式的结论基本相同，即物价水平决定于货币量，与货币量的多少呈反方向、同比例变动。但这两个方程式有不同的经济意义和分析方法。

（1）货币的功能不同。费雪方程式强调货币的交易手段功能，剑桥方程式强调货币作为一种资产的功能。

（2）对货币需求分析的侧重点不同。费雪方程式侧重货币总流量和总产出与价格水平的关系，故也称为现金交易说；剑桥方程式关注微观主体的持币动机，侧重于用货币形式保有资产存量占收入的比例，故也称现金余额说。

（3）货币需求决定因素不同。费雪方程式强调了技术上的因素，并排除了在短期内利率对货币需求的任何可能的影响；剑桥方程式强调了个人的选择，决定人们持币多少，有个人的财富水平、利率变动、持有货币可能拥有的便利等诸多因素。

二、凯恩斯主义的货币需求理论及其发展

20 世纪 30 年代的资本主义经济危机，货币流通速度发生了巨大的波动，一些经济学家在大萧条后开始致力于研究影响货币需求的其他因素，以求解释货币流通速度波动的原因。

（一）凯恩斯的流动性偏好理论

1936 年，凯恩斯在《就业、利息和货币通论》中提出货币需求是指一定时期内经

济主体能够且愿意持有的货币数量。他的货币需求理论又称流动性偏好理论。流动性偏好，是指人们宁愿持有流动性高但不能生利的现金和活期存款而不愿持有股票和债券等虽能生利但较难变现的资产。

1. 货币需求动机

人们在不同条件下出于不同考虑，对货币有着不同的需求，这些需求共同构成货币需求。根据凯恩斯的观点，人们持有货币有三种动机：交易动机、预防动机和投机动机。

（1）交易动机。人们为了保证日常交易的顺利进行而必须保留一部分货币，它取决于收入多少、收入与支出间隔期的长短、企业的产量以及产量经过多少程序才能到达消费者手中等因素。由此决定的交易性货币需求是收入的递增函数。

（2）预防动机。人们为应付意外情况发生而产生的持有货币的愿望，它取决于人们对未来交易水平的预期，而未来交易水平又与收入成比例，据此产生的货币需求也是收入的递增函数。

（3）投机动机。人们为了在未来的某一适当时机进行投机活动而产生的持有货币的愿望，由这种愿望产生的货币需求是投机性货币需求。当现行利率过高时，人们预期利率会下跌，便放弃货币而持有债券，即减少货币需求，这样不仅可以获得较高的债券收益，而且当以后利率下跌时还会因债券升值获得额外的资本增值。当现行利率过低时，人们预期利率会反弹，便放弃债券而持有货币，即增加货币需求，这样可使收益损失和风险降至最低。因此，投机性货币需求是利率的减函数，同利率的高低呈反方向变动。

2. 货币需求函数

在交易动机和预防动机中，货币主要充当交换媒介和价值储藏手段，货币需求的利率弹性不大，是收入的递增函数，需求相对稳定并可预测。若以 M_1 表示满足交易动机和预防动机而需要的货币，Y 表示所得收入，则有

$$M_1 = L_1(Y)$$

在投机性货币需求中，货币主要发挥财富储藏的功能，利率弹性较大，是利率的递减函数，这种货币需求很难预测，若以 M_2 表示满足投机动机需要的货币，r 表示利率，则有

$$M_2 = L_2(r)$$

因此，凯恩斯的总货币需求 M 取决于两个流动性偏好函数，货币名义总需求为

$$M = M_1 + M_2 = L_1(Y) + L_2(r) = L(Y, r)，\quad L_Y > 0，\quad L_r < 0$$

货币实际总需求，即扣除了物价因素之后的货币需求量为

$$\frac{M}{P} = L_1(Y) + L_2(r)$$

3. 流动性陷阱

流动性陷阱是凯恩斯提出的一种假说，指当一定时期的利率水平降低到不能再低

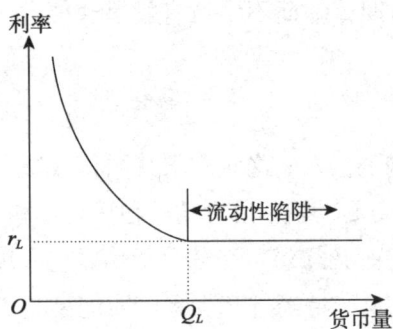

图 15-2　流动性陷阱

时，人们就会产生利率上升而债券价格下降的预期，货币需求弹性就会变得无限大，即无论增加多少货币，都会被人们储存起来。发生流动性陷阱时，靠增加货币供应量不再能影响利率或收入，货币政策就处于对经济不起作用的状态。

在以利率为纵轴、货币量为横轴的平面坐标图上，可以用货币需求曲线上与某一最低限度利率水平相对应的一段平行于横轴的曲线来描述流动性陷阱（图 15-2）。出现这种情况，增加的货币供应量将完全被投机性货币需求吸收，不会引起利率的下降和投资的增加。

凯恩斯理论相对于之前传统货币数量说，有许多独创的地方。

（1）凯恩斯理论强调了货币作为资产或价值储存的重要性，将货币总需求划分为出于各种动机的货币需求。

（2）凯恩斯理论继承了传统货币数量说关于收入在货币需求中的决定作用，还发现了利率也是货币需求的决定因素。

（3）发现了"流动性陷阱"的极端情况。

（二）流动性偏好理论的发展

凯恩斯流动性偏好理论在货币需求理论的发展中具有非常重要的地位。因为它抛弃了货币纯粹作为交易媒介的观点，第一次将货币作为与各种生息资产并列的一种资产来研究。自从流动性偏好理论提出后，许多后凯恩斯主义学者围绕着三个货币需求动机，开展了更为深入的研究，并取得了丰富的成果，典型的有鲍莫尔平方根定律——合理现金持有量的模型、惠伦模型和托宾的资产组合模型。

凯恩斯理论交易动机的货币需求只是收入的函数，与利率无关。威廉·杰克·鲍莫尔发现交易动机的货币需求是利率的递减函数，于 1952 年提出了"平方根定律"。鲍莫尔认为，任何企业或个人的经济行为都以收益的最大化为目标，因此在货币收入取得和支用之间的时间差内，没有必要让所有用于交易的货币都以现金形式存在。由于现金不会给持有者带来收益，所以应将暂时不用的现金转化为生息资产的形式，待需要支用时再变现，只要利息收入超过变现的手续费就有利可图。一般情况下利率越高，收益越大，生息资产的吸引力也越强，人们就会把现金的持有额压到最低限度。但若利率低，利息收入不够变现的手续费，那么人们宁愿持有全部的交易性现金。

凯恩斯理论预防动机的货币需求只是收入的函数，也与利率无关。惠伦在考虑了收入和支出在时间上的不确定性以后，分析了决定预防性货币需求的因素，于 1966 年提出了确定预防性货币需求的最佳值公式，即惠伦模型。惠伦认为，决定人们预防性货币需求大小的因素主要有两个：一是持币的成本，包括非流动性成本和利息损失成本；二是收入和支出的状况。所谓非流动性成本，是指因低估在某一支付期间内的现金需求而带来的损失。当人们不能及时获得足量贷款而手中又没有能迅速变现的资产时，会因缺乏必要的支付能力而陷入经济困境，甚至破产，此时的非流动性成本极高。当人们的资产缺乏流动性，但能随时得到足量贷款时，非流动性成本的大小取决于贷款利率的高低。当人们持有足够且易变现的流动性资产时，非流动性成本等于变现的手续费。利息损失（机会成本）是指持有数额一定时，成本大小取决于利率的高低。收入和支出状况是指每次收入和支出数额、次数变化特征。当收入和支出的差额（净支出）超过持有的预防性现金余额时，才需要将非货币性资产转化为货币，而这种可能性出现的概率分布就受收入和支出状况的影响。所以，收入和支出状况会引起预防性货币需求的变化。惠伦模型证明了预防性货币需求对利率的敏感性。

凯恩斯在货币投机需求理论中认为，人们对利率变动的预期是确定的，当市场利率变动时，人们只会在货币与债券之间选择其一。这种观点无法解释人们同时持有货币与债券的现象，"托宾模型"是对凯恩斯投机性货币需求理论的发展，论证了在未来不确定的情况下，人们依据总效用最大化原则在货币与债券之间进行组合，货币的投机需求与利率呈反方向变动。该模型又称为"资产组合理论"。

这些研究成果都是在很微观的层面发现了利率、收入和不确定性对货币需求的影响，深化了对货币需求的理解。

三、现代货币数量论

20 世纪 50 年代开始，资本主义世界的主要问题已不再是大规模的经济萧条，而是通货膨胀，70 年代后，简单的通货膨胀又演变为凯恩斯主义所无法解释的"滞胀"问题。1956 年，米尔顿·弗里德曼发表了《货币数量论：一种重新表述》，标志着现代货币数量论的诞生。弗里德曼认为：人们想要持有的资产远远不止生息资产（债券）和货币两种，而是应该在更广泛的资产范围内进行选择。

（一）影响人们实际持币量的因素

弗里德曼根据消费者选择理论，分析了总财富、财富构成、持有货币的机会成本、持有货币给经济主体带来的效用四个方面对货币需求的影响。

1. 总财富

弗里德曼认为，一般的现期收入会受到经济波动的影响，用它来衡量财富是有缺陷的，必须用持久性收入来作为财富的代表。持久性收入，是指消费者在较长一段时间内所能获得的平均收入。

2. 财富构成

总财富包括人力财富和非人力财富。人力财富是指人们获取收入的能力；非人力财富是指物质资本，指生产资料及其他物质财富。人力财富对非人力财富的比率是影响货币需求的重要因素。因为人力财富是流动性最差的财富，所以当人力财富占总财富的比重较大时，说明总财富的流动性就比较低，因此对流动性高的资本的需求就大。所以说，人力财富在总财富中占的比例越大对货币的需求就越大，非人力财富占的比例越大对货币的需求就越小。

3. 持有货币的机会成本

持有货币的机会成本是指其他资产的预期报酬率，包括任何当期支付的所得或所支和各种资产项目价格的变动。

4. 持有货币给经济主体带来的效用

弗里德曼认为货币数量论并非关于产量、货币收入或物价的理论，而是关于货币需求的理论，人们持有货币的决策取决于持币与持有其他资产（股票、债券、商品）给其带来的效用差异，货币与其他资产是互为替代品，目标是资产配置的效用最大化。

（二）弗里德曼的货币需求函数

弗里德曼认为，影响货币需求的因素是多种多样的，他用一个多元函数来表示货币需求，其公式为

$$M = f\left(P, r_b, r_e, \frac{1}{P} \cdot \frac{\mathrm{d}P}{\mathrm{d}t}, W, Y, U\right)$$

式中，M 代表名义货币需求量；f 代表函数关系；P 代表物价水平；r_b 代表固定收益的债券利率；r_e 代表非固定收益的证券收益率；$\frac{1}{P} \cdot \frac{\mathrm{d}P}{\mathrm{d}t}$ 代表物价变动率；Y 代表恒久性收入；W 代表非人力财富对人力财富的比率；U 代表反映主观偏好、风险及客观技术与制度等因素的综合变量。这个货币需求函数被称为现代货币数量论的新解释。

弗里德曼的货币需求理论将货币视为一种资产，从而将货币理论纳入资产组合选择理论的框架，摒弃了古典学派视货币为纯交易工具的狭隘理念。首先设置了预期物价变动率这一独立变量，确定了预期因素在货币理论中的地位。其次强调实证研究的重要性，改正了以往学者们在经济理论，尤其是在货币理论中只顾抽象演绎的缺陷，使货币理论向更可操作的货币政策靠拢了。

（三）弗里德曼理论和凯恩斯理论的区别

弗里德曼理论和凯恩斯理论都是沿着剑桥方程式的思路来发展货币数量理论，但是它们存在着本质上的区别。

（1）凯恩斯考虑的仅仅是货币和生息资产之间的选择，而弗里德曼所考虑的资产范围则要广泛得多。同时，凯恩斯将货币的预期报酬率视为零，而弗里德曼则把它当作一个随着其他资产预期报酬率变化而变化的量。

（2）凯恩斯认为，货币需求函数是以利率和收入为基础的，利率是决定货币需求的重要因素，其利率仅限于债券利率，收入为即期的实际收入水平。而在弗里德曼的货币

需求函数中，货币需求的利率弹性较低，即对利率不敏感，其利率包括各种财富的收益率，收入则是具有高度稳定性的恒久收入，是决定货币需求的主要因素。

（3）凯恩斯认为，货币流通速度与货币需求函数不稳定。而弗里德曼则认为，货币流通速度与货币需求函数高度稳定。

（4）凯恩斯认为，国民收入是由有效需求决定的，货币供给量对国民收入的影响是一个间接作用的过程，即经由利率、投资及投资乘数而作用于社会总需求和国民收入。弗里德曼则认为，由于货币流通速度是稳定的，货币供给的变动则直接引起名义国民收入和物价水平的变动，所以货币是决定总支出的主要因素。

第三节　货币供给概述

一、货币供给和货币供给量

在信用货币制度下，货币供给是指一定时期内一国银行系统向经济中投入、创造、扩张（或收缩）货币的行为，是银行系统向经济中注入货币的过程。货币供给是一个流量概念，是银行负债的变化量，反映在一段时间里银行的资产负债表的变化上。

货币供给量是指一国各经济主体持有的、由银行系统供应的债务总量。货币供给量是一个存量概念。

在不兑现信用货币制度下，货币形态的多样化已成为现实。货币既包括流通中的现金，也包括在银行体系的存款，甚至各种票据及其他信用流通工具也在一定程度上作为货币的替代物参与流通，执行着货币的某些职能。

在实践中，一般依据资产的流动性，即各种资产转化为通货或现实购买力的能力来划分不同的货币层次，进而有了不同口径的货币供给量。其具体计量方法详见第一章的货币计量。

二、货币供给过程

由于货币供给量包括通货与存款货币，货币供给的过程也分解为通货供给和存款货币供给两个环节。

（一）通货供给

通货供给包括三个步骤。

（1）由一国货币当局下属的印制部门（隶属于中央银行或隶属于财政部）印刷或铸造通货。现在已经出现了央行电子货币，央行电子货币已不需要这个过程。

（2）商业银行因其业务经营活动而需要通货进行支付时，按规定程序向中央银行申请，由中央银行运出通货，并贷给商业银行账户。

（3）商业银行通过存款兑现方式对客户进行支付，将通货注入流通，供给到非银行部门。

通货虽然由中央银行供给，但中央银行并不直接把通货送到非银行部门手中，而是以商业银行为中介，借助存款兑现途径间接将通货输送到非银行部门手中。由于通货供给在程序上是经由商业银行的客户兑现存款的途径实现的，因此通货的供给数量完全取决于非银行部门的通货持有意愿。非银行部门有权随时将所持存款兑现为通货，商业银行有义务随时满足非银行部门的存款兑现需求。如果非银行部门的通货持有意愿得不到满足，商业银行就会因其不能履行保证清偿的法定义务而被迫停业或破产。

上述通货供给过程是货币扩张过程，货币收缩过程与上述程序正好相反。

（二）存款货币供给

在不兑现信用货币制度下，商业银行的活期存款与通货一样，充当完全的流通手段和支付手段，存款者可据以签发支票、刷卡、转账等方式进行购买、支付和清偿债务。因此，客户在得到商业银行的贷款和投资以后，一般不会立即提现，而是把所得款项作为活期存款存入和自己有业务往来的商业银行，以便随时以签发支票等方式进行支付。

商业银行在对客户放款和投资时，就可以直接贷入客户的活期存款。所以，商业银行一旦获得相应的准备金，就可以通过账户的分录使自己的资产（放款与投资）和负债（活期存款）同时增加。从整个商业银行体系看，即使每家商业银行只能贷出它所收受的存款的一部分，全部商业银行却能把它们的贷款与投资扩大为其所收受的存款的许多倍。换言之，从整个商业银行体系看，一旦中央银行供给的基础货币被注入商业银行，为某一商业银行收受为活期存款，在扣除相应的存款准备金之后，就会在各家商业银行之间辗转使用，从而最终被放大为多倍的活期存款，具体见第五章商业银行的存款货币创造。

三、人民币发行程序

人民币发行程序如图 15-3 所示，它主要通过中国人民银行的货币发行库和商业银行业务库的管理来实现。

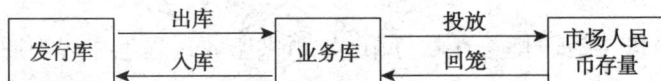

图 15-3　人民币发行程序

中国人民银行作为中央银行，掌握本国货币发行权，又称为"发行的银行"。人民币的具体发行由中国人民银行设置的发行基金保管库（简称"发行库"）来办理。人民币的发行程序大致分为四步。

（1）提出人民币的发行计划，确定年度货币供给量。

每年由人民银行总行根据国家的经济和社会发展计划，提出货币发行和回笼计划，报国务院审批后，具体组织实施，包括负责票币设计、印制和储备。

（2）国务院批准人民银行报批的货币供给量计划。

（3）进行发行基金的调拨。

发行库是人民银行为国家保管人民币发行基金的金库。发行基金是中央银行为国家保管的待发行的货币。它是货币发行的准备基金，不具备货币的性质，由设置发行库的各级人民银行保管，总行统一掌管，发行基金的动用权属于总库。发行基金包括两部分：原封新券、回笼券。

（4）商业银行业务库日常现金收付。

业务库是各商业银行对外营业的基层机构为办理日常业务保留营业用现金而设立的金库。业务库的库存现金是银行办理日常现金收付的周转金。各商业银行将人民银行发行库的发行基金调入业务库后，再从业务库通过现金出纳支付给各单位和个人，人民币钞票就进入市场，该过程称为"现金投放"。同时，各商业银行每日都要从市场回收一定的现金，当业务库的库存货币超过规定的限额时，超出部分要送交发行库保管。货币从发行库到业务库的过程叫"出库"，即货币发行；货币从业务库回到发行库的过程称为"入库"，即货币回笼。

第四节 货币供给理论

一、货币供给的决定因素

根据存款货币创造过程可知，存款货币总量由原始存款和存款乘数决定，而原始存款来源于中央银行的货币发行，货币供给总量由流通中的现金和存款货币构成。因此，与派生存款类似，货币供给（M）取决于基础货币（B）和货币乘数（m）两个因素：

$$M = m \cdot B$$

（一）基础货币

基础货币是货币当局的负债，由货币当局投放并为货币当局所能直接控制的那部分货币，它主要由商业银行的存款准备金和流通于银行体系之外为社会公众所持有的现金组成，其中存款准备金是在商业银行创造派生存款时将央行发行货币转换成准备金存款而形成的，即

$$基础货币 = 流通中通货 + 商业银行准备金$$

基础货币是中央银行对公众和商业银行的负债，是商业银行创造派生存款的基础，又称高能货币或强力货币。中央银行可以在很大程度上对其进行控制。货币当局投放基础货币的渠道主要有三条：一是直接发行通货；二是买卖黄金、国外资产；三是实行货币政策，其中以公开市场业务，向商业银行提供再贷款和再贴现为主。

（二）货币乘数

货币乘数也称货币扩张系数，是用以说明货币总量与基础货币之倍数关系的一种系数。在基础货币一定的条件下，货币乘数决定了货币供给的总量。一般来说，货币乘数

都大 1，即每一单位基础货币的增加，将导致数倍的货币供给的增加。

假设：

（1）流通中现金 C 和活期存款 D 保持固定的比率（通货比率）：$C/D = k$；

（2）定期存款 T 和活期存款 D 也保持固定的比率：$T/D = t$；

（3）活期存款的法定准备金率为 r_d，定期存款的法定准备金率为 r_t；

（4）银行持有的准备金为 R，超额准备金为 E，超额准备金率为 e。

对狭义的货币定义 M_1，即 $M_1 = C + D$，其中，D 表示商业银行活期存款，C 表示通货。如以 B 表示基础货币，以 R 表示商业银行的准备金，则

$$B = R + C$$

$$m = \frac{M_1}{B} = \frac{D+C}{R+C} = \frac{D+C}{r_d \cdot D + r_t \cdot T + E + C} = \frac{D + k \cdot D}{r_d \cdot D + r_t \cdot t \cdot D + e \cdot D + k \cdot D}$$

$$= \frac{1+k}{r_d + r_t \cdot t + e + k}$$

若使用广义货币定义 M_2，则

$$m_2 = \frac{D+C+T}{r_d \cdot D + r_t \cdot t \cdot D + e \cdot D + k \cdot D} = \frac{D + k \cdot D + t \cdot D}{r_d \cdot D + r_t \cdot t \cdot D + e \cdot D + k \cdot D} = \frac{1+k+t}{r_d + r_t \cdot t + e + k}$$

由以上推导可知，影响货币乘数的决定因素主要有五个方面：活期存款的法定准备金率（r_d）、定期存款的法定准备金率（r_t）、定期存款对活期存款比率（t）、超额准备金率（e）及通货比率（k），这些决定因素本身又分别受多种因素的影响，它们对货币乘数，进而对货币供给量形成影响。

影响货币供给量的经济主体主要有三大类：①中央银行，②商业银行，③非银行公众。中央银行决定法定存款准备金率 r_d 和 r_t；商业银行根据市场利率、投资机会、获取资金的难易程度和成本等因素选择超额存款准备金水平，决定超额准备金率 e；公众持有通货的机会成本和流动性偏好程度影响 k 的大小；同时定期存款利率以及公众的收入和财富则是影响 t 的因素。

货币供给受基础货币和货币乘数影响，而基础货币由贴现贷款、公开市场业务、黄金和国际收支、财政收支等因素决定；货币乘数则由法定准备金率、超额准备金率、通货比率、定期存款比率、技术和制度性特征等因素决定。这些影响和过程可汇总成图 15-4。其中，财政收支虽然不体现在货币供给公式中，现代货币理论和政策也强调央行不能通过货币创造直接购买政府债券，但在实践中，中央银行总能通过公开市场间接购买政府债券，支持政府的财政收支。

（三）货币乘数和存款乘数的联系与区别

货币乘数和存款乘数都是用以阐明现代信用货币具有扩张性的特点。货币乘数是以货币供给量为分子、以基础货币为分母的比值。货币乘数是从中央银行的角度进行的宏观分析，关注的是中央银行提供的基础货币与全社会货币供给量之间的倍数关系。

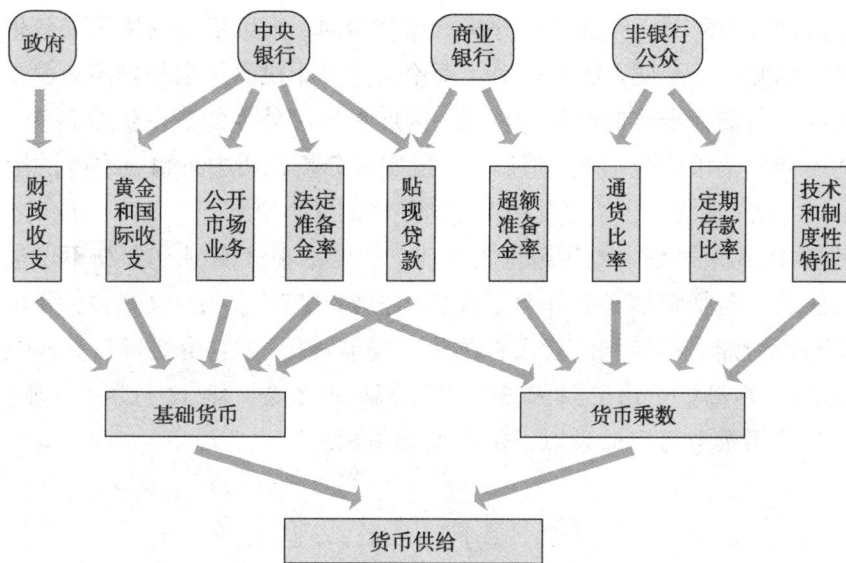

图 15-4 货币供给的主要影响因素和过程

存款乘数是以总存款（原始存款加派生存款）为分子、以原始存款为分母的比值，是从商业银行的角度进行的微观分析，主要揭示银行体系是如何通过吸收原始存款、发放贷款和办理转账结算等信用活动创造出数倍存款货币的过程。货币乘数的形成基础也是存款乘数。

（四）货币供给的内生性和外生性

货币供给的内生性是指货币供给的变动，主要取决于经济体系中的实际变量，如收入、储蓄、投资、消费等因素，以及公众、商业银行等微观主体的经济行为，而不是取决于货币当局的政策行为。因而货币当局并不能有效地控制货币供给量。其主要依据是：货币供给受众多主体行为影响，实际经济运行对货币供给有决定性作用；金融创新对货币供给影响巨大；中央银行受制于多方因素，不能单独决定货币供给。

货币供给的外生性是指货币供给的变动，主要取决于货币当局的政策行为，而不是取决于经济体系中的实际变量和微观主体行为。因而货币当局能够有效地控制货币供给量。其主要依据是：中央银行对基础货币的控制能力很强；同时对决定货币乘数的因素具有强大的影响力和控制力；虽然其他经济主体的行为也影响货币供给，但影响稳定、可预测。

货币供给理论的内生性与外生性一直是一个有争议的问题。主张内生货币供给理论的学者认为：中央银行的独立性不强；经济运行中的内生性影响因素很强。而主张外生货币供给理论的学者则认为：从本源上说货币供给都是由中央银行的资产负债业务决定的，货币供给是完全可以控制的，并且我国的中央银行有足够的权威和手段控制货币供给量。

二、外生的货币供给理论

货币供给与基础货币和货币乘数的关系实际上是一个恒等式，通过恒等变换，可以得到不同形式的货币乘数。经济学家分析货币供给时，采用不同的货币乘数形式，是因为他们所考虑的侧重点不同。货币外生性理论认为货币供给函数是稳定可测的，货币供给量是中央银行所能完全控制的外生变量，因此提出了外生的货币供给模型。这些模型首先表现为不同的货币乘数形式；然后，通过实证分析证明中央银行之外的影响因素是稳定可测的。由此证明货币供给是受中央银行控制的外生变量。

弗里德曼-施瓦茨模型中的货币定义为 M_2。所以，在该模型中的 D 不仅包括商业银行的活期存款，也包括定期存款和储蓄存款。根据此定义：$M_2 = C + D$。弗里德曼和施瓦茨把中央银行所能直接控制的货币，称为"高能货币"。它由通货与商业银行准备金构成。如以 H 表示高能货币，以 R 表示商业银行准备金，则 $H = C + R$。则弗里德曼-施瓦茨模型的货币乘数可以通过以下恒等变换得到：

$$M_2 = C + D = \frac{C+D}{H} \cdot H = \frac{C+D}{C+R} \cdot H = \frac{\frac{C+D}{C \cdot R}}{\frac{C+R}{C \cdot R}} \cdot H$$

$$= \frac{\frac{1}{R} + \frac{D}{R} \cdot \frac{1}{C}}{\frac{1}{R} + \frac{1}{C}} \cdot H = \frac{\frac{D}{R} + \frac{D}{R} \cdot \frac{D}{C}}{\frac{D}{R} + \frac{D}{C}} \cdot H = \frac{\frac{D}{R}\left(1 + \frac{D}{C}\right)}{\frac{D}{R} + \frac{D}{C}} \cdot H$$

$$m = \frac{\frac{D}{R}\left(1 + \frac{D}{C}\right)}{\frac{D}{R} + \frac{D}{C}}$$

基础货币 H 由中央银行决定，影响货币乘数的变量在该模型中就简化成两个变量：存款对准备金的比率 D/R 和存款对通货的比率 D/C。

存款对准备金的比率 D/R 决定于银行体系，虽然银行体系不能决定存款和准备金的绝对量，但却决定这二者之比。一般来说，银行能够通过改变超额准备金迅速地达到它们意愿的存款与准备金之比。同时，这一比率受制于中央银行的法定准备金率的规定，还受经济形势的影响，尤其在经济萧条，贷款无法顺利发放时，银行也不得不改变其意愿的 D/R。如果将货币乘数写成

$$m = (1 + D/C) / [1 + (D/C)/(D/R)]$$

就容易看出，货币乘数与存款对准备金的比率 D/R 是同方向变化的。

存款对通货的比率 D/C 决定于公众的选择，同样地，公众无法决定存款和通货的绝对量，但能决定其比率，影响因素主要是公众对流动性的偏好程度和持有通货的机会成本。同样也可以将货币乘数改写成

$$m = \frac{\frac{D}{R}\left(1 + \frac{D}{C}\right)}{\frac{D}{R} + \frac{D}{C}} = \frac{(D/R)/(D/C) + D/R}{(D/R)/(D/C) + 1} = 1 + \frac{\frac{D}{R} - 1}{(D/R)/(D/C) + 1}$$

上式同样表明，货币乘数也与存款对通货的比率 D/C 同方向变化。

弗里德曼和施瓦茨应用以上分析框架，检验了美国 1867—1960 年的货币史，得出的主要结论是：基础货币是广义货币供给量的长期性和主要周期性变化的主要原因，存款对准备金的比率 D/R 和存款对通货的比率 D/C 则对金融危机情况下的货币供给有决定性影响，而存款对通货的比率 D/C 则对货币温和的周期性变化有重要作用。同时，他们也认为货币供给函数是稳定可测的，中央银行可以采取相应措施抵消银行体系和公众选择对货币供给的影响。因此，中央银行对货币供给具有很强的控制能力，货币供给是外生的。

扩展阅读 15-2

第五节　通货膨胀及其度量

一、物价总水平和货币购买力

价格是商品价值的货币表示。例如，面包的价格是 2 元/块，就意味着 1 块面包的购买力是 2 元，就是其购买货币的能力。因此，一单位商品的价格就代表了该商品的购买力。实际上，任何商品的购买力都可以用其他商品来表示。比如，现在 1 块面包可以换 0.5 斤面粉，则这块面包的购买力就是 0.5 斤面粉；而 1 斤面粉的购买力就是 2 块面包，只不过现在已经有了货币这一一般等价物，所有商品的购买力都用货币表示（价格），就更容易直观地比较。

同样地，商品的价格也隐含着货币的购买力。例如，面包的价格是 2 元/块，就意味着 1 元钱只能买到 0.5 块面包，即一单位货币的购买力用面包表示就是 0.5 块面包。因此，货币的购买力就是商品价格的倒数。

假设整个社会只有四种商品，它们的价格分别是：

面包	2 元/块
衣服	50 元/件
鞋子	20 元/双
电视机	2 000 元/台

则货币的购买力就可以用以上价格的倒数构成的序列表示，即一单位货币的购买力是：

	0.5 块面包
或	1/50 件衣服
或	1/20 双鞋子
或	1/2 000 台电视机

如果市场上所有商品的价格都翻倍了，则一单位货币的购买力就减半。

由于市场上的商品种类很多，用哪一种商品来表示货币的购买力合适？显然用哪一种都不合适，用任何一种都只能片面地表明货币的购买力。既然所有商品的购买力都用货币表示，自然地，用所有商品的价格来表示货币的购买力应是合适的。

假设整个社会全部的商品就是：100 块面包、20 件衣服、10 双鞋子和 1 台电视机，我们将这所有的商品称为一篮子商品，这一篮子商品的价格就是

$$100 \times 2 + 20 \times 50 + 10 \times 20 + 1 \times 2\,000 = 3\,400（元）$$

相应地，货币购买力就可以表示成

$$1/3\,400 单位篮子商品$$

如果所有商品的价格都翻倍，该篮子商品的价格就是

$$100 \times 4 + 20 \times 100 + 10 \times 40 + 1 \times 4\,000 = 6\,800（元）$$

货币购买力就减半成

$$1/6\,800 单位篮子商品$$

以上一篮子商品的价格就称为价格总水平，用 P 表示，货币购买力用 PPM（purchasing power of money）表示，则有

$$PPM = \frac{1}{P}$$

因此，物价总水平、货币购买力和币值就是同一个概念的不同表示形式。经济分析关心的是价格水平或购买力的变动，而不是绝对值。因此，经济分析通常用编制指数的方法表示价格水平。设定某个时期为基期，将该时期的价格水平设定为 100；将其他时期的价格水平，根据其与基期的相对大小，换算成它的价格指数。例如，在上述例子中，人为地将初期一篮子商品的价格水平 3\,400 元设定为价格指数 100，则价格翻倍后的价格指数就是 200。这样就能容易地看出该期的价格比基期上涨了 100%。如果计算出某一期的价格指数为 106，说明该期的价格水平比基期上涨了 6%。

在实践中，根据这一篮子商品构成的不同，各国都编制并发布不同的价格指数。主要价格指数有消费者价格指数（CPI）、生产者价格指数（PPI）和 GDP 平减指数（GDP deflator）等。

（1）消费者价格指数所用的一篮子商品价格是城乡居民所购买的生活消费品和服务项目的价格。

（2）生产者价格指数所用的一篮子商品价格是企业购买的一篮子物品和劳务的总费用。

（3）GDP 平减指数所用的篮子商品最广泛，它包括全部商品和服务，除消费外，还包括生产资料和资本、进出口商品和劳务等。因此，这一指数能够更准确地反映一般物价水平，是对物价总水平最宏观的测量。

二、货币供求与物价总水平的变动

决定货币购买力（物价总水平）的供求因素与决定某个商品价格（购买力）的供求

因素类似，也可以通过货币的供给与需求曲线来分析。

（一）货币供给与货币需求

货币供给有两个特征，一是给定市场上的货币总量时，经济个体（不包括中央银行和商业银行）的货币使用行为是无法改变这一货币总量的。就个体而言，人们可以通过购物将手中货币用掉；但从总体上看，他们所花掉的货币并没有消失，而是从一个人手中转移到了另一个人的手中。二是货币供给主要由中央银行控制，具有很强的外生性。这些特征决定了货币供给不会因为货币购买力（物价总水平）的变动而直接变动。因此，在货币购买力—货币数量（PPM—M）平面上，货币供给可以简化成为一条垂直线。如图 15-5 所示。

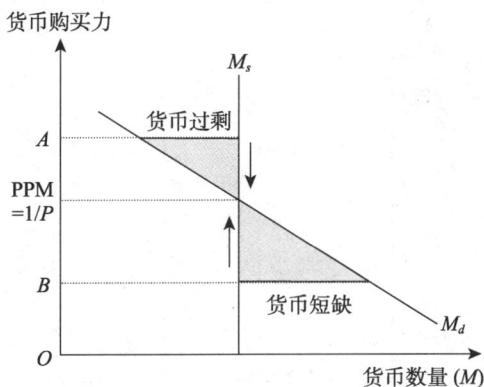

图 15-5　货币供给与货币需求的购买力曲线

货币需求与货币购买力的关系主要反映在货币需求的交易动机和预防动机。人们获得货币要付出成本，得到货币之后，主要有两种用途：一是现在就消费或投资；二是留着它，增加持有的现金余额，以后再消费或投资。假如，物价水平突然下跌到现在的一半（单位货币的购买力上升 1 倍），则人们只需保留原有货币量的一半左右就能满足原来的交易或预防需求。相反，如果物价水平上升 1 倍（货币购买力下降到原来的一半），则需要持有原有货币量的 1 倍，才能满足原定的交易和预防等货币需求，即购买同样的商品和服务需要更多的货币。可见，货币需求和其购买力的关系也与普通商品和价格的关系类似，货币需求是其购买力的减函数，是物价水平的增函数。如图 15-5 所示。

在货币供给等于货币需求时，会有一个稳定的均衡货币购买力（物价水平），如果物价水平偏离其均衡水平，会有内在的稳定机制使其恢复均衡。例如，如果由于某种意外的原因，在货币供给与需求状况不变（货币供给和需求曲线没有移动）的情况下，物价水平突然降低（货币购买力突然上升）到 OA 位置，货币需求减少，而货币供给不变，市场就出现货币过剩现象（$M_d < M_s$），这时人们就会发现手中持有的货币多于在当前价格水平下的货币需求，就会试图将多余的货币花出去，增加对各种商品或服务的购买。但货币的一次性支出，并不会减少货币总量，而货币只是转移到别人的手中，这种货币剩余导致的购买支出的增加会循环往复地进行，直到物价水平回升，缓解货币过剩状况，使之逐步恢复到均衡状态。如图 15-5 中的箭头方向所示。

相反，如果物价水平突然上升，货币购买力下降到 OB 位置，货币需求增加，出现货币短缺，人们就会减少对商品和服务的购买，物价水平又会下降，缓解货币短缺状况，逐步恢复到均衡状态。

为什么物价总水平会一直变动，如果说货币供给和货币需求的均衡决定物价总水平，那么原因就很明了：当且仅当这两个基本因素——货币供给或货币需求——其中一个或两个同时变化的时候，物价总水平才会发生变化。[1]

（二）货币供给对物价总水平变动的影响

图 15-6 描述了货币供给变动对物价总水平的影响。

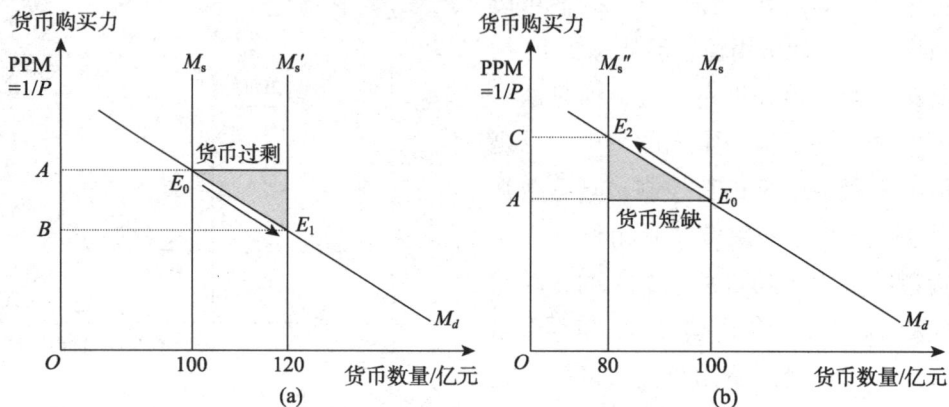

图 15-6　货币供给变动对物价总水平的影响
（a）货币供给增加；（b）货币供给减少

如图 15-6（a）所示，初始的货币供给 M_s 与货币需求 M_d 相交于 E_0，确定了初始的货币购买力（OA）和初始的物价水平（$1/OA$）；当货币供给增加到 M_s' 时，流通中的货币总量就增加了 20 亿元，这多出来的 20 亿元就是在物价水平 $1/OA$ 上的超额货币供给。钱多了，公众就会增加消费和投资，因为货币用了不会消失，而仅仅是转移，因此这部分货币会被循环往复地使用，最终导致消费品和资本的价格水平提高，物价总水平上升，货币购买力下降，同时也使得货币需求增加。最后货币购买力下降到 OB，货币需求也上升到 120 亿元，市场在新的物价水平上实现均衡。

图 15-6（b）则相反，当货币供给减少到 M_s''（80 亿元）时，流通中的货币总量减少了 20 亿元。市场上的货币总量满足不了在物价水平 $1/OA$ 上的货币需求量。钱少了，人们就会减少消费和投资，从而降低消费品和资本品的价格水平，导致物价总水平下降，货币购买力上升；同时也使得货币需求减少。最后，货币购买力上升到 OC，货币需求下降到 80 亿元，货币供求在新的物价水平 $1/OC$ 上实现均衡。

（三）货币需求变动对物价总水平的影响

图 15-7 描述了货币需求变动对物价总水平的影响。

货币需求的增加会导致物价总水平的下降。如图 15-7（a）所示，初始的货币供给 M_s 与货币需求 M_d 相交于 E_0，确定了初始的货币购买力（OA）和初始的物价水平（$1/OA$）；在货币供给和货币需求不发生改变的情况下，该物价总水平是均衡的，具有

---

[1] 罗斯巴德. 银行的秘密[M]. 北京：清华大学出版社，2011：36.

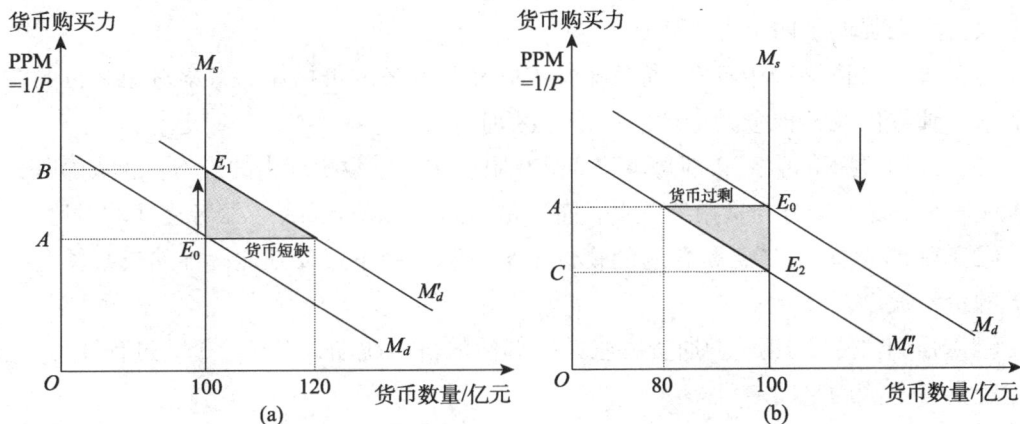

图 15-7　货币需求变动对物价总水平的影响

（a）货币需求增加；（b）货币需求减少

内在的稳定性。如果因为某种原因，货币需求增加，需求曲线由原来的 M_d 右移到 M'_d，则在现有的物价水平下，潜在的货币需求变成了 120 亿元，比现实的货币供给 100 亿元多了 20 亿元，出现货币短缺。在这种情况下，人们会减少支出、增加储蓄以提高货币持有量。支出的减少，带来物价水平的下降，缓解货币短缺问题。最终，货币购买力上升到 OB，物价水平下降到 $1/OB$，货币供给和货币需求在新的物价水平下恢复到 100 亿元的均衡。

图 15-7（b）则相反，当由于某种原因导致货币需求减少，需求曲线由原来的 M_d 左移到 M''_d，在现有的物价水平下，货币需求变成了 80 亿元，而公众手中实际持有的货币量为 100 亿元，超过了货币需要量。这多出来的 20 亿元，会使公众增加消费和投资，提高物价总水平，降低货币购买力，提高货币需求，使之恢复到 100 亿元。最终货币供给与货币需求在新的物价水平 $1/OC$ 上实现新的均衡。

综合以上分析，物价总水平只会因为货币供给和货币需求的变动而变动。如果货币供给增加，物价总水平上升；货币供给减少，物价总水平下降。如果货币需求增加，物价总水平下降；货币需求减少，物价总水平上升。

虽然物价总水平的变动只受货币供给和货币需求的影响，但导致货币供给和货币需求变动的影响因素却很复杂。

三、通货膨胀及其成因

（一）通货膨胀

关于通货膨胀，许多经济学家都提出了各自的论述。马克思认为，通货膨胀是指在纸币流通的条件下，由于货币的发行量超过商品流通中的实际需要量，从而引起的货币贬值、一般物价水平上涨的经济现象。作为一个概括金融现象的概念，经济学家们对通货膨胀的定义还是比较一致的。通常，我们把通货膨胀定义为：商品和服务的货币价格总水平的持续上涨现象。

以上定义强调了四个方面要点。

（1）强调"商品和服务"，通货膨胀把商品和服务的价格作为考察对象，目的在于与股票、债券以及其他金融资产的价格相区别。

（2）强调"货币价格"，即每单位商品、服务用货币数量标出的价格。通货膨胀分析中关注的是商品、服务与货币的关系，而不是商品、服务与商品、服务之间的对比关系。

（3）强调"总水平"，是普遍的物价水平波动，而不仅仅是地区性的或某类商品及服务的价格波动。

（4）强调"持续上涨"，通货膨胀并非偶然的价格跳动，而是一个"过程"，并且这个过程具有上涨的趋向。

通货膨胀多以物价总水平的波动幅度表示，物价总水平的变动则通过价格指数来反映。价格指数是本期物价水平对基期物价水平的比率，它是一般物价水平的指数形态，用以反映物价水平的涨跌幅度，主要有生产者价格指数、消费者价格指数和 GDP 平减指数等指标，具体用哪个指标要根据应用场合选择。

（二）通货膨胀的成因

对通货膨胀形成原因的分析通常包括以下几种。

1. 需求拉上说

该理论认为，通货膨胀来自需求方面，认为当经济中总需求的扩张超出总供给的增长，即"太多的货币追求太少的商品"时，过度需求拉动价格总水平持续上涨，从而引起通货膨胀。需求拉上说又分为凯恩斯学派和货币学派两种理论。

凯恩斯对充分就业和非充分就业做了区分，当产量低于充分就业的水平时，需求的增加可能导致两种结果：一是产量提高但价格水平不变；二是由于瓶颈现象，有效需求的增加引起产量增加，同时又引起物价上涨的半通货膨胀。当产量达到充分就业以后，由于生产能力的制约，总需求增长不再引起产量的增加，而只是导致物价水平按同一比例增长，这种产出保持在充分就业上，物价水平上升，才是真正的通货膨胀。

货币主义对需求拉动型通货膨胀的解释是以货币数量论为基础的（$MV = PY$），即认为生产量恒等于充分就业的产量，在货币流通速度 V 是一个固定值时，当货币量 M 增加，物价水平 P 也将按同一比例增加。如果货币数量与产量以同一比例增长，就不会引起通货膨胀。

2. 成本推进说

需求拉上通货膨胀理论在 20 世纪 50 年代以前在一定程度上反映了当时的实际经济状况，从而在一定程度上说明了当时的通货膨胀的原因。但到了 20 世纪 50 年代后期，经济情况发生了变化，一些国家出现了物价持续上升而失业率却居高不下，甚至失业率和物价同时上升的情况。一些经济学家就开始探讨其缘由，认为通货膨胀和物价上涨根源于成本方面。

成本方面的原因造成的通货膨胀，又称为供给型通货膨胀，是由厂商生产成本增加而引起的一般价格总水平的上涨。该理论认为，通货膨胀的根源并非总需求过度，而是由于总供给方面生产成本上升所引起。通常情况下，商品的价格是以生产成本为基础加上一定的利润而构成的。因此，生产成本的上升必然导致物价水平的上升。造成成本向上移动的原因大致有：工资过度上涨，利润过度增加，进口商品价格上涨。

3. 结构型通货膨胀论

一些经济学家认为，即使整个经济中的总需求和总供给处于均衡状态，由于经济结构方面的因素变动，一般物价水平的上涨也会发生，这就是结构型通货膨胀。结构型通货膨胀是指当产业结构发展不平衡时，由于低生产率的部门与高生产率部门的工资进行攀比而造成的通货膨胀。通常用工资结构来解释结构型通货膨胀，从形式上表现为成本推进型的通货膨胀。根据工资结构差异成因的不同又形成了需求移动论、不平衡增长理论、小国型通货膨胀论和相对工资理论。

四、通货膨胀的影响

如果通货膨胀率是稳定的，人们可以完全预期，那么通货膨胀率对社会经济生活的影响很小。因为在这种可预期的通货膨胀之下，各种名义变量（如名义工资、名义利息率等）都可以根据通货膨胀率进行调整，从而使实际变量（如实际工资、实际利息率等）不变。当然，能够实现这种预期调整的前提是社会公众都具备这种理性能力和完全的信息传播条件，这在实践中是不现实的。在通货膨胀率不能完全预期的情况下，人们无法准确地根据通货膨胀率来调整各种名义变量以及他们应采取的经济行为，通货膨胀将会影响社会收入分配及其他经济活动。

（一）产出效应

关于通货膨胀对经济增长的影响，大致有促进论、促退论和中性论这三种不同的意见。

1. 通胀促进论

促进论认为通货膨胀能促进经济增长，其理由如下。

（1）在通货膨胀的情况下，由于商品价格的提高一般快于工资的提高，结果实际工资降低，厂商的利润增加，会刺激厂商扩大投资，进而促进经济增长。

（2）在货币经济中，通货膨胀是一种有利于高收入阶层（即利润收入和租金收入阶层）而不利于低收入阶层（即工薪收入阶层）的收入再分配，由于高收入阶层的边际储蓄倾向较高，因此，通货膨胀会促使社会储蓄率的提高，这就有利于经济增长。

（3）通货膨胀实际上是货币发行者从货币持有者手中获得收入的过程。在货币需求一定的情况下，政府通过发行货币，获得对一部分商品或劳务的支配权，实质上是政府向所有货币持有者征税（货币税或通货膨胀税），从而使政府收入增加。如果政府将所获得的这种通货膨胀税收入用于投资，则将提高社会的投资率，从而推动经济增长。

正是由于以上原因，通胀促进论认为，适度的通货膨胀有利于降低企业的真实劳动成本，增加生产，刺激就业，对经济增长有促进作用。

2. 通胀促退论

促退论认为，由于以下原因，通货膨胀必然会导致低效率和阻碍经济增长。

（1）在持续性的通货膨胀过程中，货币的价值尺度和市场价格机制将遭到严重破坏，这会导致消费者和生产者做出错误的决策，从而导致经济资源的不合理配置和严重浪费，使经济效率大大下降。

（2）通货膨胀意味着货币购买力的下降，降低工薪阶层实际收入水平和储蓄价值，因此公众都不愿以货币的形式进行储蓄，以免遭受经济损失。在预期物价会进一步上涨的心理支配下，公众势必为避免将来物价上涨所造成的经济损失减少储蓄而增加目前消费，这就会使社会储蓄率下降，从而使投资率和经济增长率下降。

（3）通货膨胀会动摇人们对货币的信心，并促使人们更多地持有那些价格随通货膨胀不断上涨的实物资产或从事房地产等投机活动，而不去从事正常的生产性活动，结果将严重地阻碍经济的增长。而且，在严重的通货膨胀情况下，人们会放弃货币，而用实物作为交易媒介，使交易成本大大提高，从而造成经济效率的损失。

（4）如果本国通货膨胀长期高于外国，则使本国产品相对于外国产品的价格上升，从而不利于本国的出口，并刺激进口的增加。本国通货膨胀率长期高于外国，还会促使人们将国内储蓄转移到国外，导致本国国际收支的逆差，给经济增长带来压力。

（5）如果通货膨胀超过一定限度，将产生预期作用，造成物价与成本螺旋式地上涨，有可能变成累积性的恶性通货膨胀，甚至有可能导致经济和社会的崩溃。

3. 通胀中性论

通胀中性论认为，人们对通货膨胀的预期最终会中和它对经济的各种效应，因此，通货膨胀对经济既无正效应，也无负效应，它是中性的。同促进论和促退论相比，持中性论观点的学者并不多，其理论依据太理想、不现实。

大部分经济学家认为，通货膨胀对经济的促进作用只是在低度的通货膨胀下，且需要具备一定的条件。当前世界主要经济体的中央银行都以 3%左右的通货膨胀率为目标以维持或促进经济增长。

（二）收入再分配效应

当央行过度发行货币时，首先获得贷款的政府、企业或个人，将过多的货币用于购买商品或劳务等，导致物价上升，经过商品交易途径逐步传播，最后导致全社会的物价普遍上涨。这种物价不同步上涨，贷款等负债金额不随物价调整的特征，最后导致了社会财富的重新分配，财富从后获得资金者流向先获得资金者，从债权人流向债务人。而政府和企业通常是最大的债务人，在货币超发时，也最先获得资金，从而财富就从普通个人流向政府和企业。如果货币恶性过度发行将可能被社会大众弃用，导致经济后退、社会动荡甚至政府垮台等后果。

1. 在债务人与债权人之间，通货膨胀将有利于债务人而不利于债权人

在通常情况下，借贷的债务契约都是根据签约时的通货膨胀率来确定名义利息率，所以当发生了未预期的通货膨胀之后，债务契约无法更改，从而就使实际利息率下降，债务人受益，而债权人受损。其结果是给贷款特别是长期贷款带来不利的影响，使债权人不愿意发放贷款。贷款的减少会影响投资，最后使投资减少。

2. 在雇主与工人之间，通货膨胀将有利于雇主而不利于工人

在不可预期的通货膨胀之下，工资增长率不能迅速地根据通货膨胀率来调整，即使在名义工资不变或略有增长的情况下，使实际工资下降。实际工资下降会使利润增加，利润的增加有利于刺激投资，这正是一些经济学家主张以温和的通货膨胀来刺激经济发展的理由。

3. 在政府与公众之间，通货膨胀将有利于政府而不利于公众

在不可预期的通货膨胀下，名义工资总会有所增加（尽管并不一定能保持原有的实际工资水平），随着名义工资的提高，达到纳税起征点的人增加了，有许多人进入更高的纳税等级，这样就使得政府的税收增加，但公众纳税数额增加，实际收入却减少了。政府由这种通货膨胀中所得到的税收称为"通货膨胀税"。一些经济学家认为，这实际上是政府对公众的掠夺，这种通货膨胀税的存在，既不利于储蓄的增加，也影响了私人与企业投资的积极性。

（三）对资产结构的调整效应

一个经济体的资产主要由两部分组成：实物资产和金融资产。在通货膨胀时期，不同的财富结构将导致不同的影响，或受益，或受损。在通货膨胀中，实物资产的货币价值通常会与通货膨胀率保持相同的变动方向。至于变动幅度，则有高有低。而金融资产中的股票，其货币价值通常会呈上升趋势。而金融资产中的存款、债券等固定收益的资产，在通货膨胀期间债权人会受到损失，而债务人则会受益。当然如果在通货膨胀期间采用浮动利率方式可在一定程度上减少或避免损失。

以上效应分析基本是静态的。而实际上，通货膨胀是一个过程，货币的增加是从央行、商业银行体系通过不同的渠道、路径向不同的部门、个体渗透的一个过程，通常是先获得新增货币者受益，其他人相对受损。此外，通货膨胀也有一个度的变化，具体的效应要根据通货膨胀所处的阶段、程度等因素具体分析。

五、通货膨胀的治理

由于通货膨胀的一个直接原因在于总需求大于总供给，这里的总需求是有货币支持的有能力的需求，即货币存量大于总供给对货币的需要量。因此，当出现通货膨胀时，政府往往采取紧缩性的货币政策和财政政策以抑制过旺的总需求。

（一）货币政策

紧缩性货币政策的核心是降低货币供应量增长率，以抑制社会总需求。货币当局可能采取的紧缩手段有以下几种。

（1）通过公开市场业务出售政府债券，以相应地减少经济体系中的货币存量。

（2）提高再贴现率，抑制商业信用。

（3）提高商业银行的法定准备率，以缩小货币扩张乘数。

（二）财政政策

财政政策是通过调节财政收入和支出水平以实现既定的宏观经济目标。运用财政政策治理通货膨胀有以下几种方式。

（1）增加税收。一方面增加政府财政收入，弥补财政赤字；另一方面，使企业和个人的利润和收入减少，从而使其投资和消费支出减少。

（2）削减财政支出，包括购买性支出和转移性支出，以平衡预算、消除财政赤字，从而消除通货膨胀的隐患。

（3）发行公债，利用其"挤出效应"，降低投资和消费，以抑制社会总需求。

此外，还可以通过控制工资的增长来控制收入和产品成本的增加，进而控制物价水平。

实施刺激生产和促进竞争，增加就业和社会的有效供给的供给政策。

采取适当的对外经济政策，减轻国际收支失衡对国内物价的不利影响，阻止国外通货膨胀的输入。

通过反托拉斯法限制垄断高价等内容。

六、通货紧缩

通货紧缩是和通货膨胀相对应的概念，指商品和服务价格总水平的持续下降。当市场上流通的货币减少，公众的货币所得减少，导致物价下跌，购买力上升，形成通货紧缩。长期的货币紧缩会抑制投资与生产，导致失业率升高及经济衰退。

较早提出通货紧缩问题的是马克思，他在《资本论》中，多次分析到流通中货币的膨胀和收缩问题，认为通货的膨胀和收缩可能由经济的产业周期引起，可能由流通中的商品数量、价格变动引起，可能由货币流通速度变化引起，还可能由技术因素引起。

凯恩斯在他的代表作《就业、利息和货币通论》中，对通货紧缩现象的分析，更多使用的是就业不足和有效需求不足这样的术语，通过对20世纪30年代经济大危机的分析，提出"有效需求不足"的论断，认为有效需求不足是导致通货紧缩的根本原因。与凯恩斯的有效需求理论不同，欧文·费雪是从供给角度，联系经济周期来研究通货紧缩问题的，他同样通过对 20 世纪 30 年代世界经济危机的研究，提出了"债务—通货紧缩"理论。他认为企业的过度负债是导致大萧条的主要原因，将通货紧缩的过程看作是商业信用被破坏和银行业引发危机的过程。克鲁德曼的通货紧缩理论认为，通货紧缩是由于社会总需求不足引起的，他认为通货紧缩，物价下降，是市场价格机制强制实现经济均衡的一种必然，更是"流动性陷阱"作用的结果，主张用"有管理的通货膨胀"来治理通货紧缩。

物价水平的持续下降，导致人们情绪悲观，持续观望，消费和投资进一步萎缩；同时，实际利率上升，企业不敢借款投资，债务人的负担加重，银行贷款难以及时收回，出现大量坏账等。由通货紧缩导致的财富缩水效应、经济衰退效应、财富分配效应和失业效应，使得通货紧缩对经济发展产生严重危害。

关于通货紧缩的防范和治理措施也与通货膨胀相对应，有实行扩张性的财政政策和货币政策；增加财政公共支出；削减税率，鼓励消费等。

本 章 小 结

1. 货币需求

货币需求是指经济主体在某一时点上为满足正常的生产、经营和各种经济活动需要，通过对各种资产的安全性、流动性和营利性的综合衡量后所确定的最优资产组合中所愿意持有的货币量。金融理论关注的是建立在微观货币需求之上的宏观货币需求。

货币需求的影响因素主要包括：商品和服务的供给，市场利率，汇率，货币流通速度和一般物价水平，金融业的发达程度，对未来利率、物价水平的预期以及对政府的信心等。

传统货币数量说的主要成就是费雪方程式和剑桥方程式。费雪方程式认为一定时期内社会所需要货币总额必定等于同期内参加交易的各种商品和服务价值的总和，也称现金交易方程式。剑桥方程式认为货币需求同人们的财富或名义收入保持一定的比例，这一比例取决于持有货币的机会成本和人们对未来的预期等。该方程也称为现金余额方程式，它与现金交易方程式的结论基本相同，即物价水平决定于货币量，与货币量的多少呈反方向、同比例变动。但费雪方程式强调货币的交易手段功能，剑桥方程式强调货币作为一种资产的功能。

凯恩斯的流动性偏好理论认为人们持有货币有三种动机：交易动机、预防动机和投机动机。在交易动机和预防动机中，货币主要充当交换媒介和价值储藏手段，相应货币需求是收入的递增函数；在投机性货币需求中，货币主要发挥财富储藏的功能，是利率的递减函数。因此，凯恩斯的总货币需求 M 取决于两个流动性偏好函数：

$$M = M_1 + M_2 = L_1(Y) + L_2(r) = L(Y,r)，\quad L_Y > 0，\quad L_r < 0$$

弗里德曼根据消费者选择理论，分析了总财富、财富构成、持有货币的机会成本、持有货币给经济主体带来的效用四个方面对货币需求的影响。他认为影响货币需求的因素是多种多样的，并用一个多元函数来表示货币需求。

2. 货币供给

货币供给是指一定时期内一国银行系统向经济中投入、创造、扩张（或收缩）货币的行为，是银行系统向经济中注入货币的过程。

在不兑现信用货币制度下，货币既包括流通中的现金，也包括在银行体系的存款，甚至各种票据及其他信用流通工具。由于货币供给量包括通货与存款货币，货币供给的过程也分解为通货供给和存款货币供给两个环节。

货币供给（M）取决于基础货币（B）和货币乘数（m）两个因素：$M = m \times B$。基础货币是货币当局的负债，由货币当局投放并为货币当局所直接控制，由商业银行的存款准备金和流通于银行体系之外为社会公众所持有的现金组成；货币乘数也称货币扩张系数，是用以说明货币总量与基础货币之倍数关系的一种系数。

影响货币供给量的经济主体主要有三大类：①中央银行，②商业银行，③非银行公众。中央银行决定法定存款准备金率和基础货币；商业银行根据市场利率、投资机会和资金成本选择超额存款准备金水平，决定超额准备金率；公众持有通货的机会成本和流动性偏好程度影响通货比率的大小；同时定期存款利率以及公众的收入和财富则是影响定期存款比率的因素。此外，政府也通过财政收支间接影响中央银行对基础货币等的调控。

货币供给的内生性是指货币供给的变动，主要取决于经济体系中的收入、储蓄、投资、消费等实际变量，以及公众、商业银行等微观主体的经济行为，而不是取决于货币当局的政策行为。货币供给的外生性是指货币供给的变动，主要取决于货币当局的政策行为，而不是取决于经济体系中的实际变量和微观主体行为。

货币外生性理论认为货币供给函数是稳定可测的，货币供给量是中央银行所能完全控制的外生变量，因此提出了外生的货币供给模型。这些模型首先表现为不同的货币乘数形式；然后，通过实证分析证明中央银行之外的影响因素是稳定可测的，由此说明货币供给是受中央银行控制的外生变量。

3. 货币购买力和通货膨胀

货币的购买力是商品价格的倒数。一篮子商品的价格就称为价格总水平，用 P 表示，货币购买力用 PPM 表示，则 $\text{PPM} = 1/P$。

根据这一篮子商品的构成的不同，各国都编制并发布不同的价格总水平指数，主要价格指数有消费者价格指数、生产者价格指数和 GDP 平减指数等。

货币供给和货币需求的均衡决定物价总水平，当且仅当货币供给或货币需求其中一个或两个同时变化的时候，物价总水平才会发生变化。如果货币供给增加，物价总水平上升；货币供给减少，物价总水平下降。如果货币需求增加，物价总水平下降；货币需求减少，物价总水平上升。

通货膨胀是指商品和服务的货币价格总水平的持续上涨现象。虽然通货膨胀的根本原因是货币供给超过货币需求，但导致货币供给超过货币需求的原因却是复杂的，主要有需求拉上说、成本推进说和结构型通货膨胀论等。在通货膨胀率不能完全预期的情况下，人们无法准确地根据通货膨胀率来调整各种名义变量以及他们应采取的经济行为，通货膨胀将会影响社会收入分配及其他经济活动，常见的有产出效应、收入再分配效应等。

知识要点

货币需求、费雪方程式、剑桥方程式、流动性偏好理论、交易动机、预防动机、投机动机、现代货币数量论、货币供给、通货供给、存款货币供给、基础货币、货币乘数、货币外生性理论、弗里德曼–施瓦茨模型、货币购买力、通货膨胀、一篮子商品、价格总水平、需求拉上说、成本推进说、结构型通货膨胀论、产出效应、收入再分配效应

复习思考题

1. 简述交易动机和预防动机的货币需求特征。

2. 简述投机目的的货币需求特征。

3. 传统的货币需求理论面临哪些新问题？

4. 试分析我国货币需求的影响因素。

5. 中央银行所属的造币厂的纸币库存应计入货币供给量吗？

6. 货币供给与货币流通有区别吗？

7. 有人说货币供给过程就是现金发行的过程，你认为对吗？

8. 试分析货币供给是由哪些经济主体的哪些行为决定的。

9. 试分析存款乘数和货币乘数的区别与联系。

10. 什么是通货膨胀、通货紧缩？

11. 比较衡量通货膨胀的消费者价格指数、生产者价格指数、GDP平减指数的优缺点。

12. 有人说："通货膨胀具有一种有利于低收入阶层的收入再分配效应，即在通货膨胀过程中，高收入阶层的收入比低收入阶层的收入增加得少。"你认为对吗？请说明理由。

第十六章

资产定价理论简介

【本章导读】

期权定价模型由费雪·布莱克和麦隆·舒尔斯提出并于 1973 年发表,几乎是同时,芝加哥期权交易所正式挂牌交易标准化期权合约。不久,得克萨斯仪器公司就推出了安装有根据这一模型计算期权价值程序的计算器。现在,几乎所有从事期权交易的经纪人都有类似的计算工具,利用根据这一模型开发的程序对交易估价。1995 年 8 月 31 日,《纽约时报》在悼念布莱克逝世的文章中指出,Black-Scholes 公式是今天全球期权市场的基础。

期权定价理论成为金融理论基石之一的原因不仅在于它在特定金融市场中的商业成功,还在于它可以广泛应用于企业债务定价、企业投资决策的分析中。因此期权定价理论的提出被誉为"第二次华尔街革命"。1997 年,瑞典皇家科学院将诺贝尔经济学奖授予芝加哥大学的舒尔斯和麻省理工学院的默顿教授,表彰他们共同完成的期权定价理论。表彰评语为:"他们犀利的分析,成为对各种衍生品定价的通用解决方法的关键。与先进的计算机信息技术相结合,他们的理论促成了近 10 年到 15 年的新型金融产品和市场的爆炸性发展。"

本章将简要介绍金融资产定价理论的发展过程和一般方法。

第一节 资产定价理论的发展历史

古希腊时期人们已有期权的思想萌芽,从欧洲 16 世纪"郁金香球茎热"投机中期权思想的应用到期权正式应用于农产品和工业品的保值,都可以看到这些思想的作用痕迹;股票和债券等工具的发展已经有接近 800 年的历史。然而,直到 19 世纪的后期,随着工业革命的完成和市场经济中企业制度的建立,金融理论进入加速发展的态势时,才为现代资产定价理论的出现奠定思想基础。

1896 年,欧文·费雪提出了关于资产的当前价值等于其未来现金流贴现值之和的思想。这一思想对后来的资产定价理论的发展起到奠基石的作用。

1934 年,美国投资理论家本杰明·格兰罕姆的《证券分析》一书,开创了证券分析史的新纪元。

1938 年，弗里德里克·麦考莱提出"久期"的概念和"利率免疫"的思想。久期的概念对于债券投资具有十分重要的意义，在麦考莱提出几十年后，才被广泛接受和应用。

1952 年，哈里·马柯维茨发表了著名的论文《证券组合分析》，为衡量证券的收益和风险提供了基本思路。他利用概率论和数理统计的有关理论，构造了一个分析证券价格的模型框架。在他的模型中，证券的价格是个随机变量，证券的价值和风险可以用这个随机变量的数学期望和方差来度量。从一般的心理分析出发，马柯维茨假定经济理性的个人都具有厌恶风险的倾向，也即收益一定时采用风险最小的投资行为。在他的模型中投资者在收益一定时追求最小方差的投资组合。虽然模型排除了对风险爱好者的分析，但是，毫无疑问，现实中绝大多数人属于风险厌恶型，因而他的分析也具有一般性。在一系列理论假设的基础上，马柯维茨对证券市场分析的结论是：在证券市场上存在着有效的投资组合。所谓"有效的投资组合"就是收益固定时方差（风险）最小的证券组合，或是方差（风险）固定的情况下收益最大的证券组合。这一理论为金融实务努力寻找这种组合提供了理论依据，其分析框架成了构建现代金融工程各种理论分析的基础。

1958 年，莫迪利安尼和默顿·米勒在《美国经济评论》上发表论文《资本成本、公司财务与投资理论》，提出了现代企业金融资本结构理论的基石——MM 定理（Modigliani-Miller theorem），这一理论构成现代金融理论的重要支柱之一。

到了 20 世纪 60 年代，马柯维茨的思想被广泛接受，其他学者进一步发展他的理论。金融界的从业人员也开始应用这些发展的理论进行资产组合选择和套期保值决策，并用定量化的工程思想指导业务活动。另外，马柯维茨的学生威廉·夏普提出了马柯维茨模型的简化方法——单指数模型。同时，他还和简·莫森和约翰·林特纳一起创造了资本资产定价模型（CAPM），这一理论与同时期的套利定价模型（APT）标志着现代金融理论走向成熟。在此之前，金融产品的价格，特别是瞬息万变的有价证券的价格，一直给人一种神秘的色彩，人们认为这些价格是难以捉摸的。

CAPM 和 APT 的模型给出了包括股票在内的基本金融工具的理论定价公式，它们既有理论依据又便于计算，从而得到了人们的广泛认同。根据这两个模型计算出来的理论价格也成了金融实务中的重要参考。夏普的理论与马柯维茨的理论一脉相承。在马柯维茨对有价证券收益与风险的数学模型化处理的基础上，夏普引入了无风险证券，利用数学规划的方法，分析了存在无风险证券条件下理性投资者的决策问题，得出了著名的资本市场线方程和证券市场线方程，明确揭示了个别证券与整个证券市场的关系。在夏普的理论中，投资者的有效投资组合必定是"无风险证券"与"市场组合"的某种组合，而市场组合只与市场本身的构成有关，与其他因素无关。由此，单个证券的风险也就被分为两个部分：系统风险和非系统风险。对风险的分类是夏普理论的主要贡献，与风险分类相关的两个著名的系数—— α 系数和 β 系数已经成为华尔街投资者的常识。与夏普理论不同，套利定价理论源于一个非常朴素的思想，那就是在完善的金融市场上，所有金融产品的价格应该使得在这个市场体系中不存在可以让投资者获得无风险利润的机会。如若不然，对套利机会的追寻将推动那些失衡的金融产品的价格恢复到无套利机会的状态。根据这一思想决定金融产品价格的方法就是无套利定价法。

20世纪70年代，美国经济学家罗伯特·默顿在金融学的研究中总结和发展了一系列理论，为金融学和财务学的工程化发展奠定了坚实的数学基础，取得了一系列突破性的成果。

1973年，费雪·布莱克和麦隆·舒尔斯在美国《政治经济学杂志》上发表了著名论文《期权与公司债务定价》，成功推导出期权定价的一般模型，为期权的广泛应用铺平道路。布莱克和舒尔斯采用无套利分析方法，构造一种包含衍生产品头寸和标的头寸的无风险证券组合，在无套利机会的条件下，该证券组合的收益必定为无风险利率，这样就得到了期权价格必须满足的微分方程。可以建立无风险证券组合的原因是基础资产和衍生品价格都受同一种基本的不确定性的影响，即基础资产价格的变动。由此，布莱克和舒尔斯推出了他们的期权（不支付利息的股票欧式期权）定价公式。

布莱克和舒尔斯期权定价公式的推出是现代金融理论的重大突破。默顿克服了公式中无风险利率和资产价格波动率为恒定的假设，将该模型扩展到无风险利率满足随机的情况。布莱克、舒尔斯和默顿的工作，为期权等衍生品交易提供了客观的定价依据，促进了金融衍生工具的极大发展。舒尔斯和默顿为此获得了1997年诺贝尔经济学奖。

布莱克-舒尔斯-默顿期权定价模型问世以后，金融学者对模型的适用条件做了更为完善的补充和修正。比如针对该模型考虑的是价格连续变化的情况，考克斯、罗斯和鲁宾斯坦提出了用二项式方法来计算期权的价格；罗尔运用连续时间定价法给出了证券支付红利时的看涨期权定价公式；布雷纳和加莱研究了期权提前执行时的平价关系等。

到了20世纪80年代，达莱尔·达菲等人在不完全资本市场一般均衡理论方面的经济学研究为资产定价理论的发展提供了重要的支持。

主流经济学研究的基本方法是供给与需求的分析，以至于有了教会一只鹦鹉说"供给"与"需求"两个词，它也会成为经济学家的说法，而金融理论创新性地提出了无套利分析方法，将金融市场上的某个头寸与其他金融市场头寸结合起来，构建一个在市场均衡时不能产生无风险利润的组合头寸，由此测算出该头寸在市场均衡时的价值即均衡价格。现代金融理论的研究取得的一系列突破性成果，如资本资产定价模型、套利定价理论和期权定价公式等，都是灵活地运用这种无套利的分析技术而得出的。在"无套利均衡"的理论分析基础上，大量金融产品被创造出来并投入实际应用。

准确地为资产进行定价能降低交易的盲目性和不确定性，促进资本市场和衍生工具市场的繁荣发展，提高社会资本的动员能力，促进社会分工与合作的深化、效率的提高；也提高全社会的风险管理能力，促进社会经济的稳定发展。因此，由这些数理逻辑严谨的金融资产定价理论构成的现代金融理论被人们誉为经济学皇冠上的明珠。

第二节　资产定价的一般方法

资产定价是金融理论研究的基础性工作，它是保值、套利、金融产品设计和创新以及风险管理等的基础。

价格的本质是交易双方议价的结果，实践中，因为每一个交易者的价格底线和议价能力都不一样，每一笔交易的价格都可能不同。资产定价理论的目标是要找到某项资产理论上的均衡价格。对于什么是均衡，人们又有不同的理解，一般意义的均衡通常是指供求均衡，即一项资产的供给量与需求量相等时的均衡；由于不同资产之间存在替代效应和互补效应等关系，一项资产的供给与需求还会受到其他资产的供求关系的影响。因此，终极意义上的均衡是指瓦尔拉斯一般均衡，即全社会所有商品（包括金融资产）的供求关系都相等时的均衡。这种一般均衡的分析方法不论是在理论上还是在实践中都几乎没法应用，也只能是个概念性的存在。通常在具体的资产价格的分析中，都会假定其他条件不变，只分析和该资产供给与需求直接相关的影响因素，即局部均衡分析法。但即便如此，要能够准确得到影响一项资产供求关系的因素也是很难的，通常也只能根据影响因素的变化方向对资产价格变动方向做个大致分析，因此，也就有了"教会一只鹦鹉说'供给'与'需求'两个词，它也会成为经济学家"的调侃说法。

而现代金融资产定价理论则选择了另外一条路径，即寻找一个市场上客观存在的基准，再找到该资产价格与该基准的关系，不同资产与不同基准之间的关系就构成了现代金融资产定价理论，用于分析这些关系的方法就是金融资产定价的一般方法。具体的基准主要有无风险收益率、市场收益率、市场组合、衍生工具的基础证券等，分析方法主要有现金流贴现法、均值—方差分析法、无套利定价法和风险中性定价法等。

一、金融资产定价是着眼于未来的资产收益

虽然资产价格的形成是买卖双方议价的结果，对卖方来说，可能的价格底线是当初的购买成本，当价格低于其购买成本时，通常不愿意出售；但对买方而言，他关心的则是该资产未来能够产生什么样的收益。

卖方的购买成本底线是源于成本定价法和人们不愿亏损的心理误区。成本定价法是在商品市场上，并且是在卖方市场的情况下，卖方具有比买方更强的定价能力时，卖方在自身商品成本的基础上加上一定的"合理"利润而确定价格的一种并不科学的定价法。实际上，如果一种资产（或商品）未来不能给购买者带来价值，无论原来的成本是多高，都将是一文不值；相反，如果未来能够产生很大的价值，即使原来的成本很低，也可以卖出很高的价格，而不是简单的"合理"利润加成。

因此，对于卖方来说，其价格底线也应该以其对该资产未来价值的判断为基础；成

本都是过去时，都是经济学中的"沉没成本"，不能作为定价的依据。特别是金融资产，金融资产的购买目标几乎是相同的，都是为了投资收益，不同资产间具有很强的替代性，并且可以无限供给；其定价的唯一依据只能是资产所产生的未来收益。

此外，金融资产的未来都比较长，远长于一般商品和服务；未来的一个最重要特征就是不确定性；对未来的收益，我们只能预测，并且很难准确预测。因此，对于金融资产的定价就要特别重视其隐含的不确定性，或风险特征。

二、现金流贴现法

现金流贴现法有时也被称为绝对定价法（虽然它并不绝对），它是根据金融工具未来现金流的特征，运用恰当的贴现率将这些现金流贴现成现值，该现值就是现金流贴现法确定的价格。假设某金融工具，未来各期（t_i）能产生的现金流为$C_i, i = 1, 2, \cdots, n$，某投资者对投资的要求收益率为r，则他愿意为该金融工具支付的价格就是

$$p = \sum_{i=1}^{n} C_i e^{-rt_i} \tag{16-1}$$

该投资者如果要求的收益率很高，他愿意支付的价格就很低，他可能很难买到该金融工具；相反，要求收益率很低，他愿意支付的价格就高，就很容易买到，但他可能会觉得亏了。如果该要求收益率是市场普通接受的收益率，该价格就是市场的均衡价格。因此，该定价方法的基准就是市场收益率，或者称为市场利率。比如，当要对某个新发行的国债进行定价时，我们就可以找出现有国债市场上的国债价格，计算得到平均收益率，作为国债市场收益率基准。

此外，由式（16-1）可以发现，在给定现金流的情况下，收益率r与资产价格p是一种一对一的映射关系。可见，资产定价和确定资产收益率是同一回事，不过是同一事物的不同表达。

这种方法的优点是比较直观，也便于理解。但有两个缺点。一是金融工具未来的现金流难以确定；特别是股票的未来现金流更加难以确定，而债券合约的条款就已经明确了未来现金流，债券也被称为固定收益证券，因此该方法虽然是通用方法，但更多地只在债券定价中使用。二是该方法并未考虑未来现金流的风险问题；风险补偿将直接增加投资的要求收益率，而风险既取决于金融工具本身，还取决于人们的风险偏好，风险偏好不同所要求的风险补偿也不一样，而后者更是难以衡量。

夏普的资本资产定价模型和罗斯的套利定价理论的重点就是确定风险与收益的关系，并且确定了风险的度量方法，找到了新的更具体的定价基准。

三、均值—方差分析法

均值—方差分析法起源于马柯维茨的证券组合理论。

该方法首先假定每一个证券的状态都用它的收益率表示，且该收益率是个随机变量，描述该随机变量就用该变量的均值和方差。假设市场上存在 n 个风险证券，则某个证券 i 的状态就用 (r_i, σ_i^2) 表示，如图 16-1 所示，在均值—方差平面上就是一个点；n 个证券就是 n 个点。如果考虑证券之间的相关关系，则 n 个风险证券的状态就用一个表示 n 个证券收益率均值的 n 元列向量和一个 $n \times n$ 的方差和协方差矩阵表示：

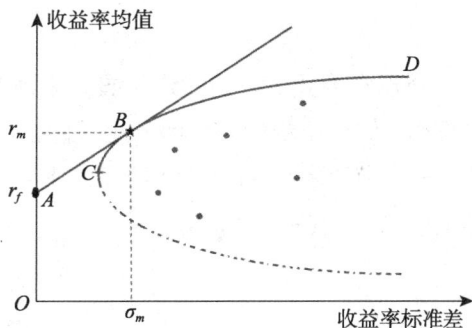

图 16-1 均值—方差分析

$$\begin{pmatrix} r_1 \\ \vdots \\ r_i \\ \vdots \\ r_n \end{pmatrix} \quad \begin{pmatrix} \sigma_1^2 & \cdots & \vdots & \cdots & \vdots \\ \vdots & \cdots & \vdots & \cdots & \vdots \\ \sigma_{1i} & \cdots & \sigma_i^2 & \cdots & \vdots \\ \vdots & \cdots & \vdots & \cdots & \vdots \\ \sigma_{1n} & \cdots & \sigma_{in} & \cdots & \sigma_n^2 \end{pmatrix}$$

其次，假设所有投资者的投资行为准则为：如果两个证券的期望收益率相同，则选择方差小的；如果方差相同，则选择期望收益率高的。

现在的问题是，在以上给定的市场状态下，遵循以上投资行为准则的理性投资者会如何进行投资？如何投资就是如何在这 n 个证券中分配自己的投资资金，可以用在证券 i 上投资的资金份额 ω_i 表示。如果该投资者希望实现的投资收益率为 r_p，则该问题就是寻找一个 $(\omega_1 \cdots \omega_i \cdots \omega_n)$ 的解，使得该解表示的投资组合的期望收益率为 r_p，但方差是最小的。现在这就是一个简单的数学求极值问题。通过求解找到该最优投资组合之后，并且计算得到该最优组合的方差与均值的关系，得到图 16.1 中的 CD 曲线，该曲线被称为有效投资前沿曲线。

更进一步，如果在这 n 个证券中，再引进一个无风险证券，它的收益率 r_f 是确定的、无风险的。那么有效投资前沿曲线就是一条直线 AB，是过 A 点与 CD 曲线相切的一条直线。

A 点就是无风险证券，并且可以证明 B 点就是由 n 个风险证券各自市值份额构成的一个市场组合。AB 直线方程为

$$r - r_f = \sigma \cdot \frac{r_m - r_f}{\sigma_m} \tag{16-2}$$

该直线也被称为资本市场线，它就是对前沿投资组合的定价方程。该定价方程找到了两个定价基准，一是无风险证券，二是市场组合。同时以市场组合为基准，首次在量上确定了风险的价格，即单位风险的报酬为

$$\frac{r_m - r_f}{\sigma_m}$$

到现在为止,我们知道了投资者理性选择的结果,同时也得到了有效投资组合的定价方程。但对于初始假设的 n 个风险证券,它们的收益率又应该是怎样的?后来威廉·夏普、简·莫森和约翰·林特纳在以上结论的基础上又证明了,对于初始假设的每一个证券的收益率会满足以下方程:

$$r_i - r_f = \beta(r_M - r_f) \qquad (16\text{-}3)$$

其中,

$$\beta = \frac{\text{cov}(r_i, r_m)}{\sigma_m^2} = \rho_{im} \frac{\sigma_i}{\sigma_m}$$

这就是著名的资本资产定价模型,也称为证券市场线。同时,也可以发现资本市场线就是证券市场线中相关系数 $\rho_{im} = 1$ 的一个特例。根据两点决定一线的性质,资本市场线上的任何组合都是市场组合与无风险证券的线性组合,都与市场组合线性相关,相关系数都为 1。该模型也表明,单个证券的全部风险中只有与市场组合相关的风险才会有风险报酬,该风险也被称为系统性风险,而与市场组合不相关的风险被称为特异性风险。特异性风险可以通过分散化实现对冲而降低或消除,因此市场不会给报酬。

最后,该理论的总体分析思路是先给定一个均衡状态,然后根据理性人的选择找到该状态下单个证券的价格特征,该特征关系就是该证券在均衡状态下的定价方程。因此,整个分析过程并未对均衡的概念给出定义。但是整个推导过程,特别是后续出现的一般资本资产定价模型的推导方法都表明,均衡就是一种"可有可无"的状态,即当一个证券以某个价格状态出现在一个已经存在的均衡市场时,它并不会影响已有的均衡状态,投资者不会也不用调整自己已有的最优组合,即前沿组合曲线不会改变,这个新进证券的价格状态就是均衡状态。均衡时,所有投资者持有的组合都是最优组合,所有证券的价格都处于一种让所有投资者都不用调整组合的状态。一旦某个证券的价格偏离了该状态,所有投资者都要调整组合构成才能处于最优状态。

可见,均衡状态就是一个没有交易量的状态,均衡就是一个瞬态,而非均衡才是常态。市场总是存在各种因素会让市场偏离均衡状态,一旦偏离,投资者的理性选择会让市场回到一个新的均衡状态,因此,均衡也是投资者理性选择的终极结果。

四、无套利定价法和线性定价法则

(一)无套利定价思想与线性定价法则

严格意义上的套利是在某项金融资产的交易过程中,交易者可以在不需要期初投资支出的条件下获取无风险报酬。比如同一资产在两个不同的市场上进行交易,但各个市场上的交易价格不同。这时,交易者可以在一个市场上低价买进,然后立即在另一个市场上高价卖出。如果市场是有效率的话,市场价格必然由于套利行为做出相应的调整,重新回到均衡的状态。这就是无套利的定价原则。根据这个原则,在有效的金融市场上,任何一项金融资产的定价，应当使得利用该项金融资产进行套利的机会不复存在。换言之，如果某项金融资产的定价不合理，市场必然出现以该项资产进行套利活动的机会，人们的套利活动会促使该资产的价格趋向合理，并最终使套利机会消失。因此，我们经常将市场存在的套利机会通俗地比喻为"地上掉了钱"，正常的社会，我们不可能时时在地上看到"掉了的钱"，一旦"地上掉了钱"就马上会被捡走。在金融市场上"掉了钱"，却不是那么直观，不是那么容易被发现，但最终总是会被发现，并被"捡走"。

例如，期初有两项投资资产 A 和 B 可供选择。已知期末这两项投资可以获得相同的利润，且这两项投资所需的维持成本也相同。根据无套利原则，这两项投资在期初的投资成本（即期初的定价）应该相同。假如两者的期初定价不一致，若 A 的价格低于 B，则套利者将卖空价格高的 B，然后用其所得买入定价低的 A，剩下的即为期初实现的利润。到了期末，由于两个投资的回报以及维持成本相同，套利者正好可以用作多 A 资产的利润去轧平做空的 B 资产的支出。这项套利过程是无风险的。如果市场有效率，上述无风险利润的存在就会被市场其他参与者发现，从而引发一些套利者的套利行为，结果产生以下的市场效应：大量买入 A 资产导致市场对 A 的需求增加，A 的价格上涨；大量抛售 B 使 B 的价格下跌。结果 A 和 B 的价差迅速消失，套利机会被消灭。所以，资产 A 和 B 的期初价格一定是相同的。

对于一项由其他资产组合而成的资产，如果它的定价是无套利机会的，那么它的定价方程应满足线性定价法则，即

$$P(\kappa A + \lambda B) = \kappa P(A) + \lambda P(B) \tag{16-4}$$

这是一项很直观的定价法则，如果式（16-4）不成立，组合的价格大于分项资产价格的加总，就可以分项购入资产，然后打包出售；相反，可以购入组合，然后分散单项出售；都可以获得无风险利润。对于很多金融资产，我们难以直观地分析其组合特征，也就难以简单地运用该法则对其定价。实际上，已经有数学家，只运用线性定价法则重新证明了资本资产定价模式、无套利定价理论和期权公式，可见现代金融理论的核心就是无套利思想。

（二）无套利定价法的简单应用

例 16-1 假设现在 6 个月即期年利率为 10%（连续复利，下同），1 年期的即期利率是 12%。如果有人把今后 6 个月到 1 年期的远期利率定为 11%，试问这样的市场能否产生套利活动？

答案是肯定的，套利过程如下。

第一步，交易者按 10% 的利率借入一笔 6 个月期的资金（假设 1 000 万元）。

第二步，签订一份协议，协议规定该交易者可以在 6 个月后按 11% 的价格从市场借入资金 1 051 万元（等于 $1\,000e^{0.10 \times 0.5}$），期限 6 个月。

第三步，将第一步借入的 1 000 万元按 12% 的利率贷出，期限 1 年期。

第四步，半年后，根据协议借入 1 051 万元用于偿还第一步借入的 1 000 万元应偿还的本息和。

第五步，1 年后收回 1 年期贷款，得本息和 1 127 万元（等于 $1\,000e^{0.12\times1}$），并用 1 110 万元（等于 $1\,051e^{0.11\times0.5}$）偿还第四步借入的 1 051 万元应偿还的本息和，交易者净赚 17 万元（1 127 万元 – 1 110 万元）。

由此可见，以上三个利率至少有一个利率是不合理的。假如即期利率是市场可见的，是合理的。远期利率是交易者想要确定的，那么他就可以假设一个远期利率 r，然后根据以上套利过程，令套利利润为 0，就可求得无套利远期利率 r，即

$$1\,000e^{0.12\times1} - 1\,000e^{0.10\times0.5}\,e^{r\times0.5} = 0$$

$$r = \frac{0.12\times1 - 0.10\times0.5}{0.5} = 0.14$$

例 16-2 如图 16-2 所示，假设有一种不支付红利的股票，目前的市价为 10 元，且已知 3 个月后，该股票价格要么是 11 元，要么是 9 元。假设现在的无风险年利率等于 10%，现在要找出一份 3 个月期协议价格为 10.5 元的该股票欧式看涨期权的价值。

由于欧式期权不会提前执行，其价值取决于 3 个月后股票的市价。若 3 个月后该股票价格等于 11 元，则该期权价值为 0.5 元；若 3 个月后该股票价格等于 9 元，则该期权价值为 0。

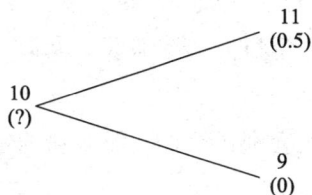

图 16-2　期权二叉树定价

解： 构建一个由一单位看涨期权空头和 Δ 单位的标的股票多头组成的无风险组合。为了使该组合在期权到期时无风险，即不论股票价格是 11 元还是 9 元，组合的价值应相等。因此，Δ 必须满足下式：

$$11\Delta - 0.5 = 9\Delta$$

$$\Delta = 0.25$$

3 个月后该无风险组合的价值为：$9\times0.25 = 2.25$（元）

用无风险利率贴现的现值应为：$2.25e^{-0.1\times0.25} = 2.19$（元）

该组合的现价就应该等于 2.19 元，否则就存在无风险套利机会；如果大于 2.19 元就卖空该组合，获得的资金按无风险利率借出，到期结清头寸，会有正的盈利；反之，就按无风险利率借入资金，购入该组合。

由于该组合中有一单位看涨期权空头和 0.25 单位股票多头，而目前股票市场为 10 元，设期权现在的价格为 f，因此

$$10\times0.25 - f = 2.19$$

$$f = 0.31$$

期权和期货等衍生产品定价主要运用无套利定价法。它主要根据衍生工具与基础资产的内在价格关系确定衍生工具的价格。无套利定价的优点主要有两个：一是在定价公

式中没有风险偏好等主观的变量，比较容易测度；二是它贴近市场。投资者一旦发现市场价格与理论价格不符，往往意味着无风险套利机会就在眼前，直接就有行动指南。

（三）风险中性定价法

在对衍生证券定价时，我们可以假定所有投资者都是风险中性的。在所有投资者都是风险中性的条件下，所有证券的预期收益率都可以等于无风险利率 r，这是因为风险中性的投资者并不需要额外的收益来吸引他们承担风险。同样，在风险中性条件下，所有现金流量都可以通过无风险利率进行贴现求得现值。这就是风险中性定价原理。

为了更好地理解风险中性定价原理，我们仍然用例 16-2 来说明。

为了找出该期权的价值，我们假定所有投资者都是风险中性的。在风险中性世界中，我们假定该股票上升的概率为 P，下跌的概率为 $1-P$。这种概率被称为风险中性概率，它与现实世界中的真实概率是不同的。实际上，风险中性概率由股票价格的变动情况和无风险利率所决定。

$$e^{-0.1\times0.25}\left[11P+9(1-P)\right]=10$$
$$P=0.626\,6$$

同样，在风险中性世界中，期权变化的路径、贴现率也与股票相同，则可以求出该期权的价值

$$f=e^{-0.1\times0.25}(0.5\times0.626\,6+0\times0.373\,4)=0.31 \quad （元）$$

风险中性定价法的思路直接源于前述的期权二叉树无套利定价方法，本质都是无套利定价，但方法和过程更简洁，也进一步深化了对无套利定价思想的理解。

本 章 小 结

现代资产定价理论从 1896 年欧文·费雪提出的现金流贴现理论起，经历了马柯维茨的投资组合理论、莫迪利安尼和默顿·米勒的 MM 定理、资本资产定价模型、套利定价模型和期权定价等理论发展。摆脱了简单的供给与需求分析，有效地降低了交易的盲目性和不确定性，促进资本市场和衍生工具市场的繁荣发展。这些数理逻辑严谨的金融资产定价理论构成的现代金融理论被人们誉为经济学皇冠上的明珠。

现代金融资产定价理论通过寻找一个市场上客观存在的基准，再找到资产价格与基准的关系，不同资产与不同基准之间的关系就构成了现代金融资产定价理论。用于分析这些关系的方法就是金融资产定价的一般方法。具体的基准主要有无风险收益率、市场收益率、市场组合、衍生工具的基础证券等；分析方法主要有现金流贴现法、均值—方差分析法、无套利定价法和风险中性定价法。

现金流贴现法是根据金融工具未来现金流的特征，运用恰当的贴现率将其贴现成现值，该现值就是现金流贴现法确定的价格。该定价方法的基准是市场收益率，或者称为市场利率。

均值—方差分析法假设投资者的行为准则为：如果两个证券的期望收益率相同，则选择方差小的；如果方差相同，则选择期望收益率高的。然后给定一个均衡状态，根据理性人的选择找到该状态下单个证券的价格特征，该特征关系就是该证券在均衡状态下的定价方程。该方法运用了两个定价基准，一是无风险证券，二是市场组合；同时以市场组合为基准，首次在量上确定了风险的价格。

套利是指利用一个或多个市场上存在的价格差，在不冒任何风险（或风险极小的）情况下通过贱买贵卖赚取利差的行为。套利是市场无效率的产物。在有效的金融市场上，金融资产不合理定价引发的套利行为，最终会使市场重新回到不存在套利机会的均衡状态，这时确定的价格就是无套利均衡价格。对于一项由其他资产组合而成的资产，如果它的定价是无套利机会的，那么它的定价方程应满足线性定价法则。运用无套利定价法对衍生工具定价时，通常以衍生工具的基础证券作为基准。

在对衍生证券定价时，可以假定所有投资者都是风险中性的，在风险中性的条件下，所有证券的预期收益率都可以等于无风险利率，所有现金流量都可以通过无风险利率进行贴现。风险中性定价法的思路直接源于期权的二叉树无套利定价方法，本质都是无套利定价，但方法和过程更简洁。

知识要点

资产定价、现金流贴现法、均值—方差分析法、无套利定价法、风险中性定价法、绝对定价法、资本资产定价模型、期望收益率、无风险证券、线性定价法则

复习思考题

1. 谈谈你对市场均衡的理解。

2. 简述均值—方差分析法的基本准则和定价基准。

3. 简述无套利定价法的基本逻辑，如何理解市场存在套利机会被比喻成"地上掉了钱"。

4. 银行希望在 6 个月后对客户提供一笔 6 个月的远期贷款。银行发现金融市场上即期利率水平是：6 个月利率为 9.5%，12 个月利率为 9.875%，按照无套利定价思想，银行为这笔远期贷款索要的利率应该是多少？（均为连续复利）

5. 假如人民币与美元的即期汇率是 1 美元 = 6.3 元人民币，远期汇率是 1 美元 = 6.6 元人民币，6 个月期美元与人民币的无风险利率分别是 2% 和 3%，请问是否存在无风险套利机会？如存在，如何套利？（均为连续复利）

主要参考文献

[1] 胡庆康. 现代货币银行学教程[M]. 6 版. 上海：复旦大学出版社，2019.

[2] 戴国强. 货币金融学[M]. 4 版. 上海：上海财经大学出版社，2017.

[3] 黄达. 金融学[M]. 5 版. 北京：中国人民大学出版社，2020.

[4] 赫尔. 期权、期货及其他衍生产品[M]. 王勇，索吾林，译. 10 版. 北京：机械工业出版社，2018.

[5] 米什金. 货币金融学[M]. 马君潞，等译. 12 版. 北京：机械工业出版社，2021.

[6] 谢绵陛. 交易理论——议价、拍卖和市场[M]. 北京：经济科学出版社，2010.

[7] 谢绵陛. 货币金融学[M]. 2 版. 厦门：厦门大学出版社，2018.

[8] 朱锦清. 公司法学[M]. 北京：清华大学出版社，2017.

[9] 戈兹曼. 千年金融史：金融如何塑造文明，从 5000 年前到 21 世纪[M]. 张亚光，译. 北京：中信出版社，2017.

推荐阅读书目

[1] 陈志武. 金融的逻辑 1：金融何以富民强国[M]. 西安：西北大学出版社，2015.

[2] 陈志武. 金融的逻辑 2：通往自由之路[M]. 西安：西北大学出版社，2015.

[3] 希勒. 金融与好的社会[M]. 束宇，译. 北京：中信出版社，2012.

[4] 周其仁. 货币的教训[M]. 北京：北京大学出版社，2012.

[5] 罗斯巴德. 银行的秘密：揭开美联储的神秘面纱[M]. 杨农，译. 2 版，北京：清华大学出版社，2012.

[6] 索托. 资本的秘密[M]. 于海生，译. 北京：华夏出版社，2017.

附 录

重要金融历史事件年代表

时　间	事　件
公元前 500 之前	埃及用称重的金属作为货币。谷物与白银在美索不达米亚用于支付。中国将珠贝作为货币使用。吕底亚（小亚细亚）开始琥珀金硬币。公元前 600 年，中国开始使用青铜币，形状像劳动工具；希腊及其殖民地发行第一枚银币
公元前 500 年	吕底亚希腊硬币
公元前 5 世纪晚期	北非迦太基硬币
公元前 4 世纪	印度从伊朗引进了希腊风格的硬币
公元前 4 世纪晚期	托勒密在埃及建立了希腊硬币系统
约公元前 300 年	罗马开始使用银币
约公元前 221 年	中国将方孔圆币作为标准通货
约公元前 75 年	第一枚英国硬币铸造
公元前 31—前 14 年	在奥古斯都时期，罗马帝国硬币开始流通
1 世纪	北非王国仿效罗马铸造硬币
3 世纪	埃塞俄比亚从 3 世纪开始铸造阿克苏姆硬币
227—642 年	撒撒尼统治者在中东铸造了德拉克马银币
5 世纪	汪达尔人在迦太基仿效罗马铸造硬币
627—649 年	中国唐朝引入标准铜币
7 世纪	第一枚伊斯兰硬币。从 696 年起，硬币上只有铭文
8 世纪晚期	查理曼大帝复兴"罗马帝国"，欧洲大部分地区使用白银便士
995 年	第一张纸币（交子）在中国公开发行，形成了第一个"自由银行制度"（其中银行可自由发行票据及吸收存款，没有集中控制基础货币）
1214 年	热那亚发行第一张可流通的政府债券
1407 年	热那亚圣乔治银行成立，成为欧洲第一家现代银行
15 世纪后期	欧洲中部的白银产量增加，并且在欧洲白银存量减少的情况下，又在美洲发现了银矿，欧洲开始了每年通胀 2%、持续到了 17 世纪初的"价格革命"
1526 年	日本发现石见银矿，这是个区域性重要事件
1545 年	在现今的玻利维亚发现波托西银矿，这是一个全球性的白银供应的重要事件。白银的另一重大发现是 1546 年在墨西哥的萨卡特卡斯银矿。这两个地方都是西班牙的殖民地。用这些银矿铸造的西班牙银比索（也被称为银圆）是 17 世纪和 18 世纪的主要国际货币
1555 年	第一个减少硬币磨削的创新设计——硬币边缘标记设计
1575 年	法国铸行铜币。虽然之前已有实验，但这是第一个具有长期使用基础的西方真正的代币（在中国，代币已使用多个世纪）
1602 年	第一个有组织的股票（股权）交易所在阿姆斯特丹成立
1650 年	大约在这一年，第一张期货合约在日本大阪的淀屋米市诞生
1656 年	斯德哥尔摩银行发行欧洲第一纸币

时　　间	事　　件
1667 年	"The Insurance Office"，世界第一家保险公司，在伦敦成立
1668 年	瑞典议会建立了世界上第一个中央银行，即今天的瑞典银行
1680 年	在巴西米纳斯吉拉斯大量发现黄金
1694 年	英国政府建立了准中央银行——英格兰银行
1704 年	俄罗斯成为第一个采用十进制铸币的西方国家（中国早就实行十进制铸币）。美国于1792 年使用十进制。英国直到 1971 年才采用十进制铸币
1717 年	在造币厂厂长牛顿选择了金银铸造比例之后，英国实际上采用了金本位制度
1719—1720 年	法国发生密西西比泡沫；英国发生南海泡沫
1774 年	第一家共同基金在荷兰成立
1775 年	第一家银行清算所在伦敦成立
1780 年	第一个通货膨胀指数化债券在美国马萨诸塞州发行
1789—1796 年	由于过度发行货币，法国发生第一次西方的恶性通货膨胀。中国在此前已经发生过多次高通胀，其中也可能有恶性通胀
1791 年	美国联邦政府拥有部分产权的美国银行建立，其特许证在 1811 年未获续期；美国第二银行在 1816 年至 1836 年存续。两家银行有一些准中央银行职能
1816 年	英国在法律上采用单一金本位制度。从这个时候起，英镑取代了西班牙银比索成为主要的国际货币
1844 年	英格兰银行垄断货币发行，成为正式的中央银行。它的模式在随后几十年影响许多其他国家。第一次在远距离通信中使用电报（巴尔的摩至华盛顿特区）。电报很快在国际金融市场中变得至关重要
1849 年	美国加州发现了金矿，1851 年在澳大利亚也发现金矿
1859 年	美国内华达州发现康斯托克银矿脉
1861 年	美国在内战期间放弃了金本位制
1865 年	法国、比利时、瑞士和意大利在法国货币标准的基础上组成拉丁货币联盟
1886 年	在南非发现金矿。在此后几年，由于南非黄金大量冲击市场，那些存在通缩的金本位制国家出现了一个温和的通货膨胀
1907 年	美国、智利、丹麦、埃及、意大利、日本、瑞典发生金融危机。第一个现代证券化——有高级档的抵押债券，由 Samuel W.Straus 在纽约发行
1914 年	美国联邦储备体系成立为美国的中央银行
1914—1918 年	第一次世界大战，所有交战国和其他许多国家暂停其金或银本位制度，标志着实体金银币结束的开始。战争开始了美元的崛起，成为与英镑几乎同等重要的国际货币
1917 年	俄国革命。十月革命后，布尔什维克开始第一次尝试建立一个中央计划经济，其中货币具有一个与在市场经济非常不同的作用
1919 年	英国将英镑与美元和黄金脱钩
1926 年	英国恢复金本位，随后许多其他国家也恢复（美国曾在 1919 年恢复）。法国通过黄金条款稳定法郎
1928 年	中国建立中央银行
1929 年	全世界的大萧条开始。阿根廷、澳大利亚和乌拉圭放弃金本位，到 1936 年，几乎所有的金本位国家都放弃它们旧的黄金兑换比率或施加外汇管制,形成事实上的放弃金本位
1935 年	在美国政府的购银法案导致的通缩之后，中国成为最后放弃银本位的大国。印度建立了印度储备银行作为中央银行

续表

时　间	事　件
1939—1945 年	第二次世界大战。交战国实行外汇管制。英镑区和法国的法郎区进入正式的战争状态，德国和日本将占领地区纳入其货币区。战争后期，东欧纳入苏联的共产主义和中央计划经济轨道，直到 1989 年
1944 年	布雷顿森林国际货币协议
1947 年	国际货币基金开始运作和一定的金本位形式有效地恢复
1949 年	阿尔弗雷德·温斯洛·琼斯在纽约建立了第一个对冲基金
1968 年	双层黄金市场开始，自由市场的黄金价格高于政府间的黄金交易价格。John Oswin Schroy 在巴西建立了第一只货币市场共同基金
1971 年	美国贬值美元，结束了黄金对所有货币的兑换。布雷顿森林货币体系开始解体
1972 年	英国浮动英镑汇率，英镑区解体。芝加哥商品交易所提供了第一个货币期货合约，这也是第一个实物商品以外的期货合约
1973 年	美元贬值，然后美元汇率浮动；其他主要货币也跟随浮动，在实践上结束了布雷顿森林体系。Black-Scholes 公式发表，开启了计算机驱动的金融工程的时代
1975 年	大约在这个时候，世界各地所有常用的硬币第一次成为纯粹的代币，不再有黄金或白银含量
1979 年	西欧国家建立了欧洲货币体系
20 世纪 80 年代	富裕国家开始从银行融资为主导向债券融资为主导转变
1988 年	巴塞尔协议规定了银行最低资本要求的国际标准，是国际金融监管的里程碑
1997—1999 年	东亚（1997—1998 年）、俄罗斯（1998）和巴西（1998—1999 年）发生金融危机。俄罗斯危机导致美国的长期资本管理公司倒闭和美国金融市场的恐慌
1999 年	11 个西欧国家（主要是德国、法国、意大利和西班牙）开始发行统一的货币——欧元。成员国货币 2002 年开始退出流通
2008—2009 年	世界金融危机，源于美国抵押贷款证券。这场危机导致几十年来的首次全球经济衰退
2009 年 1 月 3 日	比特币创世区块诞生，比特币面世，由此掀起了加密数字货币热潮，对传统信用货币提出了挑战
2010—2012 年	欧元区外围国家发生债务危机
2020 年 7 月 23 日	立陶宛央行正式发售数字货币 LB Coin，宣告了全球首枚央行数字货币诞生。2020 年 1 月，国际清算银行调查显示，占世界经济总量 90% 的 66 个国家中，有 80% 国家的央行正在研究数字货币

资料来源：

1. 伊格尔顿，威廉姆斯. 钱的历史[M]. 徐剑，译. 北京：中央编译出版社，2011.

2. http://www.centerforfinancialstability.org/hfs/Key_dates.pdf.

3. DAVIES G. A history of money:from ancient times to the present day[M]. 3rd ed. Cardiff: University of Wales Press, 2002.

教师服务

感谢您选用清华大学出版社的教材！为了更好地服务教学，我们为授课教师提供本书的教学辅助资源，以及本学科重点教材信息。请您扫码获取。

≫ 教辅获取

本书教辅资源，授课教师扫码获取

≫ 样书赠送

财政与金融类重点教材，教师扫码获取样书

清华大学出版社

E-mail: tupfuwu@163.com
电话：010-83470332 / 83470142
地址：北京市海淀区双清路学研大厦 B 座 509

网址：http://www.tup.com.cn/
传真：8610-83470107
邮编：100084